Daniel Asa Rose

Larrys Niere

Oder:
Wie ich mich plötzlich mit meinem seltsamen Cousin
und seiner Katalogbraut in China wiederfand,
das Gesetz brach, eine Spenderniere erwarb
und ihm so das Leben rettete

Aus dem Amerikanischen von
Werner Löcher-Lawrence

BLOOMSBURY BERLIN

BLOOMSBURY PUBLISHING • LONDON • NEW YORK • BERLIN

FSC
Mix
Produktgruppe aus vorbildlich
bewirtschafteten Wäldern und
anderen kontrollierten Herkünften

Zert.-Nr. GFA-COC-001223
www.fsc.org
© 1996 Forest Stewardship Council

Die Originalausgabe erschien 2009
unter dem Titel *Larry's Kidney:*
Being the True Story of How I Found Myself in China
with My Black Sheep Cousin and His Mail-Order Bride,
Skirting the Law to Get Him a Transplant – and Save His Life
bei William Morrow, New York

Umschlaggestaltung:
Rothfos & Gabler, Hamburg
Gesetzt aus der Stone Serif
durch hanseatenSatz-bremen, Bremen
Druck und Bindung: CPI – Clausen & Bosse, Leck
Printed in Germany 2009
ISBN 978-3-8270-0880-0
www.berlinverlage.de

FÜR DIE PATIENTEN …

Wenn ein verrückter Köter auf dich losgeht, pfeife nach ihm.

– ALTES CHINESISCHES SPRICHWORT

Inhalt

Ein Wort des Autors vorab

Als Larry und ich in China waren, haben sich eine ganze Reihe von Leuten in Gefahr gebracht und ihre Existenz aufs Spiel gesetzt, um uns zu helfen. Beim Schreiben dieses Buches war es mir deshalb äußerst wichtig, diese Menschen zu schützen und ihre Anonymität zu wahren. Dazu musste ich etliche Namen und zentrale Merkmale der auftretenden Personen ändern sowie zeitliche Zusammenhänge auflösen, auch in Bezug auf die vorkommenden Institutionen. Nur so ließ sich sicherstellen, dass unsere Helfer unbehelligt bleiben.

Ein Wort zur Sprache: Es gilt zwar immer noch als herablassend, die Menschen in Büchern Dialekt sprechen zu lassen, aber das scheint sich zu ändern – und zu Recht. So versucht Paul Theroux in seinem letzten Buch über Indien, *The Elephanta Suite*, mit Worten wie *Moddom* statt *Madam* und ähnlichen sprachlichen Einfärbungen mehr von der emotionalen Wahrheit der geschilderten Erlebnisse auf die Buchseiten zu bannen, als es sprachlich »gesäuberte« Dialoge können. Diese Praxis wird auch von Autoren wie dem chinesisch-amerikanischen Ha Jin gepflegt, was zeigt, dass die kulturübergreifende Kommunikation eine kreative Herausforderung für den Besucher wie für den Besuchten darstellt und die Ergebnisse nicht selten so aufschlussreich wie freudsche Fehlleistungen sind.

Der Blick darauf, wie Menschen in einem fremden Land unsere Sprache benutzen und wir uns unsererseits damit abmühen, fremde Worte und Laute zu verstehen, soll dem Leser etwas vom Geist modernen Reisens vermitteln. Mit so erheiternden wie erschreckenden Ergebnissen. Die deutsche Übersetzung bemüht sich, sprachliche Missverständnisse phonetisch zu übertragen, wodurch sie an manchen Stellen mit neuem Sinn versehen wurden. Auch die Wiedergabe (echter) chinesischer Worte folgt oftmals nicht der offiziellen Umschrift, sondern zuvorderst lautmalerischen – und somit erzählerischen – Gesichtspunkten.

Und wie Larry redet, ist sowieso ein Kapitel für sich.

KAPITEL 1

Der Anruf

»Hawwo?«

»Hallo, wer spricht da?«

»Hawwo, Dan?«

»Ja. Wer spricht da bitte?«

»Hier ist Larry, Dan.«

»Wer?«

»Larry. Dein Cousin.«

»Wow, mein verloren geglaubter Cousin Larry?«

»Ja, Dan, das ist eine gerechte Bezeichnung. Ich verdiene sie. Es ist allein meine Schuld, dass ich mich nicht gemeldet habe.«

»Mein Cousin Larry, das schwarze Schaf der Familie?«

»Ja, auch das ist zutreffend, solange du es sachlich meinst und nicht negativ. Wo erreiche ich dich?«

»Um die Wahrheit zu sagen, sitze ich in einem Sessellift in den Rockys, Larry, in Colorado, ein paar Meilen über Meereshöhe.«

»Mitten im Sommer? Das bezweifle ich. Nicht, dass ich dich einen Lügner nennen will, aber es ist schon vorgekommen, dass Leute falsche Angaben über ihren Aufenthaltsort gemacht haben, weil sie es vermeiden wollten, mit jemandem zu sprechen, mit dem sie normalerweise nicht gerne sprechen.«

»Ich habe mein Mountainbike dabei, Larry, schwebe etwa fünfzehn, zwanzig Meter über dem Boden und sehe auf kilometerlange Skipisten hinunter, die im Sommer super Bikepisten sind.«

»Siehst du? Jetzt zweifle ich nicht mehr. Die Erklärung überzeugt mich. Einige Familienmitglieder, die hier ungenannt bleiben sollen, wobei ich Cousin Burton meine, halten mich für einen unvernünftigen Menschen, aber ich mag es nun mal nicht, wenn man mich belügt oder für einen Idioten hält, nur weil ich die Highschool geschmissen habe, statt wie alle in der Familie nach Harvard oder Brown zu gehen. Was du nie getan hast.«

»Was habe ich nie getan?«

»Mich für einen Idioten gehalten, oder wenigstens nicht geradeheraus, was einer der Gründe ist, warum ich zu dir aufsehe, Dan, obwohl du in Brown warst. Bist du allein?«

»Ich mache hier Urlaub mit meiner Frau und meinen beiden Söhnen.«

»Ja, ich habe gehört, dass du wieder geheiratet hast. Ich wollte noch anrufen. Herzlichen Glückwunsch.«

»Das ist vierzehn Jahre her, Larry, aber danke. Und wo bist *du?*«

»Ich liege in meiner Wohnung in Florida im Bett unter meiner Decke. Ich bin seit zwei Tagen nicht mehr rausgekommen.«

»Was machst du da?«

»Ich *krrrr-be,* Dan.«

»Du tust was? Wir kommen gerade an einer Art Sendemast vorbei. Was, hast du gesagt, machst du?«

»Ich *krrr-be.*«

»Was?«

»Ich sterbe, Dan. Ich will dich um einen Gefallen bitten.«

Klick. Die Leitung ist tot.

Zwanzig Sekunden später klingelt das Telefon wieder. Ich mache ein paar Verrenkungen, um eine Hand freizubekommen, und da ist sie wieder, diese traurige Stimme, wie die eines Beerdigungsunternehmers mit einem leichten Sprachfehler. »Hawwo?«

»Larry, tut mir leid, eine Sekunde. Ich muss eben die Ohrenstöpsel herausnehmen. Okay, jetzt kann ich dich besser hören.«

»Ohrenstöpsel? Was soll das? Ist es kalt?«

»Nein, nein. Meine Kinder sind neun und zwölf, das ist alles. Da wird's öfter mal laut. Jungs«, sage ich und bekomme ein paar schnell sich hin und her bewegende Kragen zu fassen, damit sie aufhören, sich mit ihren Fahrradlenkern zu malträtieren, »wenn ihr mit dem Theater nicht aufhört, fällt noch einer ...«

»Hawwo?«

»Larry, ich bin noch dran. Was meinst du mit *Ich sterbe*? Meinst du das im übertragenen Sinn?«

»Nein, buchstäblich, Dan. Die Niern.«

»Niern ...?«

»Die Nieren. *Die Nieren.* Was dazu führt, dass ich über alle Maßen deprimiert bin. Mehr als depressiv: Ich bin depressionistisch. Aber erst muss ich dich fragen: Bist du mir noch böse?«

»Böse? Dir? Meinst du, weil du mich beim FBI verpfiffen und ihnen erzählt hast, ich hätte mein Einkommen zu hoch angegeben – bei diesem Hypothekendarlehen für die Eigentumswohnung? Nachdem du mir dazu geraten hattest, weil du die Provision brauchtest?«

»Ich war da ziemlich durcheinander, Dan. Stolz bin ich darauf nicht.«

»Und warum warst du ›durcheinander‹? Weil ich so unverfroren war, meine tausend Dollar zurückzuwollen, die ich dir geliehen hatte, damit du deine neueste Erfindung herausbringen konntest?«

»Du hast Recht, Dan, ich bedaure das.«

»Was, wenn ich mich recht erinnere, hölzerne Krawatten waren.«

»Damit man die Soßenflecken abwischen konnte. Ich behaupte immer noch, mit der richtigen Finanzierung wäre das ein Riesenerfolg geworden.«

Der Sessellift bleibt über einem majestätischen Fichtenwäldchen stehen, was die Jungs dazu bringt auszuprobieren, wie weit sie die Vorderräder über die Seiten herunterbaumeln lassen können. Fast hätte ich mein Telefon verloren, als ich nach einem der Räder greife.

»Nein, Larry, ich bin dir nicht mehr böse, besonders, weil sich das FBI nur drüber totgelacht hat. Im Übrigen, was macht das schon, wenn du ... wirklich stirbst?«

»Oh ja, buchstäblich. Erst hat die Diabetes mir eine, dann beide Nieren genommen. Ich hänge seit zwei Jahren jeden zweiten Tag vier Stunden an der Dialysemaschine und sehe mein Leben vor meinen Augen entschwinden. Lösung Nummer eins ist vom Tisch, weil ich angesichts der Tatsache, dass die mich alle nicht ausstehen können, keinen in der Familie nach einer Niere fragen werde. Aber ich sag dir, das beruht auf Gegenseitigkeit. Lösung Nummer zwei ist allerdings überraschend machbar: Ich habe vom Bett aus im Internet recherchiert, und wie sich herausstellt, gibt es in China mehr Nierentransplantationen als in jedem anderen Land. Da muss ich keine sieben bis zehn Jahre auf einer Liste warten, um an eine Leichenniere zu kommen, wie es meine übervorsichtigen amerikanischen Doktores wollen. Nein, wir könnten ziemlich schnell eine lebende bekommen, wenn wir nur die richtigen Verbindungen knüpfen.«

»Larry, Moment mal. Was meinst du mit *wir*?«

»Du bist ein alter Chinakenner, Dan. Du hast doch immer diese Reisekolumne im *Esquire* gehabt ...«

»Larry, ich war seit fünfundzwanzig Jahren nicht mehr in China! Ich habe da nicht mehr Kontakte als du.«

»Wenigstens kennst du dich aus. Ich bin kaum je aus den Staaten herausgekommen, bis auf die Luxuskreuzfahrten in die Karibik, von denen ich dir übrigens auch eine besorgen könnte. Glaube mir, Collegegirls tun auf Kreuzfahrtschiffen Dinge, von denen sie an Land nicht mal träumen. Du könntest dich als Professor ausgeben ...«

Klick. Die Leitung ist tot.

»Hawwo.«

Der Sessellift hängt immer noch mitten über den Rockys fest und gibt mir die Möglichkeit, die Aussicht zu genießen: azurblaue Gipfel, fahrradspeichenschraffiert. Meine Frau hat die Jungs vorübergehend mit einem Milky Way befriedet.

»Larry, ich kann dir nicht versprechen, dass wir nicht wieder unterbrochen werden. Hier kommt Wind auf, und wir schaukeln hin und her wie ...«

»Ich brauche deine kostbare Sprechzeit auf, Dan. Ich entschuldige mich. Nein, noch besser: Schick mir die Rechnung. Du weißt, da bin ich zuverlässig – oder sagen wir, ich kaufe dir gleich ein paar neue Handys, von denen, die überall funktionieren? Ich will dir nicht mehr Umstände machen, als ich muss.«

»Du machst mir keine Umstände, Larry, es ist nur ...«

»Wir fliegen hin, holen mir eine Niere und kommen zurück. Es könnte nicht einfacher sein. Es gibt nur einen Haken, Dan, den muss ich dir sagen, aus Ehrlichkeit, weil ich eine neue Seite aufschlagen will mit dir, damit wir beide zurück auf den aufsteigenden Ast gelangen: Sie haben es ein bisschen illegal gemacht.«

»Sie haben *was* ein bisschen illegal gemacht?«

»Einige bestimmte Transplantationen.«

»Wovon redest du?«, sage ich. »Willst du mir erklären ...«

»Nicht für alle! Fast die ganze Welt kann noch nach China kommen, um sich neue Organe einpflanzen zu lassen, genau wie ich es gesagt habe. Was ich dir hier sage, ist bis zum letzten Buchstaben des Gesetzes richtig. Es verhält sich nur so, dass es die Chinesen für bestimmte einzelne Personen illegal gemacht haben, sich ein neues Organ einpflanzen zu lassen.«

»Was für Personen?«

»Westliche Personen.«

Der Sessellift knarrt und ächzt. Ein weiteres Milky Way kommt zum Vorschein.

»Aber, Larry ...«

»Ja, Dan ...?«

»Wir sind westliche Personen.«

»Dan, wir sind *clevere* westliche Personen. Glaubst du nicht, wir sind intelligent genug, um im bevölkerungsreichsten Land der Erde ein paar Schlupflöcher zu finden? Also ich weiß nicht, wie es dir geht, aber Schlupflöcher sind mein täglich Brot.«

»Aber ...«

»Konzentriere dich nicht immer auf das Negative, Dan. Wo ein Wille ist, ist auch ein Weg. Und wenn ich dir einen Rat geben darf: Kommandier mich nicht herum, bloß weil du zwei Jahre älter bist, okay? Wir sind beide über fünfzig, ja und? Das Wichtige ist, nicht auf dem falschen Fuß erwischt zu werden und den Überbringer der schlechten Nachrichten zu erschießen. Wenn ich eins in neun Jahren Therapie, mit ein paar sehr langen Unterbrechungen, gelernt habe, dann, dass man auf schlechte Nachrichten angemessen reagiert. Lass es nicht an mir aus, mehr sage ich nicht. Es ist nicht mein Fehler, dass China diese verrückten Restriktionen eingeführt hat.«

»Jungs«, sage ich, nachdem der Zucker langsam zu wirken

beginnt und sie beim Schaukeln mithelfen, »wenn ihr so weitermacht, fliegen wir hier …«

»Ich habe Mitleid mit deinen kalten Füßen, Dan, aber ich bezweifle, dass es so wie beim letzten Mal sein wird, als sie dich drüben ins Gefängnis geworfen haben …«

»Hör bloß davon auf, Larry.«

»Ich sage nur, jeder würde nach so einer Erfahrung feige sein, aber es waren doch nur drei Stunden – quälende drei Stunden, ich weiß, aber du bist jetzt reifer und wirst nicht wieder versucht sein, herumzukaspern …«

Es entsteht eine Pause. Der Sessellift setzt sich mit einem Ruck in Bewegung. Meine Frau bekommt die Jungs gerade noch rechtzeitig zu fassen.

»Natürlich hast du vielleicht dringlichere Sorgen«, sagt Larry. »Ich weiß, dass du in einer anderen Liga spielst. Ich bin nur eine einfache Arbeitsbiene, und du willst dir nicht unbedingt die Hände schmutzig machen …«

»Das ist es nicht, Larry. Himmel, wie kannst du das sagen. Es tut mir wirklich leid, von deiner Krankheit zu hören, aber ich bin im Moment einfach nicht darauf vorbereitet, alles stehen und liegen zu lassen und …«

»Wie lebt es sich übrigens mit der Erbin?«

»Das ist einige Ehefrauen her«, erinnere ich ihn. »Die hatte schon vor langem ihre Erleuchtung und …«

»Nun, wie auch immer, ich versuche auf meine bescheidene Weise nur, dir in der Sache von Beginn an reinen Wein einzuschenken«, sagt Larry. »Alles offen auf den Tisch, keine versteckten Absichten.«

»Apropos«, sage ich, »wo wir schon dabei sind: Gibt es irgendwelche versteckten Absichten?«

»Keine, die mir so aus dem Stegreif einfallen würden. Nur, dass ich *krrrrr* …«

»Was?«

»Ich werde *krrrkrrr* …«

Die Jungs winden sich aus dem Griff ihrer Mutter und versuchen sich rittlings aufs Seitengitter zu setzen. »Jungs, ich meine es ernst, ihr brecht euch noch den Hals, wenn ihr …«

»Krrr – kraa – krriie.«

»Hör zu, Larry, die Verbindung ist schrecklich. Bist du angeheitert? Was?«

»Krrr-kriiesack!«

»Egal, Larry. Das kommt zu plötzlich. Das müsste ich zuallererst mit meiner Frau besprechen, und nur, dass du es weißt, die kann ein ganz schöner harter Brocken sein …«

Ich weiche einem Wasserstrahl aus der Trinkflasche meiner Frau aus. »Was, Larry? Hier drangsaliert mich gerade jemand.«

»Ich sagte, tu, was du tun musst, Dan, ich will dich keinesfalls unter Druck setzen, auch wenn es eine Frage von Leben und Tod ist und du mir tatsächlich noch was schuldig bist, seit ich dir bei meiner Bar-Mizwa aus der Klemme geholfen habe. Erinnerst du dich nicht, Dan?«

»Hmm, nicht wirklich, Larry. Ich muss gestehen, dass deine Bar-Mizwa im Moment nicht zu meinen lebhaftesten Erinnerungen gehört.«

»Nun, oder danach, als du deinen Collegeabschluss gemacht hast, da habe ich dir einen Job als Vermittler von Slumwohnungen besorgt, dir mein Gästezimmer überlassen und dich sogar mein Valium klauen lassen, was dir, wie du sagtest, das Leben gerettet hat. Kommt mir vor, als wäre es erst gestern gewesen, oder?«

»Ehrlich gesagt, nein, das ist Jahrzehnte her. Aber hör zu, Larry, jetzt mal ernsthaft: Gibt es denn niemanden, der sich da wirklich auskennen würde?«

»Dan, glaube mir, wenn ich eine andere Möglichkeit sähe, würde ich dich nicht anrufen, und es ist auch nicht so, dass ich das Geld hätte, jemandem die Auslagen zu bezahlen. Es gibt nur irgendwelche zwielichtigen Gestalten in Guam, die zehn Riesen dafür verlangen, dass sie ein paar unsichere Verbindungen auftun. Da draußen sind kaum Menschen, denen man trauen kann, wobei noch erschwerend hinzukommt, dass die meisten für ihren Lebensunterhalt arbeiten müssen, oder sagen wir, sie haben Jobs, die sie nicht einfach so holterdiepolter mitnehmen können wie ein Schriftsteller – deshalb habe ich dich ausgewählt, mit viel Überlegung, Dan. Du könntest das in gewisser Weise auch als Ehre ansehen.«

»Wen sonst hättest du noch zur Auswahl, Larry, nachdem du unseren Cousin Burton mit deiner Fatwa belegt hast. Was denkst du, wie die Familie auf so was reagieren soll?«

»Es war keine wirklich *echte* Fatwa. Nennen wir es einen Weckruf. Einen ganz schön lauten Weckruf, das gestehe ich dir ja zu. Trotzdem, wühl nicht wieder in diesem Sumpf, Dan. Ich war aufgebracht, aber das liegt hinter uns.«

»Tut es das? Ist die Fehde beigelegt? Ich bin froh, das zu hören. Burton musste sich zwei Wochen lang in einem billigen Motel verstecken.«

»Oh, ist sich der Herr zu fein, in ein billiges Motel zu gehen?«, sagt Larry erhitzt. »Nur weil er der größte Nephrologe Bostons ist, mit Limousine und Chauffeur, kann er sich nicht mehr wie wir armen Lichter in einem billigen Hotel verstecken, wenn er bedroht wird?«

»Es geht nicht um ›zu fein‹, Larry«, sage ich, als endlich die Liftstation in den Blick kommt. »Er hatte Angst um seine Sicherheit!«

»Er hat versucht, meine Mutter zu betrügen, Dan. Noch auf ihrem Totenbett hat er sie zum Weinen gebracht. Fang mir nicht wieder davon an!«

»Das ist immer noch kein Grund, ihm die Motormänner auf den Hals zu hetzen, Larry.«

»Die Motormänner haben einen viel zu schlechten Ruf, Dan. Ich bin froh, dass du daran denkst, ihren Kodenamen zu benutzen, weil sie es nicht mögen, wenn man ihren richtigen Namen in den Schmutz zieht. Und einige von ihnen haben ein so weiches Herz. Als ich ihnen von meiner Mutter erzählt habe, hatten einige von ihnen Tränen in den Augen, und sie wollten den Job schon umsonst machen ...«

»Larry, können wir später weiterreden?«, sage ich. »Wir müssen jetzt aussteigen, und ich habe den Kindern den Urlaub seit einem Jahr versprochen.«

»Dan, ohne ungehobelt erscheinen zu wollen, aber bis Labor Day sind es nur noch ein paar Tage. Spielen wir also keine Spielchen und tun so, als ob die Ferien nicht langsam zu Ende gingen. Mit Herumblödeln und Backe-backe-Kuchen kommen wir nicht weiter. Mein Leben hängt an einem seidenen Faden, wobei ich mich natürlich nicht aufdrängen will.«

»Du drängst dich nicht auf, Larry. Es ist nur, ich meine ...«

»Lass dir Zeit, Dan. Ich richte mich ganz nach dir, wann immer es dir passt. Diesmal tust *du mir* zur Abwechslung mal einen Gefallen, Dan, und nicht *ich dir.* Was ist der nächste Flughafen von dir aus? Denver? Da hast du Glück: Nächsten Sonntag gibt es von da um acht Uhr früh einen Direktflug nach Peking.«

»Was? Googlest du etwa, während wir miteinander reden, Larry?«

»Da musst du nicht mal umsteigen, Dan.«

»Aber das lässt uns keine Zeit, die Sache zu planen, Larry!«

»Mit allem gebotenen Respekt, Dan, aber als Planer bist du eine Niete. Du arbeitest aus dem Bauch heraus, genau wie ich. Wir wissen beide, dass neunzig Prozent der Geschäfte auf dieser Welt nicht zustande kommen, weil sie einer geplant hat, sondern weil du gerade am richtigen Ort bist, wenn es dazu kommt. Wir können uns das alles natürlich bis ins kleinste

Detail zurechtlegen, nur ist das lange nicht so gut, wie einfach hinzufahren und zu improvisieren …«

»Jungs! Die Stange bleibt noch *unten*!«

»Ich schöpfe wieder Mut, Dan. Ich krieche unter meiner Decke hervor. Nächsten Sonntag? Der nächste Sonntag wäre gut.«

DIE ERSTEN FÜNF GRÜNDE, WARUM DU SOFORT AUFLEGEN SOLLTEST, WENN DEIN LANGE VERLOREN GEGLAUBTER COUSIN ANRUFT UND WILL, DASS DU MIT NACH CHINA KOMMST

1. Dem Verwandtschaftsgrad nach seid ihr euch nicht sehr nahe. Als Kinder und Jugendliche habt ihr euch kaum gesehen und jetzt schon seit zwei Jahrzehnten keinen Kontakt mehr zueinander.
2. Was er vorschlägt, ist moralisch finster. Also nun mal ehrlich, wollen wir tatsächlich zu den arroganten Typen aus dem Westen gehören, die denken, sie könnten sich so einfach ein Organ aus der Dritten Welt schnappen?
3. Medizinisch ist die Sache noch finsterer. Soll ich Larry von seinen amerikanischen Ärzten weglotsen, um ein ausländisches Organ für ihn zu finden, das womöglich nicht ganz in Ordnung ist?
4. Rechtlich … reden wir gar nicht erst drüber. Selbst Larry gibt zu, dass es illegal ist.
5. Aus all diesen Gründen, und zahllosen anderen, die mir im Kopf herumschwirren, ist es eindeutig absoluter Unsinn, mit Larry nach China zu fliegen.

Machen wir einen Haken unter die Sache. Es ist einige Stunden später, der Sessellift ist über Nacht außer Betrieb. Die Kinder schlafen links und rechts von ihrer ebenfalls schlafenden Mutter im großen Bett des abgedunkelten Hotelzimmers, und ich sitze in der leeren Wanne im Bad und google die Worte

»Transplantat«, »Niere«, »Cousin« und »Tod«. Einfach nur, um zu meiner Befriedigung zu sehen, dass das, was Larry vorhat, absolut lächerlich ist.

Niere: Dieses Organ säubert das Blut. Ohne stellt der Körper seinen Dienst ein und stirbt.

Dialyse: Die Prozedur, das Blut künstlich zu säubern, wenn die Nieren versagen. Der Patient wird mindestens dreimal pro Woche an die Dialysemaschine angeschlossen, jedes Mal für wenigstens vier Stunden, typischerweise gefolgt von zwölf Stunden unruhigem Schlaf.

Transplantat, Warteliste: Die Situation ist grässlich. Allein in Amerika warten vierundsiebzigtausend Patienten, von denen im letzten Jahr viertausendvierhundert starben. Die durchschnittliche Wartezeit beträgt zwischen sieben und zehn Jahren, oder noch länger, wenn zusätzliche medizinische Probleme den Patienten zu einem weniger tauglichen Organempfänger machen.

Transplantat, Möglichkeiten: Angesichts der trüben Aussichten gehen mehr und mehr Menschen rund um die Welt ins Ausland, um zu bekommen, was ihnen zu Hause verwehrt bleibt. Der so genannte Organtourismus ist risikoreich und umstritten, aber manchmal die einzige gangbare Möglichkeit.

Transplantat, Organspende: In dem Punkt bin ich aus dem Schneider, falls es da eine Frage gab. Unsere DNA ist so weit voneinander entfernt, dass es zweifelhaft ist, ob wir zusammenpassen. Wahrscheinlich sind wir diesbezüglich so verschieden wie in allem anderen auch.

Schuld: Da muss ich nicht lange googlen. Ich weiß alles darüber, wie Larry bei sämtlichen Vorteilen zu kurz gekommen ist, die dem Rest der Familie zuteilwurden. Aber ist das ein Grund, das Sparschwein zu plündern, besonders wo ich mit meinen Büchern kaum genug verdiene, um das eigene Nest zu polstern? Natürlich nicht. Nein, nein, die Antwort lautet nein.

Es wird ungemütlich in der Wanne. Ich gebe noch ein paar Suchbegriffe ein, bevor ich den Laptop herunterfahre. Oh, das hier ist gut: *Nieren, gegessen.* Offenbar haben damals, 1968, auf der Höhe des chinesischen Kulturrevolutionswahnsinns, bestialische Rotgardisten in ihrem revolutionären Feuereifer menschliche Nieren gegessen. Haben die Leichen ihrer Feinde in riesigen Bottichen gegart und die Organe dann in Öl gebraten.

Was für ein Land, in das er mich da noch mal locken will. Typisch Larry.

Ich schalte das Badezimmerlicht aus und schleiche mich im durch die Vorhänge dringenden Lichtschimmer des Mondes zurück ins Hotelzimmer. Eine Minute lang versinke ich im geheiligten Anblick meiner mondbeschienenen Familie. In ihren Halsadern pocht das Blut, fein und blau unter der Oberfläche der Haut. Wie unglaublich zart. Wie unglaublich wertvoll. Ein mikroskopisches Bild, auf das ich beim Googlen gestoßen bin, tritt mir vor Augen: die Spitze einer 1,8-Millimeter-Kanüle, die für die Blutwäsche in eine Ader geführt wird. Und dann bin ich plötzlich wieder im Makroskopischen und stelle mir die Millionen ausgemergelter Patienten vor, die rund um den Globus auf Wartelisten für Nieren schmachten.

Ihre Adern pulsieren auch.

Was war die Erinnerung, auf die Larry angespielt hat? Wie er mir bei seiner Bar-Mizwa aus der Klemme geholfen hat? Ich erinnere mich schwach an einen pummeligen Dreizehnjährigen, der sein Gebet in ein Mikrofon murmelt, mit leichten Sprachschwierigkeiten, als hätte er Erdbeeren im Mund. Ich erinnere mich, dass er mir leidtat, ja, dass ich wütend wurde. Sonst nichts. War da was mit einem Stück Kuchen …?

Und dann Larry, wie er allein nach China fährt, ohne mich, und sich auf mitleiderregende Weise abmüht, eine Niere zu bekommen – wie er einsam und verlassen stirbt? Oder vielleicht ist das eine Erinnerung, zu der es nicht kommen soll?

Ich betrachte meine Frau und meine Söhne, die sich im Schlaf gegenseitig wärmen. Sie sind gesund, Gott sei Dank, Larry nicht. Sie haben Glück. Aber warum sollte ich meine Liebsten verlassen, um mich vorschnell in etwas zu stürzen, in dem ich nichts zu suchen habe?

Der Schlachtplan: Warum bringt mein Laptop den nicht auf den Schirm? Wo ist die Website, die mir sagen kann, was ich tun soll? Was, wenn – um nur mal für eine Minute den Wahnsinnigen zu spielen –, was, wenn ich meiner Familie verspreche, es später wiedergutzumachen, wenn ich meinen Jungs den Auftrag gebe, die Enten in unserem Teich zu füttern, daheim in Massachusetts, mich mit Larry in Peking verabrede und ein Ticket ohne festes Rückreisedatum buche? Und wenn, immer noch ganz theoretisch, wir der Sache dann eine Woche in China und noch mal ein, zwei Wochen in den Nachbarländern geben, gerade lange genug, um zu beweisen, dass es ein unmögliches Vorhaben ist?

Ich sehne mich danach, zu bleiben und mich in der Körperwärme meiner Familie zu verkriechen. Ein kalter Schauer durchfährt mich, als ich mir vorstelle, mich in die Unendlichkeit dahinter zu katapultieren. Dazu müsste ich mich zwingen, besonders wach zu sein, und wach fühle ich mich ganz und gar nicht.

Schläfrig lege ich mich zu meiner Familie. Jetzt sind wir zu viert. Bald schon, gemäß dem größeren Plan der Dinge, werden wir auf getrennten Wegen zu unbekannten Orten aufbrechen, aber noch teilen wir uns ein einziges großes Bett. »Dad?«, sagt einer der Jungs und sieht mich überrascht an. Er nimmt meine Hand und nimmt sie mit sich in den Schlaf.

Ja, vielleicht ist das alles reiner Unsinn.

Aber habe ich eine Wahl?

Mein Cousin liegt im Sterben.

Kapitel 2

McMao

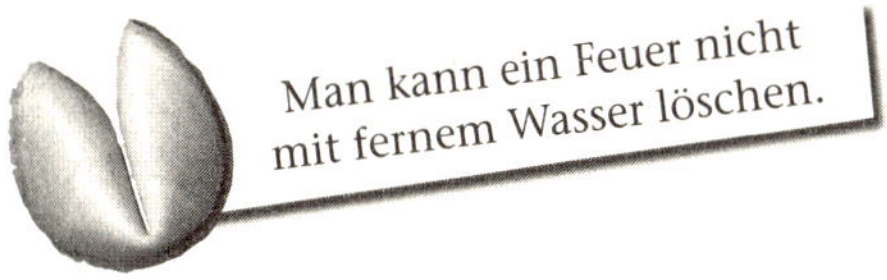

Großes Hin und Her. Am nächsten Sonntag werde ich vom Flughafen Peking durch die drückende Smoghitze gefahren, die mir ambossschwer und feucht auf den Schädel drückt. Ich hab's geschafft, von einer Zeitschrift den Auftrag für einen Bericht über die Veränderungen zu ergattern, die Peking während der letzten fünfundzwanzig Jahre durchgemacht hat, mit voller Kostenübernahme für eine Woche. Der Wagen vom Red-Flag-Limo-Service, in dem ich sitze, ist im Hotelpreis inbegriffen, für sechs Tage. Barmherzigerweise ist er mit einer Klimaanlage ausgerüstet, und obendrein gibt es auch noch eine bezaubernde, nein, äußerst bezaubernde Fremdenführerin.

Aber wie sich alles verändert hat! Das alte Peking ist für die Olympiade gebuttert und gebotoxt worden. Was einst ein flaches Labyrinth grobkörniger Viertel war, erinnert mich heute an Kryptonopolis aus den frühen Superman-Comics, eine futuristische Metropole mit fliegenden Zügen und Hitzschlag verursachender Architektur. Das fiebrige Gewusel zahlloser Männer und Frauen von vor fünfundzwanzig Jahren, die wie Ameisen auf einem Picknickteller über Bambusgerüste huschten, hat sich zu einer Überschall-McCity voller Chromglanz, Rauchglas und blauer Kryptonit-Vervielfältiger-Strahlen gewandelt. Das Ganze fühlt sich an, als geriete man aus dem heruntergekommenen Kaufhaus seines gewohnten Alltagslebens mit seinen kaputten Leuchtstoffröhren und schmierigen Rolltreppen in eine von Stroboskoplicht erfüllte Videospielhalle. *Schnapp, knister, zapp!* Statt der Großmütter, die vor einem Vierteljahrhundert noch mit zurückgebundenen Füßen an billigen Ständen vorbeischlurften, füllen jetzt Filmstarlets mit französisch pedikürten Zehen opulente Einkaufsmalls und zappeln ungeduldig in ihren Designersandalen herum. Die Fremdenführer haben sich ebenfalls verändert: Vor fünfundzwanzig Jahren waren sie schmallippig und streng und versteckten ihre kleinen Haarknoten unter grauen Mao-Kappen. Im Gegensatz dazu präsentiert die luxuriöse Yuh-vonne von Happy-Go-Luck-Travel kokett ihren Körper und den mähnenhaften Pagenkopf voller neonrosa Strähnchen, um die sie jeder Vollblutpunk beneiden würde.

»Ich mag Ihr Hemd, blau und grün!«, sagt Yuh-vonne munter. Sie sitzt neben mir auf dem lederbezogenen Rücksitz, während sich der Fahrer seinen Weg durch den zirkusartigen Verkehr bahnt, drohend und drängend. »Blau und Grün gutes Omen in China. Grün simbellisiert Menschlichkeit, Blau simbellisiert Himmel, und so. Rot, was simbellisiert Rot?«

»Keine Ahnung: Blut und Tod?«

»Oh, Sie sind ein Schlauer. Haariger Kumpel hinterlassen tiefen Eindruck! Nein, Rot nicht Blut und Tod. Rot langes Leben! So viele Dinge in China simbellisieren langes Leben! Verjagt die bösen Geister, blablabla. Ein Quiz am Ende der Fahrt, hahaha.«

»Was ist das?«, frage ich und deute auf einen vierstöckigen Computerladen, der orangefarbene Strahlen in der milchigen Luft pulsieren lässt, wie ein Science-Fiction-Leuchtturm.

»Was ist das, was ist das?«, äfft Yuh-vonne mich nach. »Sie so neugierige Mann, fragen viele Fragen. Ich mag neugierige Mann, aber nicht zu viel!«, sagt sie und zupft neckisch an der Krempe meines Panamahuts.

»Oh, sieh an«, sage ich. »*Mamma Mia!* läuft in Peking.«

»Oh, sieh an«, sagt Yuh-vonne. »Was Ihr Job?«

»Freilaufender Schriftsteller«, sage ich. Ich bin annehmbarer Laune, weil sich mein Nonstopflug von Denver wie ein kurzes Schläfchen angefühlt hat, nicht mal lang genug für einen schlechten Atem.

»Oah, meine Gott«, sagt Yuh-vonne und verbirgt ihr Lächeln hinter den glitzersteinbedeckten Händen. »Ein Schriftsteller, meine Gott!«

»Glauben Sie mir, das ist nichts Besonderes«, informiere ich sie. »Daheim an der Ostküste gibt es uns zu Dutzenden.«

»Aber nicht reisen mit Familie. Selbstsüchtige, böse Junge!«, sagt sie und stößt mir spielerisch mit dem Finger gegen die Rippen. »Ich machen nur Witz«, fügt sie gleich noch fürs Protokoll an. »Ihre Frau umsichtige Mädchen. Auch hübsch?«

»Oh ja, sehr. Sehr.«

Yuh-vonne verstummt kurz und setzt eine ernste Miene auf. »Yuh-vonne nicht meine wirkliche Name«, sagt sie. »Meine chinesische Name unsympathisch für Sie, also ich nehme Name von Website von meine Lieblingsfernsehsendung. Sie kennen *Batman*, Adam West, mit den Hunden?«

»Yvonne wer noch mal? Die, die Batgirl gespielt hat?«

»Sehen Ähnlichkeit?«, sagt sie und klimpert mit den Augenlidern. »Richtige Betonung Yuh-vonne.«

»Aber es ist französisch ...«

»Oah, Sie schlecht! Ich lese offizielle Website!«

»Schon gut«, sage ich, »und mich können Sie Will & Grace nennen.«

»Haha, das ist ein Humor!«, lacht Yuh-vonne und schlägt mir aufs Knie. Sollte sie sich nicht selbst aufs Knie schlagen, wenn sie sich amüsiert? Ich kann mich nicht erinnern. Ich vergesse bereits meine amerikanischen Gewohnheiten. Yuhvonnes Koketterie macht mich ein wenig benommen, obwohl ich doch weiß, dass ich das alles nicht persönlich nehmen sollte – schöne asiatische Frauen verschwenden ihren Charme oft an Besucher aus dem Westen, die es nicht verdienen, nur für den Fall, dass wir in der Nahrungskette weiter oben stehen, was nicht unbedingt der Fall ist. Trotzdem, ich mag ihr Lachen, das mehr ein Kreischen mit geöffnetem Mund ist, bevor es plötzlich zu einem rauen Kläffen in Richtung des Fahrers wird, der sofort scharf links über vier Fahrspuren schwenkt. Kleinere, unbedeutendere Autos huschen aus dem Weg, nur weil wir größer sind und teurer glänzen. Wenn sich ein Limofahrer bei uns in Amerika so etwas leistete, würde er wenigstens einen Mittelfinger zu sehen bekommen, aber hier weichen alle zur Seite, als wären wir ein glitzerndes schwarzes Feuerwehrauto.

»Unglaublich, was für ein Verkehr hier herrscht«, staune ich.

»Sie mochten es letztes Mal lieber, nur Fahrräder, wie?«, sagt Yuh-vonne.

»Genau. Aber woher wissen Sie, dass ich schon mal hier war?«

»Informationsmappe«, sagt Yuh-vonne und zieht sich ein hellrotes Ringbuch auf den Schoß. »Gratisservice, mit freundlichen Empfehlungen von Agentur. Haben Alterskoordinaten, Essensvorlieben und sogar Zeugnis von College. Nicht so gut in französische Sprache, wir sehen. Vielleicht Sie haben deshalb Problem mit meine schöne Name?«

Ich bin nicht sicher, ob sie Spaß macht und auf all den Blättern in ihrem Ringbuch nur das Programm steht, dass sie sich für unsere gemeinsame Woche ausgedacht hat. Aber sie liegt sowieso falsch, weil ich im College überhaupt kein Französisch hatte. Was ein weiterer Beweis dafür ist, dass die chinesische Überwachung, wenn man es denn so nennen soll, eher an frühe Slapstickkomödien erinnert als an sonst etwas. Was ich schon vor fünfundzwanzig Jahren mit Belustigung und Schrecken erfahren musste, und was auch Yuh-vonne bereitwillig zugibt.

»Informationsmappe hat traurige Lücken«, fährt sie fort, »zum Beispiel, was Sie trinken am liebsten für Entspannung, was Ihre Reisezweck und so weiter. Sie uns klären auf, bitte, damit wir Gefallen machen wie möglich.«

»Nun, es stimmt, dass ich eine Schwäche für Fahrräder habe«, sage ich und lasse mich von meinen Erinnerungen davontragen. »Beim letzten Mal waren wir den ganzen Weg vom Flughafen praktisch das einzige Auto. Es war nach Mitternacht, und der Fahrer fuhr ohne Licht, um Benzin zu sparen. Er blinkte nur manchmal einen Schwarm Fahrradfahrer an. Dann hatten wir zweimal pro Tag diese Banketts, auf denen wir immer neue irre Trinksprüche ausbringen mussten ...«

»Was Ihre Reisezweck?«, bellt Yuh-vonne plötzlich so streng, dass sie mich an ihre Vorgänger von vor fünfundzwanzig Jahren erinnert.

Ich wäge die Frage ab. Ich bin erst ein paar Minuten im Land, und schon kommt es zum ersten Test meiner Undercover-Fähigkeiten. Ich bin mir bewusst, dass ich in diesem Moment eigentlich superverschwiegen in Bezug auf unsere supergeheime Mission sein sollte. Aber wissen Sie was? Superverschwiegenheit bringt mich nirgendwo hin. Im Übrigen scheint Yuh-vonne von so grundsätzlichen Dingen wie meiner Verhaftung hier letztes Mal nichts zu wissen. So viel zu ihrer so genannten »Informationsmappe«. Und selbst *wenn* sie ein Cop wäre, dann wohl eher die Slapstickvariante, und ich hielte sie für keine echte Bedrohung.

»Ich bin hier, um meinem Cousin Larry zu helfen«, sage ich.

Die Bemerkung lässt Yuh-vonne erneut mit den Wimpern klimpern. »Laurie ist schön?«

»Huch!«, sage ich und knalle mit dem Kopf fast unter das Autodach, als wir über einen unbekannten Gegenstand fahren. Die Unterbrechung gibt mir Zeit zu überlegen. »Nun, er besitzt eine gewisse animalische Vitalität«, antworte ich. »Falls Sie je von einem Mann namens Al Goldstein gehört haben, dem Verleger der Zeitschrift *Screw*, gedrungen, robust, Larry sieht so ähnlich aus, nur ohne die Zigarre. Die Art des freundlichen Familienpornografen, wobei er Sie mit einem einzigen Schlag zu Boden strecken könnte, wenn er wollte.«

»Kopf kahl wie Billardkugel?«, fragt Yuh-vonne.

»Nein, er hat tolle Haare. Den Frauen gefällt das.«

»Jetzt reden offen!«

»Ja, also, er kann schon charmant sein, wenn er will, mit einem Glitzerlächeln, obwohl sie ihm als Kind ein paar Zähne ausgeschlagen haben. Und er verwendet diese altmodischen Ausdrücke, wie früher, als Höflichkeit noch nicht ganz …«

»Kommen zur Sache. Was seine Arbeit?«

»Das ist schwer zu beschreiben«, sage ich.

»Sie nicht mögen Yuh-vonne genug, um zu versuchen?«, sagt sie und macht einen Schmollmund. Dazu schlägt sie mir auf die Hand. Nicht mehr ganz so neckisch.

»Okay«, sage ich, »Sie haben wahrscheinlich noch nie von einem Professor gehört, der eine Halbautomatische dabeihat.«

»Das sehr wahr!«

»Nun, ich übertreibe«, sage ich. »Oder sagen wir besser: *Er* übertreibt. Er nennt sich Professor, obwohl er doch nicht mehr als ein Faktotum in einem katholischen College unten im Süden ist, mit Verbindungen zur Unterwelt, und manchmal verdient er sich was dazu, indem er Leute verklagt. Aber hauptsächlich erfindet er Tricks, wie man schnell arm wird. Das Letzte, wovon ich gehört habe, waren Hunde-Kippas, Jarmulkes für Vierbeiner, aber vielleicht war das auch eine der Erfindungen, die *ich* ihm verkaufen wollte. So ist das mit Larry:

Er wird so schnell zu einem Teil von einem selbst, dass man es nicht zugeben will. Nach einer Weile fängt man an zu denken wie er und kommt mit genauso durchgeknallten Ideen. Ich auf jeden Fall. Wobei alles, was Larry je angerührt hat, in die Hose gegangen ist. Ich kann gar nicht mehr zählen, wie oft er schon nahe dran war, eine Million Dollar zu machen, und dann in letzter Minute vermasselt er alles, als wäre die Selbstzerstörung von Beginn an mit einprogrammiert, wieder und wieder.«

»Unterm Strich er Unternehmer?«, fragt Yuh-vonne.

»Mehr ein Hans Dampf, würde ich sagen, ein Schwindler-Überbleibsel aus der alten Welt, warum er dem Rest der Familie irgendwie peinlich ist. Er riecht nach Getto ... Larry ist die Art Stetl-Gangster, die einige von uns sicher auch mal waren, bevor sie zu Elite-Ärzten/-Anwälten/-Indianerhäuptlingen wurden.«

»Ich will kennenlernen!«, sagt Yuh-vonne.

»Lassen wir ihn bis morgen ausruhen«, sage ich. »Er ist letzte Nacht spät im Hotel angekommen und muss erschöpft sein. Er hat in den nächsten Tagen eine ganze Menge auf dem Zettel.«

»Was genau auf Zettel?«

Schon wieder. Schon wieder bin ich in einer Situation, in der Vorsicht geboten ist. Aber Vorsicht funktioniert manchmal am besten, wenn man sie in den Wind schießt. Ich habe mich entschlossen, Yuh-vonne um Hilfe zu bitten.

»Wir versuchen, eine Niere für ihn zu finden«, sage ich.

Yuh-vonne zuckt mit keiner Wimper, als sie das hört. »Laurie also Chinese?«

»Amerikaner. Warum?«

»Wie kann er chinesische Niere benutzen?«

»Unter der Haut sind wir alle Brüder und Schwestern«, sage ich. »Das könnte übrigens, wenn ich drüber nachdenke, einer der Trinksprüche gewesen sein, die ich vor fünfundzwanzig

Jahren ausgebracht habe. Lassen Sie mich einen Moment überlegen …«

»Ich bin misstrauisch von dieser Biologie«, sagt Yuh-vonne. »Sehen Sie mich in die Augen.«

»Es stimmt, Organe sind nicht rassenspezifisch«, sage ich, »und so haben Larry und ich uns besprochen, und der Plan ist, dass wir es eine Woche lang in China probieren. Wenn nichts dabei herauskommt, versuchen wir's auf den Philippinen und dann vielleicht noch in Singapur und Hongkong. Mal sehen, ob wir etwas erreichen können.«

»Sie sind sonniges Gemüt. Wie wollen Sie machen?«

»Keinen blassen Schimmer. Auf dem Schwarzmarkt? Oder vielleicht gibt es auch so eine Art Kiwanis-Club für Nieren? Irgendwie Verbindungen knüpfen, hierhin und dorthin, geht es nicht immer so?«

»Hmmm«, sagt Yuh-vonne. »Sie haben Kontakts?«

»Nur einen ganz entfernten«, gebe ich zu. »Den Freund eines Freundes in der Botschaft, dem ich abends vor der Abreise eine Mail geschickt habe. Aber ich habe etwas Besseres als Kontakte. Bei meinen früheren Besuchen habe ich ein Gefühl dafür entwickelt, wie groß China ist und was alles möglich ist. Die eine Hand weiß nicht, was die andere tut, und das Gesetz wird nicht immer gleich angewandt. Es gibt sogar ein Sprichwort, das besagt, je weiter du vom Kaiser entfernt bist, desto schlechter kannst du seine Stimme hören. Was bedeutet, dass es in einiger Entfernung vom Zentrum etwas lockerer …«

»Ich sage Kontakts, *Linsen*«, unterbricht mich Yuh-vonne. »Ihre Augen sehen mich so hell an!«

»Oh«, sage ich. »Das muss die Luftverschmutzung sein.«

Yuh-vonne hat darauf ein Wort für mich: *»Guanxi.«*

»Guanxi?«

»Verbindungen. Bedeutet, dass es abhängt, wen Sie kennen, um Sachen zu erledigen. Persönliche Verbindung unterhalb

Radar, damit Sie bekommen, was Sie wollen, ohne einer davon weiß.«

»Perfekt«, sage ich. »Also fange ich gleich an und frage Sie, ob Sie einen Hinweis haben.«

»Ich? Hahaha.«

»Was ist mit dem Fahrer?«

Yuh-vonne vollführt eine doppelte Geste. Mit der einen Hand winkt sie ab, mit der anderen fährt sie sich an die Lippen und macht ein Schschsch-Geräusch. »Warum kein Verwandter gibt ihm Niere?«, fragt sie flüsternd.

»Nun, das ist eine traurige Geschichte«, sage ich. »Larry hatte eine eineiige Zwillingsschwester, Judy, die eine ideale Spenderin gewesen wäre, aber sie litt unter Depressionen und hat sich im letzten Jahr das Leben genommen. Als man sie fand, waren die Nieren nicht mehr zu retten. Und den Rest der nächsten Familie gibt es nicht mehr. Larry ist ganz allein auf der Welt. Es gibt zwar noch Verwandte, aber von denen hat er sich entfremdet, weil er einen Komplex hat.«

»Natürlich kein Baukomplex, wovon Sie sprechen.«

»Nein, nein, ein tiefer Ärger darüber, wie die Familie aufgebaut ist und funktioniert«, sage ich. »Sehen Sie, er ist der Sohn der kleinen Schwester meiner Großmutter, tatsächlich also gar kein richtiger Cousin von mir, ist aber durch die Familiengeschichte in einer anderen Klasse als der Rest gelandet. Meine Großmutter war eine majestätische Bostoner Lady, eine Art hübschere Ausgabe von Eleanor Roosevelt mit Persianerkragen, aber als ihre kleine Schwester geboren wurde, da war sie schon achtzehn, und ihren Eltern ging es längst nicht mehr so gut, worauf die Schwester am Ende einen liebenswerten, aber ungebildeten Automechaniker heiratete, der einen Schlaganfall nach dem anderen hatte. Soll ich weitererzählen?«

»Sie reden wie Achterbahn! Ich mag.«

»Ich weiß, es ist etwas viel auf einmal«, sage ich. »Wieder so nahe an Larry heranzukommen, muss mir zu Kopf gestiegen sein. Jedenfalls waren sie gute, honorige Leute, das ›Salz der Erde‹, wie es in der Familie ziemlich herablassend hieß, aber Larry hatte trotzdem immer das Gefühl, nicht an den Rest von uns heranzureichen, obwohl er seine Minderwertigkeit doch durch zig Abschlüsse wettgemacht hat.«

»Familie ihn nicht mag?«

»Oh, sie schätzen eine Menge an ihm, seine Energie und vielleicht sogar seine Direktheit – aber nicht das, was damit Hand in Hand geht. Im Grunde hat er ein Herz aus Gold, es sei denn, ihm kommt einer quer, was einige Verwandte in seinen Augen getan haben ...«

Und dann plötzlich ist er da. Nicht Larry, sondern Mao, sechs, sieben Meter hoch und airbrush-retuschiert, seit ich ihn das letzte Mal gesehen habe. Er hängt über dem Haupteingang zur Verbotenen Stadt, und sein Porträt wirkt jünger denn je, ein bisschen weniger müde, irgendwie munterer. Eher wie ein leicht bedrohlicher Ronald McDonald als der warzengesichtige Tyrann früherer Zeiten – der Despot als Fred Feuerstein. Vor fünfundzwanzig Jahren schlug mir sein Anblick auf die Verdauung, aber jetzt, wenn ich ihn durch den Smog so anlinse, verspüre ich fast so etwas wie eine familiäre Verbindung ... Hilfe! – dieser mopsige Skeptizismus und die stämmige Sturheit, der Bursche kommt mir mit einem Mal vor wie eine chinesische Version von Larry.

Und vor dem Porträt der Platz des Himmlischen Friedens, gewaltig wie immer schon. Wobei er das letzte Mal vor allem noch eine geologische Anomalie war: der größte öffentliche Platz der Welt, so groß wie neunzig Fußballfelder. Heute erinnert er mich an ein berüchtigtes Studentenmassaker, was mir die Möglichkeit gibt, den Spieß umzudrehen und meinerseits Yuh-vonne ein paar Fragen zu stellen.

»Wissen Sie, was hier geschehen ist?«

Yuh-vonne zwinkert lasziv. »Hinter den Mauern der Kaiser hat sehr viel Zeit damit verbracht, mit Konkubinen zu spielen«, sagt sie.

»Nein, nicht in der Verbotenen Stadt«, sage ich. »Auf dem Platz. 1989.«

Yuh-vonne wendet den Blick ab. »Die Alten wollen nicht darüber reden«, sagt sie. »Viele Male fragen wir sie, aber sie sagen, fragt nicht.«

»Wissen Sie, dass da Studenten ... zu Schaden gekommen sind?«

»Ein paar«, sagt sie vorsichtig. »Das weiß ich.«

Ich bringe ihren Blick zurück zu mir, indem ich ihr die Hand auf die Schulter lege. »Nicht ein paar«, sage ich, »Hunderte. Die Panzer sind einfach über sie gerollt, als sie protestierten.«

»Oah, meine Gott«, sagt sie und atmet hörbar ein. »Ich muss zur Tollette!«

»Wirklich?«

»Nein, kann warten«, sagt sie, aber sie wirkt plötzlich gehemmt, zugeknöpft.

Während wir den Platz passieren, lassen Kinder auf ihm Drachen steigen und kreischen vor Vergnügen. Junge Frauen mit rüschenbesetzten Söckchen überqueren ihn. Alte Frauen humpeln hinterher und halten sich Sonnenschirme über die Köpfe. Wo sind die Menschen in meinem Alter? Wo sind die Rotgardisten der Siebziger, die ihren Landsleuten so schreckliche Dinge angetan haben, wo die studentischen Protestierer der späten Achtziger? Die können doch nicht alle massakriert worden sein? Oder meiden sie den Ort? Wenn ich recht darüber nachdenke, bin ich kaum Menschen in meinem Alter begegnet, seit ich auf dem Flughafen angekommen bin.

Ich sehe hauptsächlich Soldaten, überall dünne, jugendliche Soldaten, Gruppen von schmalbrüstigen, pickligen Burschen, die sich ausruhen oder in ihren olivgrünen Uniformen herumalbern, schwächliche, waffenbehangene Jungen, die so gelangweilt und verspielt wie überall auf der Welt miteinander raufen, sich in den Schwitzkasten nehmen, Spucke auf den Beton tropfen lassen und die Kleckse mit den Stiefeln verschmieren, Handyfotos machen und ihren Müttern schicken. Jungs.

»Sie wissen von der Kulturrevolution?«, frage ich Yuh-vonne.

»Hat stattgefunden 67 bis 77«, sagt sie mit tonloser Stimme. »Ich da noch nicht geboren.«

»Was denken Sie darüber?«

Ich sehe jetzt erst, dass sie ganz zerbissene Lippen hat, Ausdruck einer inneren Strenge, die mindestens so rau ist wie alle staatlich verordnete. »Vielleicht-am-Anfang-gut-aber-dann-schlecht.«

»Wo zum Teufel sind die ...«

»Die Menschen heute sehr glücklich und reich«, sagt sie, um mich endlich zum Verstummen zu bringen. Wie auf Stichwort werden wir in diesem Moment von einer anderen Limousine abgedrängt, die noch größer und glitzernder ist als unsere.

»Wir sind nur arme Limo, aber er ist eine reiche, reiche Limo!« Sie dreht das Fenster herunter und lehnt sich mit dem Oberkörper nach draußen. *»Ich liebe dich, China!«*, ruft sie und streckt die Arme aus.

Weiter geht es die Straße hinunter zu meinem Hotel, das nur noch ein paar Blocks entfernt liegt. Durch das offene Fenster weht die feuchte Backofenhitze des chinesischen Sommers herein.

»Während der nächsten Tage brauche ich ziemlich ungewöhnliche Fremdenführerdienste«, erkläre ich Yuh-vonne, als wir ankommen. »Sind Sie bereit, ein Stück vom rechten Weg abzuweichen?«

»Ich stehe Nacht und Tag zu Diensten«, sagt sie.

»Bingo«, sage ich. »Wie lautet die Voraussage?«

»Dunstig.«

Als ich die Tür öffne, kommt mir plötzlich eine Erinnerung. Ich drehe mich um und sehe Yuh-vonne an. *»Dschung-dsching, dschung-dschang …«*, sage ich versuchsweise und probiere mich an den Trinkspruch zu erinnern, den ich vor einem Vierteljahrhundert gelernt habe. »Lang lebe die Freundschaft zwischen dem amerikanischen und chinesischen Volk: *Dschung jei?*« Aber er will mir nicht mehr einfallen.

Yuh-vonne beachtet meine Bemühungen nicht weiter und fasst bedeutungsvoll meine Hand. »Nacht und Tag«, sagt sie.

Kapitel 3

Die Larry-und-Mary-Show

Kamille. Der Geruch von Kamille.

Nach einem mehr als halb verschlafenen Tag wache ich um fünf Uhr nachmittags auf. Zu Hause ist es fünf Uhr morgens. Bilder von Nieren treiben durch meine Gedanken, verwehte Schemen, die sich auf die Pupillen legen. Ich schüttele sie ab und hebe den Kopf aus dem kamillegetränkten Kissen. Mein Reisebudget hat mir eine Luxussuite mit eigenem Butler beschert, der mir einen durchaus von Tee zu unterscheidenden Kaffee bringt, was eine willkommene Verbesserung gegenüber dem Getränk ist, das man mir vor einem Vierteljahrhundert in diesem Hotel serviert hat. Ich gehe nach unten. Die Lobby ist eine Burg, komplett mit flämischen Wandteppichen und einer Clinique-Hochglanztheke, hinter der ein Model mit zentnerschwerem Mascara wartend in der Hocke sitzt und sich geduldig Haut von den Zehen rupft.

Minuten später fahre ich per Taxi durch die Dampfhitze zu Larrys Billighotel, das einfach, aber völlig in Ordnung ist. Die fünf Rezeptionistinnen im kleinen Empfangsbereich sehen aus wie die kühlen Schönheiten aus den Robert-Palmer-Musikvideos der Achtziger, mit identischen knappen schwarzen, schärpebesetzten Kleidern, das schwarze Haar genau gleich zurückgekämmt und zum Knoten gebunden. Sie kichern im

Chor und deuten auf den Gebäudeteil jenseits des grasbewachsenen Hofes. Zweiter Stock.

Ich klopfe an Larrys Tür und werde vom Geräusch eines Schlüssels begrüßt, der von innen im Schloss herumrührt. Und rührt und rührt. Endlich schwingt die Tür auf, und ich sehe mich einer riesigen Putzfrau in einem dicken Mantel gegenüber. Die Ärmel hat sie sich aufgekrempelt, von den Händen tropft Lauge, und sie tritt gleich zur Seite und gibt den Blick auf Larry frei, der sich hinten im Zimmer aus einem Sessel erhebt. So überraschend groß und merkwürdig dick angezogen die Putzfrau ist, so klein kommt mir Larry vor, und er trägt kaum was am Leib. Ich habe ihn seit Jahren nicht gesehen und wundere mich, wie sehr er geschrumpft ist. Bis auf eine ausgeleierte Unterhose, eine sperrige Schildpattsonnenbrille und seine Unternehmerlaufschuhe ist er nackt. Nicht, dass er je daran dächte, auch nur drei Schritte zu joggen, aber seine Unternehmerlaufschuhe würde er nicht mal auf dem Totenbett ausziehen.

»Hawwo, Dan«, sagt er in dem Einheitston, mit dem er sich stets davor schützt, zu glücklich oder zu traurig zu werden.

»Zieh dir was an, und ich umarme dich«, sage ich.

»Oh, das klingt verlockend«, sagt er trocken. Larry ist ganz eindeutig nicht der große Umarmer. Ich in Bezug auf ihn auch nicht. Er sieht so schrecklich aus, dass ich unsere Läuse am liebsten weit voneinander getrennt halten würde.

Wir sind beide erleichtert, als wir uns nur die Hände schütteln.

Aber selbst auf Armlänge ist sein geschrumpfter Zustand erschreckend. Larry ist so in sich zusammengesunken, dass er wie gebückt wirkt. Er hat reichlich Gewicht verloren und ist Meilen von den hundertdreißig Kilo entfernt, die er zu seinen besten Zeiten gewogen hat. Wobei das, was jetzt fehlt, nicht die Art Gewicht ist, die man verlieren will. Ich klopfe ihm auf die Schulter und spüre den abgemagerten Körper eines alten Mannes. Er scheint einen, vielleicht auch zwei weitere Zähne verloren zu haben – ich bin nicht sicher, weil er nicht genug lächelt, dass ich nachzählen könnte. Die Sonnenbrille verdeckt den leichten Anflug von Bedrohlichkeit, den er immer ausstrahlte, und lässt ihn fast schon freundlich aussehen, wie eine Schildkröte, die man sich als Haustier hält. Sein Gesicht wirkt gleichzeitig kalt, aufgedunsen und verhärmt. Vor allem ist es grau: Ihm fehlt die blutsäubernde Niere, die der Haut einen gesunden rosigen Ton geben würde. Wie zum Ausgleich für das fehlende Rosa haben die Innenseiten seiner Unterarme die Farbe von Coca-Cola.

»Was hast du denn da gemacht?«, frage ich und wische mir unauffällig die Hände ab.

»Die Dialyse«, erklärt er mir. »Die Schwestern in Florida behandeln mich wie ein Nadelkissen, obwohl man doch annehmen sollte, dass sie das hier finden«, sagt er und deutet auf einen hässlichen blauen Knubbel.

»Was ist *das*?«, frage ich.

»Eine Fistel«, sagt er. »Da haben meine Ärzte in ihrer grenzenlosen Weisheit Vene und Arterie miteinander verbunden, um einen besseren Zugang zu meinem Blutkreislauf zu bekommen.«

»Großer Gott«, sage ich. Ich hätte nie damit gerechnet, dass er so schlimm aussehen würde. »Aber eine schöne Uhr«, sage ich und meine damit die nachgemachte Rolex, die ihm wie ein Armband am Handgelenk baumelt.

»Magst du sie? Sie gehört dir«, sagt er und schüttelt sie sich vom Arm.

Wie kann ich es vergessen haben? Larrys Großzügigkeit war immer so sprichwörtlich (vom alten Schlag, mögen manche sagen), dass es unmöglich war und offenbar immer noch ist, ihm wegen etwas ein Kompliment zu machen, ohne es sofort geschenkt zu bekommen. Es ist keinesfalls übertrieben, dass er einem selbst noch das letzte Hemd gibt, das er auf dem Leibe trägt. Einmal habe ich den Fehler gemacht, etwas Nettes über sein Unterhemd zu sagen. Postwendend hielt ich das Polyesterding in Händen, noch warm von seiner Haut.

»Nein danke, hab schon eine«, sage ich, bestürzt darüber, dass ich tatsächlich eine nachgemachte Rolex genau wie seine besitze. Mit meinem Cousin Larry im Partnerlook zu gehen war wirklich nicht das, was ich im Sinn hatte.

»Wie du willst«, sagt er. »Wie wäre es mit einer Kalbslederbrieftasche? Ich habe ein paar zum Verschenken mitgebracht, oder einem Lederkoffer? Etwas Bargeld, um dir mit dem Flug zu helfen?«

Larry ist mit Geld immer schon wie ein Spieler umgegangen und handhabte das obligatorische Bündel frischer Banknoten, das er in der Tasche mit sich trug, wie ein neues Kartenspiel. Jetzt stöhnt er, als er einen einzelnen Geldschein aus seiner würzig riechenden Brieftasche zieht und die übrigen dabei zu Boden fallen, was ihn mit dem Problem konfrontiert, wie er sich bücken und sie wieder aufheben soll.

»Nein danke, das ist alles geregelt«, sage ich, gehe in die Hocke, um das Geld aufzuheben, und versuche den Zustand meines Cousins einzuschätzen. Ist das wirklich der kleine fette Larry, der so gerne die Rolltreppen rauf- und runterrannte? Der mir wahre Lachanfälle bescherte, indem er die Lippen gegen das Gitter eines Ventilators presste und den alten Clint-Eastwood-Spruch murmelte: *Mach schon, versüß mir den Tag.* Wie kann jemand aus meiner Generation so gebückt und verdorrt sein? Hatte ich bis zu meinem Eintreten in dieses Zimmer noch Zweifel, ob es richtig war, nach China zu kommen, so haben sie sich bei seinem Anblick ein für alle Mal in nichts aufgelöst.

»Ich kann dir gar nicht sagen, wie müde ich bin«, erklärt

mir Larry, lässt sich in seinen Sessel fallen und beginnt einen zehnminütigen Vortrag darüber, wie man sich im Endstadium eines Nierenversagens fühlt. Angesichts seiner Ermattung ist es so, als arbeitete sein Mund mit einem externen Generator. Ich höre dem grauenvollen Bericht mit nur einem Ohr zu, damit er mir nicht zu sehr auf die Stimmung schlägt. Wenn ich meinem Cousin helfen will, muss ich optimistisch sein, und das könnten mir zu viel deprimierende Details unmöglich machen. Ich nehme die Gelegenheit wahr und erlaube mir einen kleinen Tagtraum, in dem ich zu Hause bei Frau und Kindern bin. Morgen fängt die Schule wieder an, die Jungs gehen in die vierte und siebte Klasse. »Du hast ja keine Ahnung«, schließt Larry zehn Minuten später und drückt sich die Daumen müde in die Augenhöhlen. »*Ich* hatte vorher auch keine Ahnung. Ich dachte, gegen Nierenprobleme gäb's Pillen. Und diese Peking-Oper hilft auch nicht gerade«, fügt er noch hinzu und deutet auf das grellbunte Historienspiel, das auf dem Fernsehschirm an der Wand vor sich hin kreischt. »Das geht ohne Pause so, seit es sich heute Morgen offenbar von selbst eingeschaltet hat, und ich kann nichts dagegen tun«, sagt er. »(Ich meine, ohne Spaß, hast du so was schon mal gehört? Im Vergleich dazu klingt Yoko Ono ja wie Frank Sinatra.)«

»Kannst du nicht einfach den Stecker herausziehen?«, frage ich.

»Bitte, versuch es«, sagt er. »Vielleicht hast du ja mehr Glück als ich.«

Eine Weile hustet er schwach (die Überbleibsel eines Bronchialinfekts, den er sich bei der Dialyse zugezogen hat, sagt er), während ich direkt hinter dem Fernseher den Stecker finde und herausziehe.

»Rätsel gelöst«, seufzt er und genießt die plötzliche Stille. »Übrigens, nur zu deiner Info, ich behalte mir das Recht vor, mich umzubringen, wann immer ich will, Dan. Meine Mutter ist tot, mein Vater ist tot, meine Schwester ist tot, übrig bin allein ich, und ich schulde niemandem etwas. Nur, damit das zwischen uns klar ist, wenn irgendwer mich davon abzuhalten versucht, wäre das für mich das Ungeheuerlichste, was du je getan hast.«

Meine Gedanken blenden ihn aus, und ich frage mich, warum er den Stecker nicht gefunden hat. Das gleicht so gar nicht dem Larry, an den ich mich erinnere. Sein phlegmatisches Äußeres war immer nur die Maske, hinter der sich ein messerscharfer Verstand verbarg. Stimmt da sonst noch was nicht mit ihm? Ist der körperliche Verfall nur eine Seite der Münze? Ich sehe zur Putzfrau im Bad hinüber, die auf allen vieren den Boden um die Toilette herum putzt. *Schrubb, schrubb, schrubb.* Die ist wirklich mit dem Herzen dabei. Der dicke, mit Schaffell gefütterte Wildledermantel, in dem sie steckt, verdoppelt ihre sowieso schon ansehnliche Statur fast. Als ich mich wieder in Larrys Vortrag einblende, erklärt er gerade, dass eine Spenderniere eine Behandlung und keine Heilung bedeutet, er selbst im besten Fall sein Leben lang teure Medikamente nehmen muss, die eine Abstoßung verhindern, und sich nicht mit einem Invalidenleben im Sessel abfinden wird.

»Larry«, sage ich, »du musst begreifen, dass da deine Depression aus dir spricht.«

»Also gut, aber wenn sie spricht, höre ich zu«, sagt er unwirsch. Dann setzt er kurz ein milchmildes Lächeln auf, das ihn ein bisschen wie die Mona Lisa aussehen lässt. »Natürlich können mir auch jeden Moment die Kekse ausgehen, und dann steht mein Leben sowieso in Frage«, sagt er und langt in den Koffer zu seinen Füßen, in dem ich etliche Schachteln Girl-Scout-Kekse erkennen kann. »Du glaubst doch nicht ernsthaft, dass ich die einheimische Kost hier essen würde, oder?«, fragt er und hält mir einen Karamellkeks hin. »Wie ist dein Hotel? Feiner als das hier, nehme ich an.«

»Nur, weil die Zeitschrift es zahlt«, sage ich und bin etwas verlegen, da ich es so viel besser getroffen habe, hoffentlich rieche ich nicht nach Kamille. »Es ist das Hotel, in dem ich schon vor fünfundzwanzig Jahren gewohnt habe, wobei es heute weit besser ist, muss ich sagen.«

»Das, wo der Kaffee so ungenießbar war?«

»Du hast ein erstaunliches Gedächtnis, Larry.«

»Ich weiß noch alles, was du mir erzählt hast, Dan. Ich sehe zu dir auf, du bist mein großer Cousin. War das im Übrigen nicht das Hotel, wo du oben auf dem Dach die Stewardess *gestuppt* hast?«

Schrubb, schrubb, schrubb.

»Okay, dein Gesicht sagt mir, das war in einem anderen Leben, an das du nicht mehr erinnert werden willst. Ich möchte dir nur zeigen, wie viel du mir immer bedeutet hast, nicht, dass deine Frau je davon erfahren müsste. Was mich betrifft: Was in Vegas war, bleibt in Vegas. Dafür stehe ich.«

»Das musst du damals missverstanden haben, Larry.«

»Ich glaube nicht, Dan. Du hast mir viel erzählt. Wobei zu deiner Verteidigung zu sagen ist, dass du dem Alkohol in jenen Tagen ziemlich intensiv zugesprochen hast. Ich bin froh, dass das vorbei ist. Was hat dich am Ende dazu gebracht, damit aufzuhören, wenn ich fragen darf?«

»Larry, konzentrieren wir uns im Moment doch besser auf dich.«

»Gute Idee. Jetzt, wo wir uns über deine bewegte Vergangenheit ausgesprochen haben, scheint es an der Zeit, dass auch ich die Karten auf den Tisch lege und eine andere kleine Sache erwähne, über die ich bisher nicht gesprochen habe.«

Die Putzfrau widmet sich nach der Toilette nun der Waschbeckenaufhängung: *Schrubb, schrubb, schrubb.*

»Ich weiß, dass es illegal ist, was wir hier tun, Larry. Das hast du mir schon beigebracht.«

»Habe lange genug dafür gebraucht. Ich war ganz schön nervös deswegen, um die Wahrheit zu sagen.«

»Das verstehe ich. Du wolltest nicht, dass ich es falsch aufnehme.«

»Ich bin so froh, dass du mich so nimmst, wie ich bin, Dan, mit all meinen Schwächen.«

»Das ... hmm ... tu ich.«

»Es bedeutet mir sehr viel. Und in diesem Sinne gibt es noch eine Sache, die du nicht falsch aufnehmen solltest. Siehst du, wie nervös ich schon wieder werde?«

»Spuck's einfach aus«, sage ich. »Was werde ich schon tun? Dir den Kopf abreißen? Dafür bin ich nicht den ganzen Weg hergekommen. Ich will dir doch helfen.«

»Du hilfst mir schon durch deine bloße Anwesenheit. Ich kann dir gar nicht sagen, was für ein Trost es für mich ist, dass du gekommen bist.«

»Das freut mich, Larry. Und?«

»Ich werde heiraten.«

»Larry! Meinen Glückwunsch!«, sage ich und bin so erleichtert, dass ich mich zurückhalten muss, um ihn nicht in den Arm zu nehmen. Ich hatte mit was absolut Schrecklichem gerechnet. »Warum sollte ich dir deswegen böse sein? Das ist wundervoll!«

Er wirkt so zufrieden wie eine Schildkröte, die eine tote Fliege zu fressen bekommen hat. »Du hattest mal wieder Recht, Dan. Ich hatte keinen Grund, nervös zu sein. Danke für deine Unterstützung.«

»Wow, ein alter Junggeselle, der nach all den Jahren doch noch in den Hafen der Ehe einläuft.«

Er spricht jetzt etwas schneller. »Ja, ich bin wirklich begeistert von ihr«, fährt er fort. »Ich habe noch nie eine Frau getroffen, die so viele meiner Auffassungen mit mir teilt. Sie trinkt nicht, spielt nicht und treibt sich nicht herum. Sie ist genauso gefestigt wie ich. Es ist so, als wären wir synchronisiert. Ich habe noch nie so für jemanden empfunden.«

»Das freut mich für dich, Larry. Wann hast du sie kennengelernt?«

»Nun, das findet gerade noch statt«, sagt Larry. »Ich glaube, es ist klug, wenn ich erst etwas Zeit mit ihr verbringe.«

Für einen Moment tritt Stille ein. Das einzige Geräusch im Raum ist das *Schrubb-Schrubb-Schrubb* der Bürste auf dem Wasserhahn.

»Larry, willst du damit sagen, dass du sie hier zum ersten Mal triffst und das ein weiterer Grund war, warum du nach China wolltest?«

»Dan, ich kann nicht glauben, dass ausgerechnet du von mir erwartest, jemanden ungesehen zu heiraten. Dazu kommt, dass mir deine Meinung von ihr sehr wichtig ist. Du warst schon immer ein ausgezeichneter Menschenkenner, Dan.«

Er liest den Ausdruck auf meinem Gesicht.

»Tu jetzt im Übrigen nicht so, als hätte ich dich nicht angemessen gewarnt.«

»Was redest du da?«

»In deinem Sessellift, Dan. Ich erinnere mich genau, wie du mich falsch verstanden hast.«

»Larry, das war keine gute Verbindung. Ich konnte kaum …«

»Als du dachtest, ich wäre angeheitert.«

Wieder eine Pause, während der etwas Irreparables in meinem Kopf reißt.

»Larry, *vielleicht* habe ich etwas gehört, aber ganz sicher nicht verstanden. Da ging es drunter und drüber.«

»Ich will dir zugestehen, dass du da vielleicht eine psychologische Blockade hattest. *Heiter, heiraten*, da kann man schon mal was durcheinanderbringen. Sie heißt übrigens Mary.«

Mir fehlen die Worte. Ich sinke auf einen Stuhl.

»Aber egal«, sagt er. »Wen zum Teufel stört das schon, wie

du so gerne sagst. Wobei ich eine so hochstehende Persönlichkeit wie dich nicht mit niederen wirtschaftlichen Erwägungen belasten will, aber es wäre fiskalisch gesehen völlig verantwortungslos von mir gewesen, ein Flugticket zu berappen, um herzukommen, ohne voll auf meine Kosten zu kommen, wenn du verstehst, was ich meine. Ist es nicht besser, beides miteinander zu verbinden, als Doppelpack sozusagen? Mir eine Niere zu besorgen und eine Braut gratis dazu? A und B gemeinsam, mit einem Schlag. (Und das ist sicher nicht rassistisch, denn rassistisch will ich, angesichts der Umstände, ganz und gar nicht sein. Ich bin Gast der Chinesen, sie sind nicht meine Gäste. Im Übrigen versuche ich bewusst, nicht das Wort ›Schlitzauge‹ zu benutzen, während wir hier drüben sind.)«

»Gut für dich. Aber, Larry«, sage ich und versuche meine Worte deutlich zu sprechen, »du hast die Situation falsch dargestellt.«

»Ich habe dich hereingelegt, Dan. Reden wir nicht um den heißen Brei herum und lassen es besser klingen, als es ist. Ich habe dich hereingelegt, klar und eindeutig, aber glaubst du ernsthaft, du wärst in ein Flugzeug gestiegen, wenn ich dich voll ins Bild gesetzt hätte? In gewisser Weise war es also nur zu deinem Besten. Die Zweifel hätten dich innerlich zerrissen, wenn ich dich nicht vor der Wahrheit geschützt hätte.«

Ich lasse den Blick schweifen und suche nach der Klimaanlage, aber es gibt keine. Klar, dass ich klitschnass geschwitzt bin.

»Sieh mich nicht so an, Dan. Sage ich was zu deinem Ziegenbärtchen und dem Ohrring, so geschmacklos mir beides vorkommen mag? Ich begreife, dass du dich seit unserer Kinderzeit verändert hast. Leben und leben lassen, das ist mein Motto. Wir alle müssen essen.«

»Ich könnte jetzt echt wütend auf dich werden, Larry.«

»Und ich könnte dir, hoffentlich nicht zum ersten Mal, raten, deine Wut nicht auf den Überbringer der schlechten Nachrichten zu richten, Dan. Fändest du es besser, wenn ich dir gegenüber auch weiter mit Halbwahrheiten komme, so dass du bald noch weniger weißt, was hier eigentlich Sache ist?«

Er hat Recht, das will ich nicht. Es fällt mir auch so schon schwer genug zu sagen, was ich hier mache. Und tagträume ich jetzt schon wieder, oder höre ich ihn wirklich sagen, dass sich diese Mary auf *candeyblossoms.com* als »zierliche fünfunddreißigjährige Architekturprofessorin an einer renommierten Universität mit tollen Englischkenntnissen und einem sechsjährigen wunderhübschen Ballerinatöchterchen« annonciert hat? Erklärt er mir wirklich, dass ihn das mit der kleinen Ballerina besonders anspricht, weil er Kinder so liebt und bereits ein rundes Dutzend Patenkinder hat, darunter eines von einer Dekanin seines College, die Nonne ist, keine eigenen Kinder haben kann und deshalb eins aus Ecuador adoptiert hat? Ihm, dem Paten, hat sie gleichsam ein Universal-Empfehlungsschreiben ausgestellt, das er immer bei sich trägt. *»Hiermit bestätige ich, dass Larry Feldman ein hochangesehener Intellektueller mit höheren Abschlüssen in Mediation/Verhandlungsführung ist und eine Lizenz besitzt, die Kunst des Immobilienhandels in einer Vielzahl amerikanischer Bundesstaaten zu betreiben. Jede Hilfe, die Sie diesem VIP zukommen lassen, wird in den höchsten Kreisen tiefe Achtung erfahren.«* Und dass ihm die Briefe, die ich in der Highschool gefälscht habe, um dem Nachsitzen zu entgehen, dabei als Vorlage gedient haben?

Ich bin nicht sicher. Irgend so etwas muss es sein. Sicher bin ich mir nur, dass ich nicht um dem halben Globus geflogen bin, um von mir zu reden. Das sage ich ihm.

»Du hast ja Recht, Dan. Ich meine nur: Du inspirierst mich. Und ganz unter uns, so wie ich es sehe, werfen sie Künstlern in unserer Gesellschaft ständig Knüppel zwischen die Beine. Keiner kann dir eine gefälschte Unterschrift hier oder da vorhalten, bloß weil du ein paar Schritte weiterkommen willst. (Falls ich es noch nicht gesagt habe: Danke, dass du mit auf diese Reise gekommen bist, und bitte gib diesen Dank auch an deine Frau weiter. Ich weiß es zu schätzen, dass sie dieses finanzielle und emotionale Opfer bringt, damit ich mit meiner Frau hoffentlich einen winzigen Teil des Eheglücks erleben darf, das du zweifellos mit deiner Frau genießt.)«

Helfen Sie mir, dieser Mann verhext mich. Seit einem bestimmten Moment, und der liegt ein paar Minuten zurück, versuche ich nicht mal mehr, Widerstand zu leisten. Ich stehe im Bann dieses Schlangenbeschwörers, der vielleicht als Einziger auf dieser Welt auch in Klammern spricht. Wobei ich zugeben muss, dass es eine gewisse Erleichterung bedeutet, sich solch meisterlicher Manipulation geschlagen zu geben. Es ist wie das köstliche Nachgeben, wenn man nach übergroßer Müdigkeit endlich den Kopf sinken lässt, den Hals entspannt und wegdämmert. Entgegenkommen. Vergeben. Das Gefühl muss ähnlich sein wie die süße Unterwerfung, die auch Anhänger eines Kults oder einer Sekte empfinden. Gott, steh mir bei, ich werde Anhänger des Larry-Kults.

»Also gut«, sage ich und raffe mich nach langem Schweigen endlich wieder zum Sprechen auf. »Wann werde ich die Braut kennenlernen?«

»Das hast du schon. Das ist sie«, sagt er und deutet mit dem Kinn auf die Frau, die das Waschbecken schrubbt.

Mein Kopf fährt herum, fast zerre ich mir dabei einen Muskel. Ich bemühe mich um eine Spur Zartgefühl.

»Aber, Larry«, sage ich, »beschrieben hat sie sich aber etwas anders.«

»Was du nicht sagst. Ich bin so überrascht wie du. Sie ist mindestens neunundvierzig, gebaut wie ein Footballspieler, und sie sagt, sie wiegt sechzig Kilo, allerdings würde ich eher auf achtzig tippen. *Vielleicht* arbeitet sie als Aushilfslehrerin für

Elektronik an einer höheren Schule auf dem Land, irgendwo am Ende der Welt nahe der nordkoreanischen Grenze. Das versuche ich gerade noch zu überprüfen.« Er hebt eine Cola-Flasche mit chinesischen Zeichen an und nimmt einen kleinen Schluck. »Sie hat auch keine sechsjährige wunderhübsche Tochter, sondern einen vierundzwanzigjährigen geisteskranken Sohn, gestört, behindert, gehandicapt, was immer heute der richtige Begriff sein mag. Nicht, dass ich was gegen zurückgebliebene Menschen hätte. Meine eigene Schwester Judy war auch keine große Nummer in der Graue-Zellen-Abteilung, Friede ihrer Seele, obwohl sie sich überraschend fix zeigte, wenn es um Kreuzworträtsel ging. Ihr Hauptproblem war die Schüchternheit. Sie war so zurückgezogen. Aber du erinnerst dich sicher, Dan: Hast du sie je bei einer Familienfeier im Gespräch erlebt, abgesehen von dem einen Mal, als sie so begeistert war, in das spezielle Epileptikerprogramm aufgenommen worden zu sein?«

»Moment«, sage ich und versuche sein Wortbombardement zu unterbrechen. »Ist damit der Handel nicht hinfällig? Ich meine, wenn Mary nicht so ist, wie sie sich beschrieben hat. Hätte sie nicht ehrlich sein müssen? Hebt das eure Abmachung nicht auf?«

»Absolut nicht, Dan. Ich habe größten Respekt davor, wie sie die Tatsachen verdreht hat. Das zeugt von einer angeborenen Raffinesse, die ich zu schätzen weiß. Nicht ein einziges Mal während unserer zweijährigen E-Mail-Korrespondenz hat sie einen Fehler gemacht. Dazu kommt, dass es schmeichelhaft ist. Sie hat das alles erfunden, um *mich* zu beeindrucken. Entschuldige, da bin ich tatsächlich beeindruckt.«

»Aber sie hat dich belogen, Larry!«

»Ja, das hat sie, und ich nehme das in die Rechnung mit auf, aber andererseits haben wir all die Dinge gemeinsam, die ich dir genannt habe, und sie hat einen Onkel, der, wie ich annehme, ein hohes Tier in der Regierung ist, wenigstens insoweit, dass er mir eine Verbindung zu einer Klinik verschaffen kann, wo ich meine Dialyse bekomme, morgen zum ersten Mal. Das ist nicht zu unterschätzen angesichts meines Gesundheitszustandes und auch meines Wunsches, wenn irgend möglich, nebenher ein paar Geschäfte zu machen. Darüber hinaus hat er für eine Woche ein Taxi spendiert, was eine nette Geste ist. Ich halte also absolut nichts davon, vorschnelle Entscheidungen zu treffen. Wer bin ich, dass ich ein Buch nach seinem Umschlag beurteilen will? Du bist Autor, Dan, du müsstest doch wissen, wovon ich rede. Wie gefiele es dir, wenn die Leute deine Bücher nur nach dem Umschlag beurteilten?«

»Das tun sie doch!«

»Aber wünschst du dir nicht, dass sie es *nicht* täten?«

Ich weiß, darauf muss es eine Antwort geben, nur komme ich beim besten Willen nicht drauf, wie sie lauten könnte. Ich reibe mir den Nacken, wo ich mir was gezerrt habe. Endlich dämmert es mir, ganz schwach. »Nun, es ist deine Entscheidung, Larry.«

»Ja, das ist es, und ich bin froh, dass du das nicht vergisst«, antwortet er. »Hüte dich in deinem Leben vor zu schnellen Urteilen, mehr sage ich nicht, Dan. Hast du nicht mal die Braut eines Freundes am Abend vor der Hochzeit heruntergeputzt und es später bereut, als sie sich noch zehn Jahre danach als treue Ehefrau erwies?«

»Ich kann nicht glauben, dass ich dir mein ganzes Leben erzählt habe.«

»Mach den Fehler nicht noch einmal, Dan, besonders nicht angesichts der interkulturellen Unterschiede zwischen uns und den Schlitzaugen. Was? Was?«

Es entsteht eine Pause.

»Nichts, Larry. Willst du sie mir jetzt endlich vorstellen oder nicht?«

»Mary?«, ruft er in Richtung Bad. »Mary?«

Als sie auch auf den zweiten Ruf nicht reagiert, steckt er einige gebrechliche Finger in den Mund und lässt ein brutales Taxipfeifen los. »Mary, leg die Bürste weg, wie ich's dir gesagt habe, und komm her!«

»Ja, ah, Professor?«, sagt sie, huscht herbei und gleitet auf Larrys Schoß und begräbt ihren Verlobten unter sich, so dass ich sein Gesicht nicht mehr sehen kann, während er mit der Vorstellung fortfährt.

»Liebes, das ist der Mann, den ich immer für James Bond gehalten habe.«

»Der ich aber nicht war.«

»Trotzdem, so kamst du mir als Heranwachsender vor, Dan, was soll ich sonst sagen? Mit den ehrfürchtigen Augen des jüngeren Cousins habe ich dich so gesehen. Du hattest diese ausgebuffte Aura. Ich weiß nicht, ob es einfach nur Glück war, aber ganz gleich, in was für eine Patsche du dich manövriert hattest, am Ende gingst du immer als der große Zampano daraus hervor.«

Mary und ich schütteln uns die Hände, während ich mich vorbeuge, um Larry zu sehen, der mich auf seine zurückhaltende Weise anstrahlt. »Zehn Stunden hat sie im Zug gesessen, um herzukommen, weil sie mich nicht den Flug zahlen lassen wollte, die gute Seele.«

»Hallo«, sage ich und verfolge staunend, wie meine Hand zwischen ihren verschwindet.

»Ich habe ihm nach dem College das Leben gerettet«, dringt Larrys sachliche Stimme hinter Marys Körper hervor. »Ich hatte schon mit achtzehn meine eigene Immobilienfirma und ließ ihn in meinem Gästezimmer wohnen, als er nicht wusste, wovon er als angehender Schriftsteller leben sollte. Seine Freundin hat ihn betrogen, also ist er gleich zu zwei Seelenklempnern gegangen, die er dann seinerseits betrog, indem er ihnen nicht voneinander erzählte. Bis heute kapiere ich nicht, warum die dir beide kein Valium verschrieben haben und du meins klauen musstest.«

»Du wusstest, dass ich zu zwei Therapeuten ging?«, sage ich und versuche meine Hand wieder freizubekommen.

»Also, warum du gerade zwei Seelenklempner hintergehen musstest, das wage ich nicht zu erraten. Ich bin Professor für Mediation und kein Facharzt. Du wirst einen der Doktores in der Familie befragen müssen, wenn du in dem Punkt weiterkommen willst. Wie schätzen die übrigens unseren kleinen Ausflug hierher ein? Das will ich wahrscheinlich gar nicht wissen, richtig?«

»Wahrscheinlich nicht«, sage ich. »Sie sind dagegen.«

»Nun erzähl schon.«

Ich rutsche auf meinem Stuhl herum, zum Teil aus Mitgefühl mit Larry, der Marys Gewicht auf sich trägt.

»Sie sind skeptisch, vorsichtig ausgedrückt.«

»Und weniger vorsichtig ausgedrückt?«

»Sie verachten die ganze Unternehmung«, sage ich, »aber das war zu erwarten. Sie spiegeln das konservative amerikanische Medizinerestablishment wider. Ihr offizielles Urteil lautet, dass wir ›unverantwortlich‹ handeln, indem wir das warme Nest der amerikanischen Gesundheitsfürsorge verlassen, selbst wenn die dir sagt, dass du zehn Jahre auf eine Niere warten musst. Willst du noch mehr?«

»Unglücklicherweise ja.«

»Nun, um für eine Minute den Advocatus Diaboli zu spielen, Larry. Du musst zugeben, dass sie nicht ganz Unrecht haben. Was wissen wir schon über die hygienischen Verhältnisse hier? Und wie sie an die Organe kommen? Da sind so viele Variablen im Spiel, dass es schade ist, dass du Burton nicht um Hilfe bitten konntest.«

Bei der bloßen Erwähnung des Namens verwandelt sich

Larry. Plötzlich sieht er absolut nicht mehr wie eine zahme Schildkröte aus, sondern wie eine Schlange kurz vor dem Zubeißen. »Dan, das wäre das Letzte, was ich tun würde.«

»Ich weiß, trotzdem lässt sich nicht abstreiten, dass Burton einer der führenden Nierenfachärzte des Landes ist. Du hast schon ein Händchen dafür, dir die richtigen Feinde auszusuchen.«

»Reden wir nicht darüber. Aber was du auch tust, sag Burton auf keinen Fall, wo wir sind. Ihm würde nichts besser gefallen, als mir die Sache hier zu versauen, nur um mir eins auszuwischen.«

»Ich glaube nicht, dass Ärzte so funktionieren, Larry.«

»Hoffentlich hast du Recht, Dan, um seinetwillen. Weil er vielleicht *denkt*, er will, dass ich an Nierenversagen sterbe und hinten von der Erde runterkippe, *tatsächlich* aber wünscht er mir ein langes Leben. Der Junge hat ja keine *Ahnung*, ein wie langes Leben er mir wünscht.«

»Was soll das jetzt wieder heißen?«

»Nichts, Dan«, sagt Larry und wirkt auch schon wieder völlig gutartig. »Hier, iss einen Erdnussbutterkeks, die mag ich am liebsten.«

»Du hast nicht zufällig zuckerfreie Chocolate-Chip-Kekse, in deinem Zustand?«

»Zuckerfrei ist was für Weicheier, Dan.«

»Und dann ist da noch die ethische Frage«, sage ich und lehne sein Angebot ab. »Alle Ärzte in der Familie sind gegen den ›Organkauf‹, wie sie es nennen, selbst von Häftlingen. Wie stehst du eigentlich zu der Frage?«

»Wie ich dazu stehe? So stehe ich dazu: Dieser Nicht-Häftling braucht eine Niere. Exekutiert aber bitte jemanden mit meiner Blutgruppe!«

»Jetzt mal ernsthaft ...«

»Das ist mein heiliger Ernst.«

Das ist es tatsächlich. Es ist so schrecklich, ihn das sagen zu hören, und widerspricht so allem Anstand und allen Prinzipien, mit denen ich aufgewachsen bin, dass ich nur so tun kann, als wären die Worte von einem anderen gekommen. Ich kann ihn sowieso nicht sehen und wechsle das Thema.

»Also mal abgesehen davon, dass Mary, äh, nicht zierlich ist, was sagst du zu ihr nach den ersten paar Stunden?«, frage ich ihn.

»Abgesehen davon, dass sie über ihre Maße und ihr Alter gelogen hat, was ich übrigens für typisch weiblich halte, fühle ich mich wohler mit ihr als mit jeder anderen Frau zuvor«, dringt es hinter der Wand namens Mary hervor. »Ist sie perfekt? Nein. Ihr Englisch ist unterdurchschnittlich, und sie sucht mich ständig nach Läusen ab, aber das könnte eine kulturelle Eigenart sein. Ich denke, wir haben ungeheuer viel gemeinsam.«

»Du magst sie also?«

»Das tu-hu ich«, sagt er mit überraschender Inbrunst und sieht mich über die Sonnenbrille hinweg an, die Augen so weit aufgerissen, dass mich ihre Paul-Newman-Bläue verblüfft. Kein Wunder, dass ihm die Frauen immer gern geholfen haben. »Sie versteht meine Witze«, fährt er fort. »Frag mich nicht, wie sie es macht, aber sie lacht an den richtigen Stellen. Und sie besteht darauf, meine Socken von Hand zu waschen. Das ist wie in *Shogun*. Wenn sie sich nur flachlegen würde, wäre alles bestens.«

»Was? Du bist um die halbe Welt gereist, und ihr habt es noch nicht gemacht?«

»Sind dir die getrennten Betten nicht aufgefallen? Das ist hier wie im Pensionat. Trotzdem, wir haben ungeheuer viel gemeinsam. Habe ich schon gesagt, dass sie meine Socken von Hand wäscht?«

Es entsteht eine Pause, während der ich hoffe, Larry bedauert, was er gerade gesagt hat, weil es chauvinistisch ist und alles andere als politisch korrekt, ja, schlicht abscheulich. Aber offensichtlich bedauert er nichts, denn am Ende der Pause reckt er den Hals und zwinkert Mary lasziv zu.

»Dan hat mein Gästezimmer bestens genutzt, das kannst du mir glauben«, sagt er.

»He, Larry auch«, verteidige ich mich. »Als ich einmal aus dem Wochenende zurückkam, war die Tür eingetreten, und auf der Titelseite der örtlichen Zeitung prangte mein Bett mit der Schlagzeile darüber: *Größter Fund seit zwei Jahren!*«

»Womit wir in Sachen Drogen quitt waren«, sagt Larry. »Dan hat mir mein Valium geklaut, und ich habe einem Kumpel erlaubt, etwas Dope unter seiner Matratze zu verstecken, während er weg war. Nicht, dass ich selbst je was nehmen würde, Mary. Wie ich dir vielleicht erzählt habe oder nicht erzählt habe, rühre ich das Zeugs nicht an: Erstens, weil ich gerne die Kontrolle behalte. Zweitens ist es immer eine schlechte Idee, ans Grundkapital zu gehen. Und drittens war das Dealen in den Siebzigern rein geschäftlich.«

Ich überlege, dass Larry, wenn man es genau betrachtet, ziemlich spießig ist. Kein Alkohol, keine Drogen, keine Unisex-Friseure. Damals, 1970, hat er einmal einen Joint probiert, und ihm wurde schwarz vor Augen. Er mag auch kein Kaugummi – weil es sich seiner Meinung nach für einen Geschäftsmann nicht ziemt. Dafür hat er immer eine scharfe Bügelfalte in der Hose. Habe ich ihn je ein T-Shirt oder eine Shorts tragen sehen? Natürlich nicht. Wer soll dich schon respektieren, meint Larry, wenn er deine Knie sehen kann?

Larry wendet sich wieder mir zu und lässt mir eine vertrauliche Information zuteilwerden. »War übrigens der beste Kunstdieb in der Szene.«

»Wer?«, frage ich. »Dein ›Partner‹?«

»Moishe, der Anführer«, sagt er. »Dope zu verschieben war

eine Nebenbeschäftigung im Vergleich zu seinem Sinn für Kunst. Apropos, den Gardner-Museumsraub haben sie nie aufgeklärt, Dan.«

»Ich will's gar nicht wissen, okay, Larry? Lass uns verabreden, dass du mir nichts erzählst, was ich vor Gericht nicht wiederholen kann, einverstanden? Abgesehen davon haben wir unser Publikum verloren.«

Mary ist zurück ins Bad geschlüpft, hat ihr Schrubben wieder aufgenommen und Larry mit einem Schweißfilm auf der Stirn zurückgelassen.

»Hat sie auch nur ein Wort von dem verstanden, was wir gesagt haben?«, frage ich.

»Ein paar Brocken hier und ein paar da, vielleicht«, sagt er. Schweigend betrachten wir Mary, die sich weiter der Hygiene widmet.

»Werden meine Augen schlechter, oder geht es da wirklich über eine Stufe ins Bad?«, fragt Larry.

»Das soll die bösen Geister fernhalten«, erkläre ich ihm.

»Ach, genau, fast hätte ich es vergessen«, sagt Larry. »Weil das Böse so blöde ist, dass es keine Stufe hochklettern kann.«

Wir sehen Mary noch eine Weile zu, und ich verzichte darauf, Larry zu erinnern, dass wir mit Sarkasmus keinen Schritt weiterkommen, solange wir der Gnade dieser fabelhaften Nation ausgeliefert sind. »Warum hat sie an einem Tag wie heute so einen dicken Mantel an?«, frage ich ihn.

»Das ist ein Geschenk, das ich ihr letzten Monat geschickt habe«, erklärt er mir. »Ist der wärmste Mantel, den man bei L. L. Bean kaufen kann. Bei ihr zu Hause sind es minus vierzig Grad. Offenbar denken die Nordkoreaner, dass es auf der anderen Seite der Grenze besser ist, aber weit gefehlt. Geschieht ihnen ganz recht. Minus vierzig, das ist so kalt wie in Moskau, und sie haben die größten Tagebauminen der Erde. Nicht sehr verlockend. Auf jeden Fall muss die Gute bei minus vierzig

Grad aus dem Haus, wenn sie mir eine E-Mail schicken will, und dabei auch noch aufpassen, dass sie in keine Grube fällt. Allein der Gedanke, dass sie unter solchen Voraussetzungen vor die Tür geht, lässt mich erschaudern.«

Larry war schon immer über alle Maßen freigebig. Darin kommt er ganz auf seinen Vater Sam heraus, den so liebenswerten wie ungebildeten Automechaniker, der zwischen seinen Krankenhausaufenthalten dastand und Silberdollars an Kinder verteilte. Je weniger er hatte, desto mehr Münzen verteilte er. Obwohl Larry mit seinem Vater in vielen Dingen bitter zerstritten war und jede Ähnlichkeit mit ihm hasst, macht er es im Prinzip genauso. Je weniger, desto mehr. Während der Rezession 1990/91, als er mit seinen Smokingpflastern (erste Hilfe für Anlässe, bei denen Abendgarderobe verlangt ist) oder was immer es war, das er gerade an den Mann bringen wollte, schwere Zeiten durchzumachen hatte, kam Larry kein einziges Mal in das Haus eines Verwandten, ohne ein kostspieliges Secondhandprodukt im Kofferraum seines Studebaker Avanti mitzubringen: Lufttrockner, Mikrowellen und sogar, während eines zweifelhaften Ausflugs in die Welt des Glücksspiels, von dem ich ihm zu erzählen verbot, Flipperautomaten. Es ist kein grundsätzlich schmutziges Geheimnis, aber es sollte nicht unerwähnt bleiben, dass so gut wie jedes Mitglied unseres Familienclans einen Flipper im Keller stehen hat, alle aus der Mitte der Siebziger und auf eine Weise akquiriert, von der keiner von uns etwas hören will. Larry steuerte niemals mit leerem Kofferraum die Einfahrt von einem von uns an. Auch Klimaanlagen gehörten zu seinem Sortiment, von denen wir jetzt gut eine in diesem stickigen Hotelzimmer gebrauchen könnten.

»Hier drin müssen über dreißig Grad herrschen«, sage ich. »Konnte sie dir den Mantel nicht einfach kurz vorführen und dann wieder ausziehen?«

»Es geht um die Ehre, nehme ich an, um eine asiatische Form, Treue zu zeigen«, meint Larry und reibt sich wenig erfolgreich mit der Cola-Flasche über die Stirn. »Oder um Unterwürfigkeit oder so. Sag du es mir, du bist der Chinafachmann.«

»Larry, ich bin kein Chinafachmann. Ich war hier insgesamt vier Mal, und das letzte Mal haben sie mich ins Gefängnis geworfen, verdammt noch mal.«

»Die Geschichte müssen wir Mary erzählen«, sagt Larry. »Du hast in einem gottverlassenen Außenposten in Tibet herumgekaspert, randvoll mit Gerstenbier, richtig? Wolltest ein paar chinesischen Soldaten einen Basketball mit der Unterschrift des Dalai Lamas verkaufen oder so was?«

»Larry, würde es dir etwas ausmachen, wenn wir die Geschichte auf sich beruhen ließen? Ich krieg immer noch Nesselfieber, wenn ich daran zurückdenke.«

»Haben sie dich mit Waterboarding gefoltert? Oh, das wird Mary gefallen.«

»Ich dachte, wir hätten festgestellt, dass sie im Englischen noch nicht allzu firm ist, Larry.«

»Erzähl ihr wenigstens von den sadistischen Soldaten, die dir Rauchringe ins Gesicht geblasen haben.«

»Larry, niemand in diesem Land ist an Geschichten aus der Vergangenheit interessiert. Hier dreht sich im Moment alles um Große Schritte nach vorn, ist dir das nicht aufgefallen? Im Übrigen kann sie die ganze traumatische Geschichte auf meiner Website nachlesen, falls sie will.«

»Nun, ich kann nur sagen, dass ich es kaum fasse, wie du überhaupt wieder hast herkommen können. Ich staune, dass dich die Chinesen nach alldem nicht völlig panisch machen, Dan.«

»Wer sagt, dass sie mich nicht panisch machen?«, frage ich. »Ich dachte damals, die Welt würde mich nicht wiedersehen, und habe mir geschworen, nie wieder einen Fuß in dieses Land zu setzen, sollte ich da je wieder rauskommen.«

Larry nimmt mein Geständnis mit dem gebotenen Ernst auf. »Ich glaube, was du mir damit sagen willst, ist, dass du vermeiden möchtest, dieses Mal wieder in einer Gefängniszelle zu landen«, sagt er.

»So kannst du es ausdrücken, ja.«

»Dann hilf mir meine Hose suchen. Können wir uns auf den Weg machen?«

»Den Weg wohin?«

»Zum Flughafen, das sage ich doch schon die ganze Zeit. Ich habe fast mein ganzes Gepäck dort vergessen. Wegen der Aufregung mit Mary und so weiter habe ich einfach nicht mehr daran gedacht. Aber vielleicht habe ich es dir auch noch nicht erzählt. Siehst du, das ist wieder die geistige Beeinträchtigung.«

»Larry«, sage ich.

»Ja, Dan?«

»Welche geistige Beeinträchtigung?«

Larry sieht mir vielleicht zum ersten Mal richtig in die Augen, seit ich den Raum betreten habe.

»Ich bin mir ziemlich sicher, dass ich dir von meiner geistigen Beeinträchtigung erzählt habe, Dan.«

»Und ich bin mir ziemlich sicher, dass du es nicht getan hast«, sage ich und erwidere seinen Blick.

»Also gut, da haben wir's wieder, genau das ist es: meine Beeinträchtigung. Wie du gemerkt haben wirst, neige ich mittlerweile ein wenig zum Faseln. Verlege Dinge, bin verwirrt und so weiter. Unsere Aufgabe besteht nun darin herauszufinden, ob das eine natürliche Folge der Dialyse ist, die mein Blut durcheinanderbringt, oder ob es mit meiner Invaliditätsklage zu tun hat.«

»Larry«, sage ich.

»Ja, Dan?«

»Mit welcher Invaliditätsklage?«

»Okay, ich will nicht lange drum herum reden«, sagt Larry. »Vielleicht habe ich dir davon erzählt, vielleicht auch nicht. Kurz gesagt: Womit, glaubst du, bezahle ich diese Reise?«

»Warte einen Moment, vielleicht habe ich da tatsächlich was gehört: Meinst du die Klage, weil du von einem herunterstürzenden Eiszapfen getroffen wurdest?«

»Nein, ganz eindeutig nein«, sagt Larry beleidigt. »Die Eiszapfenklage habe ich für meine Mutter eingereicht, heraus kam dabei aber am Ende weit weniger als bei meiner eigenen Invaliditätsklage, weil mich ein Lastwagen beim Zurücksetzen erwischt hat.« Sein Ärger legt sich etwas. »Ich verstehe natürlich, dass es schwierig werden kann, das alles auseinanderzuhalten«, fügt er großzügig hinzu. »Wenn du, während wir hier sind, lieber von der Eiszapfenklage reden willst, habe ich nichts dagegen. Auf jeden Fall war es eine Viertelmillion Dollar, nach Abzug der Anwaltskosten. Süßere Worte als die des Sprechers der Geschworenen habe ich nie gehört: ›Wir halten den Kläger für kognitiv beeinträchtigt.‹ Der Nachteil: Die Sache hat mich zwanzig IQ-Punkte gekostet, und Dan, du weißt, ich war immer schon dafür berühmt, das dümmste Mitglied des Intelligenzlervereins Mensa zu sein. Ich hatte den tiefstmöglichen IQ, um noch aufgenommen zu werden, und jetzt finde ich nicht mal mehr meine Zahnbürste.« Er hob die Stimme. »Mary, hast du eine Ahnung, was ich mit meiner Toilettentasche gemacht habe?«

Auf allen vieren im Bad kniend, hebt Mary den Badvorleger und nickt hoffnungsvoll.

»Schon gut, Liebes, mach dich wieder an die Arbeit, wenn du willst, oder besser noch: Komm her und massier mir den Nacken …«

Mary trifft Anstalten, zu uns herüberzurennen, und ich mache mich auf eine Umarmung gefasst.

»Mary, dir steht ein Leckerbissen bevor, wenn ich dich mit zurück nach Amerika nehme«, sagt Larry. »Du magst ja glauben, du hättest in diesem Land schon gutes Basketball gesehen, mit dem Dalai-Lama-Team, aber warte, bis du Miami Heat siehst. Du wirst meinen Freund Shaquille O'Neal kennenlernen. Ich habe schon ein halbes Dutzend Mal mit ihm zu Mittag gegessen, weil ihm ein entfernter Cousin von mir die Bücher macht. Wir werden direkt am Spielfeld sitzen, Dan, in der Mitte, denn wen kann man schon bitten, so tief in seine Ersparnisse zu greifen, ohne die Spur einer Klage ...«

Mary ist jetzt in vollem Galopp, und ich rüste mich für den Zusammenprall mit ihrem Vorbau.

»Kuseng Dan!«, ruft sie.

Kapitel 4

Making Love Out of Nothing at All

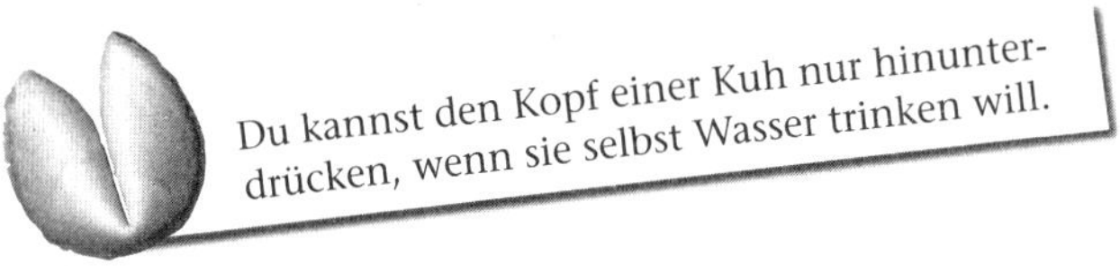

Unsere erste Aufgabe besteht darin, Larry zurück in seinen Dialyserhythmus zu bringen. Wir dürfen keine Zeit verlieren: Ohne eine funktionierende Niere muss er möglichst schnell an eine blutsäubernde Maschine angeschlossen werden, um ihn am Leben zu erhalten, bis wir eine Ersatzniere gefunden haben. Am nächsten Morgen bringt Mary Larry in aller Frühe zu ihrem Onkel, der einen Termin in einer Dialyseklinik für ihn gemacht hat. Das gibt mir Zeit, die Suche nach einer Niere zu beginnen, aber zuerst sind ein paar Aufräumarbeiten zu erledigen: Larrys Gepäck steht noch am Flughafen, und er hat es geschafft, seinen Pass zu verlegen. Beides kostet wertvolle Zeit, haben wir uns doch nur eine Woche im Land gegeben. Yuh-vonne kommt zu Hilfe und bringt mich zum Flughafen, wo wir das Gepäck finden. Anschließend telefoniert sie aus meiner Hotelsuite mit ihrem kleinen Glitzerstein-Headset herum, um die richtigen Büros zu finden, wo er einen neuen Pass bekommen kann, damit er legal hier ist.

Mittags sitzen Yuh-vonne und ich wie der Rest Chinas auf einer harten Holzbank im blitzsauberen, aber schlecht beleuchteten Flur einer Polizeiwache, wo wir auf die Formulare für die Formulare hoffen, mit denen wir die fünfhundert US-Dollar Strafe bezahlen und seinen Pass ersetzen können.

Wie kann das Innere Chinas so sauber sein, wenn das Äußere so verdreckt ist? Vielleicht liegt es an den Besen, die alle ständig schwingen und die aussehen wie von einem Baum gebrochen. Es ist ein Geheimnis, das mir die Lider schwer macht, und bald schon döse ich immer wieder ein, während sich Yuh-vonne die Zeit damit vertreibt, laut aus der Mappe zu übersetzen, die ihre Informationen über mich enthalten soll.

»›Schöne Lady streicht über Gesäß seine Hemd ...‹«

Das klingt interessant.

»›Sie nimmt Fingerspitzen und streichelt Gürtel ...‹«

»Moment mal, das steht in meiner Informationsmappe?«

»Kein Informationsmappe!«, erklärt sie mir. »Chinesisches Hühnerwürgebuch!«

Ich verstehe. In der Mappe ist ein chinesischer Porno verborgen. Soll ich Anstoß daran nehmen, dass sie meine Mappe entehrt? Yuh-vonne lächelt mit ihren kleinen zerbissenen Lippen und liest weiter.

»›Mit große Geschick Fingerspitzen öffnen Riegel an Gürtel, die Schlüssel‹ – wie nennt man Griff, das zumacht?« Sie sieht mich unverfroren an.

»Schnalle?«, sage ich.

»Ja, Schnalle! ›Und dann macht sie Reißverschluss-Ding‹ – wie heißt das noch?«

»Den Schlitz?«

»Nicht Schlitz!« Sie wirkt leicht beleidigt.

Ich sehe auf die Seite. All die hübschen Schnörkel. »Doch, Schlitz, Hosenschlitz. Tut mir leid, so nennen wir das ...«

Das scheint sie zu befriedigen. Geziert hebt Yuh-vonne die Hand an den Mund, um ihr Lächeln zu verbergen, und fährt fort: »›Seine Schlund ist‹, wie sagt man, wie Wüste?«

»Trocken? Seine Kehle ist trocken?«

»›Dann sie senkt Mund auf sein ... Ding ...‹«

Plötzlich klingelt mein Handy. Habe ich das gerade geträumt? Ich greife hastig danach, antworte und höre eine vage bekannte Stimme.

»Ah, Dan, Professor Angst.«

»Was meinst du, Mary? Ist alles in Ordnung mit ihm? Kannst du den Professor ans Telefon holen?«

»Holen. Professor?«

»Ja, kann er ans Telefon kommen?«

Nachdem wir ein paar Minuten verhandelt haben, nimmt Larry das Telefon. »Larry, ist alles okay?«

»Nicht wirklich, Dan. Ich bin durcheinander, verwirrt. Ich kann nicht mal die Straßenschilder lesen.«

»Weil du kein Chinesisch sprichst, Larry. Wir kümmern uns um das alles, wenn du erst dein neues Organ hast. Wo bist du? Ich komme zu dir.«

»Ich habe keine Ahnung, Dan.«

»Okay, kann Mary es mir ... phonetisch sagen?«

Mary kommt wieder ans Telefon. »Hallo, Mary. Wie heißt das Krankenhaus, in dem ihr seid?«

»Karan-ken-ha-aus ...«

»Ja, das Krankenhaus oder die Klinik. Wo immer ihr seid. Der Name. Wie heißt es?«

»Okay! Nahe Peking!«

»Nicht in Peking?«

»Nicht Peking – nahe!«

»Wie heißt die Stadt? Der Name der ...«

»Danke, danke, sehr gut«, sagt sie und legt auf.

»Yuh-vonne, ich muss zu meinem Cousin«, erkläre ich ihr.

Mit Hilfe eines glitzersteinbesetzten Handspiegels trägt sie korallenfarbenen Lippenstift auf, der sich mit den Strähnchen in ihren Haaren beißt. »Er ist Eunuch?«

»Nein. Wie kommen Sie denn darauf?«

»Am Telefon, Sie sagen, er braucht neues Organ.«

»Nicht so eins. Eine Niere. Können Sie mir helfen, ihn zu finden?«

»Ich mache. Alles!«, erinnert sie mich mit einem glücklichen Lächeln.

»Das ist wirklich lieb«, sage ich. »Können Sie unseren Fahrer bitten, ob er uns fahren will?«

»Nicht bitten Fahrer.«

»Warum nicht?«

Sie lehnt sich zu mir hin und flüstert mir ins Ohr: »Vielleicht Regierungsspion.«

Gut, da wären wir also wieder bei den Regierungsspionen. Widmen wir uns dem Thema etwas eingehender. Vor fünfundzwanzig Jahren war fast jeder in China Regierungsspion. Es war schon lächerlich. Man war paranoid, und mit gutem Grund: Als Mao 1949 seine erste Regierung bildete, war sie, wie sich später herausstellte, zur Hälfte mit russischen Spionen besetzt. Und dabei waren die Sowjets doch seine Verbündeten! In der chinesischen Gesellschaft galt das Spionieren fürs Vaterland als heilige Pflicht. Freunde wie Feinde im Auge zu behalten lag den Chinesen im Blut, und das seit Urzeiten. Aber für eine Kultur, die ihre Spionage bereits im sechsten Jahrhundert vor Christus kodifiziert hatte, war das Mantel-und-Degen-Theater so primitiv, dass es etwas von einer Lachnummer hatte. Damals, vor fünfundzwanzig Jahren, kam ich eines Abends früh von einem Bankett zurück, wollte zur Toilette und fand einen schwitzenden Hotelangestellten mit den Händen in meinem Gepäck, in dem er hektisch eine Wanze unterzubringen versuchte. Später bemühte er sich, meine Gunst zurückzugewinnen, indem er mir eine Flasche klebrig-süßen Schandong-Wein schenkte. Ich war so fasziniert von dieser Art Schülerstreich, dass er tatsächlich Erfolg hatte, auch wenn mein Gepäck von nun an wie ein Geigerzähler zu ticken anfing, sobald ich mich einem Bahnhof näherte. Ich schämte mich für sie, so wie man sich für einen tumben Mitschüler schämt, der beim Diktat so offensichtlich von einem abschreibt, dass man den Ellbogen einzieht, damit er besser sehen kann.

Andererseits hatte dieser tumbe Mitschüler natürlich die Macht, einen einzusperren und den Schlüssel wegzuwerfen.

Ah, die köstlichen Possen von Polizeistaaten ... die Komik in den Blüten des Terrors. Drei Stunden, wie beim letzten Mal, in den Abgrund zu starren, war so widerwärtig, dass das Lachen als einzig richtige Antwort erschien.

Yuh-vonne lehnt sich wieder zu mir hin. »Auch für Geheimzweck: Wir nennen Niere mit andere Name. Sagen Sie ›Prinzessin‹«, schlägt sie vor.

»Glauben Sie, das ist wirklich nötig?«

»Ich glaube.«

Yuh-vonne ruft Mary zurück und bekommt von ihr die Adresse der Dialyseklinik vor den Toren der Stadt. Wir entlassen unseren Chauffeur und nehmen einen Bus in die Außengebiete, die eindeutig nichts von Kryptonopolis haben. Es gibt Ochsenkarren und Reisfelder, und es riecht nach Schwarzpulver von den Feuerwerkskörpern, die in unregelmäßigen Abständen explodieren. Von der Bushaltestelle geht es im Taxi über holprige Straßen ein paar verschleierte Häuserblocks weit zur Klinik, die wie ein untergeordnetes Regierungsgebäude wirkt, mit Limonaden-Abziehbildern auf den Fenstern und einer kleinen Plakatwand mit einer Reklame für Fußpuder im Hof.

Endlich finden wir Larry im zweiten inneren Hof, hinten in einem Kleintaxi hockend, um das einige Leute herumstehen. Larry wirkt wie jemand, der sich zu etwas entschieden hat, das alle für falsch halten. Vielleicht hat er ja Angst, wie Mary meint, es sieht jedoch eher wie Sturheit aus. Er weigert sich, an die Dialysemaschine angeschlossen zu werden. Warum? Weil er sich aus Prinzip nicht herumkommandieren lässt. Auch wenn es zu seinem Besten ist? Das ist ihm egal. Er hasst diese Klinik, er hasst dieses Land, und er hasst Mary.

»Du hasst Mary?«

»Wahrscheinlich nur vorübergehend. Ich bin seit sieben Uhr auf den Beinen und wollte, wie ich ihr gesagt habe, ein paar Dinge erledigen, aber Mary, die offenbar tatsächlich Maah oder so heißt, hat alles immer wieder verzögert und verzögert. Erst mussten wir hierhin, dann dorthin, und dann schließlich in ein Restaurant, wo ich allen ein Mittagessen spendiert habe.«

»Wen meinst du mit ›allen‹?«

»Die Leute hier. Die Ärztin, den Übersetzer und so weiter.«

»Das sind diese Leute?«

»Ja. Ich bin zu müde, um alles zu erklären. Dazu noch den Taxifahrer und den Alten.«

»Wer ist der Alte?«

»Dan, weißt du was? Ich will hier jetzt nicht den Zeremonienmeister geben. Ich will einfach nur zurück ins Hotel.«

Ich drehe mich um und nicke allen einen Gruß zu. Sie grinsen mich hilflos an, mit sorgenvollem Blick. Die Ärztin scheint beunruhigt und nett. Der Alte hält sein Kinn gefasst, läuft auf und ab und schaut sich um, ohne irgendetwas wirklich anzusehen. Ich setze mich vorne ins Taxi, das stark lehmig riecht, und drehe mich zu Larry um. Der hebt den Blick, aus dem etwas Piratenhaftes funkelt, und sagt: »Andererseits mag ich deine Freundin.«

»Sie ist meine Fremdenführerin, Larry.«

Das wäre jetzt die Gelegenheit für Larry, einen schmutzigen Witz zu machen – dass ich mich von ihr aufs Dach führen lassen und sie für mein Geld mal richtig durch*stuppen* solle, irgend so was. Aber Larry überrascht mich bei solchen Gelegenheiten immer wieder aufs Neue. Er ist nicht diese Art Mensch. So grob er sich geben mag, er ist feiner gestrickt. »Ich habe dich immer um deinen Frauengeschmack beneidet« ist alles, was er sagt.

Ich sehe zu Yuh-vonne hinüber und frage mich, ob ihr T-Shirt, auf dem *Ich bin im besten Alter* steht, wohl die richtige Wahl für unsere Polizeirevierbesuche am Morgen war. »Sie ist ziemlich helle«, sage ich.

»Sie ist die chinesische Ausgabe eines California-Girls«, sagt er. »Nicht aus dem Valley, dafür ist sie zu artikuliert, nein, ein Starlet, voller Enthusiasmus, eine, die ...«

»Larry«, unterbreche ich ihn, »ohne Dialyse könntest du sterben.«

»Dann sterbe ich eben. Es ist mir mittlerweile egal. Ich bin es leid, auf der Stelle zu treten.«

»Larry, du trittst hier doch gar nicht auf der Stelle. Du bist in China, hier ist es anders.«

»Dan, mit allem gebührenden Respekt, Dialyse bleibt Dialyse, und ich kann jetzt nicht nachgeben, nachdem ich gesagt habe, ich will nicht. Das wäre ein Zeichen von Schwäche.«

Mir kommt eine Erinnerung: Larry, wie er sich als kleiner Kerl weigert, die Kerzen auf seinem Geburtstagskuchen auszublasen. Mit seinem spitzen Geburtstagshut hockt er da, hält die Arme vor der Brust verschränkt und besteht darauf, wenn er sie ausbläst, heißt das, die Party ist vorbei. Heute ist er erwachsen, und die Mischung aus hundert Prozent Starrköpfigkeit und sechzig Prozent Unvermögen ist äußerst wirksam. Ihn zu überwältigen und schlicht und einfach zu zwingen, ist keine Option: Nicht nur, dass er nicht von der Stelle zu bringen wäre, wahrscheinlich würde er mir auch eins auf die Nieren verpassen, und am Ende bräuchten wir beide einen Ersatz.

Und so sitzt Larry, die Diva der Dialyse, hinten in seinem kleinen chinesischen Taxi und erzählt mir seine früheste Erinnerung.

»Vielleicht ist es auch nicht ganz meine früheste«, sagt er,

»aber sie gehört sicher zu den ersten zweien oder dreien. Meine Mutter sagt, wir müssen zum Arzt. Ich will nicht zum Arzt. In Ordnung, gehen wir also nicht zum Arzt, sagt meine Mutter, gehen wir zu Tante Esther. Super, ich mag Tante Esther. Aber nachdem wir bei Tante Esther waren, rat mal, wo wir da hingehen? Zum Arzt. Es war eine dumme Lüge, aber sie hat mir die Augen geöffnet.«

»Vielleicht war das der Punkt, wo du dich von deiner Zwillingsschwester entfernt hast«, sage ich. »Judy glaubte auch weiter unbeirrt deiner Mutter, aber du wurdest skeptisch.«

»Damals habe ich gelernt, nein zu sagen, wenn mir etwas keinen Sinn zu ergeben scheint. Wenn du mir also irgendwelche Dinge erzählst, Dan, nichts für ungut, ist es egal, wie viel Sinn sie für dich ergeben: Ich richte mich nach meinem Bauch, und bisher hat er mich noch nie im Stich gelassen.«

»Aber dein Bauch ist nicht voll funktionsfähig, Larry!«

»Tut mir leid«, sagt er mit einem Achselzucken. »Meine Niere sagt mir, heute keine Dialyse.«

»Was das Wort betrifft«, sage ich. »Yuh-vonne denkt, es ist besser, wenn wir nicht ›Niere‹ sagen. Offenbar haben die Wände hier Ohren. Sie schlägt vor, wir sagen ›Prinzessin‹.«

»Gut. Ich brauche eine neue Prinzessin. Aber die alte will keine Dialyse.« Er hustet sich in die Hand, auf überraschend gesittete Weise. »Ich bin nicht in der Stimmung, mich ausbluten zu lassen.«

»Denk nicht so düster, Larry. Du blutest nicht aus, sie säubern nur dein Blut.«

»Das Wort kommt mir trotzdem äußerst treffend vor«, sagt Larry.

Zusätzlich zu seiner persönlichen Entourage unterhalten wir noch etwa zehn weitere Leute im Hof: drei junge Mädchen, einen barfüßigen Mann in einem Rollstuhl, der gierig an einer Zigarette zieht, einen Bettler, der gerade auf die Eingangsstufen pinkelt, und rund ein halbes Dutzend Gesichter, die reglos aus den Fenstern des weiß gestrichenen Gebäudes zu uns herunterstarren.

»Ohne Dialyse könntest du sterben!«, erinnere ich ihn.

»Um die Wahrheit zu sagen, habe ich früher schon welche ausgelassen und mich überraschend gut gefühlt. Ich denke, wenn ich mir pro Woche eine schenke, kann ich ein paar Hundert Dollar im Monat sparen.«

Seine Rechnung erinnert mich an den Mann in der Geburtsvorbereitung, der fragt, ob er einen Teil seines Geldes zurückbekommt, wenn seine Frau auf einen Dammschnitt verzichtet. Ich behalte meine Erinnerung für mich. »Und Mary?«

»Sie kann die Geschenke behalten. Ich will sie nicht zurück.«

»Hast du ihr noch mehr geschenkt?«

»Nur einen gebrauchten Laptop, vor etwa einem Jahr. Ich konnte kaum glauben, wie einfach das mit PayPal ging. Ich habe ihr hundertfünfzig Dollar überwiesen, und sie hat sich einen Dell gekauft, glaube ich, hat sie gesagt.«

»Denkst du nicht, das war ein bisschen sehr großzügig von dir, wo ihr euch noch nicht mal getroffen hattet?«

»Dan, Sie musste bei vierzig Grad unter null aus dem Haus, um mir e-mailen zu können! Willst du etwa, dass sie erfriert, nur um mit mir zu kommunizieren? Deshalb habe ich ihr auch den Nerz von meiner Mutter mitgebracht.«

»Ich dachte, du hättest ihr den wärmsten Mantel von L. L. Bean gekauft?«

»Der war für Labor Day. Der Nerz ist für Memorial Day. Oder umgekehrt. Diese Feiertage auseinanderzuhalten ist ein Scheißspiel.«

»Du hast den Nerz deiner Mutter aus Florida mitgebracht?«

»Ich habe ihn komprimieren lassen. Die sind super darin, solche Sachen zu komprimieren. Leichter werden sie dadurch zwar nicht, sie brauchen aber nur noch überraschend wenig Platz.«

»Ich kann nicht glauben, dass du ihr den Nerz deiner Mutter geschenkt hast, ohne zu wissen, ob du mit dieser Frau zusammenbleiben willst.«

»Sie mag ihn sehr. Sie hat damit für mich posiert, und ich habe sie fotografiert. Er steht ihr fast so gut wie einer Stripperin, die ich kenne. Ist übrigens ein netteres Wort als ›Nutte‹.«

Mir kommt der Gedanke, dass ich das eine oder andere von Larrys Freigebigkeit lernen könnte, doch das ist jetzt nicht der Zeitpunkt, dem nachzugehen. Jetzt muss eine Entscheidung fallen.

»Larry, du denkst nicht klar.«

»Willkommen in meiner Welt«, sagt er und deutet auf seinen Kopf, als wäre er eine eigene Person, die an den Verhandlungen teilnimmt. »Meine Frage ist, bin ich durch den Eiszapfen fortdauernd missorientiert, oder nur vorübergehend wegen der Dialyse? Ich kann nur auf Ersteres hoffen.«

»Du meinst, nur auf Letzteres«, sage ich.

»Das sage ich doch«, sagt er.

Ich mache mir nicht die Mühe, ihm zu sagen, dass es seine Mutter war, die von dem Eiszapfen getroffen wurde. »Bringen wir ihn zurück ins Hotel«, sage ich zu den Umstehenden. »Hoffentlich können wir dafür sorgen, dass er seine Dialyse morgen bekommt.«

Die Umstehenden murmeln besorgt Zustimmung. Die nette Ärztin geht zurück in die Klinik. Der Übersetzer nimmt vorne neben dem Taxifahrer Platz, Mary setzt sich neben Larry auf die Rückbank. Das kleine Auto stöhnt auf und schaukelt davon.

Der Smog atmet wie ein lebendiges Wesen, ein und aus, wie Wolkenbänke aus verdampftem Frappuccino, ganz lecker.

»Das ist also mein Cousin«, sage ich zu Yuh-vonne und lade

sie ein, sich neben mir auf die Bank aus Schlackenbeton zu setzen. »Ganz ehrlich, was halten Sie von ihm und den anderen?«

Die schwarzen Pupillen ihrer Augen schießen hin und her, wie bei einem Schlafenden in der REM-Phase. Sie überlegt fieberhaft, wie viel Takt und wie viel Freimütigkeit sie in ihre Antwort legen soll.

»Ich kann den Akzent Ihres Bruders Laurie nicht verstehen«, sagt sie vorsichtig.

»Er hat immer noch eine ganz leichte Sprachbehinderung, weil sie ihm die Mandeln zu spät herausgenommen haben«, sage ich abwehrend. »Vielleicht haben sie bei der Operation auch einen Fehler gemacht. Auf jeden Fall bleibt seine Zunge manchmal hinten in der Kehle stecken.«

»Er klingt etwas chinesisch«, sagt sie.

»Hmm. Und was halten Sie von seiner Katalogbraut, auch wenn es Larry nicht mag, dass wir über sie reden?«

Wieder die REM-Bewegung. »Ah, nicht gut gebildet.«

»Nein?«

»Weil Stimme nicht schön aussieht.«

»Sie kann also nicht die College-Professorin sein, als die sie sich ausgegeben hat?«

»Sicher nein! Vielleicht Highschool. Fern in der Landschaft. Ihr Bildungsfundament ist sehr niedrig.«

»Ich will offen mit Ihnen sein, Yuh-vonne. Sehen Sie, ich bin nicht sicher, ob ich Mary trauen kann. Vielleicht will sie einfach nur einen amerikanischen Mann, um aus dem Land zu kommen. Nimmt sein Geld und lässt ihn sitzen. Ich muss herausbekommen, ob sie gut für ihn ist.«

»Ah, vielleicht nur Konkubine, um mit Laurie zu spielen«, sagt sie. »Nur um zu spielen und nicht ernst zu sein, damit sie bessere Möglichkeit für sich findet.«

»Da, wo ich herkomme, nennt man das eine Goldgräberin.«

Yuh-vonne denkt eine Weile nach und knabbert neue Dellen in ihre Lippe. »Aber kann sein, Laurie hat goldenes Herz«, sagt sie endlich. »Kann sein, sie haben goldenes Herz gemeinsam. Beziehung zwischen Menschen ist schwierigste Sache, die es gibt.«

Ich denke über ihre Worte nach, während der alte Mann immer noch mit seinem Kinn in Händen nicht weit entfernt auf und ab läuft.

»Es ist schwer, Menschen zu finden, dem man trauen kann«, sagt sie endlich. »Mary ist tapfere Frau. Ist nach Peking gekommen, nur um mit Laurie Anschluss finden. Dazu großer Mut nötig. Aber was emotionale Gegenstände sind, ich nicht sicher«, sagt sie. »Vielleicht liebt Mary Laurie nicht so sehr.«

»Genau das frage ich mich.«

»Alles, wovor sie Angst hat, ist er gefährlich.«

»Larry? Der tut keiner Fliege was zuleide. Es sei denn, sie ist ein Cousin und kommt ihm komisch.«

»Das alles, wovor sie Angst hat. Nicht, wie es Laurie geht, nur, ob er gefährlich. Und warum er nie geheiratet.«

»Er war ein paarmal nahe dran, aber am Ende hat es nie geklappt.«

»Nicht weil er Schwuljunge?«

»Nein, er mag Frauen, und die Frauen mögen ihn.«

Yuh-vonne nickt. »Mary nicht dumm, ist schlau. Sie weiß, was will. Und alle diese Menschen um Laurie sind ihre Leute, ich glaube. Drei gegen einen. Vier gegen einen. Wer weiß, wie viele. Wollen sein Geld.«

»Sie denken, die stecken alle unter einer Decke?«

»Der Taxifahrer auch, ich denke.« Yuh-vonne steht auf und hält mir eine Hand hin, um mich hochzuziehen. »Fahren wir zurück zu unserem Hotel jetzt?«

Gegen meinen Willen gefällt es mir, wie sie von »unserem« Hotel spricht. Aber plötzlich tritt der alte Mann näher und richtet ein paar Sätze auf Chinesisch an Yuh-vonne, die nickt und *»Arr! Arr! Arr!«* sagt, wie ein Zwergpudel mit zerschnittenen Stimmbändern.

»Was wollte er?«, frage ich hinterher.

»Oah, meine Gott, der Mann seien ihr Onkel«, erklärt sie mir.

»Hat er die ganze Zeit zugehört? Während wir über Mary gesprochen haben?«, frage ich, als der Alte aufmerksam einen Schritt zurücktritt, um uns Raum zum Sprechen zu geben. »Hat er unser Englisch verstanden?«

»Unmöglich zu sagen«, sagt Yuh-vonne. »Hält Karten nahe am Korper. Aber vielleicht kann er Kötersprache entziffern.«

»Meine Körpersprache?«

»Vielleicht?«

»Sehr erfreut«, rufe ich und ergreife die Hand des alten Mannes. Er lächelt blass und lässt mich seinen schlaffen Arm auf und ab pumpen, sieht dabei aber ins Leere und ganz bestimmt nicht mich an.

»Vielen Dank«, murmelt er ehrerbietig.

»Nun, es ist Zeit, ins Hotel zurückzufahren«, verkünde ich der Runde – den jungen Mädchen, dem immer noch pinkelnden Bettler, aber sicher nicht laut genug für die Leute in den offenen Fenstern. Aber die werden meine Kötersprache verstehen, nehme ich an.

»Nicht so schnell heimisch«, sagt Yuh-vonne. »Onkel sagt, wir hier auf Laurie warten.«

»Warum hier auf ihn warten? Larry ist zurück ins Hotel gefahren.«

»Er sagt, Laurie mit Taxi nur Geschenke holen.«

»Aber das ergibt doch keinen Sinn! Warum sollte Larry Geschenke für die Klinik holen, in der er sich nicht behandeln lassen will?«

Yuh-vonne zuckt mit den Achseln, als wollte sie sagen, er ist

Ihr Bruder. Aber das ist er natürlich nicht. Sie nennt ihn ständig meinen Bruder, weil sie nicht begreifen kann, warum ich das alles für einen Cousin tun sollte.

In diesem Augenblick holpert das Taxi zurück in den staubigen Hof. Alle purzeln heraus, bis auf Larry. Der Taxifahrer watschelt mit einem Arm voller hastig verpackter Geschenke ins Krankenhaus hinein.

»Du hast Geschenke für die Klinik besorgt, in die du nicht willst?«, frage ich Larry.

»So bin ich eben, Dan«, erklärt mir Larry vom Rücksitz aus und knackt geduldig mit den Fingerknöcheln. »Ich bin ein Menschenfreund. Ich gebe gerne. Und natürlich will ich die Leute nicht verprellen, falls ich noch ihre Dienste brauche. Verlange bitte nicht von mir, dass ich bloß, weil ich krank bin, meine Geschäftsgewohnheiten ändere.«

Ich wechsle die Taktik. »Der alte Mann ist ihr Onkel.«

»Ja, und eine Art Pate in der Regierung, schätze ich. Er hat die Klinik organisiert, und auch das Taxi ist von ihm. Aber jetzt würde ich vorschlagen, wir fahren zurück zu meinem Hotel. Ich brauche unbedingt etwas Ruhe.«

Ich wende mich an Yuh-vonne. »Wollen Sie mit zu seinem Hotel kommen?«, frage ich sie.

»Ich stehe Nacht und Tag zu Diensten«, bestätigt mir Yuhvonne.

»Können wir uns zu dir ins Taxi quetschen?«, frage ich Larry.

»Warum nicht? Spart ein paar Dollar.«

Das Taxi hat nichts mit der Red-Flag-Limousine gemein. Es ist eher eine Art Zirkuswagen, der eine beträchtliche Anzahl eigentümlicher Geschöpfe zu beherbergen versucht. Wir verabschieden uns vom Onkel und vom Übersetzer, und dann hocken Larry und ich Schenkel an Schenkel auf dem schäbigen Rücksitz. In all den Jahren, die wir uns kennen, waren wir uns nie näher. Er strahlt übermäßig viel Körperwärme aus.

»Ich mag den Onkel, er hat Verbindungen«, sagt Larry. »Ich werde ihm ein CROSS-Schreibset schicken. Etwas Ehrenvolles. Wenn wir zusammenarbeiten, können wir ein Heidengeld machen. Ich kann ihn in Vegas aufbauen. Ich kenne Croupiers, ich kenne den Sheriff und den Direktor der Kammer. Oder vergiss Vegas, ich bringe ihn mit Sheldon Adelson zusammen, der, während wir hier reden, in Macao das größte Casino der Welt errichtet. Meine Mutter ist mit ihm in Roxbury-Dorchester in die Grundschule gegangen. Wir brauchen nur ein Prozent seines Casinos. Ist ein Prozent zu viel verlangt? Mit Mary an meiner Seite und dem Onkel in der Tasche kommen wir ganz groß raus.«

Yuh-vonne wechselt ein paar Worte mit Mary auf dem Beifahrersitz und räuspert sich, um unsere Aufmerksamkeit zu erlangen. »Ja, aber Sie sehen, Mary sagt, sie will Laurie verlassen«, sagt sie.

Ich bin schockiert. »Was? Sie meinen, ganz?«, frage ich.

»Tut mir leid zu informieren«, sagt Yuh-vonne. »Sie mag nicht Fiasko in Klinik.«

Larrys Selbstverteidigungsmechanismen funktionieren besser als meine. »Dann geht sie also«, sagt er und lässt die Fingerknöchel knacken.

»Aber … aber …«, stottere ich. Mich trifft das schwer. Ich sorge mich um meinen Cousin und will nicht, dass er am Ende allein dasteht. Aber ich bin auch ein Geizhals. »Was ist mit dem Nerz?« ist das Erste, was ich herausbringe.

»Dazu stehe ich«, sagt Larry. »Ich habe keine Bedingungen daran geknüpft. Er gehört ihr.«

»Aber …«

»Es steht ihr frei zu gehen, wenn sie will«, sagt Larry. »Ich erhebe auf niemanden Anspruch.«

Ich bin so perplex, seinetwegen, dass mir leicht schlecht wird. Ich sehe Yuh-vonne an, die meinen Blick erwidert. Wir sind beide traurig, links und rechts von Larry, und haben ein schlechtes Gewissen. Während wir Mary unter die Lupe genommen haben, hat sie das Gleiche mit uns gemacht und beschlossen, dass es die Sache nicht wert ist.

Ein, zwei Kilometer lang sagt keiner etwas. Das Taxi hat weder Stoßdämpfer noch einen Auspuff, und so poltern wir lautstark dahin. Nach einer Weile lange ich nach vorn und drücke Marys Schulter. Das scheint die Spannung von ihr zu nehmen und sie daran zu erinnern, dass wir nicht ihre Feinde sind. Sie holt tief Luft und tätschelt meine Hand. Yuh-vonne sagt etwas zu ihr, das in meinen übereifrigen Ohren wie *»Quatsch in Guam, Schau!«* klingt. Ist es in Ordnung, dass ich in ihren Lauten Worte zu erkennen glaube? Das Letzte, was ich will, ist, mich über diese Leute lustig zu machen, die sich doch so für uns einsetzen. Endlich beschließe ich, dass da nur mein Gehirn sein Bestes versucht, und ich lasse davon ab, etwas verstehen zu wollen. *»Saudi Sandwich wehzutun«*, antwortet Mary, schluchzt stumm vor sich hin und betupft sich die Augen. Ich kann nicht sagen, ob ich Tränen sehe oder nicht. Vielleicht ist ihre Haut ja so beschaffen, dass sie aufgesaugt werden, bevor sie über die Wangen laufen können?

»Was denkst du?«, frage ich Larry.

Er antwortet mir mit seinem Mona-Lisa-Lächeln. »Mit ein paar Autowerkstätten könnte ich in diesem Land schwer abräumen.«

Als wir zu Larrys Hotel kommen, betupft sich Mary immer noch die Augen, im Übrigen scheint sie in Ordnung zu sein. Larry ist unglücklich, nimmt die Sache jedoch gelassen.

»Wo sind wir?«, fragt er vor der Lobby. »Oh, ich habe es nicht gleich erkannt. Entschuldigt bitte alle.«

Wir klettern nach oben, jeder nach seinen Fähigkeiten. Einige helfen sich gegenseitig. Wir gehen den Korridor hinunter, Mary, die gar nicht Mary heißt, Yuh-vonne, die nicht Yuh-vonne heißt, mein Bruder Laurie, der tatsächlich mein Cousin Larry ist, und der Taxifahrer, der uns aus unerfindlichem Grund begleitet. Ich falle etwas zurück und untersuche eine mysteriöse Klappe in der Wand, die meine Aufmerksamkeit erregt. Als ich sie aufbekomme, finde ich einen einfachen Feuerlöscher dahinter.

»Neugieriger Mann«, flüstert mir Yuh-vonne mit einem anzüglichen Zwinkern zu. »Immer neugieriger Mann.«

Mary fummelt geschäftig mit dem Zimmerschlüssel herum, eine zu groß geratene Frau, die ständig mit zu klein geratenen Dingen herumfingert. Als wir ins Zimmer kommen, geht sie gleich ins Bad und zupft schnaufend Rüschenhöschen von der Stange des Duschvorhangs, wie Richard Dreyfuss in *Der Untermieter.* Der Taxifahrer macht es sich auf Larrys Bett bequem, setzt sich im Schneidersitz auf sein Kopfkissen und greift nach der Fernbedienung für den Fernseher an der Wand gegenüber. Larry lässt sich auf das Fußende des Betts sinken und zieht seine Unternehmerlaufschuhe von den geschwollenen Füßen. Ich will nicht, dass er seine Unternehmerlaufschuhe auszieht, und schon gar nicht seine irre dünnen Unternehmersocken, aber genau das tut er jetzt. Wie eine Sphinx sitzt er da und reibt sich mit beiden Händen die nackten Zehen. Sie müssen feucht sein und erbärmlich riechen, denke ich. Eigentlich sollte ich jetzt Verhandlungen zwischen den entfremdeten Parteien in Gang setzen, bin aber zu sehr damit beschäftigt, meine Nase zu bedecken und so flach wie möglich zu atmen, yogaartig.

Da ich mich in diesem eingeschränkten Zustand befinde, beginnt Yuh-vonne das Gespräch. »Mary, willst du Laurie etwas sagen?«

Ja, das will Mary. Sie zupft und zupft, Larry reibt und reibt, und ich atme vorsichtig zwischen den Fingern hindurch. Yuh-vonne dolmetscht.

»Mary sagt, sie fühlt sehr leid, aber um ehrlich zu sein, sie hat getan, wie richtig hält. Es ist alles nur ein Fehler.«

»Dann geht sie also wirklich?«, platzt es aus mir heraus, und ich ruiniere mir damit meinen Yoga-Atem. »Einfach so, nach zwei Jahren E-Mail-Korrespondenz?«

Mein wehleidiger Tonfall scheint Larry zu mobilisieren.

»Habe ich sie etwa geschlagen?«, fragt er und gibt seinen sphinxartigen Ausdruck auf. »Ich weiß, ich war heute wütend, aber doch nie nahe daran, sie zu schlagen. Das muss sie doch einsehen.«

»Larry, *möchtest* du, dass sie bleibt?«, sage ich.

»Ich möchte *nicht*, dass sie *geht*«, sagt er, als wäre das ein großes Entgegenkommen. Sein Stolz steht auf dem Spiel, und wenn er zu dem geworden ist, der er ist, dann sicher nicht durch Betteln.

»Gut, langsam kommen wir weiter«, sage ich optimistisch. Ich ergebe mich der Situation und nehme die Hände herunter. »Hörst du das, Mary? Larry möchte nicht, dass du gehst.«

Mary kommt aus dem Bad und reibt sich die Augen mit dem schwarzen Spitzen-BH, den sie in der Hand hält. Sie wendet sich schniefend an Yuh-vonne. *Was soll ich tun?* ist ganz offenbar die Frage, die sie ihr auf Chinesisch stellt.

Damit konzentriert sich alles eine Minute lang in Yuh-vonnes Spielhälfte. Sie beginnt eine tiefschürfende Diskussion mit Mary, während Larry sich immer noch die Zehen reibt und unbeteiligt tut. Im chinesischen Einkaufskanal des stumm geschalteten Fernsehers wird gerade die limonengrüne Raubkopie eines Barcalounger-Fernsehsessels angepriesen, der genau wie der aussieht, auf dem ich mich niedergelassen habe. Ich bin nicht ganz sicher, ob ich mich deswegen besonders fühlen soll.

»Ich mag sie nicht«, sagt Larry und reibt sich die Zehen.

»Wen? Mary?«

»Mary mag ich wieder. Und vor Yuh-vonne habe ich große Achtung.«

»Wen magst du dann nicht?«, frage ich.

»Die Taxifahrerin«, sagt Larry. »Was hat die hier zu suchen?«

»Der Taxifahrer ist eine Frau?«, frage ich.

»Meiner Meinung nach ja«, sagt Larry, »und zwar eine sehr teure. Sie hat mir achthundert Renminbi für das Taxi heute abgenommen. Das sind mehr als hundert Dollar.«

»Ich dachte, der Onkel hätte das Taxi spendiert?«, sage ich.

»Das dachte ich auch.«

Ich betrachte den Taxifahrer, das heißt die Taxifahrerin, mit neuem Respekt. »Sie haben nicht zufällig Verbindungen zum Schwarzmarkt für Nieren?«, frage ich sie.

»King Tussi, Schuh kann Kuh«, antwortet sie und winkt ab.

Im Fernsehen preisen sie ein Vogelgift an, das unerwünschtes Federvieh auf der Stelle umhaut. Damit kann man sein ganzes Viertel von der lästigen, lauten Vogelbrut befreien! Endlich beendet Yuh-vonne ihre Diskussion mit Mary.

»Wie lautet das Urteil?«, frage ich.

»Mary sagt, wenn Laurie macht morgen Dialyse, sie bleibt drei Tage.«

Wider Willen wirkt Larry ungeheuer erleichtert. »Einverstanden«, sagt er.

»Damit ist unsere Arbeit hier erledigt«, sage ich und stehe auf. Meine Stimmung ist gedrückt, begreife ich doch, wie unsicher die Situation ist, nicht nur, was Larrys Gesundheitszustand angeht, nein, ich habe keine Ahnung, wer all diese Menschen sind, wer wen kennt und wer wen nicht und wann die nächste unerwartete Wendung erfolgt. »Wir fahren zurück in unser Hotel.«

Yuh-vonne umarmt Mary in einer Art Pas de deux, bei dem sich die beiden Frauen feierlich auf die Schultern klopfen. Anschließend beugt sich Yuh-vonne auch zu Larry hinunter und umarmt ihn, wobei ihr das *Im-besten-Alter*-T-Shirt weit den nackten Rücken hochrutscht. »Danke, Liebste«, sagt Larry und meint es auch so.

Yuh-vonne schenkt ihm einen langen liebevollen Blick. »Ich hoffe, Sie sind glücklich jeden Tag.«

Yuh-vonne möchte das Headset holen, das sie in der Hotelsuite vergessen hat, und wenig später ist sie mit mir dort und wühlt beiläufig durch meine Yoga-CDs. »Yoga gibt Ihnen weiche Knochen?«, fragt sie.

Ist das ein Tadel? Eine Herausforderung? »Nein, Yoga gibt mir keine weichen Knochen«, sage ich.

»Darf ich rauchen?«, fragt sie.

Normalerweise würde es mich stören. Normalerweise würde ich sie davon abhalten, aus Gesundheitsgründen und weil es der Rauch sein muss, der ihre Zähne so braun verfärbt, hinten, wo ihr Bleichmittel nicht hinkommt. Und es wird langsam spät. Aber die Machenschaften und das Hin und Her des Tages haben mich zu müde gemacht, um einen Einwand zu erheben. Im Übrigen ist es faszinierend, ihr beim Rauchen zuzusehen. Schon allein die glitzernde Zigarettenspitze … Blaue Rauchschnörkel winden sich ihr aus Nase und Mund, wie in einem Film aus den Vierzigern.

»Ich stehe zu Diensten«, erinnert sie mich und streicht mir über den Nacken.

»Und was genau bedeutet das?«, sage ich.

Sie beantwortet die Frage auf einem Umweg. »Ich sehe Wahrsager«, sagt sie und nimmt die Hand herunter, um ihren iPod aus der Handtasche zu fischen. »Wahrsager sagt, ich heirate zweimal.«

»Was geschieht mit dem ersten Mann?«

»Stirbt«, sagt sie mit einem Lächeln. Wenn sie mich damit umgarnen will, ist das die seltsamste Taktik, die mir je untergekommen ist. Sie schaltet ihren iPod ein und hält ihn so, dass ich das Lied hören kann. »Making Love Out of Nothing at All« von Air Supply.

»Gehen wir auf Dach jetzt?«

Ich bin ein neugieriger Mann. Aber vor allem bin ich ein verheirateter Mann. *Bye-bye, Batgirl.*

KAPITEL 5

Situation bestens

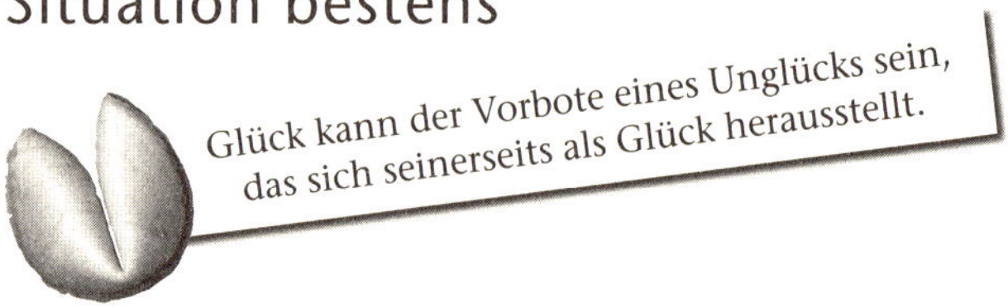

Die Dinge nehmen Fahrt auf. Larry bekommt seine Dialyse, das läuft. Wir haben einen Ersatzpass besorgt, super. Damit können wir uns endlich an unsere eigentliche Aufgabe machen und nach einer gebrauchten Niere suchen. Was dabei auf dem Spiel steht, ist so ernst, dass ich es für wichtig halte, die Leichtigkeit nicht zu verlieren. »Hallo, Schwarzmarkt, komm schon, Junge …«

Kontakt zu Chinas Schwarzmarkt aufzunehmen ist allerdings schwerer, als man denken möchte. Wie sich herausstellt, findet er sich nicht in den Gelben Seiten, und man kann auch nicht einfach auf die Straße gehen und ihn heranwinken wie ein Taxi. Man kann nicht in die Hände klatschen und ihn herbeilocken wie einen kleinen Hund. *Bist ein guter, soll ich dir den Bauch kraulen?* Und ich schrecke sowieso vor ihm zurück, weil ich mich nicht unversehens in einer Gefängniszelle wiederfinden will und ein sadistischer chinesischer Soldat bläst mir Rauchringe ins Gesicht …

Der nächstbeste Ansatz ist es, mit Pekings internationaler Journalistenriege Kontakt aufzunehmen, einem lockeren, hinterhältigen Zusammenschluss, wie ich feststelle, aber irgendwo muss ich schließlich anfangen. Ich bestelle Yuh-vonne und ihre Happy-Go-Luck-Dienste für heute ab, lasse Mary mit Larry zur Dialyse fahren und verbringe den Tag damit, unter der Bruderschaft westlicher, in und über China schreibender Journalisten diskret Erkundigungen einzuziehen. Ohne Erfolg. Ich verbringe einen zweiten Tag damit, diskret bei chinesischen Reportern nachzufragen, die sich im Impressum der örtlichen englischsprachigen Zeitungen finden. Wieder ohne Erfolg. Während die Tage verstreichen, werden meine Ermittlungen immer weniger diskret. Aus den feinen, empfindlichen Fühlern, die ich zunächst ausgestreckt habe, werden mächtige, haarige Ranken, die sich zu einem wirren Netz verbinden, das ich weiter und weiter auswerfe. Ich weiß, ich sollte leisetreten, aber es lässt sich nun mal kein Omelett backen, ohne ein paar Eier zu zerschlagen, wie die Rotgardisten es ausdrückten, als sie den Leuten die Köpfe einschlugen. Mein Netz umfasst bald so ziemlich jeden, den ich treffe. Private Butler, staatliche Barkeeper, Nachtwächter, Stripclub-Türsteher – und alle kratzen sich den Kopf, wenn ich sie anspreche. »Niere? Was meinen ›leicht gebrauchte Niere‹?«

Aufzüge sind ein besonders verheißungsvoller Ort. Hören wir in einen hinein.

»Aus Seoul?«, frage ich einen koreanischen Geschäftsmann, dessen kräftige Stimme ihn wohlhabend erscheinen lässt.

»SEOUL, JA!«, schreit er. »JA, SEOUL! HAHAHA!«

Mir war gar nicht bewusst, dass ich so komisch sein kann, indem ich einfach nur zwei Worte aneinanderhänge. Als ich noch ein paar hinzufüge, fängt der Bursche derartig vulkanisch an zu wiehern, dass ich um das Seil fürchte, das uns himmelwärts trägt, besonders als er auch noch anfängt herumzuhüpfen und so zu tun, als wollte er mir die Faust in den Leib stoßen.

»KEINE VORGELIEBTEN NIEREN! HAHAHAHA! KEINE VORGELIEBTEN NIEREN!«

In einem anderen Aufzug hilft ein Westler einem winzigen

chinesischen Mädchen ein paar Hüpfer zu vollführen. Etwas an der Art, wie er mit der Kleinen umgeht, so als wäre sie aus teurem Porzellan, sagt mir, dass er ein frischgebackener Vater ist.

»Süßes Kind. Haben Sie es adoptiert?«

»Ja, heute.«

»Meinen Glückwunsch. Woher sind Sie?«

»Aus Spanien.«

Wir sehen der süßen Kleinen eine Weile zu. Hinten auf dem Kopf hat sie eine kahle Stelle, wo sie sich die Haare in ihrem Bettchen weggerieben hat. Wahrscheinlich ist sie im Waisenhaus nicht oft genug hochgenommen worden. »Ist ein neues Leben für sie, was?«

»Ja.« Er legt sich die Hand aufs Herz. »Und für uns.«

Ich hole Luft und will schon fragen, ob die Adoptionsagentur nicht zufällig auch Wechselnieren im Angebot hat, komme aber gerade noch rechtzeitig wieder zu Sinnen.

»He, einen schönen Tag noch«, sage ich. »Und viel Glück mit dem kleinen Engel.«

Ich gehe mittlerweile viel zu direkt und offen vor. Ich bin nahe daran, auf dem Platz des Himmlischen Friedens Flugblätter zu verteilen, wo ich doch sowieso in wenigen Tagen schon wieder weg bin. Was sollen sie auch machen? Mich einsperren, weil ich langsam verzweifle?

Oh ja …

Ich beschließe, dass ich eine Pause brauche. Seit dem Fiasko vor der Dialyseklinik sind drei Tage vergangen, und ich gönne mir eine Runde im riesigen, nierenförmigen Pool des Hotels. Es ist fast so, als würde ich in Larrys Organ herumpaddeln. Hinterher genieße ich das Frühstücksbüfett im sechzehnten Stock, hebe die Deckel der Warmhaltebehälter an und sehe, was es Gutes gibt. Es riecht und sieht aus wie eine Mischung von Fünfziger-Jahre-Horsd'œuvres und dem Angebot einer Landwirtschaftsmesse: Zu sittsam herzförmigen Marshmallows mit zähen Maishäppchen gibt es pizzaartige Waffelecken mit dinoförmigen Würstchen.

Während ich mir den Teller fülle, nähert sich mir eine Kellnerin, die ich zum ersten Mal hier sehe. Auf dem Namensschild an ihrer trist olivfarbenen Uniform steht *Trainee*, aber sie sagt, dass sie Jinghua heißt.

»Jinghua«, sage ich und zerbeiße die Laute.

»Das heißt ›Situation bestens‹.«

»Jinghua«, versuche ich es noch einmal, kann meinen Mund aber nicht dazu bringen, den erforderlichen nasalen Laut zu formen. Er will einfach nicht.

»Geben Sie auf«, sagt sie und grinst züchtig. »Seien Sie zufrieden mit mich Jenny oder Jade nennen.«

»Jade klingt hübsch«, sage ich.

»Sie also schlecht beraten?«

»Entschuldigung?«

»Sie versuchen wenig beratene Reis?«

»Beratenen Reis?«

»Entschuldigung für meine einfache Fehler. Gebratene Reis. Oder versuchen Nutten?«

»Nudeln?«

»Ja, Entschuldigung noch einmal. Nu-deln.«

Als ich es mir auf meinem Bambusthron bequem mache, bleibt Jade in der Nähe. Sie sieht zu, wie ich meinen überraschend guten Orangensaft trinke, und stolpert über die eigenen Beine, einfach so beim Dastehen, scheint deswegen aber nicht verlegen oder aus der Fassung gebracht. Sie ist wie ein Füllen, das sich erst noch an die langen Beine gewöhnen muss. Ich bin bezaubert.

»Was unter Ihre Hut?«, fragt sie.

»Nichts als zu wenige Haare. Sehen Sie?« Ich zeige es ihr. Sie betrachtet meinen Kopf einen Moment lang.

»Schrocklich«, sagt sie. »Wie alt Sie sind!«

»Ja, das stimmt.«

»Nein, das meine Frage. Wie alt?«

»Oh, ich? Vierundachtzig.«

Sie denkt, das ist irrsinnig komisch. Wegen meines ausgefallenen Sinns für Humor werde ich im Reich der Mitte zur Legende. »Wenn Sie jedes Alter sein könnten, was würden Sie sein?«, plaudert sie weiter.

»Ich bin gerne vierundachtzig! Das ist ein tolles Alter. Was ist mit Ihnen?«

»Für mich, ich mag Sie fünfundzwanzig, damit meine große Bruder.«

Ich wollte wissen, wie alt *sie* ist, aber das ist schon in Ordnung. Mir gefällt ihre Antwort.

»Aber weil Sie so alt, wir müssen zufrieden sein mit Vater-Tochter.«

Dagegen habe ich nichts. Sie kann die Tochter sein, die ich nie gehabt habe, selbstbewusst und hübsch. Es ist fünfundzwanzig Jahre her, dass ich zuletzt in Peking war, als freier, ungebundener Mann zwischen zwei Ehen. Und wie alt ist Jade? Vierundzwanzig. Wenn eine der Frauen, mit denen ich damals zusammen war, schwanger geworden wäre, würde das Kind jetzt in Jades Alter sein. Sie absolviert gerade ein Aufbaustudium im Bereich internationale Beziehungen, erzählt sie mir, und arbeitet nur nebenher als Kellnerin, und sofort fühle ich mich mit ihr wohler, als ich es mit Yuh-vonne je getan habe. Ich mag ihr offenes, argloses Gesicht, und ihre Zähne sind vorne genauso weiß wie hinten. Aber wie kann sie, ähnlich wie Yuh-vonne, so locker mit ihrem Namen umgehen? Jenny oder Jade – wie kann sie es zulassen, dass ihre Identität so formbar wird? Das ist ein chinesisches Rätsel, eines jener Geheimnisse, das den Menschen hier vor langer, langer Zeit das fürchterliche Attribut »unergründlich« eingetragen hat.

Jetzt lacht sie schon wieder und produziert hübsche Bläschen zwischen den Zähnen. »Sie sind große Fähigkeit, mich lachen zu machen«, sagt sie.

»Was habe ich denn gesagt?«

»Nicht sagen – machen. Sie rühren Kaffee mit Arm von Sonnenbrille.«

»Das ist amerikanisch. Alle wichtigen Leute, Präsidenten und so, wir rühren den Kaffee mit der Sonnenbrille um. Das ist wie ein Geheimkode. So erkennen wir uns im Ausland wieder.«

»Sie heben mich wieder auf die Arme!«

So ist es. Aber auf keusche, väterliche Weise. Sie ist so zutraulich, dass ich gar nicht anders kann. Ihre dunklen Augen sehen mich so ehrlich an, wie Robbenaugen, ehrlicher und offener, als ich es gewohnt bin. Vielleicht ist es das, was sie so verletzlich wirken lässt. Im Vergleich zu Yuh-vonne, dem Hotdog, ist sie ein Sahnebausch, aber ich sollte sie nicht unterschätzen. Sie weiß zweifellos, wer sie ist. Ich nehme mir eine Portion übernatürlich helles Rührei mit einem Wirbel Petersilie darauf, und da sie keinerlei Anstalten macht zu gehen, unterhalte ich mich weiter mit ihr. Ihre Vorgesetzte sieht sie bei mir herumstehen, weicht aber zurück und verbeugt sich.

»Vierundzwanzig also. Und haben Sie im richtigen Leben einen großen Bruder oder eine Schwester?«

»Nein, Vierundachtzig. Ich bin nur ein Kind.«

»Ist es einsam, ein Einzelkind zu sein?«

»Oh nein, ich bin froh darüber. Ich bin Nummer eins! Ich sage meine Mutter, wenn du noch ein Kind machst, werde ich es töten.«

»Das meinen Sie doch nicht ernst?«

»Doch – im Ernst!« Sie kichert und ist zufrieden mit sich. »Hihihihi.« Ich habe noch nie solch »buchstäbliches« Kichern gehört, aber es funktioniert. Ich würde sagen, es klingt wie abgelesen. Es ist bezaubernd.

»Sie sind also ihr Schatz.«

»Schatz, ja. Meine Mutter ärgert mich, sagt, sie mag ihren Hund besser, aber ich weiß, stimmt nicht. In wahr, ich bin Verantwortung, beste Tochter, die ich kann, sicher und gut. Wenn es eine Tragödie gibt und ich tot bin, wie bei Erdbeb, dann haben sie niemand. Schrocklich!« Ihre Augen füllen sich mit Tränen. »So etwas passiert manchmal, und ist sehr große Qual.«

Von Zeit zu Zeit trifft man solch einen Menschen, einen Menschen, der nie sterben dürfte. Wie könnte so etwas Anbetungswürdiges vergehen? Wie könnte eine so blühende Unschuld zerstört werden? Ich möchte Jade vor dem Tod bewahren. Ich möchte sie unter meine Fittiche nehmen und dafür sorgen, dass ihr nichts Böses zustößt, kein Erdbeb, kein Depressionismus, nichts von dem, was unseren Kindern wehtut. Natürlich kann ich ihr das alles nicht sagen, und so begnüge ich mich mit einem einfachen »Ihre Eltern müssen Sie sehr lieben«.

»Ich hoffe das«, sagt sie leidenschaftlich. »Also was ist Ihr Plan in diesem Tag?«, fragt sie.

»Ich weiß es nicht. Warum?«

»Dieser Tag ist mein Glückstag, ich glaube«, sagt sie. »Weil an diesem Tag ich zeige Ihnen mein Land, um mein Englisch zu reparieren.«

Das sagt sie ohne alle Koketterie, sondern ganz ernsthaft. Situation bestens.

»Sie wollen mich herumführen? Und was kostet das?«

Sie versteht nicht. Sie will nicht schlecht von mir denken ...

»Wie viel kostet es, wenn Sie ein paar Stunden meine Führerin sind?«, sage ich und klopfe auf meine Uhr und mein Portemonnaie, worauf sich ihr Gesicht erschreckt verdüstert.

»Nichts!«, sagt sie. »Ich will reparieren mein Englisch ...«

»Okay, ja, Entschuldigung. Sehr gerne. Vielleicht morgen früh?«

»Wir machen Tour. Ich zeige Ihnen Klomarkt.«

»Bitte …?«

»Antik so-so, und modernes Produkt für tiefen Rabatt.«

»Oh, sicher, ein Flohmarkt. Da klingt gut.«

»Wo wir abendessen?«

»Abendessen? So viel von Ihrer Zeit kann ich nicht in Anspruch nehmen.«

»Ich bin nichts zu tun morgen, nur arbeiten, schlafen, einkaufen.«

Sie wirkt so geknickt, dass ich an den Spanier mit dem kleinen Kind im Aufzug denken muss.

»Wir nehmen es, wie es kommt«, sage ich. »Wo treffen wir uns am besten?«

»Vor Hotel. Nicht in Lobby. Ich sage Hotel nicht, ich das tun.«

»Undercover, wie?«

»Null-Null-Sieben, peng, peng!«, kichert sie und bläst sich den Rauch von den Fingerspitzen.

»Kapiert, vor dem Hotel.«

Ich werde keine Flugblätter auf dem Platz des Himmlischen Friedens verteilen. Nein! Um mich zu zerstreuen, kehre ich in meine Luxussuite zurück, setze mich auf mein Bett mit der Bettwäsche aus hundert Prozent ägyptischer Baumwolle und mache mich daran, mein zottiges Netz noch weiter auszuwerfen. Ich wünschte, ich könnte den erlesenen, vom Hotel zur Verfügung gestellten Mahagoni-Füllfederhalter benutzen, um allen, die ich in diesem Teil der Welt kenne, einen richtigen Brief zu schreiben, aber ich e-maile wohl besser. Wobei am Anfang meist ein paar überfällige Entschuldigungen vonnöten sind.

Liebe Safrina, zuerst einmal will ich mich dafür entschuldigen, wie ich dich am Flughafen in Singapur habe sitzen lassen. Ich weiß, das ist siebzehn Jahre her, trotzdem würde ich es gerne wiedergutmachen. Was soll ich sagen? Ich habe dich geliebt, aber du hattest einfach zu viele Liebhaber zugleich. Damit wurde ich nicht fertig, und ich musste dein Herz brechen, bevor du mir meines gebrochen hättest. Wie auch immer, im Moment befinde ich mich wieder in deinen Breiten und frage mich, ob du irgendeinen Zugang zu funktionsfähigen Nieren auf einer der Inseln hast …

Liebe Achara, bitte bekomm keinen Schreck, wenn du zwanzig Jahre nach dem schmerzlichen Ende unserer Beziehung wieder von mir hörst, doch ich schreibe dir wegen einer ungewöhnlichen Bitte. Wenn ich mich recht erinnere, sagtest du, deine Tante sei die Königin von Thailand. Angesichts der vielzähligen Verbindungen, die deine Familie dadurch haben muss, frage ich mich, ob du mir sagen könntest, wo in Bangkok ich vielleicht …

¡Corazón! Es ist allerhöchste Zeit, dass wir unser Kriegsbeil begraben. Warum mit dem Finger aufeinander zeigen? Gab es nicht genug gegenseitige Anschuldigungen? Ich bin nicht mehr böse und hoffe, du auch nicht, weil ich dich um einen ernsten Gefallen bitten möchte. Manila hat sich in den letzten zehn Jahren zu einem angesehenen medizinischen Zentrum entwickelt und …

Wenn man vom Teufel spricht – als ich die letzte Mail gerade weggeschickt habe, meldet sich Manila. Nicht Corazón oder eine meiner alten asiatischen Flammen, sondern ein Strandmotel, wo ich uns bereits unverbindlich eingebucht habe, falls die Woche in Peking ergebnislos bleiben sollte.

An wen Sir und Madam ☺
wir freuen uns wo Sie bleiben. Auf Ihre Anfrage wir zwei ☺ Zimmer buchen. Jedoch sind wir in perplex wegen Ihre Anfrage für Zimmern in zwei verschiedenen Stockwerke wegen »Raum zum Atmen«. Ist schade, Sir, Frage nach ☺ auf zwei Stocken kann nicht geehrt werden weil wir einstöckiges Unternehmen. Jedoch können wir Zimmer weit von Bruderzimmer entfernen, wenn tauglich, auf beide Seiten von *Entspannungshof* mit grünen Pflanzen, damit sich die Gäste fühlen sich gereinigt und komfortabel …

Treffer! Ich greife zu, wenn es auch vage nach Gefängnis klingt. Es ist sowieso nur eine Notlösung. Ich hoffe, dass wir Manila nicht brauchen, weil es hier in China klappt.

Ich schreibe noch eine E-Mail, bevor ich mich den übrigen Nachrichten in meinem Posteingang zuwende: Ich bedanke mich herzlich bei Happy-Go-Luck-Travel, erkläre, dass ich Yuh-vonnes Dienste nicht länger benötige, und weise sie an, ihr zum Abschied und Dank ein großzügiges Trinkgeld zu geben. Das tu ich im Gedenken an ihre zerbissene Lippe – auf dass sie nur glückliche Tage hat. Oh mein Gott: Färbt Larrys Großzügigkeit etwa auf mich ab?

Nein, es ist der reine Pragmatismus. Ich kaufe Yuh-vonnes dauerhaftes Schweigen. Das Letzte, was wir brauchen, ist jemand, der uns an einschlägiger Stelle verpfeift.

Ich knabbere das Gebäck, das ich vom Frühstücksbüfett mitgenommen habe, ein Croissant, und sehe die eingegangenen Mails durch. Die erste stammt von der ablehnenden Ärzteschaft der Familie:

Dan, wir müssen noch einmal aufs Nachdrücklichste konstatieren, dass wir euer Vorgehen für äußerst verantwortungslos halten. Schon die Idee, auf diese Weise eine lebensrettende Operation organisieren zu wollen, ist so lachhaft wie naiv. Es gibt dabei so viele Unbekannte, dass wir von euch verlangen, alle Kontakte mit uns abzuklären, bevor ihr euch auf sie einlasst. Ihr habt doch grundsolide Kontakte, nehmen wir an?

Oh, grundsolide, keine Angst. Und ab damit in die Recyclingtonne. Ich öffne die Mail von meinem einzigen Kontakt, dem Botschaftsfreund eines Freundes, den ich vor meiner Abreise angemailt habe. Izzy ist die ganze Woche weg, wie sich herausstellt, möchte aber wissen, ob wir uns Freitagabend, wenn er zurückkommt, treffen können. Ich sehe in meinen Kalender. Das wird knapp, zwei Tage später geht unser Backup-Flug nach Manila. Izzy schlägt vor, dass wir uns in seiner Synagoge treffen, einem provisorischen Gebetsort für in Peking lebende westliche Auslandsjuden, der offenbar in den ungenutzten Räumen einer Fremdsprachenschule untergebracht ist. Das Ganze klingt ausreichend kafkaesk, um mein Interesse zu wecken, und ich sage zu.

Und jetzt die Belohnung für meine harte Arbeit: Eine E-Mail von zu Hause. Allein den Namen meines Jüngsten anzuklicken, erfüllt mein Herz schon mit Sehnsucht.

DAD!!!!!!!!!!!! MS BOULDRY MEINE NEUE LEHRERIN IST DER HAMMER!!
Das hier sind ein paar Worte, um sie zu beschreiben:
lustig, kreativ, schlau, kindisch, hilfreich, fürsorglich, seltsam, QUASSELSTRIPPE!!!!!!!! und lässt sich leicht ablenken!

Dad, ich liebe dich von Herzen,

Jeremy Roth-Rose

PS: Ich denke, Flugbegleiterinnen haben zu dick Lippenstift drauf, oder?

Also gut, ich brauche ein bisschen Nestwärme. Es ist neun Uhr morgens, drüben also neun Uhr abends und ein Schultag. Trotzdem, vielleicht sind sie noch auf. Ich wähle.

Die unvergleichliche Frau: »Wie läuft es, Schatz?«

Der unwürdige Mann: »Verglichen mit unserer Fahrt im Sessellift mit zwei vorpubertären Burschen ist das hier ein Kinderspiel.«

»Seht ihr euch vor? Jungs, seid mal einen Moment ruhig, wenn ich mich Dad in China rede!«

»DAD IN CHINA!?!« Ich höre, wie das Telefon gepackt wird, jemand fummelt daran herum und rennt damit los. An der Fünfzig-Yard-Linie wird er abgefangen, und dann ... Touchdown! Ich schaffe es gerade noch, mir die Stöpsel in die Ohren zu drücken, die ich nur für den Fall bereitgelegt habe.

»Wie geht's, Pop? Du lässt dich doch nicht verhaften oder so was?«

»Alles läuft bestens, Spence.«

»Du lässt dich doch auch nicht von *Laurence* abknallen?«, sagt er mit gespieltem französischem Akzent. Was aus irgendeinem Grund unser kleines Leitmotiv ist.

»Bisher schießt *Laurence* noch daneben. Und wie läuft's bei euch?«

»Hab einen Tennispokal gewonnen und ein cooles Gedicht geschrieben. Alles super.«

»Toll«, sage ich. »Du erstaunst und entzückst mich, mein Großer.«

»Ja, und ich füttere die Enten, wie du gesagt hast. Es ist alles in Ordnung, nur dass Mom die Filme immer schnell vorspult, wenn was mit Sex kommt, weil Jeremy zu jung ist.«

»ICH WEISS SCHON, WAS SEX IST!«, ruft sein überschwänglicher kleiner Bruder im Hintergrund, was Spencer nicht unkommentiert lassen kann.

»Okay, Jeremy, was ist es?«

»Jungs, seid vernünftig, ich rufe von der anderen Seite der Welt an.«

»Gut, Mom sagt, Jeremy ist an der Reihe. Bis dann, Dad.«

»DAD, HI, ICH HABE EIN PAAR ERFINDUNGEN GEMACHT, GENAU WIE DEIN COUSIN. FERTIG? BIEREIS AM STIEL!«

»Nicht schlecht, Jeremy, das könnte Erfolg haben ...«

»OH, UND WIE WÄRE ES HIERMIT: KÄSE-DONUTS! KANNST DU MICH ALSO DAS NÄCHSTE MAL MIT NACH CHINA NEHMEN, DAD, WEIL ICH VIELE IDEEN HABE, UND VIELLEICHT KÖNNTE ICH HELFEN, DEINEN COUSIN ZU RETTEN!«

»Das ist wirklich eine nette Idee, Jeremy, ich glaube nur ...«

»ABER, DAD, DEIN COUSIN WIRD DOCH NICHT RICHTIG STERBEN, ODER, DAD? DAS LÄSST DU NICHT ZU, ODER, DAD?«

»Nun, ich tue mein Bestes, um ihn ...«

»OH, UND DAD, RATE MAL, WAS DAS BESTE GERÄUSCH DER WELT IST? ZÄHNE, DIE IN EINEN BAGEL BEISSEN! HAST DU DAS MAL GEHÖRT, DAD? DAS KLINGT SO LECKER! ALSO HÖR ZU ...«

Und dann höre ich, wie die Schneidezähne meines Sohnes auf der anderen Seite der Welt durch die Kruste eines getoasteten Bagels dringen. Und er hat Recht: Es klingt köstlich. Es ist ein seliges Geräusch. Trotzdem lasse ich mich von Jeremys ruhiger, empfindsamer Seite nicht täuschen, auch nicht für einen Moment.

»Gute Nacht, Schatz. Und, Jeremy, soll ich dir was verraten? Ich weiß jetzt, was du mal wirst, wenn du groß bist.«

»WAS?«

»Ein reicher koreanischer Geschäftsmann.«

Kapitel 6

»Chuzpe« ist ein jüdisches Wort

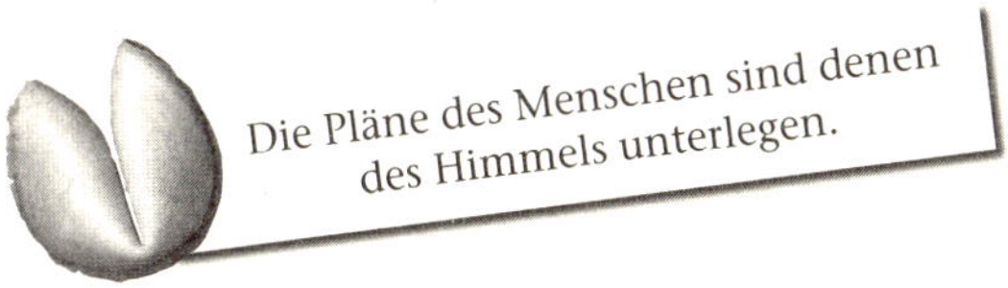

Kiefern. Der minzige Geruch von Kiefernnadeln …

Am nächsten Nachmittag fahre ich zu Larrys Billighotel und finde ihn im Hof, wo er ein paar Sonnenstrahlen tankt. Die Luft riecht angenehm nach Kiefern. Im milchigen Licht wirkt Larrys Haut wie ein Stück Stoff, das jahrelang hinten im Schrank gelegen hat. Er trägt etwas, das aussieht wie ein Badeanzug aus der Zeit der Weltwirtschaftskrise, und dazu seine Schildpattsonnenbrille. Mary kniet vor ihm und massiert ihm die Füße. Ich kann nur ahnen, was es sie gekostet hat, ihn dazu zu bringen, seine Unternehmerlaufschuhe auszuziehen. Hingebungsvoll knetet sie das zarte Fleisch seines Spanns, während Larry zufrieden schnaufend vor sich hin döst, unbeeindruckt von der Peking-Oper auf dem Bildschirm des tragbaren Fernsehers vor ihnen.

»Entschuldige, wenn ich nicht aufstehe«, sagt er und schaltet den Fernseher auf stumm, allem Anschein nach, ohne einen Muskel bewegen zu müssen. »Ich bin total erschöpft von der Dialyse gestern, die ausgesprochen aggressiv war. Obwohl, du hättest sehen sollen, wie froh sie in der Klinik waren, dass sie mich zurückhatten. Wie sich gezeigt hat, waren die schön verpackten Mao-Maniküre-Sets eine gute Investition.«

Mary steht jetzt über ihm. Sie umsorgt ihn von Kopf bis Fuß.

»Professor ... Kissen?«, fragt sie, schiebt es ihm hinter den Rücken und schaltet mit ihrer eigenen Fernbedienung den Ton wieder an.

»Gott segne dich, so ist es so viel besser«, sagt er und verfällt in eine Ausdrucksweise, die er von seinen ältlichen Einwandereltern hat. Er stellt den Ton ab, sie stellt ihn wieder an. »Wie kommst du voran?«, fragt er mich jetzt.

»Die Straßenkehrer sind sich ziemlich einig, dass es keine Nieren gibt, aber ich habe noch ein paar Bauarbeiter an der Sache«, erkläre ich ihm. »Im Übrigen wird es langsam eng. Wenn wir in den nächsten achtundvierzig Stunden nichts finden, geht es weiter auf die Philippinen.«

»Das mit den Straßenkehrern ist ein Spaß, oder?«

»Nur zum Teil«, sage ich. »Ich probiere es praktisch überall, Larry.«

Klick. Gegenklick. Ich kann immer noch nicht sagen, wo der feine Kieferngeruch herkommt.

»Mary hat offensichtlich ihren eigenen Kopf«, sage ich. »Das freut mich.«

»Oh, sie ist ein Dickschädel«, sagt er und schließt die Augen. »Wobei ich zugeben muss, dass ich sie dafür eher theoretisch bewundere als praktisch.«

»Und wie steht es um das junge Glück?«, frage ich.

Er beginnt die einzelnen Punkte an den Fingern abzuzählen. »Ich weiß, sie meint es gut, im Allgemeinen bevorzuge ich allerdings etwas mehr Konversation mit meinen Partnerinnen«, sagt er. »Sie ist überraschend verschlossen. Ich habe fast zwei Tage gebraucht, um die Wettervorhersage aus ihr herauszubekommen. Und dann versucht sie mir Blütentee einzuflößen, um mein Yin zu verbessern. Mal ehrlich, Dan, wirke ich auf dich wie jemand, der sein Yin verbessern will? Andererseits kann ich quasseln und quasseln, und es macht ihr nichts aus. Das geht besser als mit meinem Therapeuten.«

»Gehst du ernsthaft zu einem Therapeuten? Wann hast du beschlossen, dass das nicht alles Drogenbullen sind, die dir was anhängen wollen?«

Er macht sich nicht die Mühe zu antworten, öffnet die Augen und windet sich auf dem rutschigen Stuhl ein Stück höher. »Alles in allem verstehen Mary und ich uns ausgezeichnet«, sagt er, »obwohl es noch etwas dauern kann, bis sie gefilte Fisch und Kohlrouladen macht.«

Nun, *etwas* scheint es ganz offenbar zu geben, weshalb er sich so gut fühlt. Er wirkt glücklicher als auf der ganzen bisherigen Reise. So wie er lächelt, kann ich sogar sehen, wie viele Zähne er durch seine Nierenprobleme verloren hat. Genau zwei.

»Sie scheint dich ziemlich zu mögen«, bemerke ich.

»Also, Dan, ich will ja nicht eingebildet klingen (denn das bin ich wirklich nicht), aber da ist sie nicht die Einzige«, sagt er und hebt die sperrige Brille, um mich anzusehen. »Du solltest die Schönen an der Rezeption sehen: die machen Stielaugen, wenn ich bei ihnen vorbeikomme. Ich meine, warum wirke ich plötzlich so anziehend auf chinesische Frauen? Vielleicht ist das ja einer von den Fällen, wo ausländische Frauen abgerissene Amerikaner scharf finden, weil sie es nicht besser wissen.«

»Oder du bist attraktiver, als du denkst, Larry.«

»Danke, ich kenne mich. Ich bin penetrant, markant und positiv realistisch – aber attraktiv? Nein, das sicher nicht.«

»Vielleicht bist du ja attraktiver, als du *aussiehst*«, schlage ich ihm vor.

Klick. Gegenklick.

»Das ist tiefsinnig, Dan. Ich werde darüber nachdenken. Ich denke über alles nach, was du sagst. Trotzdem, ganz ehrlich, ich habe so was noch nicht erlebt. Es ist fast so, als betete Mary die Erde an, über die ich gehe.«

»Vielleicht ist es ja auch dein Pass.«

Pffft! Mary hat Larry eine Dose Cola geöffnet. Das Wunder der Kohlensäure scheint sie jedes Mal neu zu überraschen.

»Stimmt, das könnte es auch sein«, sagt Larry und nimmt einen Schluck. »Ich bin nicht so eitel, dass ich das nicht als Möglichkeit einkalkulieren würde. Im Übrigen, wenn es dir nichts ausmacht, würde ich dich bitten, mir beim Abwägen der Möglichkeiten zu helfen. Ich könnte ein zusätzliches Urteil brauchen.«

Als hätte sie verstanden, worum es in unserer Unterhaltung geht, meldet sich Mary jetzt zu Wort. »Professor nicht essen!«, sagt sie, und es ist gleichzeitig eine Beschwerde und eine Frage.

»Ich esse doch, Liebes«, sagt Larry. »Ich esse keine Seegurken, das stimmt, aber ich nehme eine ausgewogene Kost aus Butterkeksen mit Zitronenguss und Butterkeksen mit Karamellüberzug zu mir. Vielleicht klingt das für dich nicht ausgewogen, aber ich bin ein großer Junge. Du musst mich nicht bemuttern.«

Wo habe ich diese liebevolle Sorte Gezänk schon gehört? Richtig, in der Küche von Larrys Eltern, Rivie und Sam, damals in Lynn, Massachusetts. Das war die gleiche Art gereizter Zuneigung. Bei ihren Balgereien kicherten und gluckstenen die beiden zur Unterhaltung ihrer Zuschauer. Klick. Gegenklick.

Ich glaube, ich weiß jetzt, woher der Kieferngeruch kommt. Ich bin nicht sicher, aber trägt Mary da nicht einen von diesen kleinen Duftbäumen an einem Band um den Hals?

Larry zieht Stirn und Nase kraus, so dass er aussieht wie ein faltiger alter Elefant aus *Babar*, und hält mir eine Schachtel Girl-Scout-Kekse hin. Wie schon früher lehne ich ab, und es gefällt Larry nicht, dass ich seine Großzügigkeit ablehne. »Dann nimm wenigstens Geld fürs Taxi. Wer weiß, wie viel du ausgibst, wenn du so in der Stadt herumrast. Mary, gibst du Dan bitte ein paar Scheine aus meiner Brieftasche? Und nimm dir selbst auch was, wo du schon mal dabei bist«, sagt er zu ihr.

Wie ich feststelle, hat Mary seine Brieftasche während der letzten zwei Tage bestens kennengelernt. Ich halte mich zurück und sage nichts dazu. Es ist sein Geld. Er kann damit machen, was er will, besonders mit der Viertelmillion aus der Eiszapfen/Lastwagen-Geschichte.

Larry lässt sich auf seinen Liegestuhl zurücksinken, enttäuscht, dass ich sein Geld nicht will. Meine Unfähigkeit, die Vorteile zu nutzen, die das Leben mir bietet, war immer schon eine Quelle des Unmuts für ihn, ein Symptom meiner behüteten Kindheit.

Mary beugt sich vor, der Luftauffrischer baumelt ihr vor der Brust, und sie versucht ein paar Grundinformationen über ihren Verlobten aus mir herauszuholen. Schließlich ist diese Ehesache keine Einbahnstraße. Auch sie muss ihre Checkliste durchgehen.

»Er große Boss, ja?«

»Ich bin kein großer Boss«, sagt Larry, der weniger Schwierigkeiten zu haben scheint, sie zu verstehen, als ich, vielleicht weil er selbst seine sprachlichen Eigenheiten hat. »Sie muss nur wissen, dass das, was ich sage, gilt. Wenn ich zum Beispiel sage, wir gehen frühstücken, gehen wir frühstücken. Sie hat sich nach mir zu richten. Das ist doch nicht zu viel verlangt, oder?«

»Er-ah, sehr große Professor?«, versucht sie es wieder.

»Größer geht nicht«, bestätige ich ihr. »Wobei, vergiss den Professor, er ist ein Beauftragter! Daheim in Florida ist er so was wie der Weltbeauftragte für Pool-Liegen! Er bewirbt sich außerdem als Vorsitzender seines Wohnungseigentümervereins, und das ist ein verdammt harter Wahlkampf, habe ich Recht, Larry?«

Larry lässt die Fingerknöchel knacken. »Ich trage mich mit dem Gedanken zu kandidieren«, gibt er zu.

»Was habe ich gesagt?«, triumphiere ich. »Der Vorsitzende Larry!«

»Der Vorsitzende Larry«, sagt Mary befriedigt. Sie scheint der Klang dieser Worte sehr zu faszinieren.

»Ich hoffe, du hast nichts gegen einen kleinen Spaß«, sage ich leise zu Larry.

»Sag, was du magst«, antwortet er und lässt die Knöchel schon wieder knacken, dass es wie gedämpftes Gewehrfeuer klingt.

Als läse er meine Gedanken, verliert sich Larry in verträumte Erinnerungen an die Waffen, die er schon mal besessen hat. Ich höre nur mit halbem Ohr zu, weil ich mich nicht in seinen Erzählstrom ziehen lassen will. Ich kann ihm am besten helfen, wenn ich Distanz bewahre. Als ich wieder genauer hinhöre, schwärmt er gerade von einer Pistole in Form einer Brieftasche. Wenn ein Täter deine Brieftasche wollte, zogst du sie heraus, als gehorchtest du. Und dann konntest du ihn umlegen.

»Ich vermisse meine Waffen sehr«, seufzt er, als ginge es um seine Kinder, die sich nach Hawaii aufs College verabschiedet haben. »Achtzehn Jahre lang habe ich ständig eine Pistole bei mir getragen. Ohne fühle ich mich völlig nackt. Besonders meine 25er Beretta-Jetfire geht mir ab. Die war so klein, nicht größer als meine Handfläche, die konnte ich sogar zu Bar-Mizwas und Hochzeiten mitnehmen.«

»Du hattest bei Bar-Mizwas und Hochzeiten einen Revolver dabei?«

»Nein, da verstehst du mich falsch.«

»Gut! Eine Minute lang dachte ich schon …«

»Ich sagte, ich hatte meine *Beretta* dabei. Mein *Revolver* war für Beschneidungen reserviert.«

Ich stelle mir Larry mit Jarmulke und einer halbautomatischen Waffe vor …

Dann: Oh mein Gott, Jarmulke, es ist Freitag. Ich habe ganz

vergessen, dass ich heute Abend zum Sabbat-Gottesdienst verabredet bin. Ich verabschiede mich und raffe schnell meine Sachen zusammen.

»Ich habe dich nicht mit angemeldet«, sage ich, »weil ich nicht annahm, dass du interessiert wärst.«

»Und warum um alles in der Welt gehst *du* dahin, wenn ich fragen darf?«

»Ich treffe mich mit meinem einzigen Kontakt von zu Hause. Dem Freund eines Freundes, der in der Botschaft arbeitet, Izzy Soundso.«

»Hast du mir von ihm erzählt? Im Moment wüsste ich nicht …«

»Erinnerst du dich an die erste Staffel von *Survivor* [das amerikanische Dschungelcamp; der Übers.]?«, frage ich. »Als dieser Widerling Richard Hatch die Million kassiert hat?«

»Nein, aber das ist egal. Popkultur interessiert mich nicht.«

»Mein Freund ist der Bundesanwalt, der Hatch später angeklagt hat, weil er seinen Gewinn nicht versteuert hatte«, erkläre ich Larry. »Ich hab's mir angesehen. Hat er brillant gemacht. Hat dem Kerl nachgewiesen, dass er sich einen zweiten Pass besorgt hat, um mit seinem argentinischen Liebhaber das Land zu verlassen.«

»Und wie kann uns dieser Bundesanwaltsfreund in der Botschaft helfen?«

»Ich weiß es noch nicht«, sage ich. »Ich gehe nur allen Spuren nach, die ich sehe.«

»Wie hast du ausgerechnet einen Bundesanwalt aufgetan?«

Ich beschließe, ihm nicht zu verraten, dass es letztlich sein Kontakt war. Nachdem Larry erfolglos versucht hatte, mich beim FBI anzuschwärzen, lernte ich auf einer Party ausgerechnet den Mann kennen, mit dem ich es zu tun bekommen hätte, hätte mich das FBI tatsächlich für verdächtig gehalten. Wir verstanden uns gut, aßen gemeinsam, machten den ganzen Abend über Witze über meine Anklage und fahren heute manchmal zusammen Kajak. Aber warum soll ich Larry das alles erzählen. Ich kann mich auch geheimnisvoll geben. Ich lasse den Blick über seine schneeweißen Schultern und seine blasse Brust gleiten, wie dicke Schlagsahne.

»Du solltest dir überlegen, etwas Sonnencreme zu benutzen«, sage ich.

Ich gebe dem Taxifahrer die chinesische Wegbeschreibung, die Izzy mir gefaxt hat, und schon schlängeln wir uns quer durch die Stadt. Vierzig Dollar und fünfundvierzig Minuten später werde ich vor dem altmodischen Gebäude – viel Beton, wenig Glas – einer Studentenvereinigung abgesetzt, aber die Frau am Informationsschalter in der Rotunde sagt mir, die provisorische Synagoge befinde sich am anderen Ende des Campus. Statt mir auf Chinesisch zu erklären, wohin ich gehen muss, fasst mich die Frau am Ärmel und zieht mich durch einen etwa hundert Meter langen Korridor, hinaus auf einen Hof, um eine Statue herum und in den dritten Stock eines anderen Gebäudes. Okay, das hier sieht schon eher wie der Ort für einen jüdischen Gottesdienst in der Fremde aus – zwei schäbige Zimmer neben einer Uni-Bibliothek.

Drei Sinne sagen mir gleich, dass ich am richtigen Ort bin: 1. Hören: »Du hast dein *Baby* bekommen!«, ruft eine glamouröse ältere Dame mit australischem Akzent, die einen Schal im Leopardenlook trägt und eine andere Frau umarmt. 2. Sehen: Ein paar gut angezogene Herren deuten auf den Himmel draußen und streiten darüber, ob die Sonne offiziell schon untergegangen ist. 3. Geruch: Es riecht angebrannt. Wer hat die Bagels zu lange getoastet?

Ja, das hier ist mein Volk. Ich fühle mich versucht, wie Yuhvonne die Arme weit auszubreiten und zu rufen: *Ich liebe euch, Jüdisch!*

Ich war noch nie mit Strohhut und Sandalen im Gottesdienst, aber was soll's. Niemand besteht auf Formalitäten, wenn man unterwegs ist. Wenigstens sage ich mir das so. Wenn ich gehemmt wäre, hätte ich auch zu Hause bleiben können.

Izzy ist offensichtlich noch nicht da, doch es füllt sich langsam. Ich laufe umher und mache mich westlichen Juden bekannt, hauptsächlich Amerikanern und Engländern, die in Peking stationiert sind: einem kleinen, eleganten Herrn aus Baltimore, der, wie sich herausstellt, der Dekan dieses Instituts ist, seinem Opernsänger-Freund von der Sorbonne, der ein Freisemester hat, dem Pekinger Bürochef einer internationalen Nachrichtenagentur und etlichen Architekten, Bankern und so weiter. Alle sind witzig und umgänglich und versuchen einander an Witz und Umgänglichkeit zu übertreffen. Es ist wie zu Hause, nur mit einer gewissen Schärfe, der Schärfe intelligenter Leute, die im harten Wettstreit ihrer elitären streitlustigen Institutionen gelernt haben, mit ihren Waffen umzugehen, und jetzt aus Spaß die Klingen kreuzen – aber eben nicht *nur* aus Spaß. Ich wechsle von Gruppe zu Gruppe und treffe auf eine gutaussehende junge New Yorker Reporterin, die mich von Kopf bis Fuß in Augenschein nimmt, um zu sehen, ob ich eine Bedrohung darstelle, und einen Richter aus Chicago, der auf der Durchreise ist und meinen Schwager, einen Anwalt, kennt. »Schwamm drüber« soll ich meinem Schwager ausrichten, aber ich tue so, als hätte ich es überhört, weil ich denke, dass diese Art Nachricht niemandem hilft. Entweder steuere ich jetzt vorsichtig durch die Untiefen der Versammlung oder lasse es darauf ankommen.

»Das ist kein konfessionsgebundener Gottesdienst, oder?«, frage ich. »Hoffentlich nicht mit zu viel Wechselgebeten?«

Der Satz hilft mir durch die Musterung. Der Dekan mit seiner Fliege lächelt mich komplizenhaft an.

»Wo kommen Sie ursprünglich her?«, frage ich einen Mitarbeiter des amerikanischen Foreign Service, dessen schwarze Jarmulke mit goldenen chinesischen Schriftzeichen verziert ist.

»Ich bin schon so lange im Ausland, dass ich nirgends mehr herkomme«, prahlt er und klingt ein wenig wie ein Besserwisser. »Keiner, der heute nach Peking kommt, hat eine Ahnung, wie es vor den Reformen war«, fügt er gleich noch hinzu.

»Wie wahr«, sage ich und nehme seine Herausforderung an. »Als ich 1984 das letzte Mal hier war, hätte ich nie über den Platz des Himmlischen Friedens gehen und mit den Menschen reden können, wie ich es gestern getan habe.«

»Versuchen Sie eingesperrt zu werden?«, fährt mein Landsmann kampfeslustig fort.

Ein Mann mit Metallbrille kommt mir zu Hilfe. »Um eingesperrt zu werden, müsste er schon mehr anstellen. Da müsste er ein ›Freiheit für Tibet‹-Spruchband entrollen.«

»Wo wir gerade von Tibet reden, findet einer von Ihnen den chinesischen Herrschaftsanspruch nachvollziehbar?«, frage ich.

»Jemand hat mir mal ein dreihundert Jahre altes Dokument eines chinesischen Funktionärs, eines Beamten oder so, gezeigt«, antwortet der Mann mit der Metallbrille, »mit dem er die Hoheitsgewalt auf Tibet ausgedehnt hatte, aber das ist so ähnlich, als wollte der Gouverneur von Texas Mexiko zu seinem Hoheitsgebiet erklären. Hätte er damit einen Anspruch?«, fragt er rhetorisch und rückt sich die Brille zurecht. »Auf Basis verschiedener Einzelheiten könnte man ihm zustimmen, alles in allem aber ergibt sich daraus kein schlüssiges kulturelles Narrativ.«

»Harvard oder Princeton?«, frage ich ihn.

Er rückt sich die Metallbrille ein weiteres Mal zurecht, etwas zu brüsk, um locker zu wirken. »Harvard«, gibt er verlegen zu. »Womit habe ich mich verraten?«

»Die Terminologie Ihres letzten Satzes«, sage ich. »Mit ›Narrativ‹ haben Sie sich verraten.«

»Das hätte nicht Yale sein können?«, fragt er.

»Aber ganz sicher nicht!«, rufe ich mit gespieltem Entsetzen.

Ein Glucksen geht um. Das entscheidet es. Wir sind *Mischpoke,* alle bis auf ein paar Verweigerer. Ich fühle mich wie Schindler auf dem Bankett zu Anfang des Films, als er sich durch den Raum arbeitet, um bis zum Ende mit allen Schlüsselpersonen Bekanntschaft geschlossen zu haben. Dabei frage ich mich immer noch, wie ich den ersten Schritt machen soll. Ich entscheide mich dafür, alles auf eine Karte zu setzen.

»Hat einer von Ihnen zufällig eine Niere übrig?«, frage ich.

Amüsierte und überraschte Mienen, wohin ich sehe.

»Wie bitte?«, sagt die schwarzgoldene Jarmulke, die immer noch nach einem Sparringspartner Ausschau zu halten scheint.

»Ich bin hier, weil ich nach einer Niere für meinen Cousin suche«, sage ich. »Deshalb beäuge ich auch schon die ganze Zeit so anzüglich Ihre Körpermitte, falls Sie es nicht bemerkt haben sollten.«

»Doch, doch«, sagt er leicht eisig. »Aber sollten Sie das nicht etwas ernster angehen?«

»Je riskanter die Situation, desto lockerer versuche ich zu sein«, sage ich. »Sonst klammere ich gleich.«

»Vielleicht ist Klammern in dem Zusammenhang gar nicht das Schlechteste«, erwidert er.

»Ich weiß nicht, kennen Sie nicht das chinesische Sprichwort: ›Wenn du über dünnes Eis fährst, lass die Kufen blitzen‹?«

»Aus welcher Dynastie soll das stammen?«, sagt er mit schmalen Lippen.

Zeit für die anderen, dazwischenzugehen. »Ganz ruhig,

Saul«, sagt der fliegetragende Dekan. »Der Umstand, dass du die bestaussehende Jarmulke hier hast, gibt dir noch nicht das Recht, anderen deine Meinung aufzuzwingen.«

Aber Mr Schwarz-Gold gibt nicht nach. »Haben Sie sich schon mal die Mühe gemacht, auch nur ein Wort der Sprache hier zu lernen?«, fragt er mich.

Ich lächle ihn an. »Es mag ja komisch klingen, aber ich gebe mir immer alle Mühe, die Sprache der Länder, die ich besuche, *nicht* zu lernen«, sage ich. »Wie ich herausgefunden habe, nehme ich so mehr sensorische Informationen auf, genau wie ein Blinder zusätzliche Fähigkeiten entwickelt, um seine Blindheit zu kompensieren. So muss ich aufmerksamer auf Signale aus meiner Umgebung achten als mit der Krücke der Sprache.«

Die anderen kommen mir zu Hilfe. »Was regt dich denn so auf, Saul?«

»Ich mag nun mal keinen Medizintourismus«, erklärt er rundheraus. »In China warten zwei Millionen Menschen auf ein Organ. Es ist einfach widerwärtig, wenn da ein paar Cowboys kommen und sich mit Hilfe ihres Scheckbuchs an ihnen vorbeidrängeln wollen.«

»Ich nehme Ihre Statistik ernst und halte Ihnen eine andere entgegen«, sage ich. »Jeden Tag sterben siebzehn Amerikaner, die auf das eine oder andere Organ warten.«

»Ich stehe da ganz auf der Linie der amerikanischen Mediziner«, kontert die Jarmulke. »Ich bin sicher, sie haben gute Gründe, den Organtourismus abzulehnen.«

»Und doch ist die Sache auch für sie nicht eindeutig«, erwidere ich. »Wissen Sie, was sie meinem Cousin im Krankenhaus erklärt haben? Solange er noch unentschlossen war, ob er ins Ausland fahren sollte, waren die Schwestern der Meinung der Ärzte, er solle abwarten und Geduld bewahren. Als er sich dann aber entschieden hatte, sein Schicksal in die eigene Hand zu nehmen, hieß es unisono: ›Gut, dass Sie es versuchen wollen.‹«

»Hmm!«, sagt Schwarz-Gold, halb protestierend, halb unentschieden.

»Ich will damit nur sagen, dass ich unter normalen Umständen ebenfalls geneigt wäre, dogmatisch zu sein«, erkläre ich dem Mann. »Aber da es um das Leben eines Verwandten geht, sehe ich ein paar mehr Grautöne.«

Jetzt nicken so viele zustimmend, dass Schwarz-Gold nicht umhinkann, Nachsicht mit mir zu üben. »Nun, in dem Fall sollten Sie vielleicht mit Antonia dort drüben reden«, sagt er. »Ihr gehört RAE International.«

»Was ist RAE International?«

»Nicht mehr und nicht weniger als der weltgrößte Produzent von chirurgischen Instrumenten.«

Antonia ist die Glamour-Australierin, die der anderen Frau bei meinem Hereinkommen zurief: »Du hast dein *Baby* bekommen!« Sie setzt sich neben den Reuters-Chef in die erste Reihe, der, wie sich herausstellt, ihr Bruder ist. Gut, der ist bereits auf meiner Seite. Trotzdem, ich muss meine Annäherung mit Bedacht planen. Wenn ich sie direkt angehe, heißt es entweder – oder, dann hilft sie oder sie hilft nicht. Wenn ich ihr jedoch Raum gebe, sich mir von sich aus zu nähern, verliere ich nichts, sollte sie es nicht tun, und habe immer noch die Option, sie später selbst anzusprechen. Klingt das wie ein Plan? Nur wie setze ich ihn um?

Der Gottesdienst beginnt, und ich suche mir einen Platz genau in der Mitte. Ein Mann, der aussieht, als könnte er Izzy heißen, kommt herein und setzt sich direkt hinter mich. Wir nicken einander zu. Es wird eine schwungvolle Veranstaltung, voller gebrüllter Lieder und Armwedelei, um den Sabbat willkommen zu heißen. Die Melodien ähneln denen, die ein Kind auf einem Spielplatz erfinden könnte: Sie sind einfach und fließen nur so dahin. Der Rabbi ist eine enthusiastische junge Frau knapp über zwanzig, mit Birkenstock-Sandalen und einem Hang zur Witzelei. Ich sehe sie als gutes Beispiel für jemanden, der sich etwas weniger wohl dabei fühlen sollte, öffentlich das Wort zu führen. Aber das ist eine unschöne Überlegung und wahrscheinlich der Tatsache gedankt, dass auch ich das Produkt einer elitären, streitlustigen Institution bin.

Ich entspanne mich und lasse meinen Gedanken freien Lauf. Warum fühle ich mich in dieser Umgebung so wohl? Vielleicht weil mich den Großteil der Woche die Chinesen so entzückt haben, die den Juden gar nicht so unähnlich scheinen. Denken wir nur an die Bereiche, die beiden so wichtig sind: Ausbildung und Erziehung, Geschäft und Familie – wenn auch nicht unbedingt in dieser Reihenfolge. Und das Essen: Gehen Juden zu Weihnachten nicht gerne in ein chinesisches Restaurant, wenn sie sich nach etwas Geborgenheit sehnen? Ist mir nicht aufgefallen, dass es den traditionellen chinesischen Mondkuchen in den gleichen Geschmacksrichtungen gibt wie *Hamantaschen*? Zudem wurden Chinesen wie Juden über die Jahrhunderte immer wieder Opfer ähnlicher Vorurteile: Dass sie einfältig, linkisch und betriebsam sind, die Sonderlinge, die Streber – obwohl sie doch bewiesen haben, dass sie Taten zu vollbringen vermögen, die aber auch gar nicht zu Sonderlingen und Strebern passen. Und wir teilen auch einige grundsätzliche Auffassungen über Leben und Tod, zum Beispiel, dass der menschliche Körper nach dem Tod intakt bleiben sollte und man keine Organe aus ihm entnimmt. Was, wenn ich es recht bedenke, kein gutes Vorzeichen dafür ist, hier in China eine Niere zu bekommen.

Andererseits haben wir auch einen Anachronismus gemeinsam, der uns helfen könnte. Schließlich gehören wir zu den ältesten Kulturen auf diesem Planeten und halten an Werten fest, die wir seit undenklichen Zeiten pflegen. Hier, in diesem unbestrittenen Zentrum unserer postmodernen Welt, sitze ich in einer Gemeinschaft, in der vieles noch so funktioniert wie schon vor tausend Jahren: durch persönliche Beziehungen. Ich sitze an der Kreuzung zweier alter, eng gewobener Systeme, hier treffen das chinesische und das jüdische *Guanxi* aufeinander. Ob ich mir das nutzbar machen kann, um Larry zu verschaffen, was er braucht?

Ich sehe all die brillanten Köpfe um mich herum, und mir wird bewusst, dass einige dieser Menschen ausgezeichnete Verbindungen in diesem Teil der Welt haben müssen. Sollte ich vielleicht einfach aufstehen und hier und jetzt mein Anliegen formulieren? Zur Inspiration denke ich an meinen alten Zimmergenossen im College, der unternehmungslustig genug war, um Janis Joplin nach einem Auftritt auf dem Campus ins Bett zu bekommen, und der sich Jahre später mit dem gleichen Elan zu behelfen wusste, als er in eine ferne Stadt kam und alle Hotels ausgebucht waren. Wie fand er einen Platz zum Schlafen? Nachdem er in einer Zeitung eine Liste mit Abendveranstaltungen durchgesehen hatte, ging er zu einem Treffen der Anonymen Alkoholiker und sagte: »Ich bin neu in der Stadt, kann ich bei jemandem schlafen?« *Die* Freundin hatte er für sechs Monate.

Ich lasse das alles in mir köcheln und meine Gedanken weiterschweifen. Die Lade ist ein blauweißes Porzellanbüfett, und die Thora darin scheint in ein … in ein Bungee-Seil gewickelt? Von meinem Platz aus kann ich es nicht genau erkennen. Die Leute wippen mit den Füßen zum ansteckenden, einfachen Rhythmus des Gesangs. Der Banker aus London, der Geschichtsprofessor aus Rom, all diese hochverdichteten Ehrgeizlinge und Streber aus den kultiviertesten Ecken der Welt bewegen ihre Füße im gleichen Takt auf und ab. Ich sperre die Ohren auf, als der Rabbi bemerkt: »Wir haben heute Abend ein kleines Quorum von Anwälten hier, wenn also jemand professionellen rechtlichen Rat braucht …«

Das heißt, hier hilft man sich. Werden sie auch mir die Hand reichen? Etwas später werden die Kinder in der Runde vorgestellt: Rebecca, Ben, Joshua, Eleena. Wir beten für unsere Bekannten, die krank sind. Einige Hände heben sich, und die Namen derer, die in das Gebet eingeschlossen werden sollen, werden genannt. »Larry Feldman«, sage ich mit meiner besten Stimme, damit sie bereit sind, mehr von mir hören zu wollen. Okay, der Hut liegt im Ring. Aber was jetzt?

Während der Gottesdienst weitergeht und ich die Texte höre, fängt mir Gott an leidzutun. Wenn Er existiert, was ich zufällig glaube, will Er dann ständig der Allmächtige, der immer gerechte, höchste, helfende Herrscher, *blablabla*, genannt werden? Nach all den Äonen von Jahren muss er die Nase so voll haben von dem kiecherischen Getue. Versetzen Sie sich nur einmal an seine Stelle. Wenn Sie Er wären, würden Sie das alles nicht von Zeit zu Zeit gern mal aufgepeppt bekommen? Wir langweilen Ihn zu Tode! Und so richte ich denn stumm und aus meinem tiefsten Inneren folgende Worte an Ihn:

Cooler Gott! Oh Du Cooler ohnegleichen. Gebenedeit seist Du, weil Du uns einen heiligen Knochen hingeworfen hast! Du hast Larry und mich sicher nach China gebracht. Und wir sind auf der Jagd! Wir nähern uns unserem Ziel! Oh du Hippster unter den Hippen, Du bei weitem Bester Kumpel, hilf mir und hilf Larry noch umso mehr. Gib mir die Kraft, noch gewiefter zu werden, darum bitte ich Dich. Wenn Du mir sagen könntest, wie ich die Leute hier anchecken soll, wäre das das Allercoolste überhaupt! Dank sei Dir, dass Du mir den Weg zeigst, oh Coolster Gott des Kosmos, Dank dafür, dass Du mir meine Chance gibst und es mich versuchen lässt … jetzt gleich vielleicht … oder wann immer Du es für richtig hältst …

»Sie da mit dem reizenden Panamahut«, sagt der Rabbi.

»Ich«, sage ich und finde mich auf den Beinen wieder. »Oh ja, der Hut. Ich dachte, er könnte mir heute Abend als Jarmulke dienen«, sage ich.

»Das tut er. Ist das ein Seidenband?«, fragt der Rabbi.

»Das bezweifle ich. Ich habe ihn an einer Straßenecke in Ecuador gekauft, für acht Dollar.«

»In Ecuador? Einen Panamahut?«

»Was kaum einer weiß: Die meisten Panamahüte kommen aus Ecuador«, sage ich, und die intelligenten Köpfe um mich herum nehmen die Information gierig in sich auf. Wie mein Volk Erkenntnisse liebt! Informationen! Daten! Ich versuche mich zu sammeln.

»Sie sind aufgestanden«, beobachtet der Rabbi ganz sachlich. »Heißt das, Sie haben eine allgemeine Mitteilung zu machen?«

Cooler Gott, ich habe nichts zu verlieren, denke ich und drehe mich zu Izzy hin, um entschuldigend mit den Schultern zu zucken, nur für den Fall, dass der Schuss nach hinten losgeht. Ich räuspere mich. »*Schabbat Schalom* allen hier«, sage ich. »Ich bin Daniel aus Massachusetts, und ich entschuldige mich im Voraus, falls das hier nicht der richtige Ort für das sein sollte, was ich sagen möchte, und ich Ihre Gastfreundschaft somit missbrauche, aber ich will offen sein: Ich bin in barmherziger Mission in Peking. Mein Cousin Larry, dessen Namen ich schon genannt habe, steht wegen eines Nierenleidens kurz vor dem Tod, und ich bin mit ihm hergekommen, um nach einer Spenderniere für ihn zu suchen. Mir ist bewusst, das ist ein umstrittenes Thema, und das Letzte, was ich möchte, ist, hier jemanden verärgern, doch uns bleibt keine Zeit. Wir sind die ganze Woche über nicht weitergekommen und stehen kurz davor, aufzugeben und übermorgen nach Manila weiterzufliegen. Die Zeit drängt. Wenn jemand von Ihnen auch nur eine vage Idee hat, wo wir eine gesunde Niere finden könnten, wäre es eine Mizwa für mich, wenn Sie es mir nach dem Gottesdienst sagen würden.«

Keine Reaktion, als ich mich umgeben von Schweigen wieder setze. Aus meiner Brust steigt es heiß auf, und ich laufe bis unter die Haare tiefrot an. Was für ein Tölpel ich doch bin, hier so hereinzuplatzen und alle Regeln zu brechen. Wahrscheinlich habe ich meinen Gastgeber Izzy bis auf die Knochen blamiert. Ich wage nicht, mich umzudrehen, um das Unbehagen zu sehen, das ich hervorgerufen habe. Cooler Gott, autsch – tut mir leid, dass ich so penetrant bin!

Kurz danach findet die Zeremonie ihr Ende, und ich sitze mit meinen immer noch feuerroten Ohren da. Links und rechts von mir stehen die Leute eilig auf und verschwinden. Ich drehe mich langsam um, aber Izzy ist schon am Büfett hinten im Raum. Vielleicht sollte ich mich verflüssigen und mir irgendwo einen Abfluss suchen.

Die hübsche Journalistin aus New York tritt auf mich zu.

»Tut mir leid, ich bin wohl zu weit gegangen«, sage ich.

»Hey, ›Chuzpe‹ ist ein jüdisches Wort«, beruhigt sie mich.

»Ja, aber habe ich nicht alle vor den Kopf gestoßen?«

»Die müssen das erst noch verarbeiten«, sagt sie ... und tatsächlich, nach und nach kommen einige näher.

»Wie geht's Ihrem Bruder denn?«, fragt einer.

»Er ist mein Cousin, und er ist todkrank«, sage ich.

»Ein Onkel von mir ist Lungenchirurg«, sagt ein anderer. »Der war vor ein paar Jahren hier, um eine Lunge zu verpflanzen.«

»Knapp daneben ist auch vorbei«, sage ich und fasse langsam wieder Selbstvertrauen. »Ich höre Lunge, aber nicht Niere. Höre ich von irgendwo Niere?«, frage ich wie ein Auktionator, immer noch mit glühenden Ohren. »Niere zum Ersten, Niere zum Zweiten ...«

In dem Moment schiebt sich der Leopardenschal hinter mir vorbei, nahe genug, um über mein Hemd zu streichen. »Sprechen Sie mit mir, wenn sich die Gelegenheit bietet.«

Zehn Minuten später gibt mir Antonia ihre Visitenkarte und sagt, sie versucht mich morgen anzurufen. Natürlich seien Organtransplantationen für Ausländer illegal, sagt sie, und ihre Firma würde mir niemals direkt helfen, aber vielleicht könne sie ein paar diskrete Anrufe für meinen Cousin machen.

»Ist es tatsächlich illegal? Das ist einer der Punkte, in dem wir uns nicht völlig sicher sind.«

»Weil das Gesetz in China, sagen wir, ›beweglicher‹ ist, als Sie es von zu Hause gewohnt sind, ist das nicht so eindeutig«, sagt sie, »und oft genug wird es den örtlichen Gegebenheiten angepasst. Trotzdem, es ist illegal, seit vor einiger Zeit die entsprechenden Restriktionen erlassen wurden. Offenbar hatte man das Gefühl, dass der Westen ein solches Gezeter um das chinesische Transplantationsgeschäft machte, und fragte, ob die Organe von politischen Dissidenten und religiösen Radikalen kamen, dass man sagte: ›Also gut, dann bekommt ihr eben keine mehr.‹ Und damit war es vorbei. Wobei die Menschen hier allgemein eine andere Einstellung zu diesem Thema haben als im Westen. Es wird nicht so missbilligt wie in einem Großteil Ihrer Vereinigten Staaten.«

»Also, ich klammere die ethischen Bedenken aus, weil er mein Cousin ist.«

Antonia versteht mich genau. »Es diskutiert sich sehr einfach, solange es nicht um das eigene Fleisch und Blut geht, richtig?«, sagt sie. »Izzy hat mir erzählt, dass Sie Schriftsteller sind. Was schreiben Sie?«

»Ich schreibe über das Leben und die Dinge, die ich um mich herum geschehen sehe. Sie könnten mich einen investigativen Tagebuchschreiber nennen.«

»Ich will offen mit Ihnen sein: Ich frage, weil mir dieser Punkt Sorgen macht. Sie werden doch keine Geheimnisse ausplaudern? Damit könnten Sie eine Menge Leute in Schwierigkeiten bringen …«

»Nein, Ma'am, das werde ich nicht«, sage ich.

Sie sieht mich genau an. »Geben Sie mir meine Karte zurück.«

Zieht sie ihr Angebot zurück, weil sie mir nicht traut? Aber nein, sie will nur ihre Handynummer draufschreiben.

»Morgen«, sagt sie. »Versprechen kann ich nichts.«

Wir umarmen und trennen uns.

Plötzlich fühle ich mich überflüssig im Raum. Ich versuche Izzy zu finden, um mich von ihm zu verabschieden, doch er scheint mich erfolgreich zu meiden. Als ich gerade die Tür erreiche, um mich unbemerkt die Treppe hinunterzustehlen, taucht der Dekan mit der Fliege neben mir auf. Er heißt Alfred Soundso, steckt mir seine Karte in die Brusttasche und sagt, wir sollen in Kontakt bleiben.

»Mir gefällt, wie die Krankenschwestern Ihres Cousins reagiert haben«, sagt er. »Haben die ihm wirklich Glück gewünscht?«

Ich nicke. »Es gibt in diesem Drama keine Bösen«, sage ich. »Die Leute mögen einiges verschieden sehen, aber am Ende wollen alle nur das Beste.«

Er schnauft zustimmend und steckt mir etwas unter den Arm, als wäre es geheime Schmuggelware: die schwarze Jarmulke mit den goldenen chinesischen Schriftzeichen. »Zur Erinnerung von einem der Jungs«, sagt er aus dem Mundwinkel, als wäre er auf einer Undercover-Mission. »Er sagt, Sie haben sie sich verdient.«

Eine Stunde später finde ich Larry in der kleinen Lobby seines Hotels, wo er die Robert-Palmer-Fünflinge unterhält, die völlig gefesselt scheinen von Larrys unaufhaltsamer Wortflut in einer Sprache, die sie nicht sprechen. »Andererseits sind Sie vielleicht zu jung, um den Namen Shaquille O'Neal schon einmal gehört zu haben. Er ist einer von den Großen«, sagt er gerade.

»Wie alt sind Sie, siebzehn Jahre? In China ist siebzehn gut, ich sehe, Sie sind verantwortungsbewusste Bürger. Woher ich komme, da ist siebzehn schlecht. Das Schlimmste. Lassen Sie mich Ihnen ein Beispiel geben. Ich hatte einen Freund, dessen Tochter siebzehn war. Sie hieß Angie. Ich nannte sie Angina. Mein Freund fragte Angina, rein theoretisch, wenn sie eine Klassenkameradin in einem Rollstuhl hätte, wäre sie dann bereit, sich mit ihr anzufreunden? Angina dachte einen Moment lang nach. ›Klar‹, sagte sie dann, ›ich bin so beliebt, das würde mir kein bisschen schaden.‹«

»Tut mir leid, dass ich Sie unterbrechen muss, meine Damen«, sage ich und fasse Larry beim Arm. Sie scheinen enttäuscht, als ich ihn auf die andere Seite des Raumes ziehe und ihm die gute Nachricht über Antonia und ihre Verbindungen gebe. Larry ist sichtlich unbeeindruckt. Nach endlosen Enttäuschungen hat er gelernt, seine Gefühle im Zaum zu halten, erlaubt sich aber, mir zu erzählen, wie begeistert er ist, dass Mary ihm die Socken von Hand gewaschen hat, während er weg war.

»Und übrigens«, sagt er, »nur zu deiner Information: Ich creme mich prinzipiell nicht gegen die Sonne ein, wie du es mir vorm Weggehen geraten hast. Für mich ist das weibisch. Bitte bring mich vor Mary nie wieder so in Verlegenheit. Ich bin ein großer Junge.«

Ich mustere ihn von Kopf bis Fuß. »Das mag die meiste Zeit ja so sein«, sage ich, »aber die restliche Zeit, Vorsitzender, bist du ein Arschloch.«

Larry denkt darüber nach. »Das ist wahrscheinlich eine zutreffende Einschätzung«, sagt er.

Kapitel 7

Viel Glück, wir legen dich rein

Man kann sich nicht weigern zu essen,
bloß weil die Gefahr besteht, daran zu ersticken.

Am nächsten Morgen der Klomarkt. Ich stelle mir vor, dass ich Larry eine Freude damit machen kann, wenn ich ihm für fünf Dollar eine falsche Cartier mitbringe, die ihn in South Beach fünf Riesen kosten würde. Vor dem Hotel kommt Jade auf mich zugehüpft und schwenkt die Arme. Sie ist so hinreißend, dass ich sie in Jeans und Bluse statt der tristen olivfarbenen Uniform fast nicht erkenne. »Entschuldigen, Vierundachtzig, aber in diese Moment Mitarbeiter kommen heraus«, erklärt sie und zieht mich vom Hoteleingang weg.

»Oh, verstehe, Vierundzwanzig, Sie arbeiten heimlich schwarz.«

»Doppelagent, Lizenz zum Töten«, kichert sie. »Martini geschüttelt, nicht gerührt.«

Ich liebe es, wie sie über den Spionierunsinn solche Witze machen kann. Situation bestens.

»Hitze so heiß, Ihr Hemd schon nass«, bemerkt sie. »Sie sind sehr *schwitz*.«

»Richtig, es ist ganz schön heiß. Wo haben Sie das Wort denn her?«

»Ich plaudern in Internet, um diese Tag für Sie rentabel zu machen.«

Wir erreichen den Markt. Ein elektrisierender Geruch von

Knoblauch und Räucherstäbchen liegt in der Luft. Wir werden von Händlern mit schwieligen Füßen und westlichen Touristen herumgestoßen, die aussehen, als hätten sie noch keinen Tag in ihrem Leben ehrlich gearbeitet. Verkäufer wie Kunden benutzen ihre Hände, um Ziffern zu signalisieren, in einer Art Handelszeichensprache, an die ich mich vom letzten Mal, als ich hier war, nicht erinnere. Es ist angenehm, unter den Fittichen meiner jungen Beschützerin zu sein. »Seien Sie Vorsicht vor Taschedieb«, warnt mich Jade und zeigt mir, wie man echte Antiquitäten von solchen unterscheidet, die erst vor zwei Wochen produziert wurden. Sie kratzt mit dem Fingernagel über die Oberfläche eines uralt aussehenden Schmuckkästchens, auf das Sandpartikel geklebt wurden, um es wie etwas Verwittertes aus der Ming-Dynastie aussehen zu lassen, und tatsächlich, darunter kommt eine glänzende Oberfläche zum Vorschein. Ich bin beeindruckt: Diese Kunst der Mingisierung beweist eine Raffinesse, die ihren Preis fast wert ist. Aber Jade schämt sich des falschen Spiels ihrer Landsleute.

»Keine Sorge, bei uns wird auch geschummelt«, versichere ich ihr. »Wir haben sogar eine eigene Geste, mit der wir es anzeigen.« Ich kreuze zwei Finger. »Das bedeutet, dass jemand schummelt.«

Jade ist verwirrt. Sie hat gedacht, die Finger so übereinanderzulegen – *fingers crossed!* – bedeutet, dass man jemandem Glück wünscht. Ich habe nie wirklich darüber nachgedacht, aber tatsächlich, ich erkläre ihr, dass es beides bedeuten kann: *Da schummelt einer* und *Viel Glück*. Was für eine seltsame Kombination. Jade legt ihre dünnen Finger übereinander. »Viel Glück, ich lege dich rein«, sagt sie und versteht die doppelte Bedeutung sofort.

Ich habe letztlich nichts dagegen, auf dieser Art Markt übers Ohr gehauen zu werden, schließlich ist es nur gerecht, wenn den Westlern so etwas Geld aus der Tasche gezogen wird. Ein paar extra Dollar für eine falsche Cartier-Uhr zu bezahlen ist so etwas wie eine individuelle Reparation dafür, wie wir die Chinesen immer ausgebeutet haben. Jade scheint jedoch entschlossen, mir etwas zu verschaffen, das mein Geld wert ist. An einem Stand mit gelblichen, abgewetzten Tierknochen entdecke ich einen Adlerschädel mit schwarzem Schnabel. Jade bestätigt mir, dass die eingetrocknete Knorpelmasse echt ist. Aber was ist das daneben für eine Schönheit?

»Walf. Kleine Walf«, sagt Jade. »Nicht finden so etwas in Canal Street, New York.«

Sie beschließt, dass ich die chinesische Seele nie ganz begreifen werde, wenn ich keinen kleinen chinesischen Wolfsschädel besitze, und fängt an, mit dem Standbesitzer zu feilschen. Dabei benutzt sie eine ganze Skala entzückender Laute, die mein Gehirn hilflos zusammenzusetzen versucht, um einen Sinn auszumachen. *»Bussi, Bussi, Negev-Wüste«*, schimpft sie mit erhobenem Finger. *»Wer hat Sand-Floh? Sie! Sie! Sie!«*, lacht sie und legt die Hand auf seinen Unterarm, als sie gemeinsam glucksen. Alles scheint Teil eines vorgeschriebenen Spiels. Jade schmeichelt höchst kunstvoll, zieht den Händler am Ärmel, wiegt sich kokett in den Hüften, nennt ihn Onkel – und wirft ihm zwischendurch vor, ihr gefälschte Geldscheine andrehen zu wollen. »Aber nicht zu knusprig zu reisen?«, fragt sie, nachdem sie mir den Kopf für zwei Dollar verschafft hat. Ich begreife gerade, dass sie »brüchig« meint, als mein Handy klingelt.

»Was hast du jetzt wieder verloren?«, frage ich, doch es ist nicht Larry. Ich höre Antonias australischen Akzent, die mir sagt, dass sie jemanden, oder etwas, irgendwo erreicht hat …

»Hören Sie, Antonia, ich stehe hier mitten in einer Menschenmenge. Könnten Sie vielleicht einen Moment dranbleiben, bis ich einen ruhigeren Ort gefunden habe?«

Nur gibt es auf dem Markt keinen einzigen ruhigen Ort.

Jade führt mich hinter einen Stand, weg vom Hauptmenschenstrom, und selbst da zieht mein Englisch Neugierige an, darunter drei Schuljungen, die sich die Arme freundschaftlich um die Schultern gelegt haben. Während ich mir das rechte Ohr zuhalte, erklärt mir Antonia, dass die Zahl der Nierentransplantationen seit den Restriktionen tatsächlich drastisch zurückgegangen sei, aber wenn ich Vertraulichkeit garantieren könne, gebe es in der Stadt Shi, ein paar Stunden westlich von Peking, einen Chirurgen, der noch Zugang zu Nieren habe.

»Wie kann er das Gesetz umgehen? Wird es ein gesundes Organ sein?«

»So wie ich es verstehe, ist Dr. X so hochgestellt, dass er, wenn er ein Organ will – das im Übrigen genauestens geprüft wird –, weiß, wie er die Behörden zum Wegsehen bewegen kann. Aber es ist dringend. Wenn Sie es bis heute Abend nach Shi schaffen, wird er sie treffen können. Probieren Sie es gar nicht erst mit dem Zug. Nehmen Sie ein Taxi und fahren Sie los. Die Fahrt kostet etwa achthundert, neunhundert Renminbi, das sind weniger als hundert Dollar.«

»Ist es sicher?«

»Sicher?«

»Ich meine, wenn sie uns erwischen, werden sie uns einsperren, um ein Exempel zu statuieren?«

»Ich weiß schon, was Sie mit ›sicher‹ meinen. Ich suche gerade nach der richtigen Antwort«, sagt Antonia. Ich höre von ihrer Seite der Verbindung die Sirene eines vorbeirasenden Polizeiwagens. »Ich kann Ihnen nichts garantieren«, sagt sie, als sich der Lärm wieder gelegt hat. »Nichts ist absolut sicher. Aber ich sage Ihnen, wenn ich unbedingt jemanden aus meiner Familie retten wollte, würde ich hinfahren.«

Das überzeugt mich. Ich sage, ich informiere Larry, und wenn er fahren kann, brechen wir sofort auf.

»Wenn Sie mit hundertprozentiger Sicherheit wissen, dass Sie heute noch hinfahren, rufen Sie mich zurück, und ich bestätige es meiner Kontaktperson«, sagt Antonia. »Ich habe noch anderthalb Stunden bis zu meinem Flug.«

»Wohin fliegen Sie?«

»Zu einer Konferenz nach London. Ich bin fast schon am Flughafen. In ein paar Minuten wird die Verbindung vorübergehend abbrechen, aber ich lasse meine Handy angestellt.«

»Antonia, Sie sind ein Engel ...«

»Rufen Sie mich in zehn Minuten zurück, damit ich meine Kontaktperson informieren kann. Dann, wenn Sie ein Taxi gefunden haben, lassen Sie den Fahrer die Sekretärin des Chirurgen anrufen, damit sie ihm sagen kann, wohin er fahren soll. Hier ist die Nummer ...«

»Danke, ich danke Ihnen so sehr. Als ich Larry gestern Abend geweckt habe, um ihm zu sagen, es gebe einen Hoffnungsschimmer, hat er vor Dankbarkeit fast geweint«, sage ich. Trage ich zu dick auf? Vielleicht hätte er tatsächlich geweint – wenn ich ihn geweckt hätte und er der Typ dafür wäre. Was ich Antonia begreiflich machen will, ist, wie sehr wir ihre Bemühungen zu schätzen wissen.

»Ich muss noch einmal unterstreichen, dass ich nichts garantieren kann und jegliche Verantwortung für Ihre Unternehmungen ablehne. Aber viel Glück. Und, Daniel?«

»Ja.«

»Seien Sie vorsichtig ...«

Das Gespräch bricht ab. Ich sehe Jade an. Ihre Robbenaugen lassen kein Licht entweichen. Sie hat alles gehört und alles verstanden. Sie ist meine Verbündete, als ich Larry anrufe und mir sein Okay hole, gleich anschließend Antonia zurückrufe und ihr unsere Zustimmung durchgebe. Während wir dem Ausgang des Marktes zustreben, fragt mich Jade etwas, das nur eine Verbündete fragen kann.

»Diese Lady, Sie gesprochen haben. Sie ist jemand wir können vertrauen?«

»Ich denke ja. Ich habe sie gestern in der jüdischen Synagoge kennengelernt.«

»Sie Jude?«

Ich winke ein Taxi heran. »Ja.«

Sie hält mich fest und hebt meine Kappe an. »Aber wo sind Hörner?«

»Nur noch etwa die Hälfte von uns trägt heute Hörner«, sage ich und schiebe sie ins Taxi. »Das ist Teil einer großen Öffentlichkeitskampagne. Wo soll ich Sie absetzen?«

Jade winkt mit beiden Händen ab, als das Taxi durch den Verkehr schießt. »Natürlich halfen ich Ihnen in diese Aufgabe«, sagt sie.

»Nein, das ist Unsinn«, sage ich. »Shi ist Stunden entfernt. Ich weiß ja nicht mal, wann wir zurückkommen.«

»Unsinn von *Ihnen*«, sagt sie unnachgiebig. »Das mein Land. Sie sind Gast. Ich mache Sorgen, wie Sie in Shi schaffen.«

»Ich weiß es auch noch nicht«, sage ich. »Wir werden improvisieren. Wir spielen auf Zuruf, wie man so schön sagt.«

»Sie nicht langsam müde von vielen spielen?«

Ich beuge mich zu ihr, um ihr einen Kuss auf die Wange zu geben. Sie zuckt leicht zurück, bis sie begreift, es ist nur die Wange. Dann ist sie wieder glücklich. Ich auch, denn wir können ihre Hilfe wirklich brauchen. Ihr Gesicht kommt mir auf dem Weg zu Larrys Hotel mit einem Mal amerikanisch vor. Ich selbst wirke im Spiegel ihrer Sonnenbrille dagegen chinesisch. Alle sehen wie alle aus, schließe ich weise. Es ist die Weisheit, die einsetzt, wenn sich die Dinge endlich fügen.

Wie besprochen sitzen Larry und Mary auf dem Bürgersteig vorm Hotel. Larry tippt Mary auf den Arm, damit sie ihm aufhilft. Genauso machten es seine Eltern damals in Lynn, und es ist seltsam anrührend, diese vertraute Geste hier jetzt wiederzusehen. Larrys mattes, ausgelaugtes Gesicht hellt sich auf, als er Jade sieht.

»Wo hast du die wieder gefunden«, fragt er. »Die werden ja immer besser.«

»Sie ist aus dem Hotel, meine Frühstücksbedienung.«

»Das muss ja ein Frühstück sein«, sagt er trocken.

Doch jetzt kommt es zu einer neuen Entwicklung: Mary nutzt den Augenblick, um zu verkünden, dass sie zurück nach Hause fährt.

»Ich dachte, erst übermorgen«, sagt Larry schockiert.

»Zug in zwei Stunden«, sagt Mary.

Larry ist perplex. Warum hat sie ihm das nicht schon früher gesagt? Aber alles ist in Bewegung, und es bleibt keine Zeit für Erklärungen und große Abschiedsrituale. Mary kommt nicht einmal dazu zusammenzuzucken, als wir uns zum Abschied umarmen und ihr der kleine Duftbaum in die Brust stößt. Larry wirkt niedergeschmettert, als ich ihn zum Taxi führe und hinter ihm auf die Rückbank rutsche. Jade setzt sich nach vorn. »Gefreut Sie kennenlernen«, ruft Mary und schickt uns noch einen Handkuss hinterher. Der Taxifahrer lässt die Reifen quietschen.

»Ich dachte, erst übermorgen« ist alles, was Larry herausbringt.

Ist die Romanze damit vorbei? Ist das jetzt das Ende der Larry-und-Mary-Show? Larry ist sprachlos, und Jade und ich können nur die Brauen hochziehen.

Es ist der Beginn der grauenhaftesten Taxifahrt unseres Lebens. Ja, wir haben es eilig, um Dr. X, den geheimnisvollen Chirurgen in einer fernen Stadt, noch vor Einbruch der Dunkelheit zu treffen, aber der Taxifahrer braucht diese Entschuldigung nicht, um sich mit halsbrecherischem Tempo zwischen schweren Diesellastwagen hindurchzuwinden, oft nur mit Zentimetern Abstand. Während er mit der einen Hand das Steuer hin- und herreißt, hält er in der anderen eine haarige Hühnerkralle, auf der er ständig herumkaut. Ich reiche ihm mein Handy, die Nummer von Dr. X' Sekretärin ist bereits gewählt. *»Arh! Arh! Arh!«*, ruft er und schreibt sich die Instruktionen auf einen kleinen Micky-Maus-Block, den er auf den kaputten Tacho geklebt hat.

Der Verkehr aus der Stadt hinaus ist hektisch, trotzdem scheint unser Fahrer kurz davor, einzunicken, obwohl er immer noch auf seiner Hühnerkralle kaut. Plötzlich tritt er so heftig auf die Bremse, dass ich mit der Stirn gegen die leere Bohnendose schlage, die als Aschenbecher an den Vordersitz gelötet worden ist. Die gelblichen Fingernägel des Fahrers reichen einen guten Zentimeter über die Fingerspitzen hinaus. Sie umklammern das Steuer, wobei er mit dem Zeigefinger durch die Luft fährt, als dirigiere er ein Flohorchester.

»Weiß er, wohin er fährt?«, frage ich Jade.

»Oh ja, sehr geübter Fahrer«, sagt sie.

Fast hätte er mich hereingelegt. Er rast durch eine Unterführung, die so niedrig ist, dass die Antenne an der Betondecke entlangkratzt, schießt auf der anderen Seite wieder hervor und über vier Fahrbahnen hinweg, ohne auch nur ein einziges Mal in den Rückspiegel zu blicken. Trotz aller Aktivität hängt er auf dem Steuer, als wolle er gleich einschlafen, und hat die fiese Angewohnheit, alle vier, fünf Sekunden den Kopf bis halb auf die Brust sinken zu lassen. Wenn ich zwei Tage nicht geschlafen hätte, sähe ich genauso aus.

»Können Sie ihm sagen, er soll langsamer fahren?«, frage ich Jade. Für kurze Zeit wird es besser, aber schon schwenkt er wieder und wieder auf die Standspur, auf der auch Fahrradfahrer unterwegs sind, alte Lastwagenteile herumliegen und Arbeiter sieben, acht Meter lange Rohre auf Einkaufswagen vor sich herschieben. Nachdem uns ein entgegenkommender Bus ausgewichen ist, um nicht in uns hineinzurasen, stelle ich fest, dass Larry nicht gut aussieht. Seit Marys Abschied hat er kein Wort mehr gesagt, sondern studiert eingehend die Quittungen in seiner Brieftasche. Das ist der reine Selbstschutz, so hat er sich immer wieder durch ein schwieriges Leben manövriert, aber ich bin nicht sicher, ob Verdrängung in dieser Situation gesund ist.

»Ich glaube, du vermisst Mary«, sage ich.

»Stimmt!«, sagt er und lässt einen Schwall Luft aus seinem Gesicht entweichen, das wie ein angestochenes Luftkissen in sich zusammenfällt. »Ich bin der Erste, der das zugibt. Seit ich hier bin, war ich mit ihr zusammen. Sie hat sich um alles gekümmert. Vielleicht ist das noch ein leicht strittiger Punkt, aber ich hege große Sympathie für sie. Sie hatte kein einfaches Leben. Warum können wir unsere Ressourcen nicht bündeln und es gemeinsam angehen? Oder ist es zu spät? Ich weiß ja nicht mal, ob sie sich endgültig verabschiedet hat oder ich sie noch einmal wiedersehe ...«

Seine Augen sind geschlossen, er legt den Kopf ans Fenster und baggert sich die Nase leer. Man muss sich schon ziemlich übel fühlen, um mit geschlossenen Augen in der Nase zu bohren.

»Vielleicht täusche ich mich ja, aber ich sehe große Hingabe in ihr – um ein merkwürdiges Wort zu benutzen. Ich meine, sie ist nicht unbedingt eine Schönheit, aber sie trägt sehr viel Liebe in sich. Gestern hat sie die gesamte Dialyse über neben mir gesessen und mir den Rücken gerieben. Wenn ich reingelegt wurde, werde ich mich unglaublich verletzt fühlen.«

»Was meinst du mit ›reingelegt‹?«, frage ich.

Er bohrt noch ein bisschen. »Ich bin nicht sicher«, sagt er endlich. »Ich will nicht drum herumreden, aber ich bin mir nicht sicher.« Nachdem er mit der Nase fertig ist, fängt Larry an, Geräusche wie beim Gurgeln zu machen, mit trockener Kehle.

Ein Trupp Perlhühner überquert die Straße. Ein paar von ihnen überleben es, die Federn des Rests füllen die Luft wie eine Serie Kissenbomben.

»Wie ist ihr Mann gestorben?«, frage ich.

»Verkehrsunfall.«

»Entschuldige, dass ich gefragt habe.«

»Da geht's mir wie dir.«

Der Fahrer wartet mit untypischer Geduld einen Lastwagen ab, bevor er auf die Überholspur geht. Aber, hupps, der Lastwagen hat noch einen Anhänger, und der reißt uns den Seitenspiegel ab. Hinten im Taxi gibt es keine Sicherheitsgurte, nur ein herunterhängendes Stück Strick, an dem ich mich festhalte. Larry macht sich nicht die Mühe. Irgendwann frage ich Jade, warum der Fahrer nach Osten fährt, nachdem es die ganze Zeit Richtung Norden ging.

»Er nicht sicher. Fährt nach Sonne«, sagt sie.

Wir sind jetzt auf dem Land und kommen an Sonnenblumenfeldern vorbei. »Das hier könnte Nord-Florida sein«, bemerkt Larry von Zeit zu Zeit und versucht Dinge zu entdecken, die ihn an zu Hause erinnern, um etwas gegen sein Heimweh zu tun. »Und das jetzt sieht aus wie North Carolina.«

Ich bin dankbar, dass wir auf einer Schnellstraße und nicht auf einer gewundenen Nebenstraße sind, wenn es auch hin- und hergeht *wie* auf einer gewundenen Nebenstraße. Es ist fast wie Slalom auf der Autobahn, mal um einen Mülleimer, dann wieder um einen Gartenstuhl hier und da. Die Sache hat etwas sehr Kunstvolles, wenn ich auch nicht sicher bin, was ich damit meine. Plötzlich dann eine Pause.

»Bilde ich mir das nur ein, oder parken wir tatsächlich auf dem Mittelstreifen und der Fahrer ist nicht mehr da?«, fragt Larry.

»Er muss piwi gehen«, informiert uns Jade.

»Gut zu wissen, dass ich noch nicht dement bin«, sagt Larry. »Nur gefährdet.«

Der Fahrer kommt zurück, allerdings ohne Hühnerkralle, und fährt weiter. Ich bemühe mich, Larry am Reden zu halten. Ich deute an, dass er vielleicht erzählen möchte, warum er nie geheiratet hat. Was toll ist an Larry: Selbst wenn er sich nicht gut fühlt, muss er zum Erzählen nicht gedrängt werden. Er reagiert gleich und gibt, was er hat: komplette Mini-Sagas – Anfang, Mitte und Ende, gut verpackt und mit bunter Schleife.

»Das ist schnell erzählt«, sagt er. »Ich bin wählerisch, so einfach ist das. Habe nie die Richtige getroffen. Okay, da war eine mit ... Ich will ihren Namen nicht nennen, aber am Ende hat es mit Courtney auch nicht geklappt – oioi, da habe ich ihn wohl doch ausgeplaudert, was? Das ist die Missorientierung, oder wie immer du es nennen willst. Wer würde mich jetzt, in diesem Zustand, auch schon wollen? Was soll ich denn machen? Mit dem Knüppel hinter ihnen herjagen? Die Zeiten sind vorbei.«

Gut, die Geschichte war kürzer als erhofft, aber wenigstens wärmt sie ihn etwas auf. Ich deute an, dass er womöglich erzählen will, wie er darauf gekommen ist, sich eine Katalogbraut zu besorgen, allerdings will er sie zu Anfang noch nicht so nennen.

»Eine Menge Leute in meiner Münzsammler-Diskussionsgruppe haben mich das Gleiche gefragt«, sagt er. »Also hör zu. Hätte ich mich stattdessen bei einem Synagogenabend mit einer siebzigjährigen, übergewichtigen Immobilienmaklerin verkuppeln lassen sollen? Nein danke. Mary habe ich auf der Website gefunden, von der ich dir schon den Namen gesagt habe – er will mir im Moment nicht einfallen. Da behaupten sie, sie haben neunundvierzigtausend registrierte Frauen. Fast eine Woche habe ich gebraucht, um mich da durchzuarbeiten.

Die Männer habe ich auch unter die Lupe genommen, nur um zu sehen, gegen wen ich anzutreten hatte. Nichts als Versager: Bierbäuche, du weißt schon. Ein Typ mit einem riesigen Haifischlächeln behauptete tatsächlich, er wäre ein Astronaut aus New Jersey. Wenn der ein Astronaut war, bin ich Casanova. Ich selbst war ziemlich geradeheraus, hab zwar nichts von meiner Krankheit geschrieben, war sonst aber mehr oder weniger ehrlich.«

Das scheint mir zwar schon eine ziemliche Unterschlagung ... aber sicher typisch männlich. »Hier stellte sich dann allerdings heraus, dass es bei Mary an einigen Ecken haperte«, schiebe ich ihn erneut an, damit er nicht abbricht, sondern mit seiner Erzählung fortfährt. Er sieht so erbärmlich aus, dass ich es versuchen muss.

»Traurigerweise ja«, sagt er. »Wobei ich das Protokoll in einem Punkt korrigieren muss, wenn ich darf: Marys Sohn ist nicht mental gefährdet. Das habe ich falsch verstanden. Er ist im Gegenteil ein fähiger junger Mann. Er hat gerade seinen Uniabschluss gemacht, war der Kapitän des Basketballteams und hat seinen ersten Ingenieursjob angetreten. Mary ist sehr stolz auf ihn. Ich weiß auch nicht, wie ich das falsch verstehen konnte, und ich entschuldige mich dafür. Oh, ich vermisse Mary so sehr.«

Das rührt mich jedes Mal: Wenn dieser harte Bursche wie ein Frauenroman redet. Aber damit rutscht er wieder in seine Depression, und so wechsele ich – um ihn aufzumuntern oder ihn nur auf andere Gedanken zu bringen, was immer zuerst kommt – das Thema und spreche ihn auf unser Verhältnis zueinander an: »Larry, mal abgesehen davon, dass wir uns so lange nicht gesehen haben, warum, denkst du, haben wir uns immer so gut verstanden?«

»Das ist kein großes Geheimnis, Dan. Wir sind ehrlich zueinander. Nicht zu ehrlich, nicht zu zwanghaft ehrlich, aber doch so ehrlich, dass es funktioniert. Und, sieh dir das an, du bringst mir eine falsche Cartier vom Markt mit. Danke, Dan. Von guten Dingen kann man nie genug bekommen. Um dir zu zeigen, wie sehr ich das zu schätzen weiß, trage ich die Cartier fortan am linken Arm und die Rolex am rechten. Die Chinesen werden denken, das ist so eine neue Status-Sache.«

Von hier ist es nur noch ein kleiner Schritt zu unserer Kindheit. Wie wir dieses zusammen gemacht haben. Und jenes. Seine Erinnerung ist weit lebhafter als meine: Nichts davon klingt mir auch nur vage vertraut. Zwei, drei Stunden vergehen, und je weiter wir aufs Land hinauskommen, desto fremder klingen mir seine Erinnerungen. Larrys Pumpe ist in Gang gesetzt, und ein Redeschwall folgt dem nächsten. Ich könnte ihn jetzt nicht wieder zum Schweigen bringen, wie sehr ich es auch versuchte. Gerade erzählt er, wie er bei uns zu Hause beim Essen immer nervös war, weil alle ständig große Worte benutzten. Wie ihm unser Dienstmädchen Angst machte, weil er nicht wusste, wie er sich ihr gegenüber verhalten sollte. Wie ihn meine Mutter einmal zum Bahnhof brachte, als er wieder nach Hause musste, und sie sah, dass er sich eine Ausgabe von *Popular Science* wünschte, und sie kaufte sie ihm, obwohl er sie doch anflehte, es nicht zu tun, weil sie so teuer war – fünfundsiebzig Cent.

Die Geschichten sprudeln nur so hervor, und die Welt, von der er spricht, wird mir immer unvertrauter – und bedrohlicher. Larry berichtet, wie sein Vater Sam, der liebenswerte, wenn auch wenig gebildete Automechaniker, ihn regelmäßig den Gürtel spüren ließ. Wie ihn ein angesehener Großonkel sexuell missbrauchte. Was? Das ist nicht mal die Umlaufbahn des Planeten, auf dem ich großgezogen wurde. Großonkel Auguste, der Held der französischen Résistance, hat sich an dem kleinen Larry vergangen? Das meint Larry doch nicht ernst, oder? Vielleicht nicht so wortreich, aber er gibt mir zu verstehen, dass wir beide diese Welt von sehr unterschiedlichen Ausgangspunkten aus betrachten. Dort hinten auf dem Rücksitz dieses kleinen, heruntergekommenen Taxis, ohne Sicherheitsgurte und mit einer leeren Konservendose als Aschenbecher, erzählt mir Larry Dinge, die mich denken lassen, dass ich meinen Cousin nie gekannt habe, genauso wenig wie das Universum, das wir uns doch zu teilen schienen.

Wie um meine Bestürzung widerzuspiegeln, wird die Luft draußen schlechter. Dichte, zähe Smogstreifen breiten sich über die Sonnenblumenfelder wie Leichentücher aus mutierten Spinnwebfäden. Sie haben die Schornsteine aus Peking aufs Land verlegt, um das Image der Stadt für die kommenden Olympischen Spiele zu säubern, und das kriegen wir hier draußen jetzt voll ab. Roher, ungefilterter schwarzer Rauch zieht über den sowieso schon verdreckten Himmel und lässt die Luft so undurchdringlich werden, dass die Autos am helllichten Nachmittag die Scheinwerfer einschalten und man die Schmutzpartikel wie feinen Regen zischen hören kann. Da hilft es auch nicht gerade, dass die Abgase des Taxis durch den morschen Auspuff und einzelne Risse im Fahrzeugboden in den Innenraum dringen. Wir sind von schlechter Luft umflutet, drinnen wie draußen.

Aber jetzt noch mal: Ich muss das vorher missverstanden haben. Auguste, der diese wunderschöne Bibliothek seltener ledergebundener französischer Bücher hatte – Auguste war ein Kinderschänder? Kann das denn wahr sein? Kann es so sein, dass alle Kinder der Familie vor Auguste geschützt wurden, nur Larry nicht? Dass er verzichtbar war, sein Arsch nicht viel zählte?

»Das hier könnte Georgia sein«, sagt Larry. »Sieh nur die rote Erde.«

Ich blende mich eine Weile aus. Ich will mir nicht erlauben, noch mehr von diesen Dingen zu hören. Auf dem Mittelstreifen humpeln zwei Omas entlang. Die beiden halten sich an den Händen. Ich sehe eine Matratze im Wind nicken, die jemand an ein Straßenschild gebunden hat. Der Smog brennt mir in den Augen, und ich sehe doppelt so schlecht wie sowieso schon. Schließlich wird eine Frage an mich gerichtet.

»Dan, erinnerst du dich an meine Bar-Mizwa?«

»Ich weiß nur noch, wie du in deiner Rede verkündet hast, dass du Waffenhändler werden wolltest«, sage ich.

»Dabei ging es mir hauptsächlich um die Schockwirkung, obwohl es mir auch wie ein ziemlich angenehmes Leben vorkam«, sagt Larry. »Weißt du auch noch, was danach geschah? Nach der Zeremonie, als alle in den Bankettsaal zum Essen hinübergingen, bliebst du zurück und fingst an, in das Mikro auf dem Podium zu reden, von dem du annahmst, es sei ausgestellt. Dabei wurde alles, was du sagtest, in die Halle übertragen ...«

»Ja, aber nur vage.«

»Alle fanden das sehr komisch, nur einer nicht. Dein Vater kochte vor Wut, bis er dich fand und an die frische Luft setzte. Kurz und gut, statt etwas zu essen zu bekommen, liefst du draußen auf dem Parkplatz herum.«

»Moment mal, kamst du nicht etwas später heraus und hast nach mir gesucht?«

»Ich habe dir einen Nachtisch gebracht, damit du nicht verhungerst.«

»Weißt du noch, was ich ins Mikrofon gesagt habe?«

»Nein«, antwortet Larry, »nur noch, dass es Erdbeerkuchen zum Nachtisch gab.«

Mir steigt ein Kloß im Hals auf. Ich weiß, es ist ein Klischee, aber der Kloß ist da, und ich schaffe es nicht, ihn gleich wieder hinunterzuschlucken. Die Vorstellung, wie ein Dreizehnjähriger seinem fünfzehnjährigen Cousin ein Stück Erdbeerkuchen auf den Parkplatz bringt. Wie süß.

»Du warst einer der wenigen Leute, die ich überhaupt dahaben wollte«, erklärt mir Larry. »Ich wollte unbedingt sein wie du.«

Ich werde hin und her geworfen, als das Taxi ruckartig nach links und rechts schwenkt.

»Deswegen sage ich dir, was immer du für die beste Behandlung für mich hältst, Dan, ich nehme sie an. Du fällst die Entscheidungen. Ich werde dich nicht hindern. Ich begebe mich in deine Hände.«

Bevor ich darauf reagieren kann, unterbricht er mich.

»Nein, warte«, sagt Larry, »gerade wusste ich wieder, was du damals in das Mikrofon gesagt hast ... aber jetzt ist es wieder weg. Tut mir leid.«

Der Wagen hält. »Wir sind an Krankenhaus«, sagt Jade und springt hinaus.

Es ist später Nachmittag, und wir stehen mitten in einer Provinzhauptstadt mit neun Millionen Einwohnern, von der nur wenige Amerikaner je etwas gehört haben. Es ist grau, schmutzig, düster. »Könnte Baltimore nach einem Buschfeuer sein«, sagt Larry und hustet. »Wenn ich hier leben müsste, würde ich zum Selbstschutz mit dem Rauchen anfangen.«

Es stimmt, die Luftverschmutzung ist schlimmer als alles, was ich je erlebt habe. Die minderwertige, stark schwefelhaltige Kohle, mit der ein Großteil der chinesischen Elektrizität produziert wird, verbindet sich mit der Feuchtigkeit in der Luft zu einer Art atmosphärischer Schwefelsäure. Meine Augen brennen. Ich steige aus und mache ein paar Fotos, um die Schmutzsuppe einzufangen. Zwei Uniformierte kommen heran, ziehen sich jedoch wieder zurück, als ihnen Jade versichert, dass wir Gäste von Dr. X sind. Wie jeder zweite Wolkenkratzer in diesem schnell wachsenden Land scheint auch das Krankenhaus wie ein riesiger, stahlglänzender Pilz aus dem staubigen, festgetretenen Boden zu sprießen. Über den Parkplatz kommt eine herzlich wirkende, mit einer Handtasche bewaffnete junge Frau auf uns zu, die Gott sei Dank sehr gut Englisch spricht.

»Gut, dass Sie es heil hierherschaffen«, sagt Cherry, nachdem sie sich als Übersetzerin und Koordinatorin des Krankenhauses vorgestellt hat. »Es tut mir leid, Ihnen zu sagen, dass Dr. X schon nicht mehr da ist: Er musste zu Treffen mit Delegation aus Sambia. Aber wir sind vorbereitet, Vorverfahren zu beginnen und Fragen zu beantworten, wenn Sie freundlich folgen wollen.«

Im Krankenhaus ist es ruhig. Geisterhafte Patienten schlurfen in blauweiß gestreiften Pyjamas dahin, die aussehen, wie Yankee-Trikots aussähen, wenn die Yankees sie nie wirklich verdreckten, wenn sie in die Homebase schlittern, sondern einfach an der zweiten Base stehen blieben und sich zwei Jahre lang zustauben ließen. Cherry führt uns in ein Wartezimmer, das gleich an der großen Eingangshalle liegt und sich »Familienzimmer« nennt. Dort erwartet uns eine Delegation äußerst höflicher Assistenzärzte. Die Männer haben Pickel, und die Frauen sitzen mit geöffneten Beinen da, ein Anblick, der mich gleichzeitig aufmuntert und erschreckt. Vielleicht waren sie bis jetzt ja zu sehr damit beschäftigt, medizinisches Geheimwissen in sich hineinzufressen, als dass sie auch noch soziale Umgangsformen hätten studieren können.

»Sie müssen Unmenge Fragen haben«, sagt Cherry.

Larry hebt die Hand. »Wo kann ich mal für kleine Jungs?«

Ich begleite ihn in ein Bad mit besonders raffinierten Bidets mit Trocknungsautomatik. Um die Dusche herum gibt es jedoch nur eine lose Steinabgrenzung. Es ist, als befänden wir uns in einer Zeitblase irgendwo zwischen Steinzeit und Weltraumzeitalter. Als wir zurück ins Familienzimmer kommen, bittet uns Cherry ein weiteres Mal, unsere Fragen zu stellen, während Larry Blut abgenommen wird und die Assistenzärzte aufmerksam mitschreiben.

»Hatten Sie hier schon westliche Patienten für Nierentransplantationen?«, frage ich.

»Oh ja, viele aus Nahem Osten, Geschäftsmann, Tycoon und so weiter.«

»Wie ist es mit Westlern aus, ähem, dem Westen?«

»Im letzten Jahr vor den Restriktionen ein Fünfundsiebzigjähriger aus Florida, genau wie Sie«, sagt Cherry.

»Was für ein Zufall«, sagt Larry. »Nicht nur, dass ich aus demselben Staat komme, ich *fühle* mich auch wie fünfundsiebzig.«

»Aber nach Eingriff: achtzehn!«, sagt Cherry. Wir lachen. Unter seiner zerknirschten Miene kann Larry ein Millionen-Dollar-Lächeln hervorzaubern, wenn er will.

»In Amerika hat noch nie jemand gleich beim ersten Versuch meine Vene getroffen«, sagt Larry und staunt, als die Schwester geschickt zwei Q-tips auf die Vene drückt, um so ohne Verband die Blutung zu stillen. »Das ist eindeutig ein gutes Zeichen.«

»Oh ja, sehr gutes Zeichen«, bestätigt Cherry. »Alle hier sehr gut!«

»Ich weiß, es gibt viele Variablen«, sagt Larry mit einem Strahlen, das alle im Raum erwidern, »und ich werde von niemandem hinterher etwas einfordern, das sich vor Gericht erstreiten ließe, nein, ich denke nie in diese Richtung, aber können Sie mir eine Vorstellung davon geben, wie viel mich das alles hier finanziell zurückwerfen wird? Ich bin kein reicher Mann, trotz meines geschätzten Titels eines Professors.«

Was wir auch versuchen, wir bringen nichts, aber auch rein gar nichts darüber in Erfahrung, was eine Transplantation kosten und wann sie möglich werden könnte. Es geht hin und her. Verwandte von Patienten kommen in den Raum, ziehen die Schuhe aus, legen sich barfuß auf ein Plastiksofa und schlafen ein. Der eine Punkt, in dem Cherry sich nicht bedeckt hält, ist die Erfolgsquote bei Nierentransplantationen. »Bisher hundert Prozent.«

»Ist das möglich?«, frage ich skeptisch. Es tut weh, die Augen zu weit aufzumachen.

»Oh ja, wir machen über vierhundert Operationen letztes Jahr, nicht so viele dieses Jahr wegen Restriktionen, aber viele namhafte Personen, einschließlich saudischer Prinz vor zwei Monaten, koreanische Diplomat und auch sehr berühmte chinesische Filmstar. Schade, sie ist nicht mehr da.«

»Der Fünfundsiebzigjährige aus Florida zum Beispiel«, frage ich. »Wäre es schrecklich unethisch, uns einen Hinweis darauf zu geben, was er bezahlt hat?«

»Oh, nicht diese Art Fragen bei diesem Treffen«, sagt Cherry. »Aber in diesem besonderen Feld von Organtransplantation wir werden betrachtet als eines der besten Krankenhäuser in Asien.«

»Wirklich?«, sage ich. »Von wem?«

»Das ist die Erfolgsgeschichte«, sagt sie sachlich. »Erster Schritt ist jetzt Zustand des Patienten. Ich kann von Blutprobe schon sagen, dass er brauchbarer Kandidat für Eingriff ist. Während letzte Stunde war ich in Kontakt mit Dr. X über Telefon, und er sagt, volle Kraft voraus. Hip, hurra! So später, wenn Dr. X schätzt Situation mit eigene Augen ein, wir diskutieren finanzielle Regelung und so weiter.«

»Cherry, in dieser Stadt leben neun Millionen Menschen«, unterbricht Larry sie, »da nehme ich doch an, dass man hier gut essen kann?«

»Oh ja, wir sind bekannt für unsere gebratenen Skorpionklöße.«

»Was ich eigentlich meinte, war, ob es hier auch Fast-Food-Ketten gibt?«

Eine Minute später sitzen wir alle in einem Taxi und fahren in die Innenstadt zur örtlichen Kentucky-Fried-Chicken-Filiale. Die Aussicht auf ein amerikanisches Essen und das dankbare Publikum geben Larry so viel Auftrieb, dass er die Gelegenheit wahrnimmt, um seine Meinung zu einigen wichtigen Themen zu verkünden: die amerikanische Mondlandung (die niemals stattgefunden hat), Fitnessstudios (er würde hingehen, wenn sie da Sofas zum Ausruhen hätten) und wie er das Organspendeproblem lösen würde. Zum letzten Punkt bietet er zwei Möglichkeiten an: (1) Den englischen Ansatz übernehmen und die Organspende zum Normalfall machen, so dass, wer sich nicht offiziell dagegen entscheidet, automatisch ein potenzieller Spender ist. Verbunden mit den richtigen Anreizen, »lebenslangen Kinofreikarten und so weiter«, wäre das Problem der Nierentransplantationen damit innerhalb von fünf Jahren behoben. Und (2) die Helmpflicht für Motorradfahrer abschaffen.

Zwei Verkehrsstaus später schiebt sich unsere bestgelaunte Gruppe durch ein Dickicht von achtzig Fahrrädern in das KFC-Restaurant, das angesagteste Lokal der Stadt. Wir stellen uns an, um bedient zu werden, und als wir gerade bestellen wollen, tritt eine Gruppe Sekretärinnen lässig neben uns und drängt sich vor. Niemandem scheint das etwas auszumachen, nicht mal Larry, der sich wenig später voller Heißhunger über sein Kartoffelpüree hermacht, immer mehr Leben und Farbe gewinnt und sich in zärtlichen Erinnerungen an seinen allerersten Job bei KFC in Everett, Massachusetts, verliert.

»Das war Teilzeitjob?«, fragt Cherry. Sie steckt sich einen kleinen Hähnchenflügel in den Mund und holt ihn nicht wieder hervor, bis alles Essbare daran verschwunden ist und die Knochen blitzblank sind. Trotz aller Eleganz und Effizienz isst sie KFC-Hähnchen so, wie die Chinesen noch vor fünfundzwanzig Jahren Hähnchen aßen, nur dass sie die Überbleibsel nicht auf den Boden spuckt.

»Große Güte, ja, ich war damals erst fünfzehn«, antwortet Larry.

Ich erinnere mich nicht, ob er noch minderjährig war, aber ich weiß – und deshalb ist es ihm wahrscheinlich eine so liebe Erinnerung –, dass er damals seine erste Klage anstrengte. Er war auf Wasser aus einem kaputten Gefrierfach ausgerutscht und hatte sich den Unterarm mit heißem Hähnchenfett verbrannt. Seitdem verdient er sich mit Schadenersatzklagen regelmäßig ein gutes Zubrot. »Wie viel hast du damals herausgeschlagen?«, frage ich ihn.

»Etwa neunhundert Dollar, wie ich mich erinnere. Nicht schlecht für einen Vierzehnjährigen in den sechziger Jahren.«

»Ich dachte, du hast gerade gesagt, du wärst fünfzehn gewesen.«

»Ich bin geistig beeinträchtigt«, sagt Larry vorwurfsvoll. »Mit den Details habe ich Schwierigkeiten, aber die eigentliche Geschichte? Die stimmt hundert Prozent.«

»Wie Erfolgsgeschichte von Krankenhaus!«, sagt Cherry.

Die ganze Prahlerei trägt nicht viel dazu bei, meine Bedenken auszuräumen, und so stelle ich Larry leise die alles beherrschende Frage. Will er sich hier im Krankenhaus aufnehmen lassen oder weiter auf die Philippinen?

»Für mich ist da kein großer Unterschied«, sagt er. »Das Motel auf den Philippinen kostet fünfunddreißig Dollar pro Tag, mein Hotel in Peking vierundvierzig, das sind neun Dollar mehr. Da kann das eine wie das andere nicht verkehrt sein.«

Larrys Rechnung scheint mir wenig tauglich, um über eine lebensrettende Operation zu entscheiden, und als er die Runde darüber aufklärt, wie gut amerikanischer Krautsalat schmeckt und was für eine Barbarei es ist, dass sie ihn bei KFC hier in China durch Bambussprossen und Lotuswurzeln ersetzen, gehe ich zu Cherry an das gemeinsame Waschbecken vor den Toiletten, wo sie sich die Hände wäscht.

»Entschuldigen Sie, dass ich noch einmal nachfrage«, sage ich.

»Kein Problem. Ich werde Klartext zu Ihnen sprechen.«

»Sehr gut, denn wir befinden uns an einem kritischen Punkt. Wir müssen heute Abend noch entscheiden, ob wir unseren Flug auf die Philippinen morgen absagen und Larrys Leben in Ihre Hände legen.«

»Aber unmöglich zu wissen Antworten auf Ihre Fragen«, sagt sie. »Jeder Fall anders. Die erste, wichtige Sache ist Larry Gesundheit.«

»Richtig, aber ist es nicht wenigstens möglich, zu sagen, ob der Preis hier grob mit dem auf den Philippinen zu vergleichen ist? Die einzige Zahl, die wir bekommen konnten, war fünfundachtzigtausend Dollar für die Operation auf den Philippinen. Könnte es das ungefähr treffen?«

»Vielleicht ungefähr«, sagt Cherry.

»Okay, danke. Und können Sie mir eventuell auch sagen, woher die Nieren kommen? Weil wir im Westen alle möglichen Geschichten über Häftlinge und religiöse Sekten ...«

Cherry schneidet mir mit einer allgemeinen Antwort über den Zustand der Nieren das Wort ab, die, wie sie mir versichert, von bester Qualität sein werden. Dr. X ist einer der besten Chirurgen Asiens für diese Art Transplantation. Medizinerkollegen aus der gesamten Dritten Welt schicken ihre Familienangehörigen zu ihm.

»Bin ich Antwort auf alle Ihre Fragen?«, fragt sie freundlich. »Brauchen Sie mehr Bereitstellung von Informationen?«

»Nun, die andere große Frage, die ich habe, ist die, ob es legal ist.«

»Schwer zu sagen, weil Chinesen nicht richtige Gesetze kennen. Aber wenn Ärzte ein Organ bekommen können, ist es okay.«

Ich sehe zu Larry hinüber, der zu demonstrieren scheint,

dass er Lotuswurzeln nicht mal essen könnte, wenn er wollte, »angesichts des Zustands meiner Zähne«. Meinem Cousin die Worte von den Lippen abzulesen ist keine Fähigkeit, die ich je bewusst erlangen wollte.

»Wenn ich es richtig verstehe«, sage ich zu Cherry, »besagt die offizielle Regelung, keine Transplantationen für Patienten aus dem Westen ...«

»Das ist nur so-so wahr.«

Ich baue ihre Unterbrechung mit ein: »Was aber nur so-so wahr ist. Handelt es sich vielleicht um ein so genanntes ›schönes‹ Gesetz, das auf dem Papier gut aussieht, aber nicht durchgesetzt wird?«

»Könnte sein«, sagt Cherry. »Keiner draußen wirklich weiß es, das ist es, alles geheim. Sie und Larry sind jetzt auch Teil von Geheimnis.«

»Es ist also eine Art offenes Geheimnis, dass niemand die Einzelheiten kennt. Was noch dadurch kompliziert wird, dass die Zentralregierung die Gesetze macht, die dann örtlich umgesetzt werden müssen.«

»Nicht sehr durchsichtige Situation«, bestätigt mir Cherry. »Und bewegt sich ganze Zeit.«

»Verstehe. Obwohl es also offiziell illegal ist, Westlern Organe zu transplantieren, wird ein gut gestellter Chirurg nicht weiter belangt, wenn er die Möglichkeit hat, einem Westler ein Organ zu besorgen.«

»Ja, natürlich«, sagt sie freundlich.

»Und Larry und ich werden nicht im Gefängnis landen?«

»Gefängnis? Nein, ich glaube nicht.«

»Sie *glauben* nicht?«

»Natürlich nicht«, klärt sie mich geduldig auf. »Rest ist leicht. Sie sind in guten Händen.«

Also gut, das wollte ich hören. Für ihre letzten fünf Worte habe ich eine Schwäche. Wir sind in guten Händen. Das ist ein so menschlicher Ausdruck, auf so einfache, taktile Weise beruhigend, dass ich aufgebe. Wir kennen weder die Kosten noch den Zeitrahmen, doch am Ende kommt es auf die Hände an, in die wir uns begeben, und etwas an Cherry flößt mir Vertrauen ein. Dass sie stark und kompetent sind, vielleicht sogar weise. Es ist ein großer Vertrauensvorschuss, aber sei's drum, wir überqueren den Rubikon und legen unser Schicksal in die Hände, ja, auch dieser tüchtigen jungen Frau. Larry ist in meinen Händen, ich bin in Cherrys Händen, und Cherry ist in Dr. X' Händen. Wir sind wie russische Schachtelpuppen mit Mama Mao ganz am Ende.

Die Unterhaltung ist vorüber, und ich gehe in die Toilette, um meine Kontaktlinsen auszuspülen. Als ich das tue, zerfällt mir die rechte zwischen den Fingern. Die Schadstoffe in der Luft haben sie zerfressen. Meine Zähne schmecken sandig, und als ich mir die Nase putze, fühlt sie sich wie die Chinesische Mauer an. Zudem entdecke ich mitten auf meiner Stirn einen rußigen Fleck, wie ihn die Katholiken zu Beginn der Fastenzeit tragen. Der muss vom Aschenbecher im Taxi stammen, gegen den ich gerammt bin. Ich wische ihn weg und frage mich, wie viele Stunden ich dieses Zeichen der Buße nun schon trage, ohne dass es mir einer gesagt hat.

Die Szenerie wirkt verschwommen, als ich aus der Toilette komme. Mit nur einer Kontaktlinse kann ich unsere Gruppe drüben beim Fenster nicht gleich ausmachen. Dann entdecke ich Jade, klar in dem verwischten, sich schnell bewegenden Durcheinander. Als sie mich aus der Toilette und durch den lauten Raum auf ihren Tisch zusteuern sieht, hebt sie eine Hand zum Siegesgruß. Ich kann es nicht genau erkennen, aber hat sie, sind sie …?

Ja. Sie hält die zarten Finger gekreuzt.

Kapitel 8

Anaerobe Erinnerungen

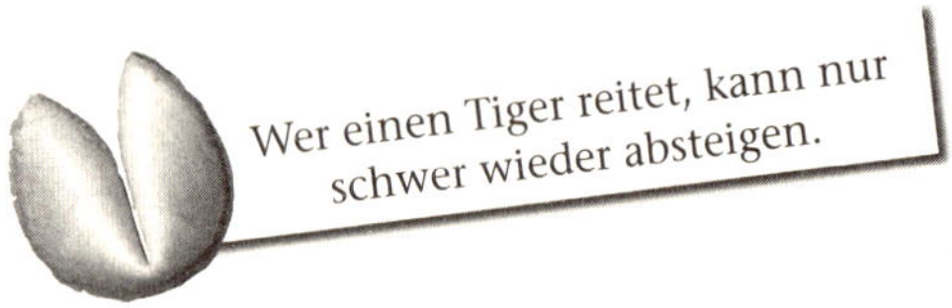

Wir verlagern unsere kleine Oper also nach Shi. Die Philippinen sagen wir ab und vertrauen uns Cherry & Co. an. Ein kleiner Schönheitsfehler: Bevor wir Larry im Krankenhaus unterbringen können, müssen wir Jade zurück nach Peking schaffen, unsere Hotelzimmer räumen und wieder zurückkommen. Aber das sollte keine große Sache sein, innerlich sind wir bereits wieder hier.

Davor liegen allerdings noch zwei Taxifahrten. Hin und zurück.

Unser Fahrer wartet immer noch treu ergeben, als wir vom KFC zurückkommen. Er hat die Zeit genutzt, um ein paar Handyspiele zu spielen, statt etwas Schlaf nachzuholen. Wir verabschieden uns, und dann verlassen Jade, Larry und ich die Stadt auf dem Weg, auf dem wir gekommen sind, über eine Serie mittelalterlicher Auf- und Abfahrten, über Brücken und durch Unterführungen, doch plötzlich sieht alles ganz anders aus. Bei Tageslicht war Shi trist und schmuddelig, eine trostlose Stadt voller Ecken und Kanten. Mit der Dunkelheit hat sie sich in ein Neon-Wunderland verwandelt: Überall sprüht und speit gleißendes Licht hervor. Straßenbäume, Ladenzeilen und eine Unzahl von Plakatwänden erstrahlen im millionenfach blinkenden, blendenden Schein von Röhren und Glühbirnen.

Ich bin nicht sicher, weil meine verbliebene Kontaktlinse verschmiert ist, doch nicht weit vom Krankenhaus scheint es sogar ein nächtliches Amüsierviertel zu geben, wo eine ganze Reihe farbiger Brunnen den blitzenden, fließenden Hintergrund einer Promenade bildet, auf der einzelne Paare … Schlittschuh zu laufen scheinen? Einander wild im Kreis herumwirbeln?

Ich habe eine Schwäche für Neonreklamen, besonders in Sprachen, die ich nicht verstehe. Ihre pulsierende Wärme lässt mich aufleben. Ein paar Straßen weiter glaubt Larry etwas aus den grellen Schnörkeln herauslesen zu können.

»Siehst du, wie viele Massagesalons es in dieser Stadt gibt, Dan?«

»Wo?«

»Da! Da! Gerade sind wir wieder an einem vorbeigefahren! Dir wird es in dieser Stadt gefallen.«

Es ist wie ein Rorschach-Test, nehme ich an. Er liest alle möglichen Fantasien in die fremden Zeichen hinein, und das altmodische Wort »Salon« passt bestens zu ihm. Nun, vielleicht hat er nicht so ganz Unrecht. Wenn ich die Augen zusammenkneife, kann ich sehen, dass einige der Zeichen vage an Frauenbeine erinnern. Oder Hüften. Sich wiegende Hüften, das Neon bewegt sich. Moment mal – das da drüben sind doch Brüste! Die Lichter spritzen und schäumen. Larry hat Recht: Das sind alles Massagesalons! Und davor stehen leibhaftige Animiermädchen und locken leibhaftige Kunden an, in strahlende, spiegelnde Farben getaucht.

»Nennen wir die Stadt einfach Massagezentrale«, schlägt Larry vor. »Der richtige Name ist sowieso zu schwer zu betonen.«

Larry zehrt immer noch von seinem Hoch beim Essen. Die Aufmerksamkeit so vieler Assistenzärztinnen lässt ihn offensichtlich eine gewisse Großherzigkeit gegenüber dem weiblichen Geschlecht empfinden. Er richtet sich an Jade auf dem

Beifahrersitz. »Womit beschäftigen Sie sich, meine Liebe. Dan sagt, Sie sind Doktorandin. Was studieren Sie?«

»Internationale Beziehungen.«

»Soweit ich es beurteilen kann, sind Sie in dem Bereich bereits äußerst erfolgreich«, erklärt er ihr. »Wie Dan Ihnen vielleicht schon erzählt hat, bin ich Professor. Hier bin ich nichts als ein armer, kleiner *Schmock*, aber zu Hause, wenn ich denn je dorthin zurückkehre, da sagen sie ›Sir‹ zu mir.«

»Wovon sind Sie Professor?«

»Gewöhnlich unterrichte ich Verhandlungsführung, was nach Dans Meinung eine gehobene Ausdrucksweise für Schachern ist. Manchmal unterrichte ich auch Mediation und werde als Fachmann zur Vermittlung in komplexen rechtlichen Fällen hinzugezogen. Hochgestellte Persönlichkeiten aus den Top-Rängen der Gesellschaft lassen sich von mir beraten.«

»Stimmt das?«, frage ich.

»In Maßen«, sagt er. »Waren Sie je in Amerika, meine Liebe?«

»Ich noch nie gefliegen«, sagt Jade.

Je länger wir unterwegs sind, desto mehr schwindet Larrys gute Laune dahin. Bald schon ist es um seine Großherzigkeit geschehen. In den Stunden seit Marys Abschied hat er etliche Phasen durchlaufen und nach seinem Gleichgewicht gesucht. Jetzt muss er dem Gefühlscocktail noch Müdigkeit hinzufügen und Nervosität, da wir uns in dunklere Bereiche Chinas hineinbewegen. Endlich erlaubt er sich das Eingeständnis, dass Mary weg ist.

»Ich fühle mich nicht sehr gut«, sagt er und wird unversehens von einem heftigen Schluckauf befallen. »Gewöhnlich gehe ich nach einem so anstrengenden Tag wie heute früh zu Bett. Fahrten wie die jetzt unternehme ich dann normalerweise nicht mehr.«

»Niemand unternimmt normalerweise solche Fahrten«, sage ich.

Es herrscht Berufsverkehr. Auf der Standspur liegen Betonstücke und ausgeschlachtete Geschirrspüler, und gelegentlich ist auf ihr auch ein Fahrzeug in falscher Richtung unterwegs. Wir scheinen aus Versehen auf eine kleinere, völlig verdreckte Lastwagenstraße voller Sattelschlepper geraten zu sein, die kilometerweise an roten Ampeln gestoppt werden. Nichts davon hält unseren Fahrer davon ab, immer wieder vier, fünf Sekunden wegzunicken. Um auf die Schnellstraße zu finden, sind wir es schließlich, die eine Zeitlang in falscher Richtung über die Standspur fahren, und als wir unser Ziel erreichen, gibt es ein neues Problem.

»Darf ich fragen, warum die hier Zelte am Straßenrand aufbauen und die Frauen davor mit Fähnchen winken?«, fragt Larry.

»Das sind Nachtrestaurants«, sagt Jade. »Nicht sehr sauber.«

»Was Sie nicht sagen«, meint Larry und fährt sich mit der Hand an die Stirn. Zu allem anderen bekommt er jetzt auch noch Migräne. »Ihr habt ja keine Ahnung, wie schlecht ich mich fühle«, berichtet er. »Alles juckt und beißt. Fühl mal hier.« Er hält mir seine vorspringende Narbe auf dem Handgelenk hin. Die Fistel.

Ich treffe bewusst die Entscheidung, meinen Vorsatz, ihn nicht anzufassen, zu brechen, und lege meinen Finger auf die glasige Kuppe. Bei der Berührung durchfährt es mich, als wäre die Fistel einer dieser elektrischen Scherzartikel, mit dem man seinem Gegenüber einen Schlag versetzt.

»Schmerzt wie die Pest«, sagt Larry.

Jade zieht vor Mitgefühl die Brauen zusammen. »Larry beißt sauren Apfel«, sagt sie, langt nach hinten und ergreift seine Hand.

»Ich habe mich ja schon oft in meinem Leben mies gefühlt, aber schlimmer war's noch nie«, sagt Larry und kaut auf einer

Handvoll Pillen gegen Übelkeit. »Ich bin völlig fertig. Nervöser war ich auch noch nie.«

»Hör zu, du musst nur noch morgen durchstehen, dann bist du in einem der besten Krankenhäuser Chinas«, erinnere ich ihn. »Für Filmstars und die saudische Königsfamilie. Vielleicht rühren sie dir da ja ein paar Kräuter zusammen.«

»Nein danke. Ich bin Purist: Für mich Pharmazeutika pur.« Sein Bemühen um ein Lächeln erstirbt auf seinen Zügen. Diese Fahrt und dass Mary ihn verlassen hat, das alles bringt ihn nahe an eine Panikattacke.

»Mehr und mehr Äpfel er beißt«, sagt Jade und drückt seine Hand.

»Oh, ich vermisse meine Mutter. Ich vermisse meine Schwester«, sagt er und wiegt sich angsterfüllt hin und her.

Um ihn abzulenken, erinnere ich ihn daran, was er alles im Leben geschafft hat. Ich versuche ihn erneut zum Erzählen zu bringen. »Jade, dieser Mann hat ein Herz so groß wie ein Footballfeld. Warten Sie nur, bis Sie hören, wie er seine Schwester von der Epilepsie befreit hat.«

»Ich weiß nicht, ob ich das im Moment angemessen darstellen kann«, sagt er und trinkt kleine Schlücke Luft.

»Tu's uns zuliebe, Champ«, sage ich. »Ich habe die Geschichte nie richtig von Anfang bis Ende gehört.«

Mit einem tapferen Ruck richtet sich Larry aus seiner gebeugten Haltung auf und beginnt zu erzählen.

»Wir schreiben das Jahr 2002. Judy leidet seit ihrer Geburt unter epileptischen Anfällen, nimmt Beruhigungsmittel zum Sedieren und Amphetamine, um wieder auf Touren zu kommen. Das Ergebnis war, dass sie nie richtige zwischenmenschliche Fähigkeiten entwickelte und sich darauf beschränkte, nach ihrem (mehr oder weniger) Vollzeitjob bei der Kraftfahrzeugbehörde nach Hause in meine Eigentumswohnung zu kommen, in der sie ein Zimmer hatte, die Tür hinter sich abzuschließen und mit unserer Mutter zu telefonieren, bis sie vor laufendem Fernseher einschlief. Drei Sendungen mochte sie: *I Love Lucy, Der Preis ist heiß* und *Unsere kleine Farm*. Gelegentlich durchbrach sie ihr Schema und ging mit ein paar alten Leuten essen, die sie für ›hübsch‹ hielten.«

»Wirklich?«, frage ich. Das Wort rutscht mir heraus und unterbricht seine Erzählung.

»Ab einem gewissen Alter sehen alle unter vierzig gut aus«, erklärt Larry.

Das ist tiefgründig genug, um mich eine Weile verstummen zu lassen. Aber nur eine Weile. »Wofür hat sie ihr Gehalt ausgegeben?«

»Hauptsächlich für Badeanzüge. Sie fand einen Laden, in dem es Badeanzüge gab, die als *medium* ausgezeichnet, tatsächlich aber *x-large* waren. Sie kaufte sie und tat so, als wären sie *medium*, damit sie auch weiter ihre Trauben-Nuss-Schokoriegel essen konnte. Das war das einzige Obst, das sie je zu sich nahm. Ich glaube, die in dem Laden wussten genau, was sie taten, und zeichneten ihre hässlichen Restposten systematisch falsch aus, um sie loszuwerden.«

»Aber wozu brauchte sie bei ihrer Wasserphobie Badeanzüge?«

»Genau«, sagt Larry. »Wir wohnten also in Florida mit all seinen Ärzten, und unsere Mutter Rivie lebte außerhalb von Boston, dem medizinischen Zentrum des Landes, mit einem ganzen Arsenal in Harvard ausgebildeter Doktores, aber nichts geschah. Also beschloss ich, die Sache in die Hand zu nehmen. Ich hängte mich ans Telefon, in meiner Eigentumswohnung – zwei hübsche Zimmer mit eigenem Balkon und Blick auf einen Minigolfplatz, wobei es mich immer noch ärgert, dass du mich nie besucht hast, Dan. Zwei Tage habe ich nichts getan, als zu telefonieren. Kurz und gut, am Ende komme ich in Kontakt mit Dr. Finkelstein von den National Institutes of Health,

Finkelsteiner oder so, und er findet Judys Fall interessant, am Telefon. In drei, vier Monaten möchte er Judy in D.C. sehen. Was viel zu lange ist. Ich rufe also Cousin Burton an ...«

»Moment, du rufst *Cousin Burton* an?«

»Dan, willst du mich jetzt erzählen lassen? Burton war da noch in Ordnung«, sagt Larry mit einem Ausdruck der Milde, gleichmütig und heiter wie die Mona Lisa. »Übrigens, danke, dass du nichts dagegen einwendest, dass ich immer wieder ins Präsens wechsele. So erzählt es sich leichter, und mein Gehirn ist missorientiert. Ich weiß nicht mehr immer zu sagen, was war und was ist.«

»Kein Problem. Erzählst du weiter?«

»Ich erzähle weiter. Kurz gesagt: Nachdem Finkelheimer einen Anruf von Burton bekommen hat, können wir in zehn Tagen kommen, nur will Judy jetzt natürlich nicht mehr. Die Wahrheit ist, sie ist an ihre Krankheit gewöhnt, sie mag sie. Ihre Krankheit dient ihr. Sie muss sich nicht einbringen. Ich sage: ›Judy, Schluss mit dem Theater. Ich weiß, du hast Angst, aber wir fahren.‹ Kaum kommen wir an, auf einem Zwölfhundert-Morgen-Campus, macht sie eine völlige Kehrtwendung. Hier wird sie der Star sein. Sie mag nichts mehr, als der Star ihrer kleinen medizinischen Dramen zu sein. Das macht sie zu etwas Besonderem. Abgesehen von ihrem Gesundheitszustand, ist Judy in keinem Bereich des Lebens etwas Besonderes. Kurz, sie willigt ein. Die Operation kommt. Sie ist zehn, zwölf Stunden drin. Redet die ganze Zeit, während sie ihr Gehirn kartografieren. Geschnitten wird nur zehn, fünfzehn Minuten lang.«

Larry sieht aus dem Fenster und fängt an, die Restaurants auf der Standspur zu zählen. Das Reden hat geholfen: Er wirkt wieder lebendiger ... aber die Geschichte hängt in der Luft.

»Und?«, sage ich.

»Und was?«

»Wie ging die Sache aus?«

»Oh. Sie hat nie wieder einen Anfall gehabt. Nach der Operation. Nebenbei gesagt, ich weiß zu schätzen, dass uns niemand in der Familie, wenigstens soweit ich es weiß, Punch und Judy genannt hat, wenn wir uns auch manchmal so aufführten. Das ist der Familie positiv anzurechnen, auch wenn diese Liste relativ kurz ist, aber das muss man ihr lassen.«

»Warte, Larry, schweif nicht ab. Damit hast du das Leben deiner Schwester verändert!«

»Nur nicht notwendigerweise zum Besseren«, antwortet er schnell. »Weil sie nach der Operation plötzlich keine Krücke mehr hatte. Ihre Epilepsie war das Zentrum ihres Lebens gewesen, um das sich alles rankte. Plötzlich redeten alle auf sie ein: ›Oh, Judy, jetzt kannst du den Führerschein machen, jetzt musst du nicht mehr bei der Behörde arbeiten, vielleicht findest du sogar einen Freund.‹ Das alles versetzte sie in Angst und Schrecken. Sie wollte das nicht. Sie wollte nur von unserer Mutter gehätschelt werden.«

»Und dann stirbt deine Mutter.«

»Genau. Und keiner kam zur Beerdigung, was ich der Familie nie, niemals verzeihen kann. Das sitzt tief, Dan.«

»Aber, Larry, du konntest dich einfach nicht für ein Datum entscheiden. Wenn du ein Datum für die Beerdigung festgelegt hättest, wären sicher alle gekommen.«

»Das muss sich erst noch erweisen, doch das wird es nicht, oder? Ich bin immer noch viel zu aufgebracht, um darüber zu sprechen. Aber zurück zur Geschichte. Wie du sagst, ging es nach dem Tod meiner Mutter mit Judy bergab. Sie hatte damals neunzehneinhalb Jahre gearbeitet, und sie kündigte sechs Monate, bevor sie ein Anrecht auf eine Rente hatte. Das hätte ihr eine Unabhängigkeit beschert, die sie nicht wollte. Sie fing an, mit unserer toten Mutter zu telefonieren und in einem Sessel zu schlafen, weil Mutter im Liegen gestorben war, und Judy wollte nicht, dass es ihr genauso ging. Kurz gesagt, eines Tages nach einem Vier-Tage-Wochenende ohne jede Aktivität in ihrem verschlossenen Zimmer werde ich misstrauisch, ramme die Tür mit der Schulter ein und finde sie entschlafen in ihrem La-Z-Boy-Sessel, Pillen im Schoß und in einem schwarzen Speedo.«

»Warum in einem schwarzen Speedo?«

»Weil sie im Tod die verführerische Dame sein wollte, die sie im Leben nie war? Keine Ahnung. Wobei ich dir sagen kann, dass sie ganz und gar nicht gut aussah. Ehrlich gesagt, hätte ich mich fast übergeben. Ich hatte sie nie in dem Speedo gesehen, sonst hätte ich ihr gesagt, sie solle ihn wegwerfen. Judy trieb keinerlei Sport und wog am Ende, schätze ich, um die hundertdreißig. Ruhe sie in Frieden.«

Ich warte nicht, bis sich dieser Gedanke in Schweigen hüllt. Ich bin zu wütend auf Judy, dass sie ihrem Bruder nicht eine ihrer Nieren vermacht hat.

»Du hast getan, was du konntest, Larry. Das war heldenhaft.«

»Danke, Dan. Solche Worte vernehme ich selten. Mein Bedürfnis nach äußerem Zuspruch ist bodenlos. Deshalb habe ich auch eine Amateurfunklizenz erworben, drei staatliche Immobilienmaklerlizenzen, einen Pilotenschein und sogar einen für Passagierflugzeuge, nur um zu sehen, wie ich abschneiden würde. Ich bekam eine zweiundneunzig, was für einen Berufspiloten nicht unbedingt toll ist, für einen Privatpiloten jedoch ...«

»Schschsch, Larry. Ganz ruhig, ich sage dir doch: Das war heldenhaft.«

Eine Pause. Er inhaliert den Raum um meine Worte. »Danke, Dan«, sagt er. Ich höre, dass sein Atem weniger stoßend kommt, und vergleiche ihn mit meinem. Larry beruhigt sich.

Die Fahrt geht ohne Unterbrechung weiter. Jade vorne auf dem Beifahrersitz hält den Kopf zurückgelehnt und lässt unsere Unterhaltung in sich hineinströmen. Ihre moralische Unterstützung ist ein Trost für mich. Sie tut mir gut. Larry seufzt ein paarmal und schlägt einen Gedenkton an.

»Sie war der unglücklichste Mensch, den ich je kannte, Judy, das war sie«, sagt er. »Sie war unglücklich, weil sie ihre Anfälle nicht mehr bekam. Sie hat sie vermisst, und natürlich das, was sie ihr verschafften. Und sie war egoistisch, weil sie ihre Nieren mitnahm, statt sie mir zu geben. Aber das werfe ich ihr nicht vor, dem armen Ding. Es war ihr Geisteszustand. Ich vermisse sie. Manchmal wache ich noch auf und vergesse, dass sie tot ist. Und ich denke an meinen Dad. Dass er tot ist, vergesse ich nicht.«

»Schschsch, Larry ...«

»Mit meinem Dad hatte ich den Kürzeren gezogen. Weißt du, was sein einziger Rat war, als ich in die Little-League-Baseballmannschaft kam? ›Schlag niemals den Ball. Vielleicht kommst du auch so durch.‹ Das war seine Einstellung. Versuch es gar nicht erst, vielleicht geht es auch so. Wenn das nicht der erbärmlichste Rat ist, den ein Vater seinem Sohn geben kann, weiß ich es auch nicht.«

Seine Worte sind nicht bitter, sondern einfach nur traurig. »Schschsch, Larry«, sage ich wieder, aber er kann nicht aufhören.

»Er hat mir nie geholfen. Mit nichts. Wenn mich meine Studenten heute also um Hilfe bitten, reiße ich mir gleich zwei Beine für sie aus. Ob schwarz, weiß oder Chinese, es ist egal. Deshalb unterrichte ich auch gerne an einer zweitklassigen Uni. Harvard-Studenten brauchen meine Hilfe nicht.«

»Also ist aus eurem Verhältnis auch etwas Gutes entstanden. Du hast ihn als den erkannt, der er war, und bist darüber hinausgewachsen ...«

»Ich habe Sam immer als den gesehen, der er war. Vielleicht habe ich ihn deshalb auch immer ›Sam‹ und nie ›Dad‹ genannt. Mit vier Jahren begriff ich, dass er eine sehr einfache, beschränkte Person war. Sam stammte aus einer Einwandererfamilie, und er war letztlich nichts anderes als der Diener seines älteren Bruders Irving, dem die Autowerkstatt, in der er arbeitete, gehörte und der ihn übel behandelte. Gab ihm hundert Dollar die Woche und zu Neujahr eine Schachtel billige Pralinen. Sam ließ sich das gefallen, weil er dachte, das wäre seine Rolle im Leben: seinen Bruder zu unterstützen und unterwürfig zu sein. Eine meiner ersten Erinnerungen ist, wie meine Mutter ruft: ›Juhuu, Irving, siehst du? Ich lege hier zehn Cent hin. Ich nehme mir eine warme Cola vom Regal, keine von den kalten im Kühlschrank.‹ Da war ich erst vier, aber ich wusste, das war nicht richtig.«

Er atmet kaum. Die Worte kommen ohne Luft. Die Erinnerungen reichen so tief, dass die Worte anaerob sind.

»Sam hat nie jemanden im Haus lesen lassen. Weißt du, warum? Weil er selbst nicht lesen konnte. Wie oft hatte er die Möglichkeit, es zu lernen, aber er machte sich nie die Mühe. Das ist es, was ich ihm nicht vergebe. Er musste nicht so sein. Er wollte es so. Das letzte Mal, als er mich mit seinem Gürtel schlagen wollte, war ich zwölf. Ich sagte: ›Los doch! Schlag mich vor all den Leuten!‹ Ich habe in meinem Leben vor vielen Leuten Angst gehabt, aber nie vor ihm. Er verdiente meine Angst nicht.«

»Hast du keine glücklichen Geschichten über deinen Vater?«

»Sehen wir mal, wie weit wir da kommen. Also: So tief der Zweig der Familie meines Vaters auch hing, ganz ohne Ruhm war er nicht. Einer meiner Cousins ist ein emeritierter Harvard-Professor. Ein anderer, Benny, legte den Grundstein für ein berühmtes Parfüm-Imperium. Wieder ein anderer, Lenny, wuchs zum legendären Leonard Bernstein heran, vielleicht hast du den Namen schon mal gehört. Mit vierzehn war er allerdings noch ein widerwärtiges kleines Ekel, das eins auf die Nase bekam und die Treppe hinuntergestoßen wurde. In dem Zweig von Sams Familie lachen sie heute noch über ihn, über den Ausdruck auf Lennys blutigem Gesicht, diesen widerlichen kleinen Besserwisser.«

Larry unterbricht sich und wischt sich die Nase mit einem Taschentuch, das früher wohl einmal gestärkt war, vor Jahren. »Und, war das eine glückliche Geschichte? Ich kann es selbst nicht mehr sagen«, seufzt er. »Aber du wirst bemerken, dass ich kaum Schimpfworte benutze, falls ›Ekel‹ überhaupt eins ist, weshalb ich denke, dass ich da ziemlich emotionale Sachen für mich ausgrabe.«

»Hmm, ich habe schon glücklichere Geschichten gehört«, sage ich. »Gibt es keine anderen? Was ist mit der Little League, von der du gesprochen hast? War dein Vater da nicht eine Art Sponsor?«

»Zu einem gewissen Grad«, sagt Larry. »Es war Folgendes: Sam hat nie etwas gemeinsam mit mir unternommen, doch eines Tages setzte er sich die Idee in den Kopf, eine Little-League-Mannschaft sponsern zu wollen. So schaffte er es, dass die Worte ›Sam Feldman & Sohn‹ hinten auf unsere Cleveland-Indians-Hemden gedruckt wurden und er uns damit übers Spielfeld paradieren sah, was ihn unglaublich stolz machte, obwohl es so was wie Sam Feldman & Sohn überhaupt nicht gab. Er hat Bilder gemacht, du glaubst nicht, wie viele. Und weil er ein Sponsor war, musste ich mit in die Mannschaft und hasste jede einzelne Minute davon. Ich konnte nicht schlagen und ich konnte nicht fangen. Es gab nur eine gute Sache: Unser Catcher wurde später der Schlagzeuger der Band Boston, die Ende der Siebziger ziemlichen Erfolg hatte, und er besorgte mir Freikarten, die ich weiterverkaufte, was mir etwas Taschengeld verschaffte.«

»Was ist mit Fischen«, frage ich. »Seid ihr zwei nicht gerne zusammen tiefseefischen gegangen?«

»Das stimmt in gewisser Weise«, gibt Larry zu. »Eines, was wir beide mochten, war Fischen, und so sagt mir Sam eines Tages, er nimmt mich mit, in einem Boot von Gloucester aus, das wir zusammen mit zwei anderen Leuten mieten, zwei Fremden. Ich bin ein kleiner Junge. Ich freue mich. Wir stehen früh auf, noch bevor die Sonne aufgeht, und fahren nach Gloucester, wo er erst mal in seinem Lieblings-Diner frühstücken muss, dahockt und seine Witze erzählt, die keiner zum soundsovielten Mal hören will, aber Sam ist das gleich, und dann ist das Frühstück endlich vorbei, wir gehen zum Pier, und auf der Tafel steht, das Boot ist vor einer halben Stunde rausgefahren.«

Ich schweige. Ich weiß nicht, was ich sagen soll. Also sagt Larry es für mich.

»Ein Professor«, sagt er. »Manchmal kann ich kaum glauben, wie weit ich es gebracht habe. Dann hole ich meinen Lebenslauf hervor und sage: Wer ist das? Das ist schon beeindruckend, muss ich schon sagen. Das Problem ist nur, dass ich mich als der Sohn meines Vaters sehe.«

»Du *bist* der Sohn deines Vaters«, sage ich. »Aber auch mehr. Du musst dich als der fähige Erwachsene akzeptieren, der du geworden bist. Lass die Art und Weise hinter dir, wie er dich gesehen hat. Das gilt schon lange nicht mehr.«

»Das hat nie gegolten.«

»In dem Maß, in dem es gegolten hat, musst du das alte Bild, das du von dir hast, aufgeben.«

»Aufgeben existiert für mich nicht, Dan.«

»Vielleicht solltest du das mit auf deine Aufgabenliste setzen. Es würde dir eine Menge Verschleiß ersparen.«

Larry denkt darüber nach. Derweil geraten wir in einen Stau, eingeschlossen von riesigen, Rauch rülpsenden Lastwagen. Eine winzige alte Dame mit einer Angelrute im Mund schlängelt sich auf dem Fahrrad an uns vorbei.

»Danke für deine Hilfe, Dan. Falls ich es dir noch nicht gesagt habe, ich werde mich dafür erkenntlich zeigen.«

»Das musst du nicht.«

»Ich will dir zeigen, dass ich kein Schnorrer bin und mehr nehme, als mir zusteht.«

»Larry, weißt du, wie das klingt? Wie deine Mutter, die ›Juhuu, Irving‹ ruft, ›ich nehme mir nur eine warme Cola‹. Nimm, was du brauchst, Larry. Es steht dir zu.«

»Danke, Dan. Oh, das beruhigt mich. Du hast ja keine Ahnung, wie sehr. Du bist so etwas wie mein Consigliere. Ich versuche immer noch draufzukommen, was du bei meiner Bar-Mizwa ins Mikro gesagt hast, aber jetzt werde ich zwanghaft. Ich weiß, irgendwo in meinem Hirn habe ich es gespeichert ...«

»Schschsch jetzt«, sagt Jade und greift wieder nach seiner Hand. Und schon schließt er die Augen und schläft ein. Vielleicht ist es die visuelle Überlastung, vielleicht der Schlafentzug oder die Hitze. Er hat sich mit solch schwindelerregendem Tempo durch seine Stimmungen gearbeitet, von Verzweiflung zu falscher Euphorie, hat sich so bemüht, den Kopf oben zu behalten, dass er schlicht nicht mehr kann. Wie durch Zauberhand findet sein Reden ein Ende.

Jade und ich sehen uns an. Es macht uns etwas verlegen, Zeuge seiner Bekenntnisse geworden zu sein.

»Schrocklich«, sagt sie leise.

»Ja, das ist es«, sage ich. Mit verschwommenem Blick sehe ich auf den in sich zusammengesunkenen Larry, der kaum atmet. Dann sehe ich Jade wieder in die Augen, die kein Licht aussenden, und ich bin ihr unsäglich dankbar, dass sie mit uns gekommen ist.

»Haben Sie was zum Knabbern dabei?«, frage ich sie. »Mondkuchen?«

»Ich bin Mondkuchen leid, Leben lang«, antwortet sie. »Bitte, ich gebe etwas Bubblejum?«

»Nur wenn Sie versprechen, es niemals *gum* auszusprechen.«

Eifrig übt sie ihr *G*, während sie ihre Handtasche aufknipst und ein Trident herausholt, das sie mir so behutsam hinhält, als füttere sie ein Reh in einem Streichelzoo. »Zuckerfrei, gut Erdbeere!«, sagt sie, aber sie sagt es leise und etwas traurig.

Wir betrachten den uns Anvertrauten, fast so, als wäre er unser Kind, ein grausames Kind, um das wir uns gemeinsam kümmern, eine zarte Bestie, die im Schlaf aufstößt und wieder und wieder die Stellung ändert, um die Krämpfe im Rücken zu mindern.

»Haben Sie verstehen können, was er gesagt hat?«, frage ich sie.

»Etwas davon. Wenn er spricht, ich denke an mein Vater«, sagt Jade, und es ist merkwürdig, wie sehr ihr chinesischer Akzent an Larrys Sprechweise erinnert. »Der sagt immer: *›Nicht dich bemitleiden! Sei stark!‹*«

Ihre Augen treten eine Sekunde lang etwas weiter hervor. Jetzt glänzen sie. Aber schon langt sie mit einer schnellen Bewegung erneut in ihre Handtasche, holt ein Taschentuch hervor und tupft sich entschuldigend über die Lider. »Entschuldigung«, sagt sie. »Ich vermisse meine Eltern.«

Ich tätschele ihr die Hand und lasse sie wieder los.

»Waren sie liebevoll mit Ihnen als Kind? Ich meine, haben Ihre Eltern Sie gestreichelt und geherzt und Ihnen Lieder vorgesungen? Liebevoll?«

Langsam spricht sie das Wort nach, und ihr Gesicht leuchtet kurz auf, bevor es wieder traurig wird. »Nein, ist anders in China. Mein Vater nicht zeigen liebevoll, nur: *›Lerrnen, lerrnen! Hart lerrnen!‹*«

Sie macht die harsche Stimme ihres Vaters so gut nach, dass ich ihn hören kann – seine Sorge um sie, seine Träume für sie. Einen Moment lang glaube ich, Larrys Vater Sam in ihren Zügen erkennen zu können, aber sein Bild verschwindet so schnell, wie es gekommen ist.

»Er will, dass Sie viel lernen und etwas aus sich machen.«

»Ja.«

»Sagen Ihnen Ihre Eltern nie, dass sie Sie lieben?«

»Nein!« Sie schreckt zurück. »In China ist nicht höflich.«

»Was ist mit Ihren Großeltern?«

»Nein!« Dieser Gedanke schockiert sie noch mehr. Wenn sie mir nicht traute wie einem Freund, denke ich, ließe sie diese Frage an mir zweifeln. »Aber in ihren Herzen, sehr tief, ohne Worte dafür.« Sie betupft sich wieder die Augen. »Mein Vater …«

»Ja?«

»Er sagt, ich naiv.«

Das Wort kommt perfekt betont aus ihrem Mund: naiv.

»Natürlich sind Sie naiv«, sage ich. »Wenn naiv bedeutet, zu einfachen Gefühlen zu neigen und vergeben zu können, bin auch ich naiv. Solange man sich von den Menschen nicht ausnutzen lässt, ist naiv sein eine Gabe. Man sollte immer versuchen, naiv zu sein.«

Sie nickt, naiv, und betupft sich die Augen. Wir nicken uns gegenseitig zu, mit der großen Naivität, die wir uns erhalten möchten, und es ist fast so etwas wie ein Gelöbnis zwischen dieser chinesischen Tochter und ihrem adoptierten amerikanischen Vater. Wieder verspüre ich das Bedürfnis, sie zu beschützen, sie und die Stimmungen, die ihr Gesicht überziehen wie die Phasen des Mondes, wenn auch weit schneller. Gemeinsam betrachten wir den Mann, der da mit einer Träne im Augenwinkel auf der Rückbank hockt, und verfolgen die Bewegung seiner Augäpfel unter den Lidern.

»Ich gequält von Larrys Tränen«, sagt sie.

»Ich auch«, entgegne ich.

Kapitel 9

Das Kidnap-Taxi

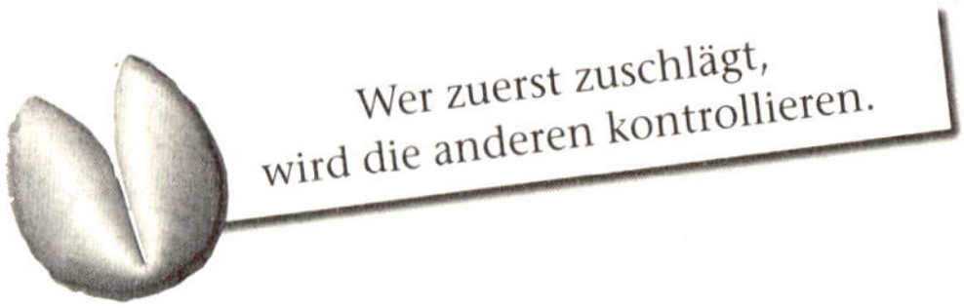

Jedes Mal, wenn ich die fünf hübschen Vamps hinter der Rezeption von Larrys Hotel sehe, höre ich die Lieder aus den alten Robert-Palmer-Videos. »Simply Irresistible«. »Addicted to Love«. Als mich Jade am nächsten Morgen abholt und wir gemeinsam zu ihm fahren, bleibt sie unten bei den Fünflingen und studiert die Rechnung, während ich mit einer Rolle gelbem Klebestreifen zu Larry hinaufgehe, um seinen Koffer zu reparieren, der Auflösungserscheinungen zeigt. Unfreiwillig weiten sich meine Nasenlöcher, um den Geruch in seinem Zimmer zu analysieren, eine komische Mischung aus Kardamom und Gewehrfett. »Hast du zu allem anderen jetzt auch noch Verdauungsprobleme?«, frage ich.

»Ich zermartere mir den Kopf und komme nicht darauf, wovon wohl. Waren es die Lemon-Chalet-Creme-Kekse zum Frühstück? Einer von ihnen hatte einen kleinen schwarzen Stippser. War da was im Teig?«

Ich sehe ein Glas keim- und bakterienstrotzendes Leitungswasser auf seinem Nachttisch stehen.

»Oh, Larry, ich denke, ich weiß, woher du ...«

Sein riesiger Koffer ist zum Platzen voll, und ich mache mich gleich daran, ihn kreuz und quer mit dem signalfarbenen Klebeband zu umwickeln. Schon sind wir abreisefertig.

Aber dann fällt mir etwas auf. »Larry, was ist das da drüben eigentlich für eine Kiste?«

»Das ist mein Teeservice, allerfeinstes Porzellan«, erklärt er mir. »Ich habe zahllose Patenkinder, und ich muss ihnen etwas mitbringen. Das ist eine große Verantwortung.«

»Larry, das wird verdammt schwierig, die Kiste mit uns herumzuschleppen.«

»Die anderen sind nicht so groß.«

»Die anderen?«

Er zeigt mir drei weitere Kisten hinter dem Sofa. Er hat Unrecht, sie sind größer. »Sechzig Dollar pro Service«, sagt er, »weißt du, wie schwer es war, da nein zu sagen?«

Der Aufzug ist außer Betrieb, und so schleppe ich die Kisten eine nach der anderen nach unten und reihe sie in der brütenden Hitze auf dem Bürgersteig des Hofs auf, direkt beim Hoteleingang. Als alle vier nebeneinanderstehen, kommt der Hotelmanager heraus, ein schnittiger Typ mit angeklatschten Haaren. Der Mann weiß offenbar, wie er mit seinen Gästen umzugehen hat, und klackt mit der Zunge.

»Larry, Larry, Larry«, sagt er, »was sollen wir nur mit Ihnen machen? Sie müssen zusammenpacken.«

Der Manager holt einen großen Pappkarton, und ich mache mich daran, die einzelnen Teeservice hineinzupacken, als Jade dazwischengeht. »Nicht zu knusprig zum Tragen?«, sagt sie. »Bitte geben Sie mir Handy, damit ich Mutter frage, was tun.«

»Hmm, hast du mir eigentlich mein Handy zurückgegeben, Dan?«, fragt Larry und fächelt sich wie ein Gangster mit einem dicken Bündel chinesischer Banknoten Luft zu.

»Ich habe dein Handy nie gehabt«, sage ich.

»Hmm«, sagt Larry. »Ich weiß, dass es heute Morgen noch da war. Als ich mit Mary telefoniert habe.«

»Du hast mit Mary telefoniert?«, frage ich.

»Ja, habe ich das nicht erzählt? Ich habe sie bei ihrem Onkel erreicht, und das Erste, was sie sagt, ist, dass sie mich liebt und mich besuchen will, wenn ich im Krankenhaus bin.«

Jade und ich sehen uns in der Hitze an. »Larry, das sind ja tolle Neuigkeiten!«, sage ich.

Larry fängt an, pfeifend durch die Nase zu atmen, ob aus Aufregung oder auf Grund seines Zustands, weiß ich nicht. Es klingt wie ein Nasenschluckauf. Wo ist Larrys Handy? Die fünf Vamps stellen kurzerhand den Hof auf den Kopf, sehen hinter Blumentöpfen und in Regenrinnen nach.

»Rufen Sie Nummer an«, schlägt der Manager vor, und schon klingelt es schwach aus dem Koffer, den ich mit meinem gelben Klebeband versiegelt habe.

»Hat jemand eine Schere?«, frage ich. Ein Fünfling zaubert ein Feuerzeug hervor. Die blasse Flamme flackert im Sonnenlicht. »Nein, ich meine eine von denen, die *schneidet.*«

Schnipp, schnapp. Ich hole alles aus Larrys Koffer, die bereits gebundenen Clip-Krawatten, die dreiteiligen Anzüge aus Albanien, die Hühneraugen-und-Schwielen-Pflaster, alles mit kleinlicher Präzision gepackt. Und das: gebundene Exemplare meiner Bücher und CDs von den Konzerten meiner Tante, der Cembalospielerin, in der Bostoner Jordan Hall. »Ich bin stolz auf meine Familie«, sagt Larry trotzig, als er meinen verdutzten Blick sieht. »Wenigstens auf den Teil, der nicht versucht, mich über den Tisch zu ziehen.«

»Das heißt aber doch nicht, dass du unsere Produkte mit dir durch ganz Asien schleppen musst«, sage ich. »Hättest du nicht wenigstens die Taschenbuchausgaben nehmen können?«

Er sieht mich hilflos an, was ich so ausdeute: Die Taschenbücher gab es auf dem Ramschtisch nicht. Er muss es nicht sagen. Er könnte es sowieso nicht. Sein Nasenschluckauf ist schlimmer geworden.

Kaum haben wir das Handy zwischen seinen Taschentüchern gefunden, fragt sich Larry, wo seine MasterCard ist. »Könnte sie in *deiner* Tasche sein?«, fragt er.

Ich weiß nicht, wie sie da hineingekommen sein sollte, mache sie aber dennoch auf, nur für den Fall. Natürlich ist sie nicht drin. Larry erhascht einen Blick auf eins der Bücher, die ich dabeihabe: *Middlesex*. Er grinst mich verschmitzt an.

»Nie außer Dienst, was?«, sagt er bewundernd.

»Hast du in deinen Gesäßtaschen nachgesehen?«, frage ich und klopfe ihn ab. Meinem Cousin sein mageres, nicht länger rundes Hinterteil abzusuchen ist etwas, das ich mir vor einem Monat nie hätte vorstellen können.

Und sieh an, da ist sie, seine MasterCard, bunt und funkelnd.

»Teeservice zu knusprig«, verkündet Jade und klappt Larrys Handy zu. »Meine Mutter sagt, ich soll Transportgesellschaft suchen und direkt zu Larry schicken.«

Wir geben ihr Larrys Adresse in Florida und sorgen dafür, dass sie verspricht, uns die Rechnung ins Krankenhaus zu senden. Larry besteht allerdings darauf, wenigstens ein Service bei sich zu behalten. »Ich kann es mir nicht leisten, mit gar nichts nach Hause zu kommen«, sagt er.

Ich wickle das Teeservice, das Larry mitnehmen will, in die Luxushotel-Waschlappen, die ich mitgenommen zu haben scheine, verstaue es zusammen mit meinem Wolfsschädel in einer der Kisten und verklebe Larrys Koffer ein zweites Mal.

»Und los geht's«, sagt der Hotelmanager und schickt einen der Vamps mit dem Fahrrad ein Taxi holen. Die schwarze Wickelspule ihrer Haarpracht hüpft über die Schlaglöcher.

»Gut gemacht«, sage ich zu dem Manager. »Ich weiß gar nicht, wie wir all Ihre Hilfe wiedergutmachen können.«

»Wenn Larry vierzig heiße Studentinnen für Austauschprogramm schickt, wie versprochen, ist Gutmachung genug«, sagt er.

»Larry hat mit Ihnen einen Deal gemacht?«

»Warum, Sie denken, ich mache das alles?«, fragt er kichernd und drückt die Fingerspitzen gegeneinander. Ich kann nicht glauben, dass er das wirklich so sagt, wenn auch aus dem Mundwinkel. Behält man so etwas nicht eher für sich? Also gut, nicht alle hier helfen uns aus reiner Herzensgüte. Jade und ich lächeln uns gegenseitig zu, als Teil unseres Pakts zur Erhaltung der Naivität.

Das Taxi kommt. Als ich unsere Besitztümer eingeladen habe, unterhält Larry bereits wieder die Vamps. »Sagt euch der Name Red Auerbach etwas?«, fragt er sie.

»Larry, so dick musst du nicht auftragen«, unterbreche ich ihn. »Sie mögen dich längst! Siehst du nicht, wie sie zwitschern?«

»Unter meiner vielleicht etwas forschen Schale bin ich ein sehr unsicherer Mensch«, sagt er.

»Wenn es mit Mary nichts werden sollte, bin ich sicher, dass dir eine dieser Damen mit Freuden in deine Eigentumswohnung in Pembroke Pines folgt. Sag es nicht – ich weiß, du bist Mary treu ergeben. Aber, hey, wenn du den Deckel jetzt zumachen willst, hör zu: Ladys, nicht dass Sie wissen würden, was das bedeutet, aber unser Larry hier ist Gründungsmitglied von Mensa, dem Hochbegabten-Club Amerikas.«

»Mein IQ liegt bei hunderteinunddreißig«, protestiert Larry mit echter Bescheidenheit. »Das bedeutet, dass ich das dümmste Mitglied bin, mit dem absolut tiefsten Wert, der noch akzeptiert wird. Und jetzt hat mich meine Behinderung auch noch einundzwanzig Punkte gekostet.«

»Was ist los mit dir? Ich versuche dich ins rechte Licht zu rücken, und du ziehst mir den Boden unter den Füßen weg!«

»Ich gebe nicht gern mit meinen tatsächlichen Errungenschaften an, nur mit den scheinbaren.«

Mit den Achseln zuckend, wie es seine Vorfahren vor Generationen auf den Straßen von Minsk getan haben müssen, humpelt er Richtung Straße, ein alter Mann mit Sonnenbrille, so mitleiderregend, dass ich seinen Ellbogen nehme – Hühnerknochen, die mit Gummiband zusammengehalten werden. *Gewöhne dich dran*, sage ich mir.

Jade begleitet uns im Taxi zum völlig irren Durcheinander vorm Bahnhof. Ich erinnere mich, wie ich vor fünfundzwanzig Jahren hier war. Das Schieben und Schubsen hat mit den Millionen zusätzlicher Menschen nur noch zugenommen.

»Sehr exotisch, sieht wie China aus«, bemerkt Larry.

Jade geht voraus und zieht gleich mehrere Rollkoffer hinter sich her, ich folge ihr und tue das Gleiche. Larry ist ein Stück hinter uns und steigt vorsichtig über die zerbrochenen Bodenplatten vor sich. Da kommt der Taxifahrer hinter uns hergerannt und hält eine Handvoll Banknoten vor sich hin. »Larry hat verloren!«, sagt Jade, zählt zweitausend Renminbi und steckt sie ihm in die Brusttasche, die sie anschließend zuknöpft. Ich bin froh, dass sie ihn nicht den Professor nennt. Nicht, dass Larry den Titel nicht mehr oder weniger verdient, aber immer, wenn ihn jemand so anspricht, fühle ich mich wie einer der zwei Betrüger auf Huck Finns Floß. Ich würde es nicht ertragen, wenn Jade darauf hereinfallen würde.

»Der Taxifahrer will nicht mal ein Trinkgeld«, sagt Larry. »Ich mag diese Menschen.«

Sie müssen uns auch mögen, denn schon eine Minute später kommt ein weiterer Taxifahrer mit kessen Grübchen auf uns zu, nennt uns »Freunde« und erklärt Jade, dass er aus Shi ist und uns für einen Sonderpreis hinfahren will.

»Noch mal über diese Straße? Niemals«, sagt Larry, doch Jade meldet sich mit ein paar vernünftigen Argumenten zu Wort. »Sie reservieren keine Ticket«, sagt sie. »Vielleicht bekommen erst viel später Zug? Und Zug vielleicht so voll, dass Sie müssen stehen? Bahnhof in Shi sehr weit von Krankenhaus. Sie müssen andere Taxi nehmen. Vielleicht Autofahren besser?«

»Ich überlasse es dir«, sage ich zu Larry. »Wenigstens sieht der Fahrer ein ganzes Stück wacher als der gestern aus.«

»Okay, fahren wir mit ihm«, entscheidet Larry. Der Taxifahrer mit den kessen Grübchen nimmt Jade die Koffer ab, und wir folgen ihm durchs Gedränge, werden von einem Straßenreiniger nassgespritzt, ich knicke um, verdränge den Schmerz und suche nach einer Rampe für die Koffer. Es sind noch vier Straßen mit kaputten Platten und Sand, bis wir das Miniaturtaxi des Mannes erreichen.

»Ich denke, ist sicher«, sagt Jade, als wir alles eingeladen haben und abfahrbereit sind.

»Sie *denken* es?«, sage ich und muss lachen. »Was soll er machen? Uns entführen?«

»Ja, ich denke nicht. Ich schreibe Nummer auf, für Fall Polizei rufen.« Sie kritzelt sich die Autonummer in ihre kleine Hand.

Ich sehe sie womöglich zum letzten Mal an und weiß nicht, wie ich meiner Dankbarkeit Ausdruck geben soll. *»Dschou-ji, dschou-dscheng«* versuche ich mich an den Freundschaftstrinkspruch von vor fünfundzwanzig Jahren zu erinnern. *»Jou-dschi* oder *jei-ji*, oder so ähnlich …«

»Geben Sie auf«, grinst Jade und stößt mir gegen die Schulter.

Das ist der Abschied. Ich umarme sie keusch.

»Entschuldigung für mein Schweiß«, sagt sie.

»Das ist die Leuchtigkeit …«, sage ich und meine doch »Luftfeuchtigkeit«. Ich halte dem Chinesisch um mich herum kaum mehr stand.

»Ich hoffe, Sie leben«, sagt sie und meint es offensichtlich ganz und gar nicht ironisch. Mein Herz zerrt an mir, als wir davonfahren.

Larry und ich sind schweißnass. Wir lassen einander so viel Platz wie nur möglich, aber es ist stickig und eng auf dem Rücksitz des Taxis. Wir sind etwas außer Atem, doch Larry ist bereits beim nächsten Kapitel seines Lebens. »Der hier hat einen besseren Auspuff als das Taxi gestern«, diagnostiziert er. »Ich glaube, das Problem gestern war eine lose Halterung, wo das Rohr in den Auspufftopf führt. Weißt du, wie viele Packards ich schon mit zwölf repariert habe? Pro Auspuff gab es eine Cola.«

Ich weiß nicht zu sagen, was schlimmer ist: ein mürrischer Larry, dem es schlecht geht, oder ein geschwätziger, der in Stimmung ist. Dazu kommt, dass mir das Herz schmerzt, weil ich meine adoptierte Tochter verloren habe. Aber wenigstens scheint die Fahrt heute besser zu verlaufen als gestern, und wir kommen schneller voran. Noch vor Ablauf einer Stunde sind wir in einer unbekannten Landschaft mit Kornfeldern und Berieselungsanlagen. Und wir wechseln auch nicht so wild von Spur zu Spur. »Ich habe ihm ein paar Scheine zusätzlich gegeben, damit er nicht so zwischen den Lastwagen hin- und herschneidet«, erklärt mir Larry.

Etwas an meinem Zögern lässt ihn mich ansehen.

»Was?«, sagt er.

»Nichts. Es ist nett von dir, so großzügig zu sein. Ich würde nur ...«

»Was?«

»Ich würde mein Geld an deiner Stelle etwas besser zusammenzuhalten versuchen. Wir wissen immer noch nicht, wie viel die Transplantation kostet. Aber klar, das ist deine Sache. Ich werde dir nicht vorschreiben, wie du deine Viertelmillion unter die Leute bringen sollst.«

Jetzt lässt mich etwas an *seinem* Zögern *ihn* ansehen.

»Du hast das Geld doch noch, oder?«, frage ich.

»Leben«, sagt Larry mit einem Achselzucken.

»Jetzt komm schon ...«

»Leben kostet Geld«, führt er seine Bemerkung weiter aus, »besonders, wenn du eine Verlobte hast, die gerne Champagner trinkt. Nicht, dass sie nicht jeden Penny wert wäre.«

Ich versteife mich etwas. »Larry, wie viel hast du noch?«

»Etwas weniger als sechzig«, sagt er.

»Unsinn!«, explodiere ich. »Die Eiszapfen/Lastwagen-Abfindung, das waren zwei fünfzig, nach Abzug der Honorare!«

»Schschsch.«

»*Schschsch?* Was soll das heißen, *schschsch?* Entweder ist es so oder nicht.«

»Ich *hatte* zwei fünfzig, aber es schmilzt dahin. Das meiste ist in die laufenden Kosten gegangen. Der Markt ist am Boden, und diese Reise ist nicht billig. Im Übrigen habe ich als Erstes die Leute bezahlt, die noch etwas von mir bekamen, was ein Zeichen meines Anstands als Mensch ist, trotz meines Images als Schurke, das ich fraglos pflege. Das steckt tief in mir drin. Kurz gesagt: Unterm Strich habe ich vielleicht noch eins zwanzig.«

Das also bedeutet sein *Schschsch*. Dass er noch etwa doppelt so viel hat, wie er herauslässt. Aber es heißt auch, dass er vorsichtig mit seinem Geld umgehen muss. Diese Reise mag am Ende nicht den gewünschten Erfolg haben. Wenn es uns nicht gelingt, eine neue Niere zu bekommen, wird Larry zu krank sein, um neues Geld zu verdienen.

»Okay«, sage ich und rechne neu. »Das ändert nichts an der grundsätzlichen Kalkulation. Es war auf jeden Fall richtig, nach China zu kommen, angenommen, die Niere kostet dich um die fünfundachtzig. Rechnen wir noch mal. Was kostet eine Nierentransplantation in den USA?«

»Um die zwei fünfzig. Aber da zahlt es die Versicherung.«

»Nur musst du zu Hause zehn Jahre warten, und das willst du nicht. Dazu kommt, dass du zu Hause in aller Regel die

Niere eines Toten kriegst, und hier gibt es sie von einem Lebenden. Es ist es also wert, sie selbst zu bezahlen, oder?«

»Sieh dir das an, eine russische Tankstelle. Mit wahrscheinlich zwanzig Prozent Wasser im Sprit«, sagt Larry.

»*Oder?*«, setze ich noch mal nach.

»Klingt logisch, ja«, sagt Larry.

»Und hier haben sie mehr Erfahrung mit dem Eingriff, weil sie ihn so viel öfter durchführen als zu Hause.«

»Richtig.«

»Du magst ja ›missorientiert‹ sein, bist aber trotzdem auf dem richtigen Weg. Solange du deine Pennys zusammenhältst.«

Larry lässt die Fingerknöchel knacken, ein Zeichen, dass er sich unter Druck gesetzt fühlt. »Kapiert«, sagt er. »Ich muss die Eier im Nest halten. Ich werde mein Bestes tun.«

Das ist ein Fortschritt. Hart erkämpft. Ich erlaube mir eine kurzzeitige Erleichterung, bevor ich mich dringlicheren Fragen zuwende: Warum wir zum Beispiel auf dieser Fahrt nichts wiedererkennen. Sind wir sicher, unser Fahrer hat verstanden, wo wir hinwollen? Ich klopfe an die Plastiktrennwand, die uns nur mangelhaft von ihm abschottet.

»Äh, hallo, Freund? Wir fahren nach Shi?«

»Freund, ja«, versichert er uns und lässt die Grübchen nickend auf und ab fahren.

»Hoffen wir nur, dass er nicht vorhat, uns die Kehlen durchzuschneiden«, sagt Larry. »Jade klang nicht ganz so sicher, was die Lage an der Entführungsfront angeht.«

»Wir verstehen diese Kultur nicht gut genug«, erinnere ich ihn. »Lass uns nicht ständig mutmaßen, was die Leute wohl tatsächlich meinen. Im Übrigen werden in China keine Leute entführt. Das gibt's hier nicht. Das ist nicht ihr Stil.«

Schweigend fahren wir Kilometer um Kilometer und kommen an ein paar Wassertanks vorbei, an die wir uns sicher erinnern würden, hätten wir sie gestern gesehen. Ich fange ebenfalls an, mit den Fingerknöcheln zu knacken, was so gut wie nie vorkommt.

»Was mir nicht gefällt«, sagt Larry nach einer weiteren Minute, »ist, dass dieser Taxifahrer uns gefunden hat und nicht wir ihn. Vielleicht hat er am Bahnhof meine beiden Luxusuhren gesehen und dachte, dass ich ein lohnendes Opfer bin.«

Er schiebt die Armbänder seiner Uhren vor bis auf die Fingerknöchel. »Zur Not wird es so schon gehen«, sagt er.

Wir starren eine Weile auf die wacklige Trennwand vor uns, und ich rieche wieder etwas Kardamom mit Gewehrfett.

»Ich habe das Video von Danny Pearl gesehen«, sagt Larry völlig unvermittelt. »Tu dir einen Gefallen und sieh es dir nicht an.«

Weitere unbekannte Kilometer sitzen wir nervös schweigend da und atmen pfeifend durch unsere Nasen.

»Ernsthaft, Dan, das hier könnte schlimmer werden als dein Ausflug in eine chinesische Gefängniszelle.«

»Es war nicht direkt eine Zelle, es war eher ein kleiner Kasernenraum mit Gittern vor dem Fenster, wenn du es genau wissen willst. Aber ich will im Moment nicht daran denken ...«

»Hast du eigentlich irgendwelche Narben?«

»Es war nicht die Jack-Bauer-Art von Verhör«, sage ich, »sondern eher ...«

»Eher eine psychologische Folter«, schließt Larry. Er kratzt sich den Hintern, bevor er noch mal neu ansetzt. »Was hast du hier vor fünfundzwanzig Jahren überhaupt gemacht? Warst du da ... freier Auslandskorrespondent?«

»Das klingt toller, als es war«, sage ich. »Vor allem wollte ich meine Scheidung vergessen.«

»Hast du damals den Eingeborenen nicht das Tanzen beigebracht? War da nicht so was?«

Er versucht, mich abzulenken, wie mir mit einem Mal bewusst wird. Um mir so zu helfen, wie ich ihm gestern geholfen habe, als er es war, der sich schlecht fühlte und hypernervös war. Er wirft mir eine Rettungsleine zu, und wissen Sie was? Ich ergreife sie.

»Das war 1984«, beginne ich etwas befangen. »Die Straßen von Peking waren farblos und ohne Musik. Niemand schien ein Radio oder einen Plattenspieler zu haben. Wenigstens war nie etwas Entsprechendes zu hören oder zu sehen. Die Regierung fing gerade an, an einzelnen ausgewählten Orten westliche Musik zu erlauben, zum Beispiel auf einem Bankett für ein paar amerikanische Journalisten auf Pressereise. Ein Filmteam des Erziehungsministeriums folgte uns überallhin und nahm jede unserer Bewegungen auf, wahrscheinlich weil sie die Bilder landesweit zur Aufklärung einsetzen wollten: um den Massen einige offiziell sanktionierte westliche Sitten vorzuführen. Die Kamera kam mit mir hinter eine Theke, wo ich vorführte, wie man einen perfekten Manhattan mixt, der, wie ich freimütig zugebe, viel zu viel Bourbon enthielt. Später filmten sie mich auf der Tanzfläche, wo ich nach ausreichend Manhattans den »Jerk«-Tanz demonstrierte. Kurz gesagt, wie manche Leute es so gerne ausdrücken, bin ich vielleicht nicht mehr der schlechteste Tänzer auf dem Planeten. So beängstigend der Gedanke ist, es mag heute ein paar Millionen Chinesen geben, die den Dan tanzen.«

»Haha, das gefällt mir«, sagt Larry.

»Haha, danke«, sage ich verlegen. Larrys Ablenkung hat funktioniert, und ich fühle mich besser. Ich denke wieder normal und begreife, dass es mit unserer Taxifahrt wahrscheinlich nichts Schlimmes auf sich hat. Ich habe nur eben den Hang, in Situationen wie dieser panisch zu reagieren. Schließlich bin ich derjenige, der fast die ganzen Achtziger über auf seinen Reisen die persönliche Telefonnummer des berüchtigten libanesischen Kidnappers Abu Nidal in der Tasche mit sich herumtrug. Ich hatte sie von meinem libanesischen Frisör, der mir versprochen hatte, sollte ich je entführt werden, würde ich über die Nummer sofort mit dem Oberboss verbunden werden, und der werde mir helfen.

Ohne Vorwarnung biegt unser Taxifahrer auf eine unbefestigte Straße und macht Zeichen zu einem Taxi hinter uns, das uns gefolgt ist.

»Was ist los?«, sage ich aufgeregt. »Stecken wir in der Klemme?«

»Ich weiß auch nicht, was ich davon halten soll«, sagt Larry völlig unerschrocken, aber mit Stahl in der Stimme. »Kannst du das Nummernschild lesen?«

Ich drehe mich auf dem Rücksitz um, aber ich habe seit meiner Ankunft in China keine einzige Yoga-Übung gemacht und bin zu steif, um weit genug herumzukommen.

»Schreib auf«, instruiert mich Larry. »C56488.«

»Du hast die Nummer? Warum fragst du mich dann danach?«

»Nur zur Sicherheit.«

Wie ein Schwerhöriger ruft Larry durch die fehlerhafte Trennwand vor uns: »WIR FAHREN SHI, JA?«

»Freund, ja, Freund«, sagt der Taxifahrer und sieht alle paar Sekunden nach dem Taxi hinter uns. Er greift in die schmuddelige Ablage unter dem Armaturenbrett und holt ein Handy zwischen den Zetteln hervor, die dort liegen. Seine Grübchen verschwinden, als er mit einer Hand eine Nummer eintippt und mit der Person am anderen Ende zu konspirieren beginnt.

Ich schwitze eine neue Sorte Schweiß aus, kälter als die in Peking. Es ist, als hätte mein Schädel plötzlich ein Leck. Der Schweiß rinnt mir bis zu den Achseln hinunter, von wo er ins Bodenlose tropft. Sollte mein Hemd den Schweiß nicht aufsaugen? Er tropft und tropft in die endlose Weite. Wo ist mein Sinn für Humor? Leider kann ich ganz und gar nichts Amüsantes an der Situation finden. Wie um mich auf etwas Unbestimmtes vorzubereiten, stecke ich Pass und Brieftasche in eine zuknöpfbare Hosentasche und ziehe wie Larry meine falsche Rolex bis über die Fingerknöchel vor. Larry holt einen Kugelschreiber aus der Tasche, klickt ein paarmal damit und versichert sich, dass die Mine hervorsteht. »Sollte es zu einem ... Ernstfall kommen, ziele ich damit auf seine Augen«, sagt er.

Ich starre auf die Trennwand vor uns. Offenbar soll sie den Fahrer schützen, reicht jedoch nur halb hoch. Im Notfall könnte ich nach vorn langen und den Burschen würgen. Meine Gedanken schlagen Volten. Wieder und wieder frage ich mich, warum da jemand eine so dilettantische, nutzlose Trennwand eingebaut hat. Ich sehe das Bild einer Brücke nicht weit von zu Hause, die bei Selbstmördern so beliebt wurde, dass sie mit einem Zaun gesichert werden sollte. Das einzige Problem war, dass etwa alle zehn Meter mächtige Lücken darin klafften. Sollte eine Sicherung, die über Leben und Tod entscheidet, nicht idiotensicher sein?

Weiter geht es über Schotter und durch Schlaglöcher, und mein Kopf ist voller Zäune, Selbstmörder und Mörder. Ich rufe Cherrys Krankenhausnummer an und hinterlasse eine Nachricht auf ihrem Anrufbeantworter, wobei ich versuche, die Panik aus meiner Stimme zu halten. Meiner Frau schicke ich eine SMS: »Kidnap-Taxi? C56488.« Wir kommen an ein Stoppschild, und unser Verfolgertaxi hält neben uns. Zwei vierschrötige Kerle nehmen uns in den Blick. Wollen sie es mit uns aufnehmen? Wie dumm, dass Larry nicht eine seiner geliebten Waffen dabeihat. Er wirkt ziemlich wild mit seiner Schildpattsonnenbrille, wie ein Schlägertyp aus Miami – ein Glück, dass sie nicht wissen, wie krank er ist. Ohne von ihm dazu aufgefordert zu werden, greife ich in seine Tasche, ziehe seine Ersatzsonnenbrille hervor, ebenfalls aus Schildpatt, und setze sie auf.

»Wir sind doch nicht über Gebühr panisch, oder?«, frage ich.

»Lieber über als unter Gebühr«, sagt er und klickt mit seinem Kuli.

Seine Stimme klingt so gelassen, dass ich nicht anders kann, als tiefe Bewunderung für ihn zu empfinden. Wie ungerührt er gucken kann! Wenn mir vor zehn Tagen jemand gesagt hätte, dass ich das Gesicht meines Cousins bald schon wie einen da Vinci studieren würde, ich weiß nicht, was ich dann gedacht hätte. Ich überlasse Larry die Führung. Er ist besser darin, mich abzulenken als ich ihn, klickt auf alles gefasst mit dem Kugelschreiber und lässt die Füße in ihren Unternehmerlaufschuhen kreisen, mit denen er, wie mir bewusst wird, auch verdammt gut Tritte in den Unterleib austeilen kann.

»Siehst du dir manchmal die *Sopranos*-Wiederholungen an, Dan?«, fragt er.

»Ich dachte, du hast was gegen Populärkultur«, sage ich.

»HBO!«, antwortet er, als stehe fest, dass diese Abkürzung über allen Zweifel erhaben ist. »Die Wiederholungen kommen überraschend gut. Trotzdem ist die Prämisse immer noch nicht plausibel. Aus Tony machen sie eine Art New-Age-Gangster mit besseren Eigenschaften: Treue zu seinen Kindern und so? Nein, tut mir leid, ich habe diese Leute kennengelernt, und ich sage dir: Tony ist ein Straßengangster. Der hat keine ausgleichenden Eigenschaften. Keine Bildung. Keine Abschlüsse. Der bringt Leute um, weil sie ihm nicht den gewünschten Respekt zollen. Warum kann er sie nicht einfach zusammenschlagen? Besonders, wo der Kerl einen IQ von einhundertsechsunddreißig hat, wie sie in der fünften Staffel sagen. Damit liegt er um fünf Punkte höher als ich zu meiner besten Zeit. Das heißt, er sollte es besser wissen. (Wobei ich zugeben muss, dass mir sein

Haus sehr gefällt. Sehr geschmackvoll. Er selbst ist in fast jeder Hinsicht ein ziemlich verworrener Typ, aber vor seinem Innenarchitekten ziehe ich den Hut.)«

Ich versuche, in Sachen Coolness zu Larry aufzuschließen, obwohl es der reine Bluff ist. »Larry, ich wollte dich immer schon fragen, was damals in der U-Bahn war. Du weißt schon, als wir Kinder waren. Erinnerst du dich? Als diese Typen was von uns wollten? Ich hatte Angst, aber du wolltest kämpfen.«

»Ich erinnere mich«, sagt er und dehnt die Hände mit den improvisierten Schlagbändern.

»War ich da eine Memme?«

»Einmal die Hosen voll zu haben macht aus niemandem eine Memme«, beruhigt er mich. »Du bist behütet aufgewachsen. Du wusstest nicht, dass es besser ist, einmal ein paar Schläge einzustecken, als sein Leben lang Angst davor zu haben.«

»Wirklich? Das klingt ja richtig philosophisch«, sage ich.

»Okay, du willst, dass ich dir was über Faustkämpfe erzähle«, sagt er, und er hat Recht: Ich will, dass er über Faustkämpfe redet. Er hat meine Angst genau diagnostiziert – Himmel, wahrscheinlich schon vor Jahrzehnten – und weiß, dass ich alles das von ihm erfahren will, was ich in meinem verhätschelten Leben bisher verpasst habe. Ich muss möglichst schnell zu ihm aufschließen.

»Vor allem musst du wissen, dass jeder Kampf anders ist«, sagt er, »und nie wie einer von Muhammad Ali im Ring. Meist sind es Raufereien mit wenigen klaren Schlägen. Wobei das Geheimnis aller Kämpfe das Überraschungsmoment ist. Weißt du, was ich täte, wenn ich jetzt in einen Kampf verwickelt würde, in meinem Zustand? Ich würde verletzt tun und den Kopf einziehen, und sobald mein Gegner nicht damit rechnet, würde ich ihm die Lampe ausblasen. Die Überraschung ist der Schlüssel.«

Ja, das ist hilfreich. Allein schon Larrys lethargische, gleichförmige Stimme zu hören, beruhigt mich.

»Larry, noch ein Beispiel«, sage ich. »Erinnerst du dich, wie wir eines Abends in South Boston parken wollten und dieser schwarze Bursche mir meinen Platz geklaut hat? Du sagtest, ich solle im Auto bleiben, aber ich stieg aus, um mit ihm zu reden. Er lächelte und veränderte seine Haltung so subtil, dass ich plötzlich das Gefühl hatte, er hätte eine Waffe dabei. Oder was immer. Und ich bin zurück ins Auto. War es richtig, wieder einzusteigen?«

»Es war schon falsch, überhaupt erst auszusteigen.«

»Gut«, sage ich und nicke. »Dann lass mich dir noch eine andere Frage stellen. Der schnittige Hotelmanager in Peking, ja? Ein netter Kerl, obwohl er andere Gründe hatte, dir beim Packen zu helfen, oder?«

»Der versucht die Leute übers Ohr zu hauen«, sagt Larry. »Ich habe gesehen, wie er meine Teeservice angestiert hat. Wenn da auch nur ein winziges Teil fehlt, jage ich ihm die Behörden auf den Hals.«

Ich gähne. Ich bin plötzlich müde von all den Erkenntnissen. »Ich habe letzte Nacht nicht gut geschlafen«, sage ich. »Das Telefon hat immer wieder geklingelt.«

Larry sieht mich an, als wäre auch ich geistig gefährdet, und verkündet bedächtig: »Nutten. Sie mieten ein Zimmer im Hotel, rufen alle anderen an und hoffen, dass sie irgendwann Glück haben.«

So wahr mir Gott helfe, dieser Kerl ist brillant. Was er sagt, zielt mit traumhafter Sicherheit darauf ab, mich zu trösten und zu stählen. Schwach, krank und voller Heimweh, kümmert er sich um seinen Cousin.

»So … äh, Huren, Larry? Weißt du, was das für Frauen sind?«

»Die meisten sind traurige Existenzen, die keine bessere Art zu leben finden«, sagt er. »Andererseits stellen dir etliche normale Frauen nicht mal was in Rechnung, und das ist noch trauriger. Wenn mir, noch mal andererseits, jemand eine zum Geburtstag schenkt, habe ich nichts dagegen.« Er registriert meine dankbare Miene. »Ich kann sehen, wie du das alles in dich aufsaugst«, sagt er, »und so will ich dir nochmals für meine falsche Cartier danken und dir verraten, warum sie so wichtig für mich ist. Sie ist eine Potenzstütze, die der Welt zusammen mit meinen anderen Potenzstützen zeigt, dass ich erfolgreich bin.«

»Eine Potenzstütze?«

»Zu Anfang meiner Karriere habe ich es geschafft, in den Cosmos Club beim Dupont Circle in Boston eingeladen zu werden«, sagt er. »Das ist einer der exklusivsten Clubs der Welt. Teddy Roosevelt versucht immer noch, hineinzukommen, haha. Kurz gesagt: Mit achtzehn wurde ich zum Dinner in den Club eingeladen. Die Einzelheiten interessieren nicht, aber ich konnte etwa ein Dutzend Streichholzbriefchen mitgehen lassen, und ich wusste, die Dinger würden sich eines Tages als nützlich erweisen. Und siehe da, drei Jahre später verhandele ich mit einem Staranwalt, der eine teure Zigarre hervorholt. Ich gebe ihm Feuer und lege das Briefchen so hin, dass der Mann es erkennen kann. Er liest die Aufschrift. Cosmos Club. ›Was kann ich für Sie tun, Sir?‹, fragt er mich.«

»Du warst ganz schön clever für dein Alter«, sage ich.

»Nun, eigentlich war das zu offensichtlich. Weißt du, wie ich es heute machen würde? Ich würde die Streichhölzer mehr zu mir, mit der Schrift *mir* zugewandt hinlegen. Kommst du mit?«, fragt Larry. »Es ist ja nicht so, als würdest du das alles nicht selbst wissen, du hast es dir nur noch nie im Kontext deines täglichen Lebens bewusst gemacht. Lass mich dir ein weiteres Beispiel geben.«

Und so weiter. Und bevor ich es realisiere, stehen wir vorm

Krankenhaus. Mit jeder neuen Geschichte bin ich gleichzeitig welterfahrener und weltüberdrüssiger geworden. Das zweite Taxi ist nirgends zu sehen. Wie viel Gewicht habe ich verloren, an Schweiß und Angst? Ich werde es nie erfahren. Genauso wenig, wie wir erfahren werden, ob die ganze Sache nur falscher Alarm war. Vielleicht haben sich die Jungs da draußen vor dem Stoppschild gedacht, dass sie zu viel Federn lassen müssten? Oder Larrys endloses Gerede hat unseren Taxifahrer so mürbe gemacht, dass er den Plan hat fallen lassen? Wir werden es nie erfahren. Auf jeden Fall werden am Ende zwei Männer mit Schildpattsonnenbrillen und Rolex-Schlagbändern vor dem Krankenhauseingang abgesetzt, sicher und unverletzt. Es ist mir ein Vergnügen, dem Taxifahrer den vollen Preis zu bezahlen und ihm auch noch zwanzig Renminbi Trinkgeld zu geben, weil er uns nicht entführt hat. Ciao, ciao. »Oh, und könnte ich bitte eine Quittung bekommen.«

Ich steige aus dem Taxi und danke dem coolen Gott, dass der Schrecken ein Ende hat. Als ich mich jedoch zu Larry umwende und mit einem Ausdruck ähnlicher Erleichterung rechne, sehe ich nichts als eine starre Miene ohne Leben und ohne Gefühl. Für Larry ist der Blick auf die fünfzehn Stockwerke dieses tollen, trostlosen Krankenhauses, diesen Riesenpilz der Hoffnung und des Grauens, der wahre Schrecken, und der beginnt gerade erst.

Kapitel 10

Willkommen im Super 2

Plötzliche Stille. Die Glastüren des Krankenhauses schließen sich hinter uns und sperren allen Lärm aus. Kein Hupen, kein Rempeln mehr. Nur funkelnde Leere. Die tolle, große, unheimliche Mc-Space-Age-Halle liegt verlassen vor uns, nur zwei streng und etwas bedrohlich wirkende Araber schlendern Hand in Hand durch sie hindurch. Verwandte von Patienten? In weiter Ferne höre ich ... Federballspielen? Larry und ich steuern auf die Aufzüge zu, gefolgt von einem Putzmädchen, das unsere Fußabdrücke wegwischt, damit nicht ein Schmutzpartikel auf dem glitzernden Marmor zurückbleibt.

Auch im neunten Stock ist es gespenstisch still. Auf den Fensterbänken sitzen Patienten mit Kolostomiebeuteln. In ihren verwaschenen Yankee-Trikots scheinen sie allesamt aus dem Land der Erschöpften zu stammen. Wir finden das Schwesternzimmer und fragen nach Cherry. Sie hat auch diesmal wieder ihre unvermeidliche Handtasche dabei und führt uns in Larrys neues Heim: eine Doppelzimmer-Suite mit zwei einzelnen Betten, Kühlschrank und Flachbildfernseher. Ich stecke alles ein, und das Zimmer erwacht zum Leben.

»Haben wir das Mittagessen verpasst?«, will Larry wissen.

»Kein Mittagessen«, antwortet Cherry.

»Und fürs Abendessen sind wir zu früh? Ich habe gestern meine letzten Girl-Scout-Kekse gegessen.«

»Kein Abendessen.«

Wie sich herausstellt, werden die Patienten in diesem Krankenhaus nicht verköstigt. Die Familien haben für ihre Verwandten zu sorgen. Es gibt nicht mal Teller, von denen man essen könnte. Oder Gläser, um daraus zu trinken. Oder Handtücher. Oder Seife.

»Oder Toilettenpapier«, ruft Larry aus dem Bad.

»Ist Dr. X heute da?«, frage ich. »Ich würde mich besser fühlen, wenn wir mit ihm persönlich sprechen könnten.«

»Er ist bei Konferenz, zurück Ende der Woche.«

Während seiner Abwesenheit führen zwei der Assistenzärzte von gestern vorbereitende Tests durch: ein schlaksiger Mann, der als akut gehemmt gelten muss, und eine unansehnliche Frau, der etwas *mehr* Gehemmtsein durchaus guttäte. Haben sie den Ärztinnen hier wirklich nie gesagt, sich mit geschlossenen Beinen hinzusetzen? Die arme Frau kommt mir vor, als hätte sie in ihrem Leben jedes Hindernis überwunden, das sie je in den Blick bekommen hat, und ja, sie erinnert mich an jemanden, aber an wen nur? Ein gutes Zeichen scheint mir – und ich suche verzweifelt nach guten Zeichen –, wie geschickt sie den lila Kugelschreiber um die Finger kreisen lässt. Das zeugt von großer Fingerfertigkeit.

Ich schaffe Larrys Sachen in sein Zimmer hinauf, seine Koffer und das Teeservice, und helfe ihm beim Einräumen. »Du solltest mir zur Sicherheit deinen Pass geben«, sage ich.

»Ich bin ein großer Junge, den behalte ich bei mir.«

»Larry, es war ein ziemlicher Ärger und nicht billig, einen Ersatz zu bekommen. Wir können es uns nicht leisten, ihn ein zweites Mal zu verlieren.«

»Wichtiger ist, dass ich es mir nicht leisten kann, meine Selbstachtung zu verlieren«, sagt Larry und beugt sich vor, um sich die Schuhe neu zuzubinden. Das tut er so langsam, dass ich ihm schließlich helfe. »Und dabei bleibt es.«

Seine Starrköpfigkeit ist ein gutes Zeichen, beschließe ich. Ich werde sehen, wofür ich mit ihm in den Ring steigen will. »Schön«, sage ich und nehme mir vor, ihn wenn möglich später zu klauen. »Wo willst du ihn aufbewahren, damit du ihn nicht verlierst?«

»In meinen Beinkleidern.«

In seinen *Beinkleidern*? Warum sagt er nicht einfach Hose? Aus was für einer Generation stammt Larry eigentlich?

»Oder besser noch: Ich bewahre ihn zusammen mit meiner Brille und meiner Brieftasche in dieser Kleenex-Schachtel auf, wo ich hier doch wahrscheinlich keine Hosen tragen werde.«

Reithosen, Lederhosen, Pantalons?

Er zieht den Krankenhauskittel an.

Der Motor des Kühlschranks setzt sich in Gang und macht prüde Quäkgeräusche. Larry dreht den Ton des einzigen englischsprachigen Senders lauter, den er auf dem Fernseher hereinbekommt: *Al Jazeera.*

»Kann man die Musik abstellen?«, frage ich und meine die schlafliedartige Melodie, die leise aus unsichtbaren Deckenlautsprechern trällert. *The isty-bitsy spider climbed up the water spout …*

»Und die Klimaanlage?«, fragt Larry. »Ich bin diese arktischen Winde nicht gewöhnt.«

»Übrigens«, sagt Cherry, die uns nicht zu hören scheint, »wir brauchen zweitausend Renminbi, um Rechnung zu beginnen. Für Vorab-Diagnostik, so und so.«

Offenbar wird hier alles bar auf den Tisch des Hauses bezahlt: Bevor es weitergeht, müssen wir unsere Brieftaschen plündern und fast alles abliefern, was wir darin haben. Dann wollen sie die Medikamente sehen, die Larry nimmt. Larry wühlt herum, bis er zwei Ledertaschen findet, deren Inhalt er auf die Glasplatte des Tisches leert. Insgesamt sind es siebzehn Plastikfläschchen. Die Assistenzärzte fangen an zu kichern.

»Sie nehmen das jeden Tag?«, übersetzt Cherry und schnalzt entsetzt mit der Zunge.

»Zweimal, manches dreimal pro Tag«, antwortet Larry.

Die Belustigung wird zu Unglauben, als sie die Fläschchen in den Händen drehen und sie wie Gurken inspizieren, die zu faulig sind, um sie noch verkaufen zu können. »Aber diese Pillen wirken nicht«, sagt Cherry. »Blutdruck zweihundertfünfzig zu zweihundert.«

Larry zuckt mit den Achseln. »Ich zeige nur, was ich an Karten in der Hand halte«, sagt er.

Die Assistenzärzte besprechen sich und kommen zu einer Entscheidung. Die Medikamente werden an einem sicheren Ort aufbewahrt, wo Larry nicht an sie herankann. »Wir nehmen Pillen weg und sehen, wie Ihr Zustand ist«, sagt Cherry.

»Ein kalter Entzug«, sagt Larry. »Was ist mit meinen Antidepressionista? Sind Sie sicher, das geht gut?«

»Das Wichtige zuerst«, sagt Cherry. »Wir müssen Blutdruck herunterbringen und die Dialyse wiederaufnehmen. Morgen. Wenn nötig, wir geben Ihnen Muschelpille.«

Bevor er sich auszieht, leert Larry den Inhalt seiner Hemdtasche aus: zwei Lesebrillen, zwei Sonnenbrillen, eine Handvoll amerikanisches Kleingeld, Visitenkarten von der Mannschaft des Flugzeugs, mit dem er aus Florida hergekommen ist, und eine Tube Zahnschmerz-Gel. Während ich weiter auspacke und Larry helfe, sich einzurichten – seine Unternehmerlaufschuhe will er auf keinen Fall ausziehen, was ihm erlaubt wird –, kommt eine Frau herein und verpasst ihm einen chinesisch wirkenden Haarschnitt. Ein Mann kommt herein und fotografiert ihn. Missmutig bezahlt Larry seine Besucher, wenn sie ihm auch Unbehagen bereiten. »Ist das alles nötig?«, fragt

Larry, als wieder jemand hereinkommt, um ihm eine Tüte Wäscheklammern zu verkaufen.

»Sie entscheiden«, sagt Cherry. Offenbar hat keiner der Besucher etwas mit dem Krankenhaus zu tun. Sie kommen von der Straße herein und bieten auf den Fluren ihre Waren und Dienstleistungen an, genauso wie sie es draußen auf den Bürgersteigen tun.

Der Motor des Kühlschranks lässt ein letztes Quäken hören und kommt zitternd zum Stehen. Der Nachrichtensprecher von *Al Jazeera* verliest eine Erklärung, die Berichten widerspricht, dass sie kürzlich eine Enthauptung live übertragen haben. *Down came the rain and washed the spider out.* »Können wir noch ein paar Decken bekommen?«, fragt Larry, der in seinem papierdünnen Krankenhauskittel vor Kälte zittert.

»Sie entscheiden«, sagt Cherry wieder und meint damit, dass das Krankenhaus ihm keine weiteren geben wird, wir aber gerne anderswo welche kaufen können. Da keine weiteren Händler mehr hereinkommen – hat sich bereits herumgesprochen, dass Larry jetzt Bescheid weiß? –, schließe ich, dass es an mir ist, die nötigen Dinge zu besorgen. Ich lasse meinen Koffer zunächst einmal hier und mache mich auf zum Jagen und Sammeln.

»Ich bin bald wieder da«, sage ich und drücke ihm die Schulter. Es scheint etwas plötzlich, aber ich sorge besser dafür, dass er etwas zu essen bekommt, bevor er zusammenklappt.

Während ich vor dem Aufzug warte, habe ich Zeit, das Gebäude etwas genauer zu studieren. Dafür, dass es erst vor zwei Jahren errichtet wurde, wirkt es schon gehörig mitgenommen. Wie die Pseudoantiquitäten auf dem Klomarkt unterliegt auch das Krankenhaus einem rapiden Alterungsprozess. So antiseptisch sauber alles auf den ersten Blick wirkt, so deutlich sind bei näherem Hinsehen die Spuren der Vernachlässigung: An leicht zu erreichenden Stellen erkenne ich Schimmel. Brandneue Mauern sind voller Abschürfungen, als gäbe es sie schon seit fünfzig Jahren. Hier und da hängt Dichtungsmasse aus den Fugen, Farbe blättert ab. Dieses ultramoderne Krankenhaus zeigt bereits Bestrebungen, wieder zu dem Staub zurückzukehren, aus dem es erwachsen ist. Gibt es in der chinesischen Sprache deswegen keine Vergangenheit und keine Zukunft? Weil sie beide in der zerfallenden Gegenwart mit anwesend sind?

Noch eine Unergründlichkeit, eine weitere in einer ganzen Serie.

»Sie noch hier?«, fragt Cherry, die ein paar Minuten später an den Aufzügen vorbeikommt und die Treppe ansteuert. »Ich vergesse, Ihnen zu sagen: Aufzug fährt nur hoch.«

Draußen in der Smogosphäre habe ich Gelegenheit, eine Liste mit all den Unergründlichkeiten zu machen, die ich nicht begreifen kann.

UNERGRÜNDLICHKEITEN (EINZELAUFSTELLUNG)

Die Unergründlichkeit der Strümpfe: Warum tragen Chinesen beiderlei Geschlechts Strümpfe, selbst in Sandalen? Das beleidigt jedweden Sinn für Mode …

Die Unergründlichkeit des Auf-den-Fersen-Hockens: Wie können Menschen notfalls stundenlang dösend in dieser uralten chinesischen Warteposition verharren und auf einen Bus warten, der womöglich nie kommen wird?

Die Unergründlichkeit der Ein-Kind-Politik: Wo sind die Schwangeren? Sie sind fast so unsichtbar wie die Vertreter meiner Generation. Vom Kopf her begreife ich die Notwendigkeit, dass die Regierung das Bevölkerungswachstum begrenzen muss, aber wie kann sich ein Volk, das seit Menschengedenken in Großfamilien gelebt hat, mit einer Politik abfinden, die pro Paar nur ein Kind erlaubt, und damit keine Geschwister, Onkel und Tanten?

Die Unergründlichkeit der langen, flachen Stufen: Wann haben die Chinesen die Methode entwickelt, ihre Treppen so viel sachter ansteigen zu lassen als wir im Westen? Ich bin gezwungen, eine Stufe nach der anderen zu nehmen, was mich stark abbremst, wenn ich wie gewohnt in wilder Eile zwei auf einmal nehmen möchte …

Die Unergründlichkeit des Hupens: Was versuchen einem diese Taxis zu sagen, die allesamt im Durchschnitt sechzehnmal pro Minute hupen? Glauben sie wirklich, dass ich meine Meinung ändere, wenn sie mir in einer Einbahnstraße entgegenkommen? Dass ich mich nach ihnen richte und sage: »Oh, ihr hupt so toll, da gehe ich wohl besser in eurer Richtung«?

Dennoch, ich akklimatisiere mich. Wobei ich jetzt, da ich eine Weile damit leben werde, zugeben muss, dass die Luftverschmutzung wirklich atemberaubend ist. Pekings verdampfter Frappuccino war beeindruckend, aber das hier flößt Ehrfurcht ein. Das ist Luftverschmutzung auf Bundesliganiveau. Das hat olympische Ausmaße. Elfenbeingraue Ausdünstungen begrenzen den Blick auf zwei Blocks oder fünf Stockwerke. Was dahinter lohnte auch schon den Anblick? Mehr Hochleistungsverschmutzung? Es ist erstaunlich, wie schnell man sich daran gewöhnt, die obersten Stockwerke der Häuser nicht mehr ausmachen zu können. Diese Luftverschmutzung ist mehr als nur ein Nebenprodukt: Sie ist ein eigenständiges Wesen. Sie besitzt ein lebendiges, keuchendes Bewusstsein – als sei einem eine alte Dame an den Körper geschnallt worden, die einem ihre zahnlosen Kiefer fest über Nase und Mund gestülpt hält. Was durchaus etwas Inspirierendes hat, da man als Atmender denkt: Wenn ich das schaffe, schaffe ich alles. Ich werde mich anpassen. Meine altmodische, allergieempfindliche amerikanische Zimperlichkeit ist Vergangenheit. Ich bin tuberkulös zuversichtlich, überzeugt, dass wir unser Ziel hier erreichen.

Um meine Unterbringung werde ich mich später kümmern, jetzt will ich erst einmal die Stadt erobern. Vielleicht hat Shi ja eine funkelnde, makellose City, obwohl unser Teil nicht danach aussieht, sondern eher nach den äußeren Rändern des New Yorker Stadtteils Queens. Peking ist für die Olympiade herausgeputzt worden, Shi dagegen ist noch das alte China. Die Taxis hier sind längst bei ihrer zweiten, dritten Lackierung, die Fahrräder nicht so modern und schnell, sondern gleichen eher dem Drahtesel, mit dem meine Mutter zur Schule fuhr, mit drei Gängen und rostiger Kette. Die Leute auf der Straße finden nichts dabei, sich in der Nase zu bohren, und man kann sich überall erleichtern. Sich hinter ein bisschen Unkraut zu verstecken, scheint zumindest in diesem Teil Shis kein Problem, und es trägt dazu bei, dass es nicht so staubig ist.

Dieser Geruch! Der Geruch stellt neben der Luftverschmutzung ein weiteres Wesen dar, das sein eigenes, eigenständiges Leben lebt, neben dem ich Schwierigkeiten habe, meines zu fristen. Ich blinzele in den Smogschein und habe das Gefühl, der Gestank würde mir mit hölzernen Essstäbchen bis ganz hoch in die Kiefer- und Stirnhöhlen gestopft, wie getrockneter, mit alter Katzenpisse getränkter Seetang. Aber seien wir ehrlich: Es ist keine Katzenpisse, sondern ein zutiefst menschliches Produkt. Generiert von Millionen und Abermillionen.

Und dieser Verkehr! Wenn er auf dem Weg nach Shi schon brillant war, ist er hier in der Stadt ganz und gar genialisch. Indem ich ihn sicher vom Straßenrand aus betrachte, gelingt mir eine gewisse Objektivität, die ich vorher nicht hatte, und ich verabschiede mich von allen Vorstellungen, wie Verkehr aussehen sollte. Ich weiß, ich habe diese Art organisierter Unordnung schon gesehen, aber wo? Bei Vogelschwärmen auf der

Flucht vor einem Gewitter? Amöben unter dem Mikroskop, die erst zusammenklumpen und sich dann wieder trennen, um gallertartig dahinzutreiben?

Nein. Das, was sich da auf der Straße vor mir abspielt, ist wie Fußgängerverkehr. Wenn eine Person einen vollen Bürgersteig entlangläuft, und plötzlich erregt etwas in einem Schaufenster ihre Aufmerksamkeit, denkt sie sich nichts dabei, stehen zu bleiben, ein paar Schritte zurückzutreten und sich gegen den Strom der Leute zur Seite zu wenden. Niemanden stört es ernsthaft, wenn sie im rechten Winkel abbiegt und womöglich sogar vorstürmt, weil sie Angst hat, der Laden könnte just in diesem Moment schließen. Genauso funktioniert hier der Autoverkehr. Das sind keine Fahrer, sondern motorisierte Fußgänger.

Wenn man den Kode erst mal geknackt hat, ergibt auch der fortwährende Verkehrskollaps einen Sinn. Es ist weniger ein Autostau als ein Stau von Menschen, die zufällig in Autos sitzen. Von Menschen, die um Positionen rangeln, sich durch den Strom schieben und stückchenweise weiter vor oder zurück kommen. Angesichts dessen gibt es sehr wenig Unfälle, wie man auch Fußgänger nur selten ineinander hineinlaufen sieht. Den Fahrern steht es so frei zu fahren, wie es ihnen freisteht, Unfälle zu vermeiden. Zu Hause geht es über enge, gerade Straßen, und wenn ein Unfall droht, sind unsere Optionen genauso eingeschränkt. Wir können an plötzlichen Hindernissen vorbeisteuern, sind aber aus Gewohnheit unflexibel, und so mangelt es uns an Fantasie. Wenn in China ein Zusammenstoß droht, sind die Fahrer in ihren Vermeidungsstrategien kreativer, und dabei kann es auch schon mal über ein oder zwei Bürgersteige gehen. Freistil-Fahren erlaubt Freistil-Ausweichen.

Mir kommt der Gedanke, dass die Art und Weise, wie ich mit Larry hierher an diesen Ort gelangt bin, viel mit dem chinesischen Verkehr gemeinsam hat. Wir übernehmen das örtliche Credo, offen zu bleiben. Unseren eigenen Weg zu finden. Denk nicht nur über den Tellerrand hinaus, Baby, schlag ihn in Scherben!

Ich hebe die Hand in eine Flut von Taxis und werde augenblicklich von ihnen umströmt. Um ihr Können zu testen, widerstrebe ich bis zur letzten Sekunde dem Impuls, meine Füße zu bewegen. Mal sehen, wie nahe sie kommen. Meinen Zehen am nächsten steht schließlich ein Fahrradtaxi, ein zur Rikscha umgebautes Fahrrad, und ich steige ein. Und so unterhalten wir uns, der Rikschafahrer und ich, auf dem Weg zum Supermarkt:

»Hallo, wie geht's?«

»Nicht schlecht, und Ihnen?«

»Kann nicht klagen.«

»Wo wollen Sie hin?«

»Irgendwohin, wo ich Lebensmittel und Haushaltswaren kaufen kann.«

»Hmm, ich verstehe nicht ganz, was Sie meinen.«

»Wie wäre es, wenn wir ein bisschen herumfahren? Ich wette, wir finden schon das Richtige.«

»In Ordnung, aber haben Sie keine Angst, nass zu werden? Es fängt leicht an zu nieseln.«

»Nein, das geht schon. Oh, die Leute da drüben, die mit den Lebensmitteltüten aus dem Gebäude kommen. Können Sie da rüberfahren?«

Das Gespräch haben wir in Zeichen- und Körpersprache geführt, kein einziges Wort wurde gewechselt. Und der Mann vom Foreign Service in der Pekinger Synagoge meinte, ich müsste Chinesisch lernen …

DIE TOP TEN DER ANZEICHEN DAFÜR, DASS SIE SICH IN EINEM CHINESISCHEN SUPERMARKT BEFINDEN

10. Hühnerknochen liegen auf dem mit zersprungenen Platten gefliesten Boden verstreut.
9. Wo die zersprungenen Fliesen vom Regenguss letzte Woche noch unter Wasser stehen, geht man über Holzpaletten.
8. Eltern halten ihr Töchterchen über einen Abfalleimer, damit sie hineinpinkeln kann.
7. Das zum Verkauf stehende Toilettenpapier ist so dünn, dass eine Rolle für höchstens zwei Toilettengänge reicht.
6. Auf der Toilette schnäuzt sich jemand direkt in die Kloschüssel, während sich jemand anders ... Oh mein Gott, hat der sich gerade in die Hände gespuckt, um sich das Gesicht zu waschen?
5. Sie nehmen den Aufzug in die Haushaltswarenabteilung und können ihn nicht wieder verlassen, weil die Leute unkontrolliert in ihn hineindrängen, und:
4. Mindestens zwei von ihnen rauchen, und:
3. Die anderen sechs husten mit offenem Mund, und ohne sich die Hand davorzuhalten.
2. Da die Leute sich an der Kasse immer wieder vordrängeln, dauert es länger zu bezahlen als einzukaufen.
1. Aber es lohnt sich, weil die Suppe, die Sie in einer Plastiktüte mit hinausnehmen, einen ganzen Hühnerfuß enthält – eine haarige, blass in der Flüssigkeit schwimmende Kralle nur für Sie allein!

Larry ist von der Suppe entsetzt, aber ihm gefällt das Junk-Food, das ich mitgebracht habe.

»Hmm, Pringles, gut«, grunzt er wie ein Höhlenmensch und macht sich daran, Chipskrümel in einem Kreis auf dem Boden um sich herum zu verteilen. Aber was ist das? Die Mao-Spielkarten, die ich mit Jade auf dem Markt gekauft habe, und ein Teil meiner Toilettensachen liegen überall im Raum verstreut. Was geht hier vor? Wo ist mein Koffer, den ich drüben in der Ecke zurückgelassen habe?

»Oh, ich hatte keine Ahnung, wem der wohl gehört«, sagt Larry und verschlingt ein paar gefüllte Schokokekse. »Also habe ich ihn gleich mit ausgepackt.«

Tatsächlich stehen unsere Sachen vermischt auf den verschiedenen Oberflächen des Zimmers verteilt. Sein Fixodent neben meiner Sonnencreme. Sein Schuhspray neben meinem Haarwasser. Sein Gelenkbalsam ... Ist Gelenkbalsam nicht was für wirklich, wirklich alte Leute?

Ich schalte in den Hausmädchenmodus und fülle Larrys Vorratsraum. Breite den Proviant aus, den ich Stück für Stück hart erkämpft habe. Dazu die rosafarbene Polyesterdecke, zwei grüne Plastikteller, Schüsseln, Tassen. Einen Gemüseschäler für das wenig vertrauenerweckende Obst und Gemüse. Das, was Larry mag, war leichter auszuwählen: je schlimmer, desto besser. Snickers. Twinkies. Sein strikter Ernährungsplan enthält weder Obst noch Gemüse, und Larry vermeidet sorgsam den gebratenen Tofu und die Kartoffelklößchen, die ich für mich selbst mitgebracht habe. So sitzen wir denn bald schon da, essen unser Abendessen und sehen einen chinesischen Film. Ein junger Mao und seine Freunde sind auf dem Langen Marsch – das ist das Gegenstück unserer Western, mit flachen Mao-Kappen statt unserer Cowboyhüte. Dass es Mao sein soll, verrät die Warze: Sollten sie die je wegretuschieren, verliert China seine Seele. Wenig später kommen die Nachrichten, in denen gelegentlich ein amerikanischer Regierungsbeamter auftaucht, wie eine Aufziehpuppe, mit baumwollweißem Haar und muschelrosa Haut.

»Wie war dein erster Tag in Händen des chinesischen Medizinestablishments?«, frage ich.

»Erstaunlich gut«, sagt Larry und träufelt sich ein paar Tropfen in die Augen. »Sie haben mir eine Handvoll aus der Rhabarberwurzel gewonnener chinesischer Mittel verschrieben. Rhabarber wird seit Tausenden von Jahren wegen seiner entzündungshemmenden Kräfte geschätzt.«

»Seit wann kennst du dich mit Medizin aus?«, frage ich beeindruckt.

»Tut mir leid«, sagt er, »aber die letzten Jahre waren für mich eine Art Crash-Kurs. Lass es mich laienhaft skizzieren: Wegen der dürftigen Wirtschaftslage waren die Möglichkeiten für Transplantationen und selbst für eine Dialyse in China bis vor relativ kurzer Zeit noch stark eingeschränkt. Stattdessen hat man Patienten mit Nierenversagen wie mich mit Kräutertherapien behandelt, eigentlich immer mit Rhabarberwurzel, oral verabreicht, per Injektion oder auch als Einlauf. Zu Letzterem sage ich danke. Nein danke.«

Es ist schön, hin und wieder den alten Larry durchblitzen zu sehen. Aber ich dachte, er sei der Pharmazeutika-pur-Typ.

»Ich verändere mich«, sagt er mit einem Achselzucken. »Was soll ich dir sagen? Hol einen Jungen aus seiner Eigentumswohnung, und die Dinge geraten in Fluss. Allerdings habe ich noch kein Verlangen nach Bärengalle entwickelt, die in fünfundneunzig Prozent der chinesischen Krankenhäuser verwandt wird. Im Übrigen kann ich dir sagen, dass alle Schwestern auf dieser Etage meine Krankengeschichte bereits in- und auswendig kennen. Und niemand hat an diesem ganzen Nachmittag meine Vene verfehlt. Alles in allem fühle ich mich hier in weit fähigeren Händen als zu Hause. Wenn du mein Urteil nach dem ersten Tag hören willst, sage ich dir, dass die amerikanische Medizin von den Leuten hier einiges lernen kann.«

Er unterbricht seine Rede und trinkt mit seinem winzigen Strohhalm einen Schluck Fanta. »Übrigens, nicht dass ich mich beschweren wollte, aber könntest du beim nächsten Mal bitte Müsliriegel mitbringen? Damit bekomme ich meine Ballaststoffe.«

»Wow«, sage ich. Ich lehne mich zurück und sehe ihn verwundert an. Aus den Lautsprechern, die eigentlich Leisesprecher sind, klingt ein sanftes *Twinkle, twinkle, little star* …

»Oh, wo wir schon dabei sind, wenn du Barbasol-Rasierschaum sehen solltest, kannst du mir einmal die kleine Größe mitbringen? Für extra-empfindliche Haut?«

»Klar, aber du machst hier so was wie Ferien, Larry. Da musst du es mit der täglichen Rasur nicht zu genau nehmen.«

»Ich muss mein professionelles Image wahren, egal, wo ich bin«, sagt er. »Und eins noch, dann sind wir fertig: Du bekommst morgen deine Kamera zurück.«

»Meine Kamera? Habe ich die verloren? Oh mein Gott, habe ich die etwa im Taxi vergessen?«

»Ganz ruhig«, sagt Larry, hebt eine Hinterbacke, um ein schnurrendes Geräusch zu produzieren, und schaltet zurück auf den Mao-Film, alles mit einer einzigen Bewegung, was angesichts der Umstände eine ziemlich athletische Leistung ist. »Cherry sagt, während du unterwegs warst, hat er angerufen, um zu sagen, dass er sie hinter dem Rücksitz gefunden hat.«

»Wer hat angerufen? Unser Kidnapper?«

»Wenn du ihn immer noch so nennen willst? Ich bin allerdings nicht überzeugt, dass er einer war. Vielleicht wollte er einfach nur zusammen mit seinen Freunden fahren, aber dann haben sie's aufgegeben, weil wir uns so angestellt haben. Vielleicht hat er deshalb ständig von ›Freund‹ und ›Freunden‹ geredet. Was wissen wir schon?«

»Er hat also meine Kamera?«, sage ich. »Ich muss sie verloren haben, als ich den Pass versteckt habe.«

»Er sagt, es tut ihm leid, aber er kann sie erst morgen bringen. Er ist unterwegs nach Peking, um ein paar Leute abzuholen. So ist er, unser Entführer.«

Larry hat Recht: Es war dumm anzunehmen, dass sie uns entführen wollten. Andererseits erlaube ich es mir uneingeschränkt, den Idioten zu spielen, wenn ich auf Reisen bin. Wenn man dazu nicht bereit ist, warum soll man dann überhaupt morgens aufstehen? Im Übrigen will ich jetzt Larrys sachlich klare Laune nutzen, um ein paar grundsätzliche Dinge in Bezug auf seinen Zustand in Erfahrung zu bringen.

»Was ich dich schon lange fragen wollte«, sage ich. »Funktioniert eigentlich eine von deinen Nieren noch oder keine mehr?«

»Keine.«

»Und wenn du eine eingepflanzt bekommst, reicht, wie ich annehme, eine?«

Meine Fragen langweilen ihn, und er unternimmt keinerlei Anstrengung, ein Gähnen zu unterdrücken. »Solange ich nicht Football spiele«, sagt er und hebt die andere Hinterbacke an.

»Holen sie vorher die alten heraus?«

Die Leere seines Mona-Lisa-Lächelns weist darauf hin, dass er gerne beim Fernsehen in Ruhe gelassen werden würde. »So viel Arbeit machen sie sich nicht. Sie schieben einfach alles zur Seite und schließen die neue an.«

»Ist denn da genug Platz?«

»Wenn nicht, nehmen sie die Gallenblase oder so was heraus.«

»Ist heutzutage eigentlich irgendwas *nicht* verhandelbar?«

Larry hilft mir wenig dabei, das Gespräch auszuweiten und mich in dieser seltsam nach Teig riechenden Umgebung wohlzufühlen. Stattdessen ahnt er die nächste Frage bereits voraus und beantwortet sie, bevor ich sie überhaupt stellen kann.

»Es ist eine relativ einfache Operation, leichter für mich als für den Spender. Solange sie nicht versuchen, mir das Ding mit Essstäbchen einzubauen, soll es mir recht sein.«

Von draußen dringt das Quietschen von Schwesternschuhen herein, die am Zimmer vorbeieilen, dann das Schlurfen von Patientenpantoffeln, die traurig hinter den vor ihnen hergeschobenen Tropfständern über den Flur laufen. Auf der Straße dröhnt ein Lastwagen vorbei, der einen Lärm wie ein Hubschrauber produziert. Wir können das *Wopp-Wopp-Wopp* des kaputten Motors durch das einfach verglaste Fenster wummern hören. Im Fernsehen preisen sie eine Schönheitscreme zur Brustvergrößerung an. Einfach auftragen genügt. Flachbrüstige Frauen mit dem finsteren Blick der Entbehrung versuchen glücklos Taxis heranzuwinken, während eine wohlproportionierte Schöne mit zufriedener, glückseliger Miene nur einmal kurz die Hand heben muss. Worin liegt ihr Geheimnis? Schon sehen wir sie in der Intimität ihres Boudoirs, wo sie sich die Schönheitscreme auf die Brust streicht. Die Creme lockt Fettzellen, die wie Kohlensäurebläschen dargestellt werden, vom Bauch herauf. Hoch, hoch und höher steigen sie vom unerwünschten Ort auf und siedeln sich formschön im Brustbereich an. So einfach geht das: Die Fettzellen verlassen die Stellen, an denen sie unwillkommen sind, und sammeln sich dort, wo sie erwünscht sind. Warum ist Larry das noch nicht eingefallen? Jetzt bekommen die ehemals flachbrüstigen Frauen so viele Taxis, wie sie nur wollen.

»Brauchst du heute noch etwas?«, frage ich. »Soll ich sehen, ob ich ein paar Halloween-Süßigkeiten finde, etwas Alka-Seltzer oder sonst was?«

»Es wird langsam spät«, sagt Larry und sieht sich auf das eine und dann das andere Handgelenk, wo seine Uhren noch waren, bevor er sie wieder verlegt hat. »Solltest du dir nicht besser ein Hotel suchen?«

Es hat schon etwas Peinliches, aus einem Krankenhauszimmer hinauskomplimentiert zu werden. Es erinnert mich daran, wie meine Mutter im Pflegeheim lag und mir sagte, ich würde sie zu oft besuchen. Aber gut, ich bin ein freier Mann und kann meinen Koffer die neun Stockwerke hinunter in die Halle schleppen, die so leer ist wie sonst auch. Ich sehe nur zwei streng dreinblickende Männer, die aus dem Nahen oder Mittleren Osten zu kommen scheinen und sich mit Badmintonschlägern unter dem Arm die Beine vertreten. Draußen auf dem Bürgersteig schlägt mir die Alltagskultur in all ihrer Lowtechvielfalt entgegen. Anwohner stellen Klappstühle auf und sehen fern, spielen Karten, schweißen Autoteile zusammen, schneiden Nudeln, lassen sich die Haare um die Ohren kürzen, üben sich mit dicken, wassergetränkten Pinseln auf dem Asphalt in der Kunst der Kalligrafie oder genießen auf ungeheuer genussvolle Weise das Lüften ihrer Socken. Die Luft riecht mal köstlich, dann wieder faulig.

Die Unterkunft, die mir Cherry empfohlen hat, entpuppt sich als ein äußerst anständiges Hotel auf einer Waldlichtung, ruhig, sicher und völlig inakzeptabel. Ich will Lärm, Zank, Gefahr! Und jetzt, da mein offizielles Reisebudget ausgeschöpft ist, will ich auch kleine Styroporbecher für meinen Kaffee und keine ausgefallenen Porzellantassen mit Deckeln. Ich will Holzimitat und billige Webteppiche, um eine Vielzahl von Sünden darunterzukehren. Ich will das Gefühl haben, das Leben nach seinen eigenen Vorgaben zu erfahren, vor Ort! Unter all den Hotels, an denen ich vorbeikomme, fällt meine Wahl auf ein sauberes chinesisches Kettenhotel direkt an einer vielbefahrenen Kreuzung mit der Hauptverkehrsader. Das Problem ist nur, dass sie gerade erst mit dem Bau angefangen haben und es bis zur Fertigstellung sicher noch ein halbes Jahr dauern wird. Aber Moment mal, in der Lobby brennt Licht …

»Ich möchte ein Zimmer zur Straße hinaus«, sage ich zu der Frau an der Rezeption.

Vor zwei Wochen haben sie das Fundament ausgehoben, und schon ist der erste Stock in Betrieb, während sie am Rest des Hotels Tag und Nacht weiterarbeiten. Die makellose Glas-und-Fliesen-Lobby macht die Herberge weniger zu einem Minipilz als zu einem sinofizierten Super-8-Hotel (das ist eine amerikanische Kette), das ich gleich in Super 2 umtaufe, da es mir ungefähr ein Viertel so nobel vorkommt wie seine amerikanischen Schwestern. Wobei es immerhin so altmodisch ist, dass ich eine klassische Kohledurchschrift der Quittung für meine Kaution bekomme und mich die Rezeptionistin komisch anguckt, als ich nach dem Fitnessraum frage. Perfekt. Die strenge Dame mit völlig unpassender Seidenrüsche am Kragen weist darauf hin, dass ich der erste westliche Gast des Hauses bin, und fragt dann, ob ich eine Taschenlampe kaufen möchte, für den Fall, dass der Strom ausfällt. Sie hat ein Sonderangebot im schicken Chromdesign, zwei für einen Dollar. Wie sehe ich aus? Wie einer, der sich eine günstige Gelegenheit durch die Lappen gehen lässt?

»Hallo, Zimmer«, sage ich beim Eintreten, um mich mit meiner neuen Behausung anzufreunden. Das mache ich immer schon so, da ich aus langer Erfahrung weiß, dass der erste Eindruck, den ein Zimmer von einem bekommt, der wichtigste ist. »Ich bin dein neuer Bewohner. Sollte mich die Geheimpolizei kidnappen wollen, um meinen Körper zu plündern, wäre ich dir dankbar, wenn du ihnen ein paar Beine stellen würdest, damit ich das Weite suchen kann …«

Es ist heiß, aber zugig. Ich leere meine Taschen, drapiere meine Shorts über den Stuhl und sehe mir sämtliche tagsüber angesammelten Geldstücke genauestens an. Das ist eine Angewohnheit aus meiner Kindheit, als ich eine Münzsammlung hatte – man weiß schließlich nie, ob sich nicht zufällig ein

1909-S-VDB-Lincoln-Cent in die eigene Tasche verirrt hat. Ich öffne das Fenster und stehe mitten im Strom der hereindrängenden chinesischen Nachtmusik: Motorenlärm wie von lauter Traktoren, Fahrradbremsen, die wie überfahrene Welpen quietschen, der tiefe, klagende Ruf von Straßenverkäufern, der an balzende Ochsenfrösche erinnert *(»Braun Kau-uh? Braun Kau-uh?«)*, das nahe Stottern von Presslufthämmern im Hotel selbst. Der Trubel hat etwas Tröstendes. Es ist schön, eine Kultur zu besuchen, die wächst und sich nicht so offensichtlich im Niedergang befindet. Obwohl es eigentlich nicht fair ist, dass einige Taxis Sirenen als Hupen benutzen.

Ich parke meinen Laptop vorm Fenster und stöpsele ihn ein. Gleich nach der Kaskade Microsoft-Töne, einem Riff, das durchaus zu den chinesischen Straßenmelodien passt, schicke ich Cherry eine E-Mail und lasse sie wissen, wo ich gelandet bin. *Ping!*, schon ist ihre Antwort da, in der sie mir mitteilt, der Kidnap-Taxifahrer werde am nächsten Morgen um Punkt neun an der Rezeption mit meiner Kamera auf mich warten. Ein Gefühl des Unwohlseins beschleicht mich, was durch die schwachen Sparglühbirnen im Raum noch verstärkt wird. Dann *Ping!*, wieder eine E-Mail … diesmal von Jade.

> Hi, 84 – – – ist alles okay? ich vermisse larry und sie. ich bin sehr besorgt um gesundheit von larry. bleiben sie lange genug in shi, dass ich sie besuchen kann? mein vater leiht mir zugkarte. vielleicht bin ich frei nächsten mittwochnachmittag. heute bin ich sehr traurig wegen vermissen – übrigens sie mir sagen den namen von der frau, die mit uns zu KFC gegangen? cherry? ich vergesse. okay. bis nächste woche. – – – 24

Mir ist heiß, und doch friere ich. Ich bin müde und aufgedreht. Voller Hoffnung, was Larrys Zukunft angeht, aber auch voller Angst. Ich freue mich über Jades Mail, bin aber auch nervös wegen des Treffens mit dem Taxifahrer am nächsten Morgen. Zur Beruhigung meiner beanspruchten Nerven schalte ich die Nachttischlampe ein und versuche mich in Schlaf zu lesen, aber mit dem Ding ließe sich nicht mal ein Kühlschrank beleuchten. Ich gebe bald schon auf.

»Verdammte Funzel!«, sage ich laut. *»Damn dim bulb!«*, und schalte sie aus. Ich klinge von Tag zu Tag chinesischer.

Kapitel 11

Die Rückkehr des Kidnap-Taxis

Wenn man eines über Kidnap-Taxifahrer sagen kann, dann, dass sie zur Pünktlichkeit neigen. Um Schlag neun am nächsten Morgen gehen zwei Personen in der Halle des Super 2 zögernd aufeinander zu: ein Amerikaner mit kleinlautem Ausdruck, der so viel besagt wie: »Sind Sie der, der mir fast die Freiheit genommen hätte, so dass ich meine Jungen für den Rest ihrer Kindheit nicht mehr gesehen hätte?«, und ein Chinese mit kleinlautem Ausdruck, der so viel besagt wie: »Sind Sie der, der gestern ohne erkenntlichen Grund so auf meinem Rücksitz herumgewimmert hat?«

Ich erinnere mich an die hübschen Grübchen. »Freund«, sagt er immer wieder. Okay, ich hab's ja kapiert: Seine Freunde in dem anderen Taxi sollten uns weiter nach Shi bringen, damit er noch mal zurück nach Peking konnte, um weitere Fahrgäste abzuholen. Ich bin ein Trottel – aber wenigstens einer mit unversehrter Kehle. Wir schütteln uns überschwänglich die Hände, und ich schüttele auch die Hand der lächelnden Frau an seiner Seite, die seine Ehefrau zu sein scheint und mit Grübchen wie er gesegnet ist. Haben sie die im Dutzend erstanden? Die faszinierenden Töne, die zwischen seinen gekräuselten Lippen hervordringen *(»Oleo Meerkatze ein Kittchen dann«)*, sagen mir, dass ihm die verchromten Taschenlampen, die ich ihm schenke, gefallen. Die ähnlich faszinierenden Laute, die ich hervorbringe, sagen ihm zweifellos, dass ich froh bin, nicht in einem Schrank zu hocken, die Hände mit Plastikschnur auf den Rücken gebunden. Wir gehen nach draußen, und seine Frau macht ein Foto von uns vor seinem kleinen Taxi. Sie erklärt mir, wie sehr sie das Bild mag *(»Niebasch! Niebasch! Sammys Degensoda bläht!«)*, bevor sie es mir zeigt: Die Anstrengung hat sich wie ein knotiges Seil in mein Gesicht gegraben. Hat es etwas zu bedeuten, dass er die Augen geschlossen hält? Ich erwische mich dabei, wie ich den Trinkspruch ausbringen will, der mir auf der Zunge liegt. *Lang lebe die Freundschaft zwischen dem chinesischen und dem amerikanischen Volk!* Aber er will nicht heraus: »*Wong wi …*« Wieder schütteln wir uns die Hände, und dann, bevor wir uns verabschieden, erinnert er sich, dass er mir noch etwas geben will, das er auf dem Rücksitz gefunden hat: den vornehmen Mahagoni-Füller, den ich aus meinem Luxushotel in Peking habe mitgehen lassen.

Upps …

Was für eine Laune wird Larry heute Morgen haben? Wird er trotzig sein, weinerlich? Oder einfach nur misstrauisch? Ich mache mich aufs Schlimmste gefasst, doch als ich in sein Zimmer komme, strahlt er mich an! Warum auch nicht? Er sieht fern und hat einen Rieseneimer Hähnchenflügel vor sich.

»Hotwings, direkt von KFC!«, trällert er. »Ab fünf Dollar wird auch geliefert. Willst du was?« Er hält mir eine Plastikschüssel hin, in der mehr Soße als Kartoffelpüree ist. »Ist ein bisschen kräuteriger als zu Hause, und die Cola schmeckt leicht nach Hustensaft, aber wenigstens esse ich«, sagt er.

»Du bist nicht gerade wild darauf, die örtlichen Spezialitäten zu versuchen?«, ärgere ich ihn.

»Dan, in Peking habe ich Mary gesagt, sie soll mir die Zimmerservice-Speisekarte übersetzen, und weißt du, wie eines der Gerichte hieß? ›Hund wird es nicht essen.‹ Okay. Selbst die Chinesen nennen es so. Ende der Diskussion.«

Ein zweifelhaftes Schlaflied sickert aus den Leisesprechern: *You're a grand old flag, you're a high-flying flag* ... Die Klimaanlage ist ausgeschaltet und die Temperatur so, wie Larry sie mag: mittelbullenheiß. Es riecht intensiv nach meinem Cousin.

»Oho, da geht's wieder los«, sagt er und drückt sich in eine aufrechtere Position, als eine Schar von acht Schwestern hereinkommt, sich kichernd um sein Bett verteilt und für Fotos mit ihm posiert. »Sie kommen etagenweise«, sagt Larry, die Arme um sie geschlungen. »Wenn ich richtig zähle, ist das jetzt die sechste Etage. Das geht schon den ganzen Morgen so. Offensichtlich bin ich hier eine Art Berühmtheit. Das hätte ich mir in meinen kühnsten Träumen nicht vorgestellt.«

Noch eins fürs Familienalbum: Larry mit Krankenhauskittel und Sonnenbrille, wie ein Unterweltboss auf dem Bett thronend, mit den hübschesten Schwestern westlich von Schanghai im Arm. Als sie schließlich wieder gehen, legt sich der mit neuer Energie geladene Patient auf die Seite und beginnt erneut zu dozieren. Es wird eine echte Sondervorstellung. Unglücklicherweise bin ich noch nicht in der Verfassung, dem Ansturm standzuhalten, und so blende ich mich halb aus. Aber etwas dringt doch durch, und das allein würde schon zum Film der Woche reichen: Es geht um einen Drücker namens Midget, der von einem unbarmherzigen Kopfgeldjäger um die ganze Welt gejagt wurde, aber jetzt hat Midgets Sohn Probleme mit dem Gesetz, und Midget beauftragt seinen alten Feind, den Sohn zu finden, damit sie ihm gemeinsam helfen können, wobei es darum zu gehen scheint, den Exsenator Barry Goldwater mit einem Laufstegmodel aus Mailand zusammenzubringen – wirklich zu dumm, dass Goldwater das Zeitliche gesegnet hat, denn er schuldete Larry einen Haufen Kohle. Am Ende sagt Larry: »Guten Morgen, Dan. Wie du siehst, fühle ich mich nach einem guten Essen immer besser. Ich fühle mich so gut, dass ich sogar diesen neuen Kittel mit den winzigen blauen Segelbooten mag. In dem Ding fühle ich mich wie ein kleiner Junge.«

»Guten Morgen«, antworte ich, obwohl ich jetzt am liebsten zurück ins Super 2 gehen und mich ins Bett legen würde.

Cherry kommt herein, um kurz nach dem Rechten zu sehen. »Patient heute gut«, sagt sie. »Besser als so-so.«

Ich lächle mitfühlend, kann ich mir doch vorstellen, was sie während meiner Abwesenheit mitgemacht hat. Trotzdem muss ich ihr auf die Nerven gehen. »Was unsere Anonymität angeht«, frage ich sie, »ist es da okay, wenn Larry hier so eine Art Krankenhaus-Maskottchen wird?«

»Ist okay«, sagt sie.

»Aber was, wenn es zu den Behörden vordringt? Wenn so viele Leute hier im Krankenhaus von unserem ... Geheimnis wissen, wächst dann nicht die Möglichkeit, dass jemand der örtlichen Polizei einen Hinweis gibt?«

»So ist es nicht.«

»Wie ist es *denn*? Das versuche ich mir vorzustellen.«

»In China wir haben einen alten Satz: ›Bring das tote Pferd zum lebenden Pferd.‹ Das ist es, was wir mit Larry versuchen.«

»Ich habe keine Ahnung, was das ...«

»Sie brauchen Muschelpille, nicht Larry«, rügt sie mich mit einem Lächeln. »Alles tickt wie Uhrwerk. Larry ist ein Kämpfer!«, sagt sie. »Er besiegt alle in der Stadt!«

Kurzzeitig allein mit Larry, lasse ich mich müde auf dem Plastiksofa vor dem überlauten *Al Jazeera* nieder. »Haben sie dich schon bekehrt?«, sage ich und verfolge, wie ein onkelhafter Nachrichtensprecher den Text zu einer Dokumentation über den Einmarsch der Amerikaner in den Irak spricht, unterlegt mit der Filmmusik von *Apocalypse Now.*

»Obwohl ich ein kapitalistischer Fundamentalist bin, muss ich zugeben, dass sie ausgewogener berichten als mancher andere Sender, den ich dir nennen könnte«, sagt er. »Wenn ich nicht wüsste, dass es Rote sind, würde ich denken, da spricht Walter Cronkite.«

Vor der Dialyse wird noch einmal sein Blutdruck gemessen, und zwar von der unbeholfenen Assistenzärztin vom Vorabend, die aussieht, als wäre sie in der Schule drangsaliert worden. Larry flirtet mit ihr und macht den unvermeidlichen Witz, dass es, sollte sein Blutdruck in die Höhe schießen, allein an ihr liegt. Sie versteht kein Wort, kichert aber dennoch.

»Ich schwöre, ich kriege hier die VIP-Behandlung«, sagt er zu mir. »Daheim in den Staaten heißt es immer nur ›Kauf mich, kauf mich‹, hier dagegen: ›Lassen Sie uns Ihnen helfen.‹ Das ist eine ganz andere Denkweise. Ich habe versucht, dem Hausmeister ein Trinkgeld zu geben, aber der wollte nichts davon wissen. Pass auf, ich wette, die Schöne hier nimmt auch nichts ...«

Ich bringe ihn auf den Ausgangspunkt zurück. »Was ist der Grund für deine VIP-Behandlung, denkst du?«

»Könnte damit zu tun haben, dass ich Dr. X gestern Abend noch gesehen habe.«

»Du hast Dr. X gesehen?«, sage ich und springe auf. »Ich dachte, er wäre bis Ende der Woche weg!?«

»Oh, habe ich dir das nicht erzählt? Er kam gegen zehn, nachdem du weg warst. Sehr geschmackvoll gekleidet. Ich würde sagen, amerikanisch mit einem Schuss Asien. Scharfe Krawatte, scharfe Manschetten. Er meinte, ich hätte eine Menge einflussreiche Freunde in China. Da liegt offenbar sein Interesse. Nicht so sehr beim Geld, sondern um es unseren beeindruckenden Verbindungen recht zu machen.«

»Antonia!«, hauche ich. Hat sie tatsächlich einen Gefallen

für jemanden eingefordert, den sie nur einmal getroffen hat? Ich komme mir ganz klein vor.

»Die Frau muss wirklich Einfluss haben. Er sagte, er hat etliche Anrufe und E-Mails von Leuten an sehr hoher Stelle bekommen. Und gleich heute Morgen haben sie eine ganze Serie Tests mit mir gemacht. Ohne jede Wartezeit, alles auf mich abgestimmt.«

»Larry, das klingt ja bestens!«

Sein Rülpser kommt wie ein Fragezeichen. »Denkst du? Ich auch«, sagt er dann und wischt den letzten Klecks Eigelb mit einem Stück KFC-Wurst auf. »Er sagte, er wolle mir bewusst machen, wie kompliziert die Situation ist und gegen wie viel Bürokratie er ankämpfen muss, damit sie ihm eine Ausnahme in Bezug auf die neuen Gesetze erlauben. Der Punkt ist, er kann immer noch ein paar Nieren bekommen, nicht wie vor einem Jahr, als er persönlich noch hundertfünfzig verpflanzt hat, aber ein paar. Kurz gesagt, er meinte, er will nicht angeben, aber wenn es einen gibt, der das hinkriegt, dann er.«

»Larry, das ist fantastisch.«

Die Ärztin entfernt einen Tropf samt Katheter und sagt ihm, er soll den Arm heben.

»Siehst du, was für ein guter Gerinner ich bin«, gibt er an, als kein Blut hervordringt. »Ich war immer schon ein super Gerinner.«

»Hast du dich mit Dr. X über einen Dolmetscher unterhalten, oder spricht er ...«

»Makelloses Englisch.«

»Larry, das übersteigt alles, was ich zu hoffen gewagt habe.«

»Das sehe ich auch so. Er sagte, in Amerika geben sie dir eine Niere, die seit zwei Wochen in einem Glas liegt. Hier bekomme ich sie frisch aus dem Spender, mit einer Vorwarnzeit von fünf Minuten, und so sitze ich hier und bin folgsam wie ein Lamm.«

»Gut«, sage ich.

Als sich die Assistenzärztin zum Gehen wendet, sagt Larry zu ihr: »Danke, mein Schatz, und pass auf dich auf«, und gibt ihr einen Buffalo-Nickel, den sie zu schätzen scheint. Plötzlich begreife ich, an wen sie mich erinnert, und vertreibe ebenso plötzlich das Bild von Larrys toter Zwillingsschwester wieder aus meinem Kopf.

»Hat er etwas über den Preis des Eingriffs gesagt?«, frage ich.

»Darüber haben wir nicht gesprochen«, sagt Larry. »Auch nicht darüber, wann es so weit sein könnte. Ich wollte nicht drängeln. Ich denke, bei diesem ersten Treffen ging es darum, nett zu sein. Ich kann den Hebel immer noch ansetzen.«

»Belassen wir es dabei. Kein Wort mehr darüber.«

»Wie Sie meinen, Mr Bond. Ich unterwerfe mich Ihrem Urteil.«

»Und sag bloß nicht, dass du Antonia nie persönlich kennengelernt hast.«

»Kapiert. Aber um noch mal auf deine Frage zurückzukommen: Sein Englisch ist manchmal gut, und dann wieder nicht. Er hat beträchtliche Zeit in Großbritannien verbracht, und seine Tochter geht in Miami aufs College, aber als ich fragte, auf welches, schien er mich nicht zu verstehen.«

»Miami, das ist doch sehr gut, oder? Da kannst du dich bei ihm revanchieren.«

»Natürlich. Da habe ich die besten Verbindungen. Ich werde sie in den Rusty Pelican einladen, mein Steuerberater kennt den Eigentümer, und ich gebe ihr den Namen meines Anwalts, der im Verkehrsausschuss sitzt, falls sie einen Strafzettel fürs Falschparken kriegt. Ich meine, von allen Orten, an denen sein ganzer Stolz sein könnte, ist sie in Miami – meiner Stadt. Er schien zu verstehen, dass ich mich um sie kümmern kann. Am Ende geht es immer um Verbindungen …«

»Larry, ich glaube, wir haben uns richtig entschieden, nicht auf die Philippinen zu fliegen.«

»Ich weiß, und dazu kommt, dass sie da heute Morgen erst ein Einkaufszentrum in die Luft gesprengt haben. Kam auf *Al Jazeera*.«

»Nicht nur das. Sie sind auch gerade dabei, Nierentransplantationen für Ausländer zu verbieten, genau wie hier, allerdings unter Androhung von zwanzig Jahren Gefängnis und einer Geldstrafe von 48 000 Dollar.«

»Ich liebe es, wie du die Dinge nicht planst, Dan.«

»Danke gleichfalls, Larry.«

WARUM ICH CHINA IMMER MEHR MAG

Nachdem wir getrennte Wege eingeschlagen haben – Larry zu seiner Dialyse, ich will in der Stadt ein paar Besorgungen machen –, schiebe ich mich durch unterschiedliche Menschenmengen. Der Weg, den ich mir bahne, schließt sich hinter mir gleich wieder, einmal mit einem Trupp jugendlicher Punks, die rebellisch dreinblicken, dann aber fleißig meinen Gruß nachsprechen: »Hallo, wie geht?«

Wenn es Schulmädchen sind, reagieren sie höflich, heben dann aber kichernd die Hand vor den Mund, sobald sie sich hinter meinem Rücken außer Hörweite wähnen.

Ich komme durch einen kleinen Park, sehe einen jungen Baum, der einen alten stützt, und begreife, dass er extra so gepflanzt wurde. Und:

Das erinnert mich an Larrys Geschichte von seinem Vater Sam, der für seinen älteren Bruder Irving arbeitete, und dass es in alten russisch-jüdischen Familien Tradition war, dass der jüngere Bruder dem älteren diente und ihn stützte. Und:

Das gibt mir das Gefühl, dass alles in der Welt auf so unterschiedliche Weisen miteinander verbunden ist, dass ich es nie ergründen werde.

Hin und wieder kann ich das alte China hören, das Bimmeln altmodischer Fahrradklingeln, das mich an meinen letzten Besuch hier erinnert, von dem ich ein paar dieser Klingeln für die Nachbarskinder mitbrachte. So war ich zu Hause in meiner Straße noch einige Jahre lang vom Klang Chinas umgeben. Und:

Das weckt auf nette Weise gleich zweifach Sehnsucht in mir, nach einem China, das es nicht mehr gibt, und nach den Nachbarskindern, die längst erwachsen sind.

Ich spüre, dass ich mich nicht verlaufen kann. Egal, wohin ich komme, habe ich als Orientierungspunkt das elfstöckige Krankenhaus im Blick, mit seinen zwei ausgestreckten Armen und dem Wassertank wie einer Schwesternhaube auf dem Dach. Und selbst wenn der Smog sie verschleiert, werde ich mich nicht verirren. Wie herrlich ist dieses Gefühl, nicht verloren gehen zu können!

Mit Feuerwerken ist jederzeit zu rechnen, schließlich gibt es immer jemanden, der etwas zu feiern hat. Ob wegen einer Hochzeit oder einer Beförderung, plötzlich kracht es aus dem Nichts, als donnerten zwei Tonnen Kies hinten von einem Kippanhänger.

Am Ende wirken die Menschen hier sehr glücklich. Das schließe ich daraus, dass viele von ihnen, darunter auch Polizisten, leise Melodien vor sich hin summen, wenn sie durch die Straßen gehen. Lässt sich das auch über Queens sagen?

Als ich zurückkomme, dämmert es. Die Eingangshalle des Krankenhauses empfängt mich mit ihrer gewohnten Leere, die nur vom Geräusch eines fernen Badmintonspiels durchbrochen wird. Aber der Riesenpilz scheint während der wenigen Stunden, die ich nicht hier war, um vierzig Jahre gealtert. Ich sehe neue Flecken und Verfärbungen, und die Haarrisse im Deckengesims, die waren doch vorher auch noch nicht da, oder? Das Gebröckel um die Türrahmen? Auch Larry wirkt »mingisiert« – mitgenommen, ramponiert, in sich zusammengefallen. Es entsetzte mich, ihn so schlafen zu sehen: wie ein Kaiser aus dem Jahr 1500 im Stadium akuten Verfalls. Kein Wunder, dass er alles dafür tut, was in seiner Macht steht, um keine Dialyse mehr zu brauchen. In den Stunden, seit ich ihn zuletzt gesehen habe, haben sie all sein Blut aus ihm herausgepumpt, es gesäubert und wieder in ihn hineingefüllt. Die Prozedur zerstört ihn.

Auf Zehenspitzen gehe ich durch das halbdunkle Zimmer und packe mein Carepaket aus: Schwämme, Servietten, Spülmittel, Besteck. Das Besteck klackt aneinander.

»Sam?«, murmelt Larry.

»Ich bin's, Larry. Schlaf weiter«, sage ich und packe Seife, Strohhalme und Shampoo aus.

»Wer?«

»Dan, dein Cousin.«

»Oh, hallo, Dan. Entschuldige. Ich hab dich nicht ... Wo bin ich?«

»Du bist im Krankenhaus, in China.«

»Wie bitte? In China?«

»Erinnerst du dich nicht?«, sage ich, öffne den Badezimmerschrank und lege die Zahnpasta hinein. »Wir sind nach China gereist und haben ein Krankenhaus gefunden, wo du eine neue Niere bekommst.«

Er nimmt das alles in sich auf.

»Wie spät ist es?«

»Acht.«

»Morgens oder abends?«

»Abends.«

»Oh. Eine Sekunde lang dachte ich schon, ich müsste Judy anrufen und ihr sagen, wo ich bin. Ich bin sehr ...«

»Du bist an einem sicheren Ort, Larry.«

»Ich bin ein bisschen ... Kannst du mir etwas sagen? Judy. Lebt sie oder ist sie tot?«

»Es tut mir leid, Larry, Judy ist vor ein paar Jahren gestorben.«

»Okay, das ist es, was. Ich bin nur ...«

»Ich weiß, es ist alles sehr verwirrend. Du hattest heute Nachmittag deine Dialyse.«

»Und meine Mutter? Nein, warte. Ist sie auch tot?«

»Ja. Es tut mir leid.«

»Das ist die Dialyse. Wenn ich aufwache, erinnere ich mich manchmal nicht, und muss dann noch einmal um sie trauern.«

»Das muss schrecklich sein.«

»Der Einzige, bei dem ich mich nie frage, ist mein Vater, weil der für mich schon so lange tot ist. Oh, bin ich schläfrig.«

»Versuch dich nicht aufzusetzen, Larry«, sage ich und streiche sein Kissen glatt, damit er sich wieder zurücklegen kann.

»Die Dialyse schafft mich immer fürchterlich, aber das heute, das war ein Mordsding. Ich glaube, die Dialyse hier ist viel aggressiver als die zu Hause.«

»Das ist gut möglich, Larry.«

»Ich habe von meinem Vater geträumt. Wie du weißt, hatte ich ein sehr defektes Verhältnis zu ihm. Er hasste alles, was ich konnte und er nicht. Einmal waren wir unten in Süd-Miami, und er lachte, weil ich die spanischen Schilder nicht lesen konnte. ›Jetzt siehst du mal, was ich durchzustehen habe‹, sagte er.«

»Du hast von ihm geträumt?«

Eine Minute lang antwortet er nicht, sondern liegt schwitzend im Halbdunkel. *Out came the sun and dried up all the rain* klingt es aus den unsichtbaren Leisesprechern.

»Wir waren fischen, glaube ich. Weil eins, was wir beide mochten, war fischen.«

Traurig, aber ohne Rührseligkeit, hustet er eine Weile.

»Nein, er hat mich zur Schule gebracht. In der zweiten Klasse. In der zweiten Klasse wollte ich immer nur nach Hause. Ich habe geheult und geheult, weil ich nach Hause wollte. Ich war schlimmer als Judy.«

Er seufzt.

»Wusstest du, dass ich in der Vierten sitzengeblieben bin?«, fragt er mich. »Ein Kind mit einem IQ von hunderteinunddreißig.«

»Weil du zu sehr damit beschäftigt warst, dich gegen deine Lehrer aufzulehnen?«

»Ich weiß, wie du zu dieser Frage kommst, aber nein. Es lag daran, dass ich so schüchtern war. Ich hatte kein Selbstvertrauen, und wenn ein Lehrer mich aufrief, sagte ich immer, ich weiß es nicht, damit er möglichst schnell einen anderen drannahm.«

»Das hätte ich nie gedacht, Larry. Du warst doch immer so ein Draufgänger?«

»Mit sechzehn habe ich die Schule geschmissen, aber nicht bei Irving angefangen, was mir alle geraten haben, sondern machte es mir zur Aufgabe, auf eine Privatschule zu kommen, die ich mir selbst ausgesucht hatte. Ich wusste sofort, dass das die richtige Entscheidung war.«

»Wie hast du für die Schule bezahlt?«

»Mit meinen Einnahmen von KFC.«

Ich will schon sagen: »Kein Wunder, dass du denen so verbunden bist«, halte mich aber zurück. Stattdessen sage ich: »Larry, das war absolut heldenhaft. Du hast deine Verhältnisse selbst verändert. Wie heißt der alte Spruch noch? Du hast dich am eigenen Schopf aus dem Sumpf gezogen.«

»Das habe ich.«

»Du hättest dich vor der Welt verkriechen können, aber nein, du hast etwas in dir gefunden, an dem du dich aufgerichtet hast. Genau, wie du Judys Epilepsie geheilt hast. Das sind heroische Taten, Larry. Warum hältst du sie dir nie zugute?«

»Das ist eine gute Frage. Ich weiß es nicht.«

»Warum, denkst du, ist das so?«

»Bin ich möglicherweise zu sehr damit beschäftigt, den Hut für Dinge vor mir zu ziehen, für die ich es nicht sollte, und nicht dafür, wofür es angemessen wäre?«

Himmel, ich liebe es, wie sich dieser Schurke ausdrückt. Die Wahrheit ist allerdings – wobei er nicht will, dass es die Runde macht –, die Wahrheit ist, dass er gar kein Schurke ist. Er ist ein Gentleman, schillernd wie alle Gentlemen, mit einem schillernden Gentleman-Herzen.

»Ich bin hart mit mir«, sagt er. »Ich will nicht selbstsüchtig sein.«

»Es ist nicht selbstsüchtig, sich etwas zugutezuhalten, Larry. Da sollte es ein besseres Wort geben. Es ist selbst-großzügig.«

Ich kann spüren, wie er in der tropischen Dunkelheit mit diesem Gedanken ringt.

»Wann nimmst du dir endlich das Recht heraus, die kälteste Cola aus dem Kühlschrank zu holen?«, frage ich.

»Ich weiß es nicht. Ich habe den Pilotenschein gemacht, nur um zu sehen, ob ich es schaffen würde, und selbst danach hatte ich noch meine Selbstzweifel. Ich mache dies, ich mache das ...«

»Darf ich dir etwas vorschlagen?«

»Wie du möchtest.«

»Dass du den Weg hier in dieses Krankenhauszimmer gefunden hast, das ist auch wieder eine heroische Tat. Vielleicht solltest du *das* wenigstens anerkennen.«

»Wie meinst du das?«

»Ich meine, das amerikanische Gesundheitssystem hat dir in seiner Weisheit geraten, ein braver, folgsamer Bürger zu sein, zehn Jahre zu warten und dich nicht aufzuregen ...«

»Das ist die Art und Weise, wie sie ihren Bürgern helfen ...«

»Aber stattdessen hast du dein Schicksal in die eigene Hand genommen und es wie die halbe Million Amerikaner gemacht, die den Hintern hochkriegen und etwas unternehmen! Ob du dein Leben so rettest oder nicht, das allein schon sollte dein Selbstwertgefühl heben.«

Down came the rain and washed the spider out.

»Denk drüber nach, okay, Larry?«

»Das werde ich, Dan. Ich denke über alles nach, was du sagst.«

Von neun Stockwerken tiefer klingt eine Flotte Polizeiwagen wie eine Armada Ruderboote mit Außenbordern zu uns herauf, und auch der Kühlschrank macht ein fürchterliches Geräusch, als sein Motor scheppernd zum Stehen kommt. Larry zuckt zusammen.

»Habe ich dir je davon erzählt, wie ich eine Erscheinung hatte?«, fragt er dann völlig unvermittelt.

»Eine Erscheinung?«

»Ja. Erinnere mich daran, dass ich dir die Geschichte bei Gelegenheit erzähle.«

»Warum nicht jetzt?«

Er deutet auf sein Ohr und schüttelt den Kopf. Nein.

»Niemand hört uns hier zu. Niemand versteht uns.«

Er schüttelt immer noch den Kopf. »Ich habe die Nixon-Jahre miterlebt. Mein Grundsatz ist, niemandem zu trauen.«

Ich mache die Tür zu. Und schließe sie ab. Endlich ist er bereit.

»Dan, du kennst mich gut genug, um zu wissen, dass ich nicht unbedingt gefühlsduselig bin. Aber eines Sommertags, als ich zehn war, habe ich meinem Nachbarn Frankie Del-Sesto beim Zeitungaustragen geholfen. Netter Kerl, ging später mit Aerosmith auf Tournee und war für den Souvenirverkauf verantwortlich. Auf jeden Fall, wir kamen gerade vom Strand zurück, als ich einen drei Meter großen Jesus Christus auf einem Dach sah. Er hatte einen kunstvoll geschnitzten Stock, einen Vollbart und trug einen luxuriösen dunkelbraunen Umhang. Ich wusste sofort, dass es Jesus war. Ich habe keine Ahnung, woher ich wusste, dass es Jesus und nicht Moses war, denk an meine Herkunft, aber es bestand kein Zweifel. Es war Jesus, und Er kannte meinen Namen, wenn Er auch nichts sagte. Es war Gedankenübertragung. Mich umfing ein wundervolles Gefühl absoluten Friedens, stillen, absoluten Friedens. ›Was ist die Botschaft?‹, wollte ich wissen. ›Alles ist BESTENS‹, sagte Er, ohne Worte. Nicht, dass er mich hätte bekehren wollen oder sonst etwas, er wollte mich nur beruhigen. Er wusste alles von mir und meinen Bedürfnissen, was mir sehr gefiel. Aber am nächsten Tag, als ich das Ganze zu begreifen versuchte, da gefiel es mir ganz und gar nicht mehr. Ich war ein ziemlich realitätsverbundener Junge, und die Erscheinung machte mir Angst. Jahre habe ich nicht darüber gesprochen, bis ich endlich einen Psychologiestudenten fragte, ob mich das geisteskrank macht. Er sagte: ›Nein, du bist nicht geisteskrank.‹ Das fand ich eine ziemlich starke Aussage.«

»Jesus sagte: ›Alles wird bestens sein‹?«, frage ich.

»Nein. ›Alles *ist* bestens.‹ Als wäre es jetzt bestens und in alle Ewigkeit.«

»Nur, um das mal festzuhalten«, sage ich, »ich glaube auch nicht, dass du geisteskrank bist. Aber warum erzählst du mir das?«

»Ich will nur sagen«, antwortet Larry und kämpft mit sich, »manchmal habe ich Gefühle. Nenne es Vorahnungen, wenn du willst. Und ich habe ein sehr schlechtes Gefühl, was diese Operation angeht.«

»Larry, du brauchst Ruhe. Direkt nach der Dialyse solltest du solche Dinge nicht sagen.«

»Nein, Dan, ich bin völlig bei Verstand. Ich weiß, es bringt Unglück oder so, schlecht darüber zu reden, dennoch glaube ich, es wird etwas Schlimmes passieren. Ich werde *nicht* in Ordnung kommen. Selbst wenn sie eine Niere auftreiben und mir einpflanzen – der Chirurg wird es versauen und ich überlebe es nicht.«

»Larry ...«

»Ich informiere dich nur, Dan. Bitte, nimm es ernst. Im Gegensatz zu dem, was mir Jesus, oder wer immer es war, damals erzählt hat, als ich zehn war, habe ich *nicht* das Gefühl, dass alles bestens ist. Das war es nie und ist es jetzt schon gar nicht.«

Ich weiß nicht, was ich sagen soll. Auch ich habe mit einem Mal das Gefühl, dass mir diese Dialyse das Denken durcheinandergebracht hat. Aber es ist unerlässlich, vor ihm optimistisch zu bleiben. Zwei Schwestern gehen draußen auf dem Gang vorbei und unterhalten sich: *»Quietschende Gams hier hat mehr Jodelkäs!«*

»Autsch, das Licht tut meinen Augen weh«, sagt Larry. Im Zimmer selbst ist alles ausgeschaltet, aber der Lichtschein von den großen Scheinwerfern draußen, der durch die Gazevorhänge fällt, ist zu viel für seine empfindlichen, dialysemüden Augen. Ich helfe ihm, seine Schildpattsonnenbrille aufzusetzen, froh, dadurch etwas von seinen Todesahnungen abgelenkt zu werden. Aber es ist immer noch zu hell. Ich nehme das Laken vom zweiten, unbelegten Bett, stelle zwei wacklige Stühle aufeinander und klettere darauf, um den Stoff an der Vorhangstange festzuknoten. Nie hätte ich gedacht, einmal für meinen Cousin auf Zehenspitzen auf einer so wackligen Konstruktion zu stehen, an eine dünne Scheibe neun Stockwerke über dem Boden gelehnt. Wenigstens zerstreut es die finsteren Gedanken.

»Besser?«, frage ich, als ich keuchend wieder vor ihm stehe.

»Danke, Dan.«

»Stört dich das Schranklicht nicht?«, frage ich, weil eine der von Mary so liebevoll gewaschenen, irre dünnen Unternehmersocken die Schranktür einen Spalt aufhält.

»Das brauche ich, damit ich im Dunkeln nicht nervös werde.«

»Ist es nicht zu hell? Der Lichtschein fällt dir genau in die Augen. Ich kann auch das Licht im Bad anmachen, wenn du magst. Dann leuchtet nur ein Spalt unter der Tür durch.«

»Ich will dir keine Umstände machen.«

Ich zeige ihm, wie leicht es geht.

»Das ist gut«, sagt er.

»So solltest du es kuschelig und angenehm haben«, sage ich und ziehe die Decke über ihn.

»Warum tust du das, Dan?«

»Weil es dir sonst zu hell ist.«

»Nein, ich meine ... das alles?«

Ich betrachte dieses Überbleibsel von einem Mann und versuche zu begreifen, dass es dieselbe Person ist wie der stämmige kleine Junge, der so viel Spaß daran hatte, die Rolltreppen in falscher Richtung hinaufzulaufen. Wie viel von diesem Jungen lässt sich noch retten? Die Schwestern kommen zurück: *»Schierer Dreispeiß Steak Tablett!«*

»Nun, ich weiß es nicht genau, aber ich sag dir was«, antworte ich. »Hin und wieder sehe ich deine Mutter vor mir, und sie sagt: ›Danke, Danny. Danke, dass du dich um meinen kleinen Jungen kümmerst.‹«

»Das ist nett«, sagt Larry.

»Und was die anderen Gründe angeht, kann ich dir da später antworten? Ehrlich, über die versuche ich mir selbst noch klar zu werden.«

WARUM MICH CHINA IMMER WAHNSINNIGER MACHT

Jetzt, wo ich aus Larrys Zimmer bin, kann ich zugeben, wie sehr mich seine Vorahnung erschüttert. Er hat in so vielen Dingen Recht. Wird das auch auf die Operation zutreffen?

Das Licht im Treppenhaus brennt nicht, und so taste ich mich blind Stockwerk um Stockwerk nach unten und frage mich, ob wohl Larry hier der Einzige mit einem Gehirnschaden ist.

Als ich auf die Straße hinaustrete, ist Shi in einen Feuersturm aus Neon getaucht. Wirbelnde Drachen. Feuer speiende Schlangen. Es sieht aus, als hätte ein dämonischer Magier die Stadt mit seinem verwunschenen Zauberstab berührt.

Die Dunkelheit hier ist diabolischer als die Dunkelheit zu Hause. Als ich allein eine gespenstische Gasse hinuntergehe, kommen plötzlich Fahrradfahrer aus der Düsternis geflogen, wie Fledermäuse auf Rädern, und kreischen: *»Geh zuruck nach Ruckeldiku!«*

Die Luft ist wirklich kein Spaß. Die Verschmutzung ist totalitär, ein supergesättigter Ein-Parteien-Smog, der den Rauch der kleinen Straßenimbisse nicht mehr aufzunehmen vermag, geschweige denn die blauen Schwaden der Feuerwerkskörper, die plötzlich irgendwo hochgehen und alles einhüllen.

Ich habe mich verlaufen. Die Arme des Krankenhauses sind zwar noch vage im Nebel sichtbar, doch heute sind sie die Flügel einer böswilligen Eule, die mich nur an Orte führt, zu denen ich nicht will.

Ich bin nass bis auf die Haut. Nicht weit vom Krankenhaus dient eine Promenade zwischen falschem Vulkangestein und einem Hof, auf dem ein paar Alte ihre Tai-Chi-Übungen machen, als abendlicher Amüsierbereich für Erwachsene. Als ich näher trete, schießt eine bunte Wasserfontäne aus den Felsen und durchnässt mich von Kopf bis Fuß.

Nass und verloren wie ich bin, begreife ich, dass diese Alten, die da so grazil ihre Tai-Chi-Übungen machen, meine ersten Feinde waren. Das sind die berüchtigten Rotchinesen meiner Kindheit, von denen uns gesagt wurde, dass sie amerikanische Kriegsgefangene in nordkoreanischen Lagern sadistischen Gehirnwäschen unterzögen. Und jetzt bin ich ihrer Gnade ausgeliefert, bin rundum von ihnen umgeben …

Die nächste Gruppe, der ich begegne, ist noch schlimmer. Nach so vielen Tagen, an denen ich niemanden in meinem Alter gesehen habe, laufe ich auf einer Terrasse bei der Promenade in eine ganze Brigade von ihnen hinein, und mir wird klar, dass das die original Rotgardisten sind, die einige der schlimmsten Grausamkeiten des zwanzigsten Jahrhunderts begangen haben. Während wir daheim als studentische Aktivisten nur Revolution spielten, machten unsere Altersgenossen hier Ernst damit, zwangen Millionen aus den Städten aufs Land, damit sie auf den Feldern arbeiteten, schlachteten Intellektuelle ab, vergewaltigten Ballerinas und wurden zum menschlichen Pendant wirbelnder Drachen und Feuer speiender Schlangen.

Und was machen sie an diesem stickigen Septemberabend? Sie tanzen Walzer. Nach all den Metzeleien tanzen sie Walzer zu alten Platten aus den Dreißigern, die sie auf einem uralten Grammofon abspielen. »When I Grow Too Old to Dream«. »The Touch of Your Hand«. »Falling In Love With Love«. Vom Smoglicht beleuchtet, die Augen rot vom Schein der Feuerwerkskörper, drehen sie sich anmutig im Uhrzeigersinn, wechseln den Schritt und drehen sich in der Gegenrichtung. Wie können sie nach allem, was sie getan haben, noch tanzen? Wie

Nazis, die sich auf den Gräbern ihrer Opfer im Kreis drehen. Aber sie sehen traurig aus, und ihr Tanz ist voller Trauer. In Nebel gehüllt, spüren sie, dass ich zu ihrer Generation gehöre. Sie winken mir zu: »Tanz mit!«

Nie habe ich mich fremder gefühlt. Ich verschwinde in den Schatten.

Kapitel 12

Schabbes-Ente

Am nächsten Morgen liegt ein Toter auf dem Bürgersteig. Vor der Bäckerei, wo ich mir mein Frühstück holen will, liegt der Bäcker auf dem Asphalt und starrt leer in den Himmel. Seine weiße Bäckermütze hat er noch auf. Er ist ein großer, rotbackiger Kerl. Es ist unergründlich, wohin die Kraft verschwunden ist, mit der er diesen Körper aufrecht gehalten hat. Zwei Frauen stehen über ihm und wedeln mit ihren Handtaschen. Mittlerweile hat sich auch ein Polizist dazugesellt, sein Auto parkt lässig mitten auf der Straße. Noch vor einem Moment wäre dieses Bild so gut wie undenkbar gewesen, jetzt wirkt es banal wie der Straßenschmutz.

Dann wenden wir Zuschauer, da wir ja noch leben, uns wieder unseren Geschäften zu. Das Leben geht weiter: Am Verkaufsfenster, das kaum vier, fünf Meter entfernt ist, werden auch weiter gedämpfte Brötchen gegen Bargeld eingetauscht. Ich möchte ein halbes Dutzend kleine Pastetchen mit Mandeln in süßem weißem Zuckerguss. Ich gönne mir etwas: Wenn der tote Bäcker ein schlechtes Omen sein soll, ist es umso wichtiger, dass ich mich bei Laune halte …

Als ich zurück ins Super 2 komme, bitte ich um einen Internetanschluss auf meinem Zimmer. Die unfreundliche, rüschenbesetzte Rezeptionistin ist wie immer nicht erfreut, mich zu sehen, und es ist auch nicht einfach, ihr mein Anliegen in Zeichensprache nahezubringen, doch am Ende verstehen wir uns.

»Das heißt, es ist alles installiert, dass ich direkt vom Zimmer aus ins Internet kann?«

»Okay-okay«, sagt sie mit gezwungenem Lächeln.

»Ich klaue ein Tsingtao-Schnapsglas mit lauwarmem Kaffee aus der Lobby, okay?«

»Okay-okay.«

»Und dann gehe ich nach oben und heule mir die Augen aus, okay?«

»Okay-okay.«

Manchmal besteht die einzige Möglichkeit, seine Umgebung zu verstehen, darin, eine entfernte Quelle zu befragen, und so verbringe ich den Tag in meiner kleinen Super-2-Kabine, an deren Fenster Farbtropfen von den Bauarbeiten über mir herunterfließen und aushärten, mit frenetischem Extremgooglen. Ich erfahre, dass Shi eine Industriestadt mit wenig Charme ist, vor allem bekannt für zwei Dinge: ausgezeichnete Krankenhäuser und eine Überversorgung mit Massagesalons. Ersteres ist mir bereits klar, die Massagesalons scheinen alle Vorstellungen zu übertreffen. Einige der Websites bieten virtuelle Führungen durch das prunkvolle Innere der Etablissements: fantastische Tempel mit Salzwassergrotten, Saunen voller Papageien und Adler aus Porzellan und natürlich diskret sich verbeugenden Hostessen, die den Drehtüren einen sanften Stoß geben, um mir hindurchzuhelfen …

Larry hat Recht. Shi ist der Nabel der Massagewelt.

Und noch mehr erfahre ich. (Es ist lachhaft, wie leicht man an all diese Informationen gelangt, obwohl es doch eine geschätzte Zahl von dreißigtausend Schnüfflern geben soll, die offenbar willkürlich Websites blockieren.) Die Fontänen gestern Abend, die mir so merkwürdig vorkamen, sind nichts anderes als Nachbildungen des Old-Faithful-Geysirs im Yellowstone-Nationalpark – zu Ehren der Vereinigten Staaten von Amerika. Alle Viertelstunde schießen sie in die Höhe, um Mitternacht besonders heftig. Im Übrigen befinden sich von den zwanzig Städten mit der weltweit schlimmsten Luftverschmutzung sechzehn in China, und Shi schneidet besonders schlecht ab.

Doch trotz aller Mängel gibt es etwas in diesem Land, das die Menschen Walzer tanzen lässt. Während ich auf einer kalten Krabbe und den vom Frühstück übrig gebliebenen Selleriewürfeln herumkaue, muss ich an die wenigen Gelegenheiten denken, bei denen ich Walzer getanzt habe. Vor fünfundzwanzig Jahren bin ich mit einem von einer Dampflokomotive gezogenen Nachtzug durch die Provinz Shandong gefahren, und auf einem Bahnhof irgendwo im Nirgendwo tanzte die Frau, mit der ich unterwegs war, neben den Gleisen Walzer mit mir. Auf den Feldern um uns herum schliefen die Bauern unter freiem Himmel, mit einem kleinen Feuer am Zugang zu ihrem Feld, und Dutzende von ihnen standen auf, um uns zuzusehen, die wir da so merkwürdig im Mondlicht tanzten. Bringt etwas Ähnliches die Rotgardisten dazu, Walzer zu tanzen? Das Bild von gestern Abend steht mir lebhaft vor Augen: Wie diese Revolutionäre zu alten amerikanischen Schnulzen tanzen, die aus einer Zeit vor ihrer Geburt stammen …

Als ich spätnachmittags ins Krankenhaus komme, bin ich entschlossen herauszufinden, woher die Badmintongeräusche kommen. Noch bevor ich nach Larry sehe, gehe ich am Familienzimmer vorbei, wende mich an der Patientenumkleide nach links und betrete einen Flügel, in dem ich bisher noch nicht war. Die Badmintongeräusche werden lauter, und bald schon stoße ich auf einen leeren Korridor, in dem zwei Araber in langen Gewändern wild auf einen Federball eindreschen. Ich bin beeindruckt von der Energie, mit der sie den kleinen, gewellten Plastikball bearbeiten. Ihr Einsatz ist halsbrecherisch, aber stumm, so stumm, dass neben dem Hin und Her des Federballs nur das Geräusch ihrer nackten Füße auf dem blanken, glitzernden Marmorboden zu vernehmen ist.

Als ein besonders heftiger Schlag die Kefije des einen trifft, lasse ich einen anerkennenden Pfiff hören. Das Eis ist gebrochen.

»Sie gehören zu Amerika?«, fragt der Schläger.

Ich gebe es zu. Obwohl ich weiß, dass es dumm ist, wenn man sich in prekären Situationen befindet, schaffe ich es nie, mich als Kanadier auszugeben. »Ich gehöre zu Amerika. Und Sie?«

»Saudi-Arabien«, sagt der Schläger.

»Jemen«, sagt der Getroffene.

Unsere Unterhaltung lockt Zuhörer aus der Gemeinschaftsküche, die sich ein Stück den Korridor hinunter befindet. Fünf Männer kommen heraus und stellen sich zu uns, verschwiegen und ernst. Einer von ihnen, ein schlaksiger junger Bursche in westlicher Kleidung, nippt bedächtig an einer Instant-Nudelsuppe, die er in der Mikrowelle heiß gemacht hat. »Sie hier für eine Leber?«, fragt er mich.

»Eine Niere«, sage ich. »Für meinen Cousin.«

»Ich auch«, sagt er und stößt mit der Faust gegen meine. »Niere für meinen Vater.«

»Leber für meinen Bruder«, sagt der Jemenite. »Lunge für seinen Onkel«, fügt er gleich noch hinzu und deutet auf seinen saudischen Freund, der zu sehr mit einem neuen Aufschlag beschäftigt ist, um zu antworten.

Shi scheint tatsächlich ein medizinisches Mekka für den Nahen und Mittleren Osten zu sein. Ich werde einem Ägypter vorgestellt, der eine Reihe Stände auf einem Kairoer Markt besitzt.

Er wartet darauf, dass sein Neffe ein neues Herz bekommt. Ein Marokkaner mit einem iPod, wie ich ihn in Amerika noch nicht gesehen habe, wartet auf eine Bauchspeicheldrüse für seinen Onkel. Der schlaksige Bursche heißt Abu, und er ist der Spross eines pakistanischen Sportwaren-Imperiums. Er hat auch die Badmintonausrüstung mitgebracht. Blaues Blut scheint gegenwärtig nicht im Haus zu sein, aber diese Herren sind wirtschaftliche Blaublütler, reich und mit den nötigen Verbindungen, um hierherzugelangen. Allesamt sprechen sie besser Englisch als die Chinesen. Wie sie mir erzählen, haben sich alle, statt in Hotels zu ziehen, Wohnungen in der Nähe gekauft, um auf die Transplantationen zu warten. Ich versuche die einzelnen Fälle auseinanderzuhalten: Ägypten/Herz/Neffe, Jemen/Leber/Bruder, Marokko/Bauchspeicheldrüse/Onkel. Alles Männer, klar. Brauchen die Frauen in diesen Ländern keine neuen Organe, oder sind sie die Kosten nicht wert? Die einzigen Frauen hier unten sind Mütter und Ehefrauen mit Tüchern und kleinen Schmuckstücken, die lautlos hin und her laufen, unterwürfig wie Diener. Abgesehen davon, dass sie gelegentlich angefahren werden, spricht keiner mit ihnen, dankt ihnen oder schenkt ihnen irgendwelche Beachtung.

Westler gibt es natürlich keine.

»Sind wir Freunde?«, wage ich mich vor.

»Oh ja, kein Problem.« Abu schlägt mir großmütig auf den Rücken. »Wir sind eine gemeinsame Familie von Patienten!« Das müsste er nicht erst sagen. Wir befinden uns auf neutralem Boden und stehen alle dem einen größten Feind gegenüber. Die normalen Regeln sind außer Kraft gesetzt. Es ist sogar möglich, über den Zustand der Welt zu plauschen, über Dinge, auf die man sich leicht einigen kann. Zehn, fünfzehn Minuten lang tauschen wir geopolitische Plattitüden aus, dann ist es so weit und ich stelle die Frage, die mir so schwer auf der Seele liegt.

»Wie lange warten Sie schon?«, frage ich.

»Ich zwei, und er auch zwei.«

»Zwei Wochen? Das ist ja gar nicht so schlimm«, sage ich und überschlage ein paar Dinge im Kopf. Wenn alles gut geht, sehe ich meine Familie wieder, bevor es kälter wird.

»Nicht Wochen, *Monate*«, sagt Abu.

»*Monate?* Sie sind schon zwei Monate hier?«

»Vielleicht noch zwei, drei Monate mehr«, kommt die Antwort.

Insgesamt fünf Monate Wartezeit? Ich stelle gleich eine neue Rechnung an. Dann haben wir Weihnachten. Den ganzen Herbst über ohne Familie hier sitzen? Nicht dabei sein, wenn Spencer seine Trommelstunden anfängt? Nicht dabei sein, wenn Jeremy seine Rolle als Tiny Tim einübt?

Unmöglich. Ich muss gehen.

»Schlag ein«, sagt Abu, und wir stoßen noch einmal mit den Fäusten gegeneinander, bevor ich zu den Aufzügen hinübereile. »Und halt die Ohren steif!«

Vielleicht fünf Monate? So wie er abbaut, bezweifle ich, dass Larry in fünf Monaten noch lebt. Ich muss die Wahrheit hinter diesen schrecklichen Zahlen erfahren. Cherry ist im Schwesternzimmer ein Stück weiter Larrys Gang hinunter. Ihre XXL-Handtasche in der Hand, konferiert sie mit der Assistenzärztin, die wie Judy aussieht. Ich ziehe sie beiseite.

»Cherry, Sie und ich, wir müssen Klartext reden«, sage ich. »Ich habe mit ein paar von den Leuten aus dem Nahen Osten gesprochen …«

Sie unterbricht mich. »Jeder Fall anders«, erinnert sie mich. »Die haben keine Restriktion. Deshalb weniger Risiko, weniger Eile.«

»Ist es möglich, dass wir vier oder fünf Monate hierbleiben müssen?«

Kichern ist das Letzte, was ich in dieser Situation erwartet hätte, aber genau das tut Cherry jetzt, hebt die Hand vor den Mund und verbirgt züchtig die Zähne. »Oh nein«, sagt sie. »Sie besondere Gäste mit vielen Freunden auf chinesischem Boden. Große *Guanxi*, nicht kleine *Guanxi*. Nicht so lange warten müssen.«

»Wie lange denn? Larry wird jeden Tag schwächer.«

»Ich denke, wir haben Ihnen die Antwort auf diese Frage am anderen Tag schon gegeben.«

»Wirklich? Ich erinnere mich an keine Antwort.«

»Antwort ist, dass wir nicht wissen.«

»Oh ja, an *die* Antwort erinnere ich mich. Trotzdem, kann ich vielleicht Dr. X sehen, um über einen Zeitrahmen zu sprechen? Und auch über den Preis? Larry ist kein reicher Mann ...«

»Er ist immer unterwegs, sehr schwer zu fassen. Sie können Sekretärin versuchen. Zweite Etage.«

»Jetzt?«

»Sie ist auch schwer zu fassen: da, nicht da, überall. Und jetzt nach Schluss.«

»Es ist erst zehn vor fünf.«

»Ja, aber chinesische Zeit. Vielleicht sie ist schon weg. In China, wenn Sie wollen sicher sein, bessere Wahl ist früher Morgen, sagen wir sechs Uhr früh.«

Plötzlich durchfährt es mich. Oh mein Gott, ist Cherry nicht zu trauen? Ihre Ausflüchte mögen ja begründet sein, aber gibt es da noch etwas anderes? Hält sie uns bewusst im Dunkeln, um uns besser beobachten zu können? Hat sie deshalb immer diese Handtasche dabei? Sind da geheime Unterlagen über uns drin?

Cherry scheint zu spüren, dass ich ihr misstraue. Sie zaubert ein besonders herzliches Lächeln auf ihr Gesicht und wirft das Haar zurück.

»He, heute Freitag, großer Schwof-Schwof-Party-Abend, könnte sein? Sie wollen mit Larry in Restaurant? Par-tiiieh! Partiiieh!«

Sie überrollt mich. Vielleicht soll es so sein.

»Wie meinen Sie das, außerhalb des Krankenhauses?«

»Gut für Stimmung des Patienten«, sagt sie.

»Aber …«

»Larry sagt, er mag Pekingente«, sagt sie herzig. »Sehr gutes Restaurant für solche Freude gleich um die Ecke.«

»Aber … kann er denn gehen? Ich meine, wie sollen wir ihn all die Stufen aus dem neunten Stock hinunterbringen?«

Sie findet mich amüsant. Schließlich bin ich es, der sie hinten aus dem Kidnap-Taxi angerufen hat. Oh, es tut weh, mich an die Nachricht zu erinnern, die ich auf ihrem Anrufbeantworter hinterlassen habe. Ich werde rot, und sie gluckst mich an.

»Aufzug nicht immer defekt, Daniel. Nur ein Tag defekt. Wie denken Sie, Ihr Bruder ist zu Dialyse im Kellergeschoss gekommen?«

Mein Cousin will ich sagen. Aber in meinem Kopf geht es dermaßen drunter und drüber, weil ich mir klarzuwerden versuche, ob ich wieder nur unter Verfolgungswahn leide, dass ich diesmal den Mund halte.

Ich öffne die Tür zu Larrys Zimmer, und da sitzt er, fürs Ausgehen geschniegelt und gespornt, mit schicker Hose, kurzärmeligem Businesshemd und wollenem Sportjackett. Moment mal, Cherry hat ihm also die Pekingente vorgeschlagen, *bevor* ich argwöhnisch wurde? Hat sie das Angebot vielleicht gar nicht gemacht, um mich von meiner Spur abzubringen? Die Wahrheit ist wieder einmal, dass ich Freund und Feind nicht zu unterscheiden vermag. Vielleicht ist Cherry genauso wenig ein Spion, wie unser Taxifahrer ein Entführer war? Schließlich befinde ich mich auf der anderen Seite des Erdballs, wo unten oben ist. Ich weiß nicht mehr, wo mir der Kopf steht.

Ich wende mich Larry zu und will schon sagen: *Denkst du nicht, dass es dir in der Jacke zu warm wird?*, aber wieder halte ich mich zurück. Larry hat seine eigene Wahrheit, so wie Cherry ihre, und wie vielleicht auch die Rotgardisten eine haben. Was nicht bedeutet, dass mir das gefallen muss.

Keine Frage: Larry schwindet dahin. Draußen auf dem Flur, auf dem Weg zum Aufzug, macht er vorsichtige Babyschritte. Die Fahrt mit dem Aufzug nimmt ihm den Atem. Als wir die riesige Halle im Erdgeschoss hinter uns gebracht haben, schwitzt er so sehr vor Anstrengung, dass ich sein Jackett halten muss. Er krallt sich an meine Schulter, als es den Bordstein hinuntergeht. Ich will ihn nicht bei der Hand nehmen, fasse beim Überqueren der Straße aber seinen Oberarm und spüre, dass Haut und Fleisch weich sind, als wäre er ein kleines Kind.

»Langsam, langsam«, sagt er. »Wenn ich mich nicht aufs Stehenbleiben konzentriere, falle ich hin.«

Ich bin überrascht über meine Geduld. Es ist interessant, mich auf seinen Schritt einzustellen. Er macht mich auf Dinge aufmerksam, die ich mit gewohnter Geschwindigkeit nicht bemerken würde. »Jemand könnte ein Vermögen verdienen, wenn er dieses Land mit Geländern ausstattet«, sagt Larry, weil er das völlige Fehlen von Geländern bemerkt. »Wir können keine fünf Meter gehen, ohne dass sich der Bürgersteig ändert.« Er hat Recht: Die Oberfläche des Gehsteigs wechselt ständig, von Kieseln zu Pfützen zu rissigem Teer. Es ist wie mit meiner absichtlichen Weigerung, die Sprache zu sprechen: Seine Wahrnehmung ist geschärft, um seine Schwäche auszugleichen. Zwei gehandicapte Männer in China, die nur noch ihren Verstand haben, um irgendwie durchzukommen.

»Automarkt« höre ich Larry sagen, muss ihn aber missverstanden haben. Ich rackere mich im Moment mit zu vielen Gedanken gleichzeitig ab. Tatsächlich hat er »Automat« gesagt und deutet auf einen Geldautomaten, der mir nicht aufgefallen ist.

»Der sieht gut aus«, sagt er und probiert ihn aus. »Ich setze alles auf eine Karte.«

Im Gegensatz zu den meisten Geldautomaten, mit denen ich es bisher zu tun bekommen habe, ist der hier nicht kaputt, und Larry hebt gleich mehrfach Geld ab. Er hat bereits siebentausendfünfhundert Renminbi in kleinen Scheinen in der Tasche, das sind etwa tausend Dollar. »Das ist besser als Atlantic City«, sagt er bester Laune und spielt weiter, bis seine Taschen randvoll sind.

Als wir uns dem Restaurant nähern, wird der Bürgersteig so schmal und dunkel, beleuchtet nur von den vorbeifahrenden Autos, dass wir hintereinandergehen müssen. Der Lehm ist noch glitschig von einem Regenguss früher am Tag und fühlt sich uralt an. Und die Luftqualität? »Wenn ich durch so dichten Nebel fliegen würde, müsste ich mich auf die Instrumente verlassen«, bemerkt Larry.

In der Düsternis spielt ein aufgedrehter alter Mann *Danny Boy* auf seiner Geige und zittert fast vor Energie. Hinter ihm bieten ein paar Straßenhändler Larry die Gelegenheit, mich in die Kunst des Handelns einzuführen.

»KEINE TOURISTENPREISE«, sagt er zum Ersten in der Reihe. Larry hat sich für die Konfrontation dermaßen aufgerichtet und versteift, er könnte eine Mumie sein. »WIR SIND KEINE DUMMEN WESTLER. WIR SIND NICHT, WAS IMMER SIE DENKEN.«

»Ganz ruhig«, sage ich zu ihm. »Ich glaube nicht, dass der dir folgen kann …«

»Der versteht mehr, als er zu erkennen gibt.«

»Gut-Freund-Preis«, sagt der Händler, den ein langes Fu-Manchu-Bärtchen schmückt. Er lächelt, als freute ihn unsere Gesellschaft.

»ICH BIN NICHT IHR GUT FREUND«, sagt Larry. »ICH BIN EIN SCHWARZGÜRTEL-VERHANDLER.« Larry sieht ihn an. »Jetzt pass auf«, sagt er, »das nennt man *Low-balling*, den Preis besonders tief ansetzen. Er will achtundsechzig für das Feuerzeug, stimmt's? Das sind rund acht US-Dollar, wenn ich richtig rechne. Denkt der Kerl, ich bin ein *Schmeggege* und habe sie nicht mehr alle? Statt mich auf seine achtundsechzig einzulassen, hole ich ihn jetzt auf eine ganz andere Verhandlungsebene. VIER!«, bellt er.

Der Händler scheint tief enttäuscht von uns. »Nein vier. Achtundvierzig«, sagt er.

»VIER!«, bellt Larry noch einmal. »Eine andere Taktik, die ich anwende«, fährt er fort, »ist das Angebot, eine größere Anzahl zu kaufen. Frage nach einem halben Dutzend von etwas, schon sind sie interessiert. SECHS FÜR ACHT!«, bellt er.

Der Händler sieht aus, als hätte er die Zunge in den leckersten Honigtopf gesteckt und sei dann von einer Biene gestochen worden. »Nein sechs für acht!«, sagt er. »Zweiundvierzig für jede!«

Das geht noch eine Weile so. Die Umstehenden sehen fasziniert zu, zum Klang von *Danny Boy*, und der Händler wirkt abwechselnd freudig und von gleich mehreren Bienen gestochen.

»Und fürchte dich niemals davor, am Ende mit leeren Händen zu gehen«, rät mir Larry und geht weiter. Als mein gebeugter Cousin die Straße überquert, kaufe ich zur Freude aller schnell vier Feuerzeuge für zwanzig Renminbi.

Ich kichere in mich hinein, als ich zu Larry aufschließe. Was für ein *Schmeggege*, was immer dieses Wort bedeuten mag. Und dann plötzlich rettet mir der *Schmeggege* das Leben, indem er mich vor einem Taxi zurückreißt, dass mir so nahe kommt wie ein Stier beim Stierkampf. Schwach und missorientiert, wie er ist, holt er mich von meinem Kollisionskurs. Ich habe nicht richtig nach beiden Seiten gesehen, weil ich mich so überlegen fühlte ...

Larry und ich fangen sofort an zu husten, als wir das lila Lokal betreten, so viel Gewürz schwebt in der Luft. Doch unsere Lungen gewöhnen sich schnell daran, und nachdem sich zweimal Leute vorgedrängt haben, werden wir neben einen Tisch mit vier Geschäftsleuten gesetzt. An ihrer überentspannten Art kann ich erkennen, dass sie ziemlich einen im Tee haben und bald schon wie die Schlote rauchen werden. Ich bitte um einen Tisch fern von allem, an einem Fenster, das auf die dunkle Straße hinausgeht, wo wir ganz für uns sind. Aber kaum, dass wir sitzen, lässt sich ein Mann am Tisch neben uns nieder und steckt sich gleich eine an.

»Weißt du, dass wir seit unserer Kindheit nicht mehr so viel Zeit miteinander verbracht haben?«, sagt Larry gesprächig und lehnt sich mit einem erleichterten Stöhnen auf seinen Stuhl zurück. »Ist dir schon aufgefallen, dass wir uns immer mehr ähneln? Wir tragen die gleiche Uhr, die gleiche Art Kamera, und selbst unsere Mienen sind praktisch identisch.«

Wie ich es sehe, hat unsere Ähnlichkeit vor allem mit seinem Kulturschock zu tun, der ihn dazu treibt, sich an alles zu klammern, was ihm entfernt vertraut scheint. So geht er mit seinem Heimweh um. Das Essen auf dem Tablett des Kellners erinnert ihn an etwas, das seine Mutter in der alten Heimat womöglich gegessen hätte: Es sieht aus wie Kascha, das nicht richtig gekocht wurde, wie Hühnersuppe, nur dass an der Oberfläche Krabben ihre Köpfe zusammenstecken.

»Übrigens, damit es später nicht zu Missverständnissen kommt, der Abend geht auf mich«, sagt Larry und studiert die chinesische Speisekarte.

»Mach dir keine Gedanken, das geht schon«, sage ich.

»Ich mache mir keine Gedanken, ich zahle«, sagt er.

»Du hast schon die letzten Male gezahlt«, sage ich.

»Das hast du gut bemerkt, trotzdem«, sagt er.

»Larry, *ich möchte zahlen.*«

»Du möchtest? Das ist eine nette Geste. Aber versteh doch, dass ich dich einlade. Sag einfach ja.«

Ich gebe nach, ohne mich dabei richtig wohlzufühlen. Was nicht allein meiner Höflichkeit geschuldet ist, oder meiner Erinnerung daran, wie sein Vater Silberdollars verschenkte, die er nicht hatte. Nein, wenn Larry darauf besteht, mich zum Essen einzuladen, droht Gefahr. Wollte er mich in vergangenen Zeiten für Goldmünzen interessieren, kurz bevor der Goldpreis in den Keller rutschte, oder für eine Eigentumswohnung, kurz vorm Platzen der nächsten Immobilienblase, ging er mit mir essen und bestand darauf, die Rechnung zu übernehmen. Ich sparte dreißig Dollar und fand mich am Ende mit Tausenden im Minus wieder.

Die Kellnerin kommt mit einem Tablett Gratis-Horsd'œuvres, kleinen Wassermelonenwürfeln. »Schon wieder so ein fesselndes Geschöpf«, bemerkt Larry. »In diesem Land gibt es die bestaussehenden Frauen, die mir je begegnet sind. Neunzig Prozent sind attraktiv und fünfundzwanzig Prozent hinreißend.« Er legt die Karte vor sich auf den Tisch und spricht die Kellnerin an: »ICH MÖCHTE EINE PIZZA MIT EXTRA ZWIEBELN, PILZEN UND WAS ICH TACO-RIND NENNE, WOBEI ALLES RIND GEHT, PEPERONI ...«

»Larry ...«

»Rede ich schon wieder zu schnell? Ich vergesse immer wieder, langsam zu sprechen.«

»Larry, hier gibt es keine Pizza und schon gar kein Taco-Rind. Ich dachte, du hättest nichts gegen eine Pekingente?«

»Also gut, du hast gewonnen«, sagt er und hebt die Hände.

»Pekingente für zwei«, sage ich der Kellnerin. »Und zwei mittlere Cola.«

»Ente nicht fertig für halbe Uhr«, warnt sie uns.

Das ist in Ordnung. Das gibt mir die Möglichkeit, Larry nach etwas zu fragen, worüber ich mir schon einige Zeit den Kopf zerbreche. Aber erst muss Larry der Kellnerin noch einen Geldschein zustecken, der ausreichen würde, unsere gesamte Rechnung zu bezahlen.

»DU BIST HÜBSCH WIE EIN PIN-UP«, erklärt er ihr.

Sie strahlt.

»Spricht kein Wort Englisch, aber alle verstehen sie das Wort ›hübsch‹«, sagt er und gibt ihr noch ein Hundert-Prozent-Trinkgeld. Damit ist es schon das Doppelte unserer Rechnung.

»Larry, du musst mit deinem Kapital vorsichtiger umgehen …«

»Sie arbeitet hart, sie verdient es.«

»Aber, Larry, in diesem Land gibt man nicht einmal *nach* dem Essen ein Trinkgeld.«

»Das ist nicht meine Schuld.«

Gut. Ich gebe wieder nach. Wir üben uns in Kompromissen. Er probiert die örtliche Küche, ich lasse ihn nach Herzenslust Trinkgelder geben.

»Larry, was ich dich schon lange fragen will, und ich tu es jetzt, weil wir zusammen Ente essen werden. Hast du eigentlich Verbindungen zum Mob?«

Die Frage scheint ihn zu freuen, gleichzeitig übt er sich in konspirativer Verschwiegenheit. Er steckt sich eine Beano-Pille gegen Blähungen in den Mund und langt nach einem der Melonenwürfel, in denen kleine Plastikdrachen-Zahnstocher stecken. »Ich will nicht, dass es die Runde macht, aber ja«, sagt er und überschüttet mich mit einer Flut von Geschichten, die, wie er sagt, unter uns bleiben müssen. Das meiste ist sowieso zu kompliziert für mich, als dass ich ihm folgen könnte.

Alles, was ich mitbekomme, sind ein paar ausgesuchte Namen und Ausdrücke: »Eine Hundertfünfzig-Prozent-Finanzierung.« – »1992 verschwunden.« – »Unglücklicherweise ebenfalls verblichen.« – »Politisches Asyl für eine russische Freundin.« – »Hat Millionen veruntreut, aber sie konnten ihm nur ein paar unbezahlte Telefonate von Münzfernsprechern nachweisen.« Damit mir von seinen Andeutungen und Anspielungen nicht schwindelig wird, höre ich nicht zu genau hin. Trotzdem, kann es sein, dass er die Leute kennt, die Jeffrey Dahmer im Gefängnis erschlagen haben?

»Aber besser noch als meine Verbindungen zum Mob«, sagt Larry und neigt sich dabei weit über den Tisch, »sind die zu den MM.«

»Du meinst die Motormänner?«

Larry macht »Schschsch!« und dreht sich steif auf seinem Sitzkissen, um zu sehen, wer uns zugehört haben könnte. »Der Mob ist leicht zu infiltrieren. Bei den MM ist es doppelt so schwer, und das muss jetzt ganz unter uns bleiben, weil diese Typen absolut keinen Spaß verstehen.«

Hier ist ein getarnter Bericht dessen, was er mir über die MM erzählt:

»In Miami, ein paar Kilometer südlich von meinem Domizil«, beginnt er, »gibt es einen Allergologen, mit dem ich aufgewachsen bin, und dieser Allergologe hatte einen Patienten, der, wie sich herausstellte, MM-Mitglied war. Der Patient hatte eine verstopfte Nase und kam nicht drauf, woran es lag. Milton diagnostiziert das Problem als die Katze, die im MM-Clubhaus lebt. Der Patient schafft die Katze ab, und voilà, das Problem ist gelöst. Der Patient ist so dankbar, dass er anfängt, andere Mitglieder zu Milton zu schicken, die ebenfalls Allergieprobleme haben. Wer hätte gedacht, dass die MM so empfindliche Nasen haben? Bald schon sitzt Milton in der Klemme. Was soll er mit Patienten machen, die im Grunde Schwerverbrecher sind? Soll er den Mut haben, sie rauszuwerfen? Es dauert nicht lange, und er hat sechs, sieben Mitglieder der MM als Patienten, einschließlich des Chefs des örtlichen Clubhauses, den wir Killer nennen wollen. Sie füllen sein Wartezimmer, in Leder und Ketten, und offenbar finden sie Gefallen an Milton und fangen an, ihm ihre Huren anzubieten, was er regelmäßig ablehnt. Aber Milton ist letztlich ein Weichei, dem diese Nähe zum richtigen Leben einen Kick gibt, und so prahlt er mir bei einer Gelegenheit was vor. Nun, er prahlt nicht wirklich. Eher eine Art Allergologen-Angeberei. Auf jeden Fall hatte ich Probleme mit einer Mieterin, mit der ich schlief. Sie konnte die Miete nicht zahlen wegen zwei Riesen Schulden für Kokain, das ihr irgendein schwarzer Typ in Overton vorgeschossen hatte. Der Kerl wollte aber das Geld nicht. Hübsches kleines blondes Ding, er wollte sie auf den Strich schicken. Sie wusste nicht, was tun, und kam heulend zu mir. Ich nehme sie unter die Lupe und spreche mit ihrer Schwester, einer Ölingenieurin in Sioux City, die mir sagt, sie ist eigentlich ein gutes Mädchen, dass sie aber bis über beide Ohren in Schwierigkeiten steckt. Also sage ich: ›Tammy, mach dir keine Sorgen. Ich kümmere mich darum‹, und lass mir von Milton einen Termin mit Killer machen. Dem lege ich die Situation dar, und sie willigen ein, dem Zuhälter einen Besuch abzustatten. Ich mache den Fahrer.«

Hier unterbricht sich Larry, um sich den Mund anzufeuchten. »Meine Liebe, dürfte ich dich stören und an unsere beiden mittleren Cola erinnern?«, fragt er die Kellnerin, die gerade vorbeikommt, in so beiläufigem Ton, als säßen wir in der Kneipe in seinem Wohnungseigentümerverein. »Ach was, bring gleich die ganze Flasche«, korrigiert er sich.

Larry starrt aus dem Fenster in die schwarze Nacht. »Ich muss sagen, die Lastwagenfahrer hier zielen bemerkenswert schlecht. Sie treffen kaum mal ein Fahrrad«, sagt er, und die

Worte sind noch nicht ganz aus seinem Mund, als eines fällt. Kein ernster Unfall. Die Radfahrerin schlägt sich den Schmutz herunter und droht dem Lastwagen, der sie zu Boden gestreckt hat, mit der Faust.

»Nicht, dass ich dem Burschen auf dem berühmten Foto vom Platz des Himmlischen Friedens was nehmen will, der sich dem Panzer entgegenstellt«, sagt Larry, »aber hier zu sein, gibt mir eine neue Perspektive. Solche Konfrontationen gehören in diesem Land zum Alltag. Das nennt man hier Verkehr.«

»Kommen wir zurück zu deiner Geschichte«, sage ich.

»Im nächsten Teil kommt ein Messer vor«, warnt er mich.

»Wie groß ist es?«

»Von hier bis hier«, sagt er und hält die Arme exakt so weit auseinander, wie unser Restauranttisch breit ist.

»Im Prinzip also ein Säbel?«

»Das ist *dein* Wort«, sagt Larry. »Wessen Geschichte ist das jetzt, deine oder meine? Wenn du an der Reihe bist, kannst du so viele Klischees benutzen, wie du willst, im Augenblick erzähle ich. Fertig?«

»Los doch«, sage ich.

»Wir fahren also nach Overton. Ich bleibe im Wagen. Zehn, fünfzehn Minuten später kommen sie wieder herunter und sagen, alles ist in Ordnung, er zieht am nächsten Morgen zu seiner Mutter nach Chicago. Tammy ist aus dem Schneider. Sie haben ihm das Messer an die Eier gelegt. Sie zeigen es mir, es ist das eben genannte. Sie haben es ihm an die Eier gelegt und ganz leicht reingeritzt, gerade so viel, dass er ins Krankenhaus muss, damit sie ihn mit ein paar Stichen nähen. Waren vorsichtig darauf bedacht, ihm nur einen einzigen Zahn herauszubrechen, als sie ihm die Pistole in den Mund geschoben haben. ›Weißt du, warum wir keine Masken tragen?‹, fragen sie den Zuhälter. ›Die haben wir zu Hause gelassen, weil wir wollen, dass du dich an unsere Gesichter erinnerst. Ja, jede Nacht vorm Einschlafen, für den Rest deines Lebens, sollst du dich an unsere Gesichter erinnern. Kapiert?‹, sagen sie. ›Ramon hier hat eine Narbe auf dem Kinn. Und siehst du, ich habe eine süße kleine Stupsnase. Meine Mutter hat mich immer Stupsnase genannt. Aber du darfst mich nicht Stupsnase nennen. Nicht diese Scheiße. Du darfst mich überhaupt nichts nennen. Du darfst dich nur an unsere Gesichter erinnern und dafür beten, dass Tammy nie was Böses zustößt. Denn wenn ihr jemals was passiert, selbst wenn sie beim Einsteigen in den Bus stolpert, nehmen wir an, dass du der Grund dafür warst, und dann besuchen wir dich. Du bist ihre Versicherungsgesellschaft. Hoffe drauf, dass sie ein schönes, langes Leben hat.‹«

Ende der Saga. Larry fängt an, die Eierschalen vom Gast vor uns zu zählen, von denen der Aschenbecher überquillt.

»Was ist dann passiert?«, frage ich.

»Ich hab's dir doch gesagt, er ist zu seiner Mutter gezogen! Hast du nicht zugehört?« Larry versucht, seinen Ärger zu verbergen, indem er sich über den Tisch lehnt und noch einen Würfel Wassermelone aufspießt.

»Nein, ich meine, mit Tammy.«

»Eine Überdosis sechzehn Monate später. Starb mit der Nadel im Arm. Zu schade, so ein süßes Kind, war nur etwas durcheinander.« Er hebt den eigenen Arm, als die Kellnerin mit zehn Suppenschüsseln auf *ihrem* Arm vorbeischleicht. »Besteht die Möglichkeit, dass wir unsere Sprite bekommen«, fragt er sie mit einem gewinnenden Lächeln.

»Und was wurde aus Killer?«

»Sitzt zwölf bis fünfzehn für den Besitz von Kinderpornos«, sagt er.

»Kinderpornos, sagst du?«

»Ja, Kinderpornos. Lass dir die Ohren mal nachsehen, Dan«, rät mir Larry.

»Also, nun ja, das ist eine erstaunliche Geschichte«, sage ich.

»Tut es mir leid, was ich unternommen habe?«, fragt Larry. »Nein. *Ich habe das Richtige getan.* Dazu kommt, dass ich sechs Monate lang mit der Schwester in Sioux City ging. Stupende Oral-Technikerin. Ist damit umgegangen wie mit einem Waldhorn. Denkst du, es ist unhöflich, die Kellnerin um etwas mehr Ananas zu bitten?«

»Du meinst Wassermelone.«

»Klar, ich bin nicht wählerisch.«

Gerade rechtzeitig wird die Ente herbeigeschoben. Sie sieht aus, als hätte man sie aus einem Teich brauner Glasur gezogen und ihr erst vor zwei Minuten die Kehle durchgeschnitten, etwa als Larry auf den Säbel kam und sie ihn dem Kerl an die Eier legten. Ein Mann in Weiß dreht die Ente um. Er ähnelt einem Chirurgen, ist aber ein Entenzerleger mit OP-Maske, der den Vogel mit großem Geschick aufschneidet. *Schnipp, schnapp, Schnitt.* Er ist so ein Profi, dass ich nicht mal den Atem durch die Gaze vor seinem Mund gehen sehe. Zwei Kellner bereiten den Tisch vor, und einer macht den Fehler, Larry seine Serviette umbinden zu wollen. Larry schlägt ihm auf die Finger und sieht ihn böse an.

So beginnt unser Mahl.

Und dann ist es vorbei. Die Ente war ein Volltreffer. Larry hat seinen Stuhl ein Stück zurückgeschoben und reibt sich befriedigt seufzend Blistex auf die Lippen. Ohne es zu wollen, hat Larry mir bewiesen, dass er einen feineren Gaumen hat als ich, etwa indem er bemerkte, dass die Brusthaut anders schmeckt als die an den Schenkeln. Zudem hat er seinen Göffel sehr geschickt eingesetzt, eine Kombination aus Gabel und Löffel von KFC. Er hat das Ding offenbar immer dabei, wie ein universal einsetzbares Schweizer Armeemesser. Was mich angeht, so versuche ich immer noch, seine Erzählung zu verarbeiten.

»Warum starrst du mich so an?«, fragt er und pokelt mit einem Drachenzahnstocher aus Plastik in einem der Löcher in seinen Zähnen herum.

»Es ist schwer vorstellbar, dass einer aus unserer Familie mit dem Mob oder den MM zu tun hat«, antworte ich. »Siehst du, jetzt hast du mich schon so weit, dass ich ihre Initialen benutze. Aber das will ich nicht. Ich will sie bei ihrem echten bluttriefenden Namen nennen ...«

»Nenn sie, wie du willst«, sagt Larry. »Ich kann dir nur sagen, die Zeit wird kommen, da kriegen sie auch Burton am Arsch.«

»Wow!«, sage ich, schiebe meinen Stuhl zurück und hebe den Arm wie ein Verkehrspolizist. »Was meinst du jetzt damit?«

Larry nimmt die Sonnenbrille ab und gönnt mir einen Mona-Lisa-Ausdruck, der besagt: *Ich drücke rein gar nichts aus.* »Dan, du bist mein Cousin, und nebenbei auch noch mehr oder weniger ein Freund, deshalb werde ich dir einen Gefallen tun und sagen: Kein Kommentar.«

Ich verrenke mir ein weiteres Mal den Muskel in meinem Nacken. Jetzt ist er wirklich gezerrt. »Ich dachte, die Fatwa wäre aufgehoben, Larry. Larry?«

»Da hast du absolut Recht. Das *war* sie«, sagt er und greift nach einem Taschentuch, das als Serviette dient, um sich damit die Schweißtropfen abzutupfen, die sich auf seiner Stirn bilden. »Doch dann wurde sie erneuert.«

»Aber du hast gesagt, sie wäre aufgehoben!«

»Wenn du dich richtig erinnerst, habe ich nicht gesagt, dass sie aufgehoben ist. Ich habe gesagt, sie liegt hinter uns, und das tut sie. Genauer ausgedrückt, hinter Burton, ohne zu anatomisch werden zu wollen.«

»Aber, Larry, jetzt sind wir hier in China und haben ein ganz neues Kapitel aufgeschlagen. Was hat Burton denn bloß getan, das so unverzeihlich ist, dass du nicht davon ablassen kannst?«

Das Mona-Lisa-Lächeln bedeutet, dass er es ernst meint. »Dan, glaube mir, wenn ich dir sage, du willst es nicht wissen. Es reicht zu sagen, dass er versucht hat, meine Mutter zu betrügen.«

»Aber wenn du es mir nicht erzählst, wie soll ich mir dann ein Urteil bilden?«

»Wer erwartet das von dir? Ich weiß, was ich weiß. Das reicht mir.«

Er spießt einen weiteren Melonenwürfel auf und saugt eine Minute lang nachdenklich daran herum. Ein Taxi rast am Fenster vorbei. *Mehr, mehr, mehr, mehr,* schrillt die Hupe.

»Okay, der Grund unterm Strich, um dir die Einzelheiten zu ersparen? Er sagte, ich schulde ihm Geld. Ich sagte, ich zahle es ihm zurück. Um mir eine Lektion zu erteilen, wollte er eine Hypothek auf das Haus meiner Mutter, meinte, das wäre eine Lernerfahrung für mich, eine Erfahrung, an der ich wachsen könne. Kurz gesagt: Meine Mutter starb den übelstmöglichen Tod, weil sie glaubte, sie hätte ihr Haus verloren und Judy und ich hätten kein Dach mehr über dem Kopf. Gegen Ende waren wir Tag und Nacht im Krankenhaus bei ihr, und sie dachte, die einzige vernünftige Erklärung dafür wäre, dass sie alles an Burton verloren hätte und wir nirgends sonst hinkönnten. Ja, sie fantasierte, und wir haben versucht, sie vom Gegenteil zu überzeugen, aber sie ließ sich nicht davon abbringen und starb unter Qualen. Voller Sorgen starb sie, und dafür mache ich Burton verantwortlich. Dafür verdient er alles, was ihm nur zustoßen kann. Deshalb ist nichts aufgehoben.«

»Aber Burton hat das Haus doch gar nicht«, protestiere ich.

»Das ändert nichts. Er hat's versucht.«

»Du musst die Dinge im Ganzen betrachten«, sage ich. »Hast

du mir nicht erst vor ein paar Tagen erklärt, dass du die Heilung für Judys Epilepsie ohne Burton nicht hättest arrangieren können?«

»Absolut. Da war er ein Engel.«

»Warum also …«

»Das war einmal. Es geht um heute.«

Ich spüre, wie mein Gesicht komische Dinge tut. Als wollten meine Augenbrauen ihn überzeugen, rein mit der Kraft, mit der sie sich verkrümmen. Mein Nackenmuskel verkrampft sich immer weiter. »Das FBI hat dich schon beim letzten Mal vernommen, als sie ihm geraten haben, zwei Wochen in dem Motel unterzutauchen. Du bist der Erste, den sie verdächtigen werden.«

Das Mona-Lisa-Lächeln vertieft sich ein wenig, damit der Zahnstocher in eine tiefere Lücke kann. »Sagen wir, ich habe Arrangements getroffen«, sagt er. »Die nach meinem Tod erfüllt werden.«

»Du nimmst mich auf den Arm. Sag mir, dass du mich auf den Arm nimmst.«

»Nein, das ist ja gerade das Schöne daran, denn sobald ich tot bin, voilà, tritt der Plan in Kraft. Dann können sie mir nichts mehr wollen. Nett, wie? Deshalb hoffe ich in gewisser Weise, dass Burton herausfindet, wo ich mich operieren lasse, und es ihm gelingt, mir die Sache zu verderben, weil er sich damit selbst am Arsch kriegt.«

Ich blinzele durch den Rauch von den Tischen überall und klimpere weit mehr mit den Wimpern, als ich will. »Ich nehme an, das Ganze ist immer noch mehr ein Weckruf als eine *Fatwa* Fatwa, wie du sagtest. Burton wird es überleben, richtig?«

»Ja. Ob er es allerdings will, ist eine andere Frage. Kurz gesagt: Es wird eine Lernerfahrung für ihn sein. Wie er mir eine verschrieben hat. Eine Erfahrung, an der er wachsen kann. Er denkt, er regiert die Welt, aber ihm wird klarwerden, dass er in der wirklichen Welt nicht mal eine Ameise ist.«

Ich habe nie so viel Verachtung in einem einzigen Wort gehört, wie er in das Wort »Ameise« legt. Er holt den Zahnstocher aus dem Mund und deutet damit auf mich.

»Und weißt du, was mir am besten gefällt, Dan? Dass er sich in Sicherheit wähnt. Oh, das genieße ich. Das ist mein Meisterwerk. Dafür soll man sich an mich erinnern.«

»Aber, Larry, denkst du nicht, dass etwas Gemäßigteres reichen würde? Burton zum Beispiel vor Gericht zu bringen?«

»Der Papierkram interessiert mich nicht. Es geht um poetische Gerechtigkeit. Er hat mich in den Arsch gefickt, und ich erwidere seinen Gefallen. Und zwar vor seiner Frau. Das ist der Teil, der Killer am besten gefällt. Als Killer von meiner Mutter auf ihrem Sterbebett hörte, meinte er, er könne es kaum erwarten, die Sache persönlich in die Hand zu nehmen. Offenbar hatte auch er ein sehr enges Verhältnis zu seiner Mutter. Nun, darauf habe ich bereits angespielt. Sie nannte ihn ›Stupsnase‹.«

Larrys Blick tanzt hin und her. Schon allein der Gedanke an die Tat lässt seine Augen vor Glück drohend funkeln. Ich habe ihn nicht mehr so lebendig erlebt, seit er zehn war und wie Clint Eastwood durch den Ventilator sprach: *»Ich habe versucht, vernünftig zu sein, ich mochte es nicht.«* Das war sein Lieblingstrick.

Entsetzt fährt mein Blick durch das lila Restaurant. Meine Augen bleiben an einem Fernseher hängen, um sich abzulenken. Auf dem Bildschirm über dem Platz für die Kellner läuft ein Film über Pandas. Was ist das mit diesem Land und den Pandas? Wohin man auch sieht, kauen Pandas auf Selleriestangen, tatschen einander verspielt zwischen die Beine und sind in Positionen zu sehen, die bei jeder anderen Spezies als obszön gelten würden. Einer hat »Panda-Augen«, sagen sie, wenn sie besonders verhangen sind. Aber genug von den Pandas. Ich unternehme eine letzte Anstrengung, mich Larrys Geschichte zu verweigern.

»Du spielst mit mir, richtig? Du hoffst darauf, dass ich Burton davon erzähle, um ihm noch mal eine Höllenangst zu machen, obwohl tatsächlich nichts dran ist an der Sache.«

»Oh, die Version gefällt mir«, sagt Larry. »Das bringt eine nette kleine Dosis Surrealismus mit hinein, die selbst mir nicht eingefallen wäre.«

»Aber es stimmt, oder? Du hast nie wirklich eine Fatwa gegen ihn ausgerufen. Du hast nur Staub aufgewirbelt, um ihn heftig durchzurütteln. Du würdest deinem eigenen Cousin so etwas nie antun, und auch sonst keinem, was das angeht. Du hast gerade selbst gesagt, du wolltest ihm Angst einjagen, und das wäre Strafe genug.«

»Gut. Behalte den Kopf ruhig im Sand. Einigen wir uns auf diese Version.«

»Du hast ein goldenes Herz, selbst für Menschen, denen du rein zufällig begegnest. Ich meine, ich kenne dich mein ganzes Leben, und du bist nicht ... böse ..., oder?«

»Moment, mir gefällt das andere Szenario. Dabei belassen wir es. Warum wollen wir uns diesen netten Entenschmaus am Freitagabend verderben. Einen guten Schabbes übrigens. Wir sollten Pekingente zu einer Art Freitagstradition machen.«

Die Verweigerung ist vorbei. Ich bin auf einer der nächsten Stufen des Trübsinns angekommen – Depression – und überrascht, wie schwach und demütig meine Stimme aus mir hervordrängt. »Ich hatte wirklich gedacht, die Fehde wäre beigelegt.«

»Nicht beigelegt. Sie ruht. Aber ich habe gute Nachrichten.«

»Und die lauten?«

»Ich habe die Sache verfeinert. Ich will jetzt, dass alles gefilmt wird, damit man es auf YouTube sehen kann.«

»Larry, ich muss dir sagen, das dreht mir den Magen um.«

»Keine Sorge. Es kostet weniger als einen Riesen. Killer hat mir einen Rabatt gegeben …«

»Es geht mir nicht darum, wie viel du dafür auf den Tisch blättern musst, Larry! Es ist der Gedanke, dass du einem Verwandten körperlichen Schaden zufügen willst. Oder sonst jemandem!«

Wann habe ich je Augen gesehen, die so fröhlich todbringend waren? Und dann sehe ich ihn vor mir. Auf der Beerdigung seines Vaters. Da stand ein Mann mit am Grab, den niemand kannte. Er stand direkt neben dem Sarg und wartete geduldig darauf, dass Sam in die Erde hinabgelassen wurde. Als es so weit war, war er der Erste, der nach der Schaufel griff und dem traditionellen Ritus folgte, Erde auf den Sarg zu werfen. Nur, dass er es mit zu großer Begeisterung tat. Es soll eine symbolische Handlung sein, ein widerstrebendes Hinabregnenlassen von Erde, doch dieser ächzende Fremde hievte fünf, zehn, fünfundzwanzig Schaufeln ins Grab: Er hörte nicht auf, bis sein Hemd schweißnass war, und erst nach der Zeremonie kam mir der Gedanke, dass es sicher jemand gewesen war, mit dem Sam eine Blutfehde gehabt hatte. Vielleicht schon Jahrzehnte vorher musste sich der Mann geschworen haben: »Ich schaufle Erde auf deinen Sarg!«

Wer weiß, vielleicht hat das den Mann die ganzen Jahre am Leben gehalten. Und vielleicht auch Sam.

Wie primitiv, diese Rachegeschichten. Die Leute damals im Stetl haben es mit dem Zurückzahlen ernst genommen.

Larry beobachtet mich mit einem hintergründigen Lächeln um die Lippen. Er gleicht der Mona Lisa mehr, als es die tatsächliche Mona Lisa tut, und jetzt begreife ich etwas, was Leonardos Modell betrifft, das ich bisher nicht gesehen habe. Sie ist nicht einfach nur hintergründig. Sie schmiedet Ränke. Hinter diesem berühmten rätselhaften Lächeln plant sie einen Angriff auf ihren Cousin und will einen anderen Cousin gegen dessen Willen zum Mittäter machen.

»Wenn ich es recht überlege, Dan, schlägst auch du hier gleich zwei Fliegen mit einer Klappe«, sagt er.

»Wie das?«

»Du dachtest, du fährst nach China, um einen Cousin zu retten. Und wenn es dir gelingt, rettest du auch Burton, wenigstens vorläufig. Zwei für den Preis von einem ...«

Kapitel 13

Liebe Florida Power & Light

19. September
Liebe Florida Power & Light,
mir ist zu Ohren gekommen, dass Sie trotz meiner Bitten den Strom in meiner Eigentumswohnung noch nicht wieder angestellt haben, weil sie anscheinend glaubten, ich hätte meine Rechnung nicht bezahlt. Der Scheck ist in der Post. Bitte setzen Sie die oben spezifizierte Entlastung fürderhin in Kraft.
Hochachtungsvoll,
Larry Feldman

Fünf Tage sind vergangen. Nach Larrys Ausführungen bin ich auf einer weiteren Stufe des Trübsinns – Benommenheit – angekommen und versuche zu ergründen, wie ich es geschafft habe, mich in eine Folge von *Die Sopranos in Asien* zu manövrieren. (Der Titel dieser Folge: *Rettet Dan das Leben eines Monstrums?*) Larrys Herrschaft über mich ist total: Mein Entsetzen hat mich in einen Zustand der Unterwerfung versetzt. Seine Eröffnung, dass er seine Fatwa nicht aufgehoben hat, hat bei mir wie eine Bombe eingeschlagen, und mir ist bewusst, dass ich damit jetzt praktisch ein Mittäter bin. Ich fühle mich mental ausgehebelt. Ich tauge nur noch zu Larrys Diener. Er diktiert, ich schreibe:

19. September
Liebe Mary,
nun liege ich hier im Krankenhaus und kann nur warten. Ich fühle mich wie ein Gefangener, aber noch schwerer wiegt, dass ich nicht mit dir kommunizieren kann. Besteht die Möglichkeit, dass du schon bald zu mir zurückkommst? Natürlich werde ich all deine Ausgaben übernehmen und noch einiges mehr. Bitte lasse mich wissen, wie viel Geld du brauchst, und Dan wird es zu dir auf den Weg bringen.
Mit meiner ganzen Liebe,
Larry

Eines ist klar: Als oberster Herrscher ist Larry in seinem Element. Die Bekanntgabe der Fatwa hat seine kreativen Energien freigesetzt, die noch weiter von den nachgemachten Do-Si-Do-Erdnussbuttersandwich-Keksen genährt werden, die ich in einem örtlichen Lebensmittelladen aufgestöbert habe. Sein Blutdruck ist herunter auf hundertneunzig zu hundertzwanzig, seine Laune stur-optimistisch, sein Körper schwach, und sein Tatendrang wächst ins Unermessliche. Mit seiner Schildpattbrille und den Unternehmerlaufschuhen auf den seidendünnen Krankenhauslaken hockend, führt er durch mich seine Geschäfte und spielt sich auf wie der Ayatollah des neunten Stocks. Seit er angeordnet hat, die Klimaanlage völlig auszuschalten, welke ich im spätseptemberlichen Glutofen Zentralchinas dahin, derart entrechtet, dass ich schreibe, was immer er auch diktiert.

20. September
Liebe Netflix,
Sie müssen mich mit einem anderen Larry Feldman verwechseln. Ich habe alle *Dirty Harry*-DVD-Boxen bereits vor acht oder zehn Monaten zurückgeschickt. Wenn Sie darauf bestehen, mir

die Fehler eines anderen in Rechnung stellen zu wollen, bleibt mir keine Wahl, als davon abzurücken, auch weiter Ihr Kunde zu sein und/oder ohne großes Getue gerichtliche Gegenanschuldigungen zu erheben.

21. September
Liebe Neuerfindungs-Dokumentationsstelle,
danke für die ermutigenden Worte. Ich habe tatsächlich eine neue Erfindung, und zwar eine, die Sie, wie ich denke, mit großem Marktvorteil herausbringen können. Beiliegend finden Sie meinen Businessplan für meinen neuesten Vorschlag sowie einen Barscheck für die Kosten der Registrierung. Es ist mein fester Glaube, dass Glücksgummis, neuartige Kondome mit Prophezeiungen im chinesischen Glückskeksstil, ein wirkliches Erfolgsprodukt für die schwule Bevölkerung wie auch für normale Menschen sein kann.

Manchmal kann ich nicht mal mehr sagen, welche Briefe ich für ihn schreibe und welche ich erfinde, nur um bei Verstand zu bleiben. Mitunter vergesse ich auch, wo ich bin, wenn ich schwitzend in seinem Zimmer hocke, nachdem ich ein weiteres Mal Leib und Leben riskiert habe, um notdürftig extra Laken gegen das Gleißen des Smogscheins, das ihm in den Augen schmerzt, an seinem Fenster aufzutakeln. In der trüben Düsternis, die Tag und Nacht von den geflüsterten arabischen Kehllauten auf *Al Jazeera* untermalt wird, verschwimmt mir meine mittelöstliche Geografie, und ich glaube mitunter, mich mit den Taliban in einer afghanischen Höhle zu verstecken. Nur das periodische Hereinwehen chinesischer Schwesterngroupies vertreibt das Wüstentrugbild. (*»Lar-ry! Lar-ry!«*, singen sie, wenn er sich außerhalb seines Zimmers sehen lässt und über den Korridor zur Waage humpelt. Er hebt die Finger zum Victoryzeichen, wie der alte Winston Churchill.) Das und das regelmäßige Auftauchen des KFC-Boten Artie, der Zähne wie Cembalotasten hat und jedes Mal mit Larry abklatscht, wenn er ein neues Double-Crunch-Sandwich mit Barbecuesoße bringt.

Artie zu Larry: »Professor, sehen nur, Sie beide jetzt gleiche Größe!«

Larry zu Artie: »Ja, ich glaube, das ist zum ersten Mal seit meiner Bar-Mizwa so. Was soll ich nur sagen? Unser Dan ist so dünn, dass ihm die Shorts von den Hüften rutschen.«

Oder erfinde ich das alles nur? Tagträume sind meine einzigen Fluchtpunkte geworden, lebensrettende Druckventile, die meinen Gedanken, neben anderem, erlauben, in eine Zeit zurückzuschalten, als der ganze Clan noch miteinander auskam: Sam verteilte Silberdollars, Klein-Larry gab mit seiner Klappmessersammlung an und Burton tätschelte ihm den Kopf und sagte: »Gott, ist der goldig.«

23. September
Liebe Florida Power & Light,
ich möchte Ihnen zur Kenntnis bringen, dass ich den vorliegenden Schenkungsurkunden zufolge 45 Pfund vom teuersten Beluga-Kaviar in meiner Gefriertruhe habe. Wenn auch nur ein Gramm davon verdorben ist, weil Sie den Saft abgedreht haben, informiere ich Sie hiermit, dass ich vorhabe, finanzielle Entschädigung zu verlangen, und zwar in Höhe von nicht weniger als $ 85.000,–.

Mittlerweile macht mir die Verschmelzung zwischen uns, dem Herrn und seinem Diener, nicht länger Angst. Ich akzeptiere sie einfach. Dass wir ununterscheidbar voneinander sind, ein einziges Wesen mit Neigung zum Borderline-Psychopathen, wird auch unten an der Kasse ohne Bedenken akzeptiert, wann immer ich etwas von Larrys Geld in sein ständig heißhungriges Abrechnungskonto einzahle. Wenn ich die Speicherkarte aus seiner Kamera nehme, um seine Bilder auf meiner zu sichern, habe ich das Gefühl, zwangsweise ein Hirnimplantat zu bekommen. Wenn ich mich in sein E-Mail-Konto einlogge, um seine Korrespondenz zu erledigen, komme ich mir vor, als schlüpfte ich in seinen Körper, wie Patrick Swayze in *Ghost – Nachricht von Sam* in den von Whoopi. Ist die Verschmelzung so gut wie abgeschlossen? Hallo, spreche ich schon so wie er? Ich bin sein Lakai, den er politisch inkorrekt womöglich seinen persönlichen Kuli nennt, Gefangener seiner Mini-Sagas, die ich nicht länger zu orchestrieren vermag und die mehr denn je päpstlichen Bullen gleichen. Völlig ausgestaltet und eigenständig unterliegen sie nicht den normalen Regeln des Diskurses.

LARRY ÜBER SEINE EIGENE ETHNISCHE GRUPPE

Kaum einmal habe ich einen Juden getroffen, den ich nicht respektiert hätte. Ich sage nicht »gemocht«, ich sage »respektiert«. Bestimmte Familienmitglieder ausgenommen. Oh, und nicht in Vegas, das hauptsächlich von unrespektierbaren Juden und unrespektierbaren Italienern bevölkert wird, beide in Hawaiihemden.

LARRY ÜBER DIE LÖSUNG DES NAHOST-PROBLEMS

Wo wir schon dabei sind, kann ich dir auch gleich meinen Friedensvorschlag für den Nahen Osten erläutern. Wenn ich der Verhandlungsführer wäre, würde ich als Erstes Jerusalem stark vergrößern. Neunzig Prozent der Altstadt geht an die Juden, neunzig Prozent der Neustadt an die Palästinenser. Der neue Teil kann ein Dreckhaufen sein, sie müssen nur ein Stück Land bekommen, und die Israelis sollten dafür verantwortlich sein, es für sie zu entwickeln. Sie wollen eine Heimat – schaffen wir ihnen eine. Den Kuchen vergrößern, nennt man das.

LARRY ÜBER PRIVATNACHHILFE FÜR SEINE STUDENTINNEN

Ist es, nur weil ich meinen Unterricht ernst nehme, unter meiner Würde, von den Vorteilen Gebrauch zu machen, die sich einem privaten Tutor meiner Studentinnen bieten? Ich habe deine Neugier in diesem Punkt vorausgesehen. Und die Antwort lautet: Ist es nicht. Ich meine, es ist nicht die gängige Praxis, nur gelegentlich, besonders mit denen aus der Dominikanischen Republik. Aus irgendeinem Grund sind das die, die immer schon nach der ersten Stunde zu dir kommen und dich für extra Hilfe zu sich einladen. Die fünf Mitbewohnerinnen, eine süßer als die andere, wissen dann, dass sie sich dünnezumachen haben.

Weiter und weiter geht es mit den Abhandlungen, so unablässig, wie die Wolken elfenbeingrauen Smogs durch das Krankenhausfenster dringen, pelzig und drückend. Ich bin so kraftlos, dass jedes gelegentliche Protestgeräusch, zu dem ich mich aufraffe, gleich niedergewalzt wird, ohne dass er versuchen würde, seinen Sarkasmus und seine Herablassung zu zügeln.

Ich: Willst du, dass ich Marys Onkel noch einen Brief schreibe und ihm wegen *chinesepridemall.com* Honig um den Bart schmiere?

Larry: Ja, Dan, es sei denn, du hast schon wieder eine Schreibblockade.

Ich: Mit Verlaub, *Chinese Pride, Emerald Isle Pride,* all diese Websites, die du ausheckst – glaubst du tatsächlich an die?

Larry: Was hat mein Glaube damit zu tun? Es geht ums Geschäft. Glaube ich an *Eskimo Pride,* nur weil ich eine Website besitze, die *igloopower.com* heißt? Theoretisch, klar, warum nicht, aber emotionale Aktien habe ich da keine. Habe ich in *Gay Pride* investiert? Ich will dich nicht auf falsche Gedanken bringen, also muss ich zugeben: nicht so viel. Nichts gegen Schwule, wenn ich auch mal stundenlang hinter einer Gay-Pride-Parade festsaß und mich gefragt habe, ob Tunten so stolz sein müssen. Aber *Chinese Pride* könnte der größte Coup von allen werden, jetzt, wo ich hier bin und sehe, was diese Menschen brauchen. Marys Onkel ist jemand, mit dem ich meinem Gefühl nach zusammenarbeiten könnte. Er sagt nicht viel, aber er weiß, wo's langgeht.

Währenddessen wird stündlich weiterdiktiert und die Entartung unseres Lebens aufgezeichnet.

> 25. September
> Liebe Kollegen und Enkelkinder,
> gestern kam es zu einer wichtigen Entwicklung, über die ich sehr unglücklich bin. Ich habe selbstständig das Krankenhaus verlassen, um einen kleinen Spaziergang zu unternehmen, aber offenbar denken die Machthaber dieser Institution, dass ich fliehen wollte, und bestehen darauf, dass mein Untergebener Dan ins Gästezimmer meiner Suite zieht, um ein Auge auf mich zu haben. Es stimmt, dass ich auf der Straße gestürzt bin und mir ein paar ziemlich beeindruckende Schrammen an Ellbogen und Knien geholt habe, dennoch ärgert es mich, dass Dan jetzt noch mehr hier bei mir sein soll. Er belegt das gute Sofa mit Beschlag und verfolgt alles, was ich mache, mit diesem Oberklassen-Akzent, den er nun mal hat. Wenn einer oder alle von euch an das Krankenhaus schrieben, um ein Wort für mich einzulegen, würde ich euch nicht aufhalten.

Ja, es stimmt, ich bin seine Geisel, und er ist meine. Ich bin aus dem Super 2 noch nicht ausgezogen, aber ich verbringe mehr Zeit in der Krankenhaussuite als irgendwo sonst. Häufig übernachte ich auf dem Sofa in seinem Gästezimmer, ganz so wie nach dem College. Mein Leben ist Larry, ständig: Ich rieche ihn in meinen Kleidern, ich träume ihn in meinem Schlaf. Nachts ruhen unsere Köpfe an den gegenüberliegenden Seiten derselben Krankenhauswand und vollenden die Gedankenverschmelzung. Tags sitze ich auf dem Plastikschalensitz meines Schulstuhls und schreibe.

26. September
Liebe Candey-Blossoms-Kandidatin AZ418B,
bitte sei beraten, dass ich weder jetzt noch in der Vergangenheit um eine romantische Tändelei mit dir gebeten habe. Du klingst wie ein nettes Mädchen, aber ich bin zufrieden mit der, die ich habe. Dazu bist du Koreanerin, und ich spezialisiere mich gegenwärtig auf China, auch wenn du sehr überzeugend hervorhebst, dass Koreanerinnen über ein fortgeschritteneres Modebewusstsein verfügen als Chinesinnen. Ich danke dir für deine Erwägung, aber bitte keine Liebesbriefe mehr.

Was den Stein des Anstoßes angeht, der wie ein Damoklesschwert über mir hängt, so verlieren wir kein Wort über ihn. Die Fatwa ist einfach da und erfüllt Larry mit einem inneren Leuchten. Zwischendurch, wenn ich denke, er schläft, werfe ich schnell einen Blick ins Internet und versuche, mir Einblicke in das Thema zu verschaffen. Ich google die Geschichte der Motormänner und/oder grabe merkwürdig sachdienliche Definitionen aus.

cozen ['kʌzn]: betrügen, irreführen, hintergehen, gewöhnlich mit kleinen Tricks; viell. a. d. Franz. *cousiner*: betrügen; wörtl.: behandeln, als wäre man ein Cousin (behaupten, ein Cousin zu sein, um zu betrügen).

Ich bin schon so sehr zu diesem Mini-Ich geworden, dass ich mich bei dem Gedanken erwische: Vielleicht hat das Leben eines Waffenhändlers ja *wirklich* etwas Gutes. Ist es nicht auch der Beruf, den Rimbaud ergriff, als er mit neunzehn als Dichter abtrat? Wie schlecht kann er da sein? Larrys schlurfender, stolpender Schritt kommt mir mittlerweile lässig vor, und selbst die Fatwa scheint mir einen verrückten Sinn zu ergeben. Larry ist kein übles Monstrum. Er hat nur die perfekte Rache für sein benachteiligtes Leben ausgeheckt. Sie ist tatsächlich perfekt. Burton war das erste Goldkind der überprivilegierten Generation, von der Larry ausgeschlossen wurde. Indem er es Burton heimzahlt, zahlt er es dessen ganzer Generation reicher Schnösel heim, mich eingeschlossen.

Und indem er mich in die Sache mit einspannt, macht er mich zum Mittäter gegen mich selbst.

Nur eines kann mich da wieder herausholen: zu sehen, wie Jade mit beiden Beinen aus dem aus Peking kommenden Hochgeschwindigkeitszug springt, um uns zu besuchen.

»He da, 24.«

»Hallo, 84.«

Es rührt mich, wie klein sie ist, als wir uns auf dem Bahnsteig umarmen. Ich trete einen Schritt zurück und staune, wie viel von ihr ich bereits vergessen habe (oder nicht genügend bemerkt hatte): diese länglichen Nasenlöcher, die Bläschen zwischen den Zähnen, die sich immer wieder selbst erneuern. Es ist entzückend, was sie beim Sprechen mit ihrer Zunge macht. Manchmal leckt sie sich kurz über die Unterlippe, die daraufhin glänzt, als hätte sie Lippenstift aufgetragen. Dann wieder rollt sie die Zunge fast schon verschmitzt neben den Backenzähnen zusammen. Wie habe ich das bisher nur übersehen können?

Und sie ist so glücklich! »Ich gebe einen Schubs«, sagt sie und stupst mich leicht an die Schulter.

»Ich auch«, sage ich und erwidere die Zärtlichkeit, oder was immer es sein soll. Das macht sie noch glücklicher, und ihr Gesicht ist mir gleichzeitig vertraut und neu. Sie ist so lebhaft, dass ich kaum mit ihr mitzuhalten vermag. Aber dann noch eine letzte, flüchtige Umarmung, und ihr Gesicht verdunkelt sich unversehens.

»So viel Sorge um Sie und Larry!«

Also brechen wir auf.

Im Taxi vom Bahnhof führe ich eine stumme Unterhaltung. *Cooler Gott! Du, der Du ›Situation bestens‹ geschaffen hast! Danke für die Frauen, die Du mir schickst. Wo wären wir Männer ohne sie? Frauen haben dafür gesorgt, dass ich dieses Krankenhaus gefunden habe, Frauen kümmern sich um Larry, Frauen tun alles, außer dass sie mir ein Pausenbrot einpacken und Milchgeld mitgeben! Wie um alles in der Welt hast Du sie so stark und liebevoll machen können? In den letzten Tagen habe ich sogar E-Mails von meinen alten asiatischen Flammen bekommen, von Corazón & Co., die mir vergeben ... und dann auch noch fragen, was sie tun können, um mir zu helfen! Oh, gütiger Gott, den ich preisen will, der die Leidenschaft zweier verrückter Liebender zur rechten Zeit abkühlet und die Ordnung zwischen zwei Cousins wiederherstellet, wo wäre ich ohne DICH?*

Auf Jades Wunsch hin fahren wir direkt zu Larry. Ich schiebe sie in unsere lakendunkle Höhle, schieße Ring-Ding-Papier aus dem Weg und schließe die Tür zum Bad, damit keine vagabundierenden Gerüche ihre zitternden Nasenovale beleidigen können. Jemanden auf meiner Seite zu haben, der die Dinge etwas objektiver betrachtet, erlöst mich aus der Benommenheit, in der ich seit der Schabbes-Ente dahinvegetiere. Ich gewinne die Kontrolle über mich zurück.

Der entthronte Ayatollah schnarcht. Jade betrachtet ihn

zärtlich, verdrießlich, mütterlich – seine Gestalt nur mehr ein Fötus unter einer Decke, die sein Atem erschaudern lässt.

»Sie jetzt wirklich hier wohnen?«, flüstert sie. »Ich denke, Sie mich aufziehen.«

»Nein, dafür ist es zu ernst.«

»Warum Handy in Kleenex-Dose?«

»Damit er es nicht verliert, zusammen mit seinen wichtigen Dokumenten.«

»Warum Zettel mit Hinweisen überall an Wänden?«

»Um ihn daran zu erinnern, wo die Kleenex-Schachtel ist.«

Jade schätzt die Situation mit einem Ernst ein, den ich noch nicht an ihr kenne. »Oiweh«, schließt sie. »Was sagt Dr. X über Situation?«

»Wir haben ihn noch nicht sehen können.«

»Ma?!«, ruft sie heiser flüsternd. »Aber das ist der Handel. Sie hier wegen Dr. X.«

»Wir halten uns an die Regeln.«

Jade registriert meine hilflose Miene und trifft eine Entscheidung. »Egal«, erklärt sie. »Wir gehen zu Dr. X jetzt, bekommen die frische Neuigkeit.«

Sofort wacht Larry auf. »Ich komme mit«, sagt er.

»Patient spioniert uns!«, lacht Jade und gibt ihm einen Kuss auf die Wange. »Sie hören alle unsere Staatsgeheimnisse.«

»Hawwo, Jade, hawwo, Dan«, sagt Larry. An seinem Tonfall merke ich, dass wir zu unserem alten Kräfteverhältnis zurückgekehrt sind. Seine Terrorherrschaft ist vorüber.

»Aber wir haben keinen Termin«, sage ich.

»Wir jagen ihn!«, sagt Jade.

Larry und ich wechseln einen skeptischen Blick. Es ist der erste Blickkontakt seit einer Woche. Warum ist *uns* das nicht eingefallen?

»Übrigens, Dan, keine Angst, dass ich mich falsch benehme«, sagt Larry, während Jade und ich ihm in seine Sonntagssachen helfen. »Ich habe ein Verhalten genau für Situationen wie diese eingeübt, eine einzigartige Mixtur aus Unterwürfigkeit und Bestimmtheit, die dir gefallen wird, wie ich denke.«

»Halt im Zweifelsfall lieber den Mund«, warne ich ihn. Tut mir leid, wenn das unfreundlich herauskam, aber ich habe eine finstere Woche hinter mir, und bei diesem Treffen steht so viel auf dem Spiel, dass wir es uns nicht leisten können, Theater zu machen.

»Aye, aye, Käpt'n«, antwortet Larry gutmütig. »Ich bezweifle, dass du auch nur einen Piep von mir hören wirst.«

Ich lasse noch nicht locker. »Was immer du tust«, sage ich und gehe ins Bad, um mich fertig zu machen, »versuche ihm keine Erfindungen zu verkaufen.«

»Großes Pfadfinderehrenwort«, sagt Larry und schenkt mir ein Lächeln, das charmant sein soll.

Wir sind im ersten Stock und halten den formell gekleideten Larry bei den Ellbogen. Jade fährt mit dem Finger über eine Liste chinesischer Zeichen auf einem hinter Glas aufgehängten Übersichtsplan an der Wand, nickt, und wir machen uns auf durch ein Labyrinth von Fluren, bis wir vor der entsprechenden Zimmernummer stehen.

Das Licht unter der Tür lässt vermuten, dass Dr. X da ist. Larry legt die Hand auf meinen Arm, als ich anklopfen will, damit er sich erst noch drei kleine Dove-Schokoladen in den Mund stecken kann. »Energie«, erklärt er mir.

»Bist du sicher, dass du in der nötigen Verfassung bist?«, frage ich.

»Gib mir dreißig Sekunden«, sagt er und schiebt noch drei hinterher. Dann endlich: »Los doch.«

Als ich gerade klopfen will, kommt es jedoch zu einer weiteren Verzögerung. Larry starrt mich an, als hätte ich mich vor seinen Augen in einen Truthahn verwandelt.

»Du hast deinen Ohrring herausgenommen«, sagt er.

»Du hast es also gemerkt.«

»Manchmal bin ich noch auf der Höhe, Dan.«

»Eigentlich nehme ich meinen Ohrring für nichts und niemanden heraus«, gebe ich zu. »Nicht, wenn ich Staatsoberhäupter interviewe oder auf einem Psychotherapeutenkongress spreche, niemals. Aber dieses eine Mal will ich sicher sein, alle Störimpulse auszuschließen.«

»Ich weiß das zu schätzen«, sagt Larry. »Wir haben es mit einem sehr geradlinigen Individuum zu tun.«

Ist Larry auch aufgefallen, dass ich mit Mundwasser gegurgelt und meine Nägel gebürstet habe? Seit dem zweiten Treffen mit dem Kidnap-Taxifahrer habe ich nicht mehr solche Vorkehrungen getroffen. Aber was ist, wenn Dr. X doch noch einen Anruf von einem Nephrologenkollegen aus Harvard bekommt, der nicht kapiert, dass er sich damit den Garaus macht, und es für wenig ratsam hält, mit der Sache fortzufahren? Ich brauche alle Glaubwürdigkeit, die ich aufbringen kann.

Larry und ich, wir holen beide tief Luft. Nur Jade wirkt unbeeindruckt und völlig gefasst.

Wir klopfen.

Und werden in ein vornehmes Büro eingelassen. Entlang der Seitenwände stehen Adler und Papageien aus Keramik. Dazwischen sind teure, ungeöffnete Flaschen Scotch aufgereiht, noch mehr Schaustücke. Der Rest der Wände ist mit gerahmten Fotos eines weltmännisch lächelnden Dr. X behängt, neben Scheichs und internationalen Vorstandsvorsitzenden. Der Dr. X vor uns lächelt weniger weltmännisch. Genauer gesagt, lächelt er überhaupt nicht. Er wirkt wie der strenge ältere Bruder des netten Mannes auf den Fotos.

»Ihr Land gibt uns viele Probleme«, beginnt Dr. X, nachdem er uns gebeten hat, Platz zu nehmen.

Ich schlucke.

»So viele schlechte Worte, Gerüchte über das, was wir tun. Sie nennen uns Mörder! Sagen, wir töten Studenten für die Nieren! Mitglieder der Falun-Gong-Gesetzlosensekte. Wir töten niemanden. Nur Mörder-Verbrecher, die es verdienen!«

Das läuft gar nicht gut. Ich sehe Jade an, bekomme aber keine Reaktion. Liegt da Demut in Larrys Ausdruck? Aber auch er zeigt keine erkenntliche Reaktion. In den vier Ecken des Zimmers stehen Topfpflanzen aus Plastik und scheinen stolz darauf, aus Plastik zu sein. Ein leichter Toilettengeruch hängt in der Luft.

»China ist nicht so schlecht«, fährt Dr. X schimpfend fort. »Ich bin kein Parteimitglied, aber ich glaube, dass unser System für Chinesen das beste ist. Keine absolute Freiheit wie bei Ihnen, aber nach und nach. Wir haben über zweitausend Jahre alte Geschichte. Geben Sie China Zeit. Vielleicht fünfzig, hundert Jahre, und wir sind wie Sie. Aber nicht jetzt. Wollen Sie, dass wir implodieren wie Sowjetunion? Nein, langsam, langsam ist der Schlüssel, und auch ruhig, ruhig. Verstehen Sie?«

Ich verstehe. Ob Larry es auch tut, kann ich nicht sagen. Was Jade angeht ... Ich habe sie noch nie so undurchschaubar erlebt. Ihre Augen schlucken Licht und Szenerie, ohne etwas preiszugeben.

»Und machen Sie kein Foto von mir mit Handy, wenn Sie so tun, als schreiben Sie Textnachricht! Keine solchen Tricks, ich bin nicht gestern geboren ...«

»Nein, sicher nicht«, sage ich.

»Letztes Jahr war einfach«, fährt Dr. X fort. »Ich verpflanze einhundertfünfzig Nieren in wichtige Menschen aus der ganzen Welt. Wenn ich das tue, werden sie Freunde für das Leben. Sie helfen mir. Eine Hand wäscht andere, verstehen Sie?«

Für den Fall, dass nicht, hängt da ein gerahmtes milchiges

Foto von Dr. X, wie er einem berühmten amerikanischen Radikalen aus den Sechzigern, den ich fast erkenne, die Hand schüttelt und die beiden sich angrinsen. Ich erinnere mich nicht: Was hat der Mann noch getan, um auf Nixons Radikalenliste zu kommen? Und wo habe ich diese Keramikpapageien schon mal gesehen?

»Dieses Jahr ist sehr schwierig. Deshalb ist allererste Wichtigkeit Schweigen. Ich sage Regierung nicht, dass ich Westler operiere. Ich arbeite geheim. Wenn die Regierung erfährt, dass ich eine Niere für Westler brauche, geht sie mit Messer an mein Programm. Sie schließt Klinik. Also Nummer eins ist Schweigen. Sie müssen mein Programm schützen.«

»Ich werde bei der Wahrheit bleiben.«

Das zu sagen ist ein taktischer Fehler, der mir sofort vorgehalten wird.

»Keine Wahrheit, keine Lügen. Nur Schweigen. Sonst kann ich keine Erlaubnis bekommen, Ausländern zu helfen. Nicht Ihrem Cousin. Niemandem.«

»Nein, natürlich nicht, ich verstehe.«

»Nur Schweigen ...«

Wie zur Antwort senkt sich Stille über uns. Genau, wie vom Doktor befohlen. Ich kann die alte Standuhr in der Ecke ticken hören, zweifellos das Geschenk eines dankbaren Tycoons. Tick, tick ... tack.

Bin ich nicht richtig angezogen? Gut, ich habe meinen Ohrring herausgenommen, aber der Rest meines Geschäftsoutfits lässt zu wünschen übrig. Das Hemd steckt nicht in der Hose, mein Kinnbart ist seit meiner Ankunft in China nicht gestutzt worden und mein Hut ist durch seine Begegnung mit der hiesigen Luft längst nicht mehr so weiß, wie er einmal war ... Kein Wunder, dass sich Dr. X vor allem an Larry und seinen albanischen Zwirn richtet. Jedes Mal, wenn er den Kopf in meine Richtung wendet, hält er die Augen geschlossen.

Wenigstens haben wir noch unsere gefälschten Promi-Armbanduhren …

Tick, tick … tack.

Links von mir entsteht ein Geräusch. Ein Ochsenfrosch wärmt sich auf, mit so niedrigen Tönen, dass ich sie im ersten Moment nicht erkenne. Dann wird mir bewusst, dass sie aus Larrys Kehle kommen.

»Mir ist eben aufgefallen, dass Ihre Bürotür völlig ungesichert ist«, sagt er.

»Wofür brauche ich Sicherung?«, sagt Dr. X gereizt. »Wir haben Wachmänner an der Tür, und viele wandern durch das Gebäude …«

»Weil jeder, der hier im Krankenhaus ist, ungestraft in Ihr Allerheiligstes eindringen kann«, informiert Larry ihn ausdruckslos. »Was Sie brauchen …«

Entsetzt verfolge ich, wie Larry Dr. X mit einer Beschreibung seines »Schein-Sicherheitssystems« bedenkt, einer aufwändigen Wandplatte mit Plastikknöpfen in Schwarz, Gelb und Rot. »Aber keine Kabel, keine Sicherungen, kein Strom«, informiert Larry ihn. »Neben der Wandplatte, die Sie in den meisten Haushaltswarenläden für neunundneunzig Cent bekommen, und noch mal sechzehn Cent für die Dekoration, ist da nichts.«

Dr. X scheint lange darüber nachzudenken. »Nichts?«, fragt er schließlich.

»Das ist das Schöne an meinem System«, sagt Larry. »Es sendet keinen stummen Alarm aus, um die Polizei zu benachrichtigen, und setzt keine Sirene in Gang, die den Nachbarn Angst macht. Es tut nichts, als den Straftäter sich das Schlimmste einbilden zu lassen.«

Ich schieße einen warnenden Blick in Larrys Richtung, der besagt: *Was ist mit deinem Pfadfinderehrenwort?*, und er antwortet mir mit einem *Was wissen Pfadfinder schon über den Aufbau persönlicher Beziehungen?* ... und behält ansonsten seinen ausdruckslosen Blick bei.

Dr. X schiebt seinen Stuhl zwei Zentimeter zurück. »Wie schließe ich es an?«

»Mit Doppelklebeband.«

Dr. X lockert seine Gesichtsmuskulatur, und zum ersten Mal erahne ich, dass es ein angenehmes Gesicht sein kann – zumindest wenn es uns in die Liga der wohlgenährten Vorstandsvorsitzenden einordnet. »Wie viele kann ich kaufen?«

»Das ist nicht nötig«, sagt Larry. »Wenn Sie wollen, lasse ich Ihnen vier Dutzend per Express schicken, kostenfrei.«

Larry erlaubt einem winzigen Lächeln, sich auf seinen Zügen niederzulassen. Dr. X tut das Gleiche und steckt den Filter einer Benson & Hedges hinein, die Larry ihm ungefragt anzündet. Das Streichholzbriefchen des Cosmos Club lässt er sich selbst zugewandt auf dem Tisch liegen, so dass Dr. X sich etwas Mühe geben muss, die Schrift zu entziffern.

»Ich mag die Art, wie dieser Mann denkt«, sagt Dr. X wie zu sich selbst, stößt gelben Rauch aus, studiert das Streichholzbriefchen und entlässt eine noch gelbere Rauchwolke in den Raum vor sich. »Aber zur Sache: Ich brauche beste Niere für diese Situation, passend und jung. Ich habe schon möglichen Spender nach Krankheit überprüfen, Aids und so weiter.«

»Moment mal«, sage ich vorsichtig. »Heißt das, wir kommen voran?«

»Ich helfe Ihnen, weil Sie Freunde von Freunden, aber Sie bewahren das Geheimnis ist erste Priorität. Ich mag Amerikaner, nur bitte, nicht noch mehr Amerikaner! Sie bekommen letzte Niere in China.«

Ich verberge meine Aufregung, indem ich die Augen über die medizinischen Fachbücher gleiten lasse, die eindrucksvoll im Regal hinter Dr. X' Kopf aufgereiht sind. Ein Video mit dem Titel *Fleischfressende Luder* steckt zwischen den Bänden und macht keinerlei Anstalten, sich zu verstecken. Jade behält ihre Ausdruckslosigkeit bei, während ihre Pupillen kleine zuckende Bewegungen machen, als verfolgte sie ein mikroskopisches Tischtennisspiel.

»Wir pfeffern sehr viele Dokumente, damit Erlaubnis durchgeht«, fährt Dr. X jetzt fort. »Wir brauchen ausdrücklichen Befehl von hohem Gericht. Papiere sind im Prozess, dass der Spender unterschreibt, auch seine Familie, alle auf einer Seite, kein Zwang.«

Ich sehe Jade an, die mit keiner Wimper zuckt. Larry muss ich nicht ansehen. Ich kann hören, wie er mit seinem Pokergesicht dasitzt und die Fingerknöchel knacken lässt.

Ich kann kaum an mich halten. »Sie pfeffern alle Dokumente, die Sie brauchen«, sage ich. »Darf ich vielleicht fragen, wer der Spender ist?«

»Schlimmer, schlimmer Verbrecher«, sagt Dr. X. »Einunddreißig Jahre und hat schon viele Menschen getötet. Bricht in das Haus einer Frau ein, tötet den Vater der Frau und entscheidet, er will keine Zeugen. Also geht er zurück und tötet Frau und ihr Baby. Sehr schlimmer Mann!«, sagt er mit überraschender Heftigkeit. »Ich würde ihn hundertmal töten!«

Tick, tick … tack.

Nach einer aufgeheizten Pause, während der sich der Toilettengeruch leicht verstärkt, wählen Larry und ich den gleichen Moment, um mit einer Frage zu kommen. Ich lasse Larry den Vortritt.

»Kann ich die Niere ein paar Wochen ausprobieren und bekomme mein Geld zurück, wenn sie nicht funktioniert?«, fragt Larry.

»Hoho«, sagt Dr. X. »Wie Testfahrt machen!« Dr. X scheint die Frage zu gefallen. Ich bin der Einzige im Raum, Larry ausgenommen, der weiß, dass sie ernst gemeint war.

Ich bin an der Reihe. »Kann ich die Operation vielleicht sehen?«

»*Sehen?* Wie meinen Sie das?«

Ich mache eine Geste, als stellte ich ein Fernglas scharf. »Sehen? Kann ich mit im Operationssaal sein und zusehen?«

Dr. X reagiert, als hätte ich einen zeitlos guten Witz gemacht. »Oh, ho, genauso komisch. Nicht mal in Ihrem Land. Nirgends in der Welt. Chirurg wird nervös, macht falschen Schnitt, überall Blut! Oh, hoho!«, sagt Dr. X und lehnt sich zurück, um seine polierten Slipper auf den Tisch zu legen. Seine Augen sind jetzt mehr oder weniger offen, als er den Kopf in meine Richtung schwenkt. »Sie sind nicht so schlechte Kerle, Sie zwei!«

Selbst die Standuhr scheint unsere Anwesenheit jetzt zu genießen. Die Glasur der Keramikadler, das Grinsen der Scheichs, der Angeber-Scotch, alles strahlt mit einem Mal Freude und Optimismus aus. Nur Larry neben mir weiß, dass ich meine Frage ernst gemeint habe.

Ich nutze die Gelegenheit, der guten Laune des Chirurgen mit einer wohldosierten Menge Schmeichelei weiter Vorschub zu leisten.

»Sie sind noch ein junger Mann, um sich in so verantwortlicher Position zu befinden.«

»Ich sehe vielleicht jung aus!«

»Oh, hoho«, sage ich. »Sie sind ganz oben an der Spitze, und Sie sind in der Welt herumgekommen, wie ich an Ihren Fotos erkennen kann.«

»Oh ja, ich war sechsmal in Ihrem Land. Konferenzen in Boston, Chicago, D. C., New York, Miami …«

»Miami«, sagt Larry.

»Meine Tochter studiert in Miami«, sagt Dr. X.

Larrys Knöchelknacken schaltet auf doppelte Geschwindigkeit.

»Sie wissen natürlich«, sage ich, »dass Ihr Patient Larry Professor ist und außerhalb von Miami lebt. Er ist in der Lage, Ihrer Tochter mit Hilfe zur Seite zu stehen.«

»Oh, ich danke Ihnen«, sagt Dr. X und drückt seine Zigarette erwartungsvoll in der Erde einer Plastikgeranie aus.

»Was immer sie braucht«, fügt Larry hinzu. »Jobs, Referenzen, Wohnungen. Mir gehörte früher ein Gebäude nicht weit vom Wasser. Vier Wohnungen. Sie haben mir erklärt, dass ich mich an die Mietpreisbindung halten muss. Also habe ich aus den vier kleinen eine einzige Riesenwohnung gemacht, und wissen Sie was? Bye-bye, Mietpreisbindung!«

Ich blitze Larry an. »Für Ihre Tochter trifft das natürlich nicht zu«, sage ich.

»Selbstverständlich nicht«, sagt Larry und blitzt zurück. »Das Haus, von dem ich spreche, stand nicht mal in Miami, sondern in Boston.«

»Was immer sie braucht«, wiederhole ich. »Und ich lebe auch nur eine Flugzeugreise entfernt!«

»Nur eine Flugzeugreise!« Dr. X ist entzückt.

»Sie müssen unser Gast sein, wenn Sie Ihre Tochter das nächste Mal besuchen. Larry kann Ihnen die besten Restaurants zeigen.«

»Oh, vielen Dank.«

»Mögen Sie Seegurken?«, frage ich den Chirurgen. »Larry ist ein absoluter Kenner, wenn es um Seegurken geht. Er kennt die besten Restaurants für Seegurken in ganz Miami!«

»Oh, hoho«, sagt Dr. X aufgekratzt. Er reibt sich doch tatsächlich die Hände.

Larry lässt sich nicht gerne übertrumpfen, es sei denn, es liegt in seinem strategischen Interesse. »Und natürlich wissen Sie, dass Miami eine der großen Kreuzfahrthauptstädte der Welt ist«, fügt er hinzu.

»Ja?«, fragt Dr. X und ahnt scharfsichtig so gute Nachrichten voraus, dass er die Brauen freudig anhebt. Ein sehr gutaussehender Mann, entscheide ich.

»Ja. Wenn Sie meine maisgefütterte Erscheinung sehen, denken Sie vielleicht, ich bin nie über den Bibelgürtel hinausgekommen. Höchstens vielleicht bis nach Montreal, um billige Medikamente zu kaufen. Aber da täuschen Sie sich. Ich glaube, nicht einmal Dan hier weiß, wie viele stark verbilligte Super-Luxus-Kreuzfahrten ich von Miami aus unternommen habe, dank einer meiner ehemaligen Studentinnen aus der Dominikanischen Republik, die heute als Pressedame für eine der besten Gesellschaften tätig ist.«

»Ich mag Kreuzfahrten sehr«, sagt Dr. X mit großen Augen. »Wohin gehen sie?«

»Sie sind so billig, dass ich nicht einmal frage«, antwortet Larry. »Meine Bekannte bekommt Sonderkonditionen, zweihundertfünfundvierzig Dollar pro Person inklusive Hafengebühren für eine Woche in einer Penthouse-Suite mit Außenbalkon, Marmorbad mit Jacuzzi, Gratis-Shrimp-Cocktails zu jeder Tageszeit und so viel Schokoladenerdbeeren, wie Sie essen können. Ist das gut für den Kopf, so viel Luxus? Sagen wir mal so: Zwei fünfundvierzig, das ist der Preis für zwei Therapiesitzungen, und was, denken Sie, gibt Ihnen ein besseres Gefühl? Kurz gesagt: Jeden, den ich ihr nenne, bringt sie zu den gleichen Konditionen unter.«

»Oooh!«, sagt Dr. X und ist so gut wie sprachlos. »Sie sind ein glücklicher Mann mit dieser Verbindung.«

»Nicht so sehr«, antwortet Larry tonlos. »Sie hat mich nicht besonders interessiert. (Damit meine ich, dass ich nie den Wunsch verspürt habe, sie *privat* zu *unterrichten*. Sehr helle Haut, aber doch nicht mein Typ. Ich habe ihr nur eine zehntägige Verlängerung für einen Aufsatz gewährt, und sie sieht sich auf ewig in meiner Schuld.)«

»Ich teile Ihre Lust an ausländischer Erfahrung«, sagt Dr. X.

»Oh, jetzt verstehe ich, worauf Sie hinauswollen«, korrigiert Larry sich. »Nein, nein, eine Lust ist das für mich eigentlich nicht. Reisen macht mich depressionistisch. Kurz gesagt: Wenn ich von dieser Reise zurück bin, erschießen Sie mich bitte, sollte ich je noch einmal weiter als zehn Meter aus meiner Wohnungstür heraustreten.«

Tick, tick … tack. Jades Augen sind so dunkel wie Murmeln.

»Moment, alles noch mal zurück«, sagt Larry plötzlich. »Es könnte sein, dass ich mich täusche: Es könnte sein, dass es auf den Bahamas zwölf Dollar Hafengebühr gibt, die in meiner Rechnung nicht mit drin waren.«

»Zwölf Dollar schaffe ich noch!«, gluckst Dr. X und kommt um seinen Tisch herum, um Larry auf die Schulter zu klopfen. »Mir gefällt, wie Sie operieren, Larry. Guter Kopf auf den Schultern!«

»Ganz meinerseits«, antwortet Larry nüchtern und entzieht sich diskret Dr. X' Hand. »Und unterdessen bewahren wir über Ihr Geheimnis großes Stillschweigen.«

»Ja, erste Sache ist Schweigen …«

»Wenn man ihn bittet, wird Dan einen Weg finden, alle einschlägigen Tatsachen zu verbergen«, sagt Larry.

»Verbergen ist sehr wichtig«, sagt Dr. X. »Manchmal ist es eine Sache auf Leben und Tod.«

»Dan ist Profi«, sagt Larry und eröffnet eine zweite Angriffslinie, während ich den Ausdruck großer Bescheidenheit aufsetze. »In jeder Art von Überreden. Sie hätten sehen sollen, wie meisterhaft er es verstanden hat, uns aus allem herauszureden, als wir Kinder waren.«

»Ja, ich auch«, sagt Dr. X, und die Erinnerung lässt ihn in sich hineinschmunzeln. »In der Kulturrevolution tue ich so, als ob meine ganze Familie ein Haufen arme Bauern!«

»Das ist sehr amüsant«, sagt Larry mit ernstem Gesicht.

»Ein Haufen Hinterwald-Drecksbauern!«, sagt Dr. X und

krümmt sich vor Lachen. »Unkrautzupfer vom Land, mit hohem Abschluss!«

»Dan auch«, fährt Larry fort und schlägt dabei zwei Fliegen mit einer Klappe: punktet bei Dr. X und verabreicht mir ein paar Seitenhiebe. »Während seiner Tramperphase hat er die Fahrer immer davon überzeugt, dahin zu fahren, wohin er wollte, und nicht, wohin sie unterwegs waren, selbst wenn es ein Riesenumweg war. Wussten Sie, dass er im letzten Highschool-Jahr zum ›Schwindler, der die Brooklyn-Bridge verkaufen könnte‹ gekürt wurde?«

»Nun, und auch zum besten Schauspieler, weil ich meine Talente für etwas künstlerisch Annehmbares einsetzen wollte«, sage ich und schicke einen warnenden Blick in Larrys Richtung.

»Habe ich es Ihnen nicht gesagt? Mein Cousin!«, sagt Larry und strahlt mich stolz, aber auch mit einer gehörigen Portion Heimtücke an.

Dr. X hört auf zu keuchen und mustert mich bewundernd von oben bis unten: meine schäbigen Sandalen, meinen schmuddeligen weißen Hut. »Ja, das ist beeindruckend«, sagt er.

»Ein perfekter Trickbetrüger!«, prahlt Larry.

Ich schlage die Beine übereinander, räuspere mich und tue alles, um Larry zu signalisieren, dass es Zeit ist, die Sache zum Abschluss zu bringen. Es fehlt nur noch, dass ich ihm einen Tritt versetze.

Larry ignoriert mich.

»Alle guten Schriftsteller sind so«, führt Larry das Thema aus. »Faulkner wurde von seinen Nachbarn für einen absoluten Schwindler gehalten. Oder Frank McCourt: Sein Buch *'Tis* wurde in der Zeitung bei ihm zu Hause in Limerick unter der Überschrift *'Tisn't* besprochen.«

Jetzt trete ich Larry tatsächlich, während sich Dr. X ausgelassen hin und her wiegt. Ich beuge mich vor, nestele an meinen

Sandalen herum und zische: »Woher zum Teufel weißt du das alles?«

»He, ich lese die Witzseiten genauso wie alle anderen«, zischt er zurück. Als ich wieder hochkomme, schreibt Dr. X seine persönliche Handynummer auf eine Visitenkarte und hält sie mir mit einer ganz leicht angedeuteten Verbeugung hin.

»Danke sehr«, sage ich und gebe ihm meine, die weniger eindrucksvoll aussieht, doch ihm scheinen die Flecken auf meiner weitgereisten Karte zu gefallen. Womöglich denkt er ja, dass eine organische Visitenkarte zu meinem Aufzug passt.

»Vielleicht erzähle ich Ihnen bei unserem nächsten Treffen Einzelheiten über meinen neuesten Durchbruch«, sagt Larry zu Dr. X. »Eine UFO-Hotline, damit die Leute, die denken, sie haben eins gesehen, sich nicht mehr allein fühlen. Eine freundliche Stimme am anderen Ende schreibt ihre Informationen mit all dem Respekt auf, den sie verdienen oder nicht verdienen.«

»UFO! Ich bin UFO-Fan, riesiger! Erzählen Sie Einzelheiten jetzt!«, bettelt Dr. X.

Larry schüttelt traurig den Kopf. »1-800-ICH-SAH-UFO ist alles für heute«, sagt er.

Dr. X zittert derartig vor Aufregung, dass ich fast glaube, er zaubert gleich eine Geige hervor und fängt an, *Danny Boy* zu spielen. Stattdessen kommt er ein weiteres Mal hinter seinem Tisch hervor und beginnt, Larrys Schultern zu massieren. »Ich liebe UFO! UFO gibt mir Chance, meine Fähigkeiten als Partygastgeber zu schärfen. Meine Freunde bei Soiree mit vielen gruseligen Geschichten zu unterhalten!«

»Ich freue mich schon darauf, Ihnen nach der Operation mehr zu erzählen«, sagt Larry ohne große Gefühlsregung.

»Ich auch!«, bestätigt Dr. X und massiert Larrys Schultern

auch weiter mit großer Hingabe. »Jetzt müssen wir auf Operation warten, aber nicht so lange«, sagt er.

»Das hoffe ich. Larry ist schon sichtbar schwächer als bei unserer Ankunft«, sage ich. »Wie Sie wissen, ist er gerade erst gestürzt ...«

»Wir kennen diese Entwicklung. Wir beobachten genau«, sagt Dr. X, drückt mir eine Kamera in die Hand und bedeutet Jade und Larry mit einer Geste, sich mit ihm für ein Foto in Positur zu stellen.

»Wie lange, denken Sie, wird es noch dauern bis zur Operation?«, frage ich und versuche beim Thema zu bleiben.

»Wenn der Befehl vom hohen Gericht kommt, vielleicht ein, zwei Wochen«, sagt Dr. X und richtet ein paar Sätze an Jade, während er sein professionelles Universallächeln für das Foto aufsetzt. »Gewöhnlich viele Monate, aber da Sie besondere Freunde, bestehe ich darauf, dass viel eher ... Schschsch, Geheimnis ...«

Zwei Wochen? Wie haben wir es geschafft, einfach an den Badminton-Jungs aus dem Nahen Osten vorbeizupreschen? Ich halte meine Begeisterung im Zaum. Genau wie meine Schuldgefühle. Aber was soll ich sagen, ich bin Amerikaner: Ich bekämpfe meine Schuldgefühle, indem ich *noch mehr* verlange.

»Wenn es schneller gehen würde, wüssten wir das zu schätzen ...«

»Schneller, besser«, sagt Dr. X. »Ich weiß, Sie wollen nach Hause zu Ihren zwei kleinen Jungen.«

Klick! Dr. X posiert mit seinem weltmännischen, internationalen Lächeln. Jade starrt in den Blitz und schluckt alles Licht. Larry sieht so glücklich aus wie auf einem Verbrecherfoto. Die *Fleischfressenden Luder* passen gerade noch mit aufs Bild.

»Ja«, sage ich langsam. »Natürlich. Aber woher wissen Sie, dass ich zwei ...«

Es bleibt keine Zeit, meine Frage zu beenden. Alle streben bereits auf die Tür zu. Larry lässt sein Cosmos-Club-Streichholzbriefchen dezent in der Tasche verschwinden und gleitet Arm in Arm mit Dr. X lässig aus dem Raum. Jade und ich folgen den beiden würdevoll, wie Eltern nach der Trauungszeremonie. Endlich haben wir auch die hässlichste Tochter unter die Haube gebracht …

Kapitel 14

Lang, lang lebe!

»Könnt ihr das glauben?«, explodiere ich, als unser Taxi sicher davonrauscht. »Wir sind auf dem Weg zu einer gesunden Niere!«

»Wo? *Jetzt?*«, fragt Jade.

»Nein, was wir gerade unternehmen, nennt man eine Spritztour«, erkläre ich vom Beifahrersitz aus. »Wir feiern unser Treffen mit Dr. X, indem wir fahren, schnell – und es macht nicht mal was aus, wohin. Jippie!«

»Spritztuch!«, sagt Jade. »Jippie!«

Kein Jippie von Larry. Larry ist als Einziger von uns drei Passagieren im Taxi nicht glücklich. Er hält das Glücklichsein von sich fern, aus Angst, es könnte sich gegen ihn wenden. Wie ein Highschool-Abgänger auf dem Abschlussball, der sich mit Absicht versehentlich auf seine Nelke setzt.

»Das ist gute Entwicklung«, bestätigt Jade, während die Neonlichter draußen vorbeifliegen. »Zukunft wird rot wie Rosen.«

»Der Doktor meint also tatsächlich, was er sagt?«, frage ich Jade. »Wir können auf ihn zählen?«

»Oh ja«, sagt Jade freudig. »Nach meinem Urteil tötet er Gefangenen in zwei Wochen.«

Das ist vielleicht etwas drastisch ausgedrückt, doch es tut

meiner guten Laune kaum Abbruch. Es ist so, als sähe ich ein Kälbchen über eine Wiese tollen und mir würde bewusst, dass das unsere Kalbspiccata vom Abend ist. Ich bin noch nicht so weit, *Danny Boy* weiterzusummen, bevor ich nicht ein paar Dinge klargestellt habe.

»Sind wir sicher, dass es sich um einen Verbrecher handelt und nicht einfach nur um jemanden, der gegen den Mah-Jongg-Beauftragten gestimmt hat?«, frage ich.

»Natürlich«, sagt Jade. »Sie sehen, wie viel Leidenschaft Dr. X war. Chinesen allgemein verbergen ihr Gefühle. Aber er wird rot, und Stimme zittert vor Wut: ›Ich würde ihn hundertmal töten!‹ Nur weil er schlimmer, schlimmer Verbrecher ist.«

»Was hat er gesagt, als ich fotografiert habe?«

»Er mich gefragt: ›Es wirklich ist Cousin?‹, weil er sicher sein will, Sie sind kein Journalist, der die Geschichte will, oder vielleicht Null-Null-Sieben wie ich!«

»Richtig! Ich hatte schon ganz vergessen, dass Sie Mata Hari sind«, sage ich. »Aber ernsthaft, wie vorsichtig müssen wir sein, was das betrifft? Ich bin bei Cherry nicht mehr ganz sicher.«

»Cherry nein!«, spottet Jade. »Meine Meinung ist, immer gut, Augen offen halten. Aber Cherry, ich glaube, ist nicht gefährlich.«

Das vervollständigt meine gute Laune. Ich bin in einer Siegesstimmung, die nichts zerstören kann. Nun, ganz ungetrübt ist mein Hochgefühl nicht, weiß ich doch, dass jemand sterben wird, damit Larry leben kann. Aber ich bin erleichtert, dass der Spender ein schlimmer, schlimmer Verbrecher ist, ... und einigermaßen sicher, dass der Empfänger kein schlimmer, schlimmer Verbrecher ist ... Es ist ein Austausch, das Überlebensdilemma. Wir kommen an den Walzer tanzenden Rotgardisten auf der Terrasse neben den Old-Faithful-Fontänen vorbei, sind jedoch so schnell unterwegs, dass mein Erschauern nur ganz kurz währt.

Ich habe vor allem Hunger. »Warum gehen wir zur Feier des Tages nicht etwas essen?«, schlage ich vor. »Wo sollen wir hingehen? Larry, du hast die Wahl.«

Vielleicht hat auch er gemischte Gefühle? Er gibt sich noch kleinlauter als sonst und sitzt in sich zusammengefallen neben Jade. Oder ist das nur sein gewohnter Missmut? »Legen wir einen kleinen Tempowechsel ein«, sagt er. »Ich bin in der Laune für etwas Authentisches. Wie wär's mit Friday's?«

»Du meinst die New Yorker Kette? Haben die hier eine Filiale?«

»Bei meinem kleinen Ausflug vor ein paar Tagen habe ich einen Reklamezettel von ihnen gesehen«, sagt er. »Ein bisschen Abwechslung täte meinem Speiseplan ganz gut.«

Ich wende mich an die Taxifahrerin neben mir, die nicht nur schnell unterwegs ist, sondern auch sonst gut im Saft steht, wie man sagen könnte: eine chinesische Queen Latifah, mit Sommersprossen und einem heiseren, tiefen Lachen, vom Rauchen oder einfach nur überschwänglichem Leben. »Kennen Sie Friday's?«, frage ich sie. »Können wir zu Friday's fahren?«

»Friday's!«, jauchzt sie und lässt sich von meiner guten Laune anstecken. »Wir fahren Friday's!«

»Friday's!«, jauchze ich zurück. Der Gedanke an ein blutrotes amerikanisches Stück Rind in einem Restaurant im New Yorker Stil lässt mich nach Wochen mit chinesischem Essen buchstäblich sabbern. »Friday's, jippie!«

»Friday's, jää!«, brüllt sie.

»Ich versuche mich an einen alten Ausdruck zu erinnern«, sage ich. »*Dschung jei, mung mi* oder *mung mei,* in etwa so.«

»Geben Sie auf!«, lacht Jade vom Rücksitz.

Und plötzlich ist er wieder da. Mit einem Schlag kann ich

mich an die Worte erinnern, bis zur letzten Silbe. Erst forme ich die Worte einmal vorsichtig: *»Dschung-mei jou-i wan-suei.«*

Die Taxifahrerin hört es zuerst. *»Wan-suei?«*, fragt sie, und ihre Sommersprossen blitzen mich an.

»Ja«, sage ich. »Vor fünfundzwanzig Jahren haben sie meine Aussprache gelobt.« Ich versuche es noch einmal, diesmal etwas selbstsicherer. *»Dschung-mei jou-i wan-suei.«*

Die Taxifahrerin wirkt verdutzt und strahlt mich dann an. *»Dschung-mei jou-i wan-suei«*, bestätigt sie mir.

»Ja«, sage ich. »Lang lebe die Freundschaft zwischen dem chinesischen und dem amerikanischen Volk!«

Jade weiß sich hinten kaum mehr auf ihrem Sitz zu halten. *»Dschung-mei jou-i wan-suei«*, dröhnt sie.

»Lang lebe!«, ruft die Taxifahrerin, drückt auf die Hupe und wechselt von Spur zu Spur. »Lang, lang lebe!«

Er ist mir wieder eingefallen, der alte Trinkspruch, mit einem Schlag. »Unglaublich!«, sage ich. »Plötzlich war er wieder da!«

Die Taxifahrerin scheint genauso begeistert wie ich und jubelt etwas Ähnliches. »Lala-glaublich!«, jubiliert sie und lässt dazu die Hupe ertönen. *»Dschung-mei jou-i wan-suei!«*

Unsere Spritztour bringt uns zu Friday's, das, wie sich herausstellt, zur Hälfte die Kopie eines amerikanischen Kettenrestaurants ist und zur Hälfte traditionell chinesisch. Jade war noch nie in einem amerikanischen Lokal, sie wirkt erstaunt. Ist es das Besteck? Oder das Foto des Monster-Mushroom-Bacon-Burgers auf der in Plastik eingeschweißten Speisekarte, direkt neben den chinesischen Spezialitäten? Ich fühle mich schuldig, einen Burger auch nur in Betracht zu ziehen, als täte ich meinem Magen nach zwei Wochen leichterer chinesischer Kost damit keinen Gefallen.

»Ich will Cock, kein Eis«, bestellt Jade süß.

»Sagen wir drei Cola ohne Eis«, stocke ich ihre Bestellung auf, werde aber von Larry gestoppt, der halbherzig versucht, keine Spaßbremse zu sein.

»Kein Zuckerwasser für Sie, meine Liebe«, sagt er zu Jade. »Sie bekommen einen richtigen amerikanischen Cocktail.«

Und zur Bedienung sagt er: »EINE COCK FÜR DAN«, ohne zu bemerken, dass er Jades Aussprache übernimmt, »EINEN ERDBEER-COCKTAIL FÜR DIE DAME, MIT EIN PAAR EXTRA KIRSCHEN OBENDRAUF. UND FÜR MICH DAS GLEICHE«, fügt er dann noch hinzu und erklärt: »Ich muss etwas leben.«

Seine Worte sind jedoch so ohne Leben, dass ich, als die Getränke eine halbe Minute später kommen, seine Stimmung zu heben versuche, indem ich den Zeigefinger siegreich auf ihn richte.

»Du bekommst deine Prinzessin!«, erkläre ich. »Deine Prinzessin, eine Niere!«

Er scheint nicht ganz zu begreifen, wie ich das meine, packt meinen Finger und lässt ihn nicht wieder los.

»In zwei Wochen ist es so weit«, sage ich und erhebe mein Glas. »Ein Toast auf den Vorsitzenden Larry.«

»Darauf, dass Operation bald kommt!«, sagt auch Jade. Sie nimmt den ersten Schluck von ihrem Cocktail, was ihrem Gesicht nach zu urteilen eine Art Offenbarung ist.

»Nehmen wir zu Protokoll, dass ich nach wie vor eine sehr schlechte Vorahnung habe«, erinnert mich Larry.

»Mir kann im Moment nichts die Laune verderben«, erwidere ich. »Nicht mal, dass du mir meinen Zeigefinger massakrierst.«

Es scheint ihn verlegen zu machen, dass er meinen Finger immer noch gepackt hält. Er lässt los, nimmt einen ersten vorsichtigen Schluck von seinem Drink und hustet, weil der so stark ist. »Glaubst du, Dr. X hat alles mitbekommen?«, fragt er. »Die Anspielung auf Paul Volcker mag etwas viel gewesen sein.«

»Welche Anspielung auf Paul Volcker?«

»Ich glaube, dass er begriffen hat, worum es mir ging«, sagt er. »Und nur, dass du es weißt: Das war eine bewusste Entscheidung, ihm nicht von den neunzehnjährigen Mädels aus den Appalachen zu erzählen, die sich auf der Kreuzfahrt zu fünft eine Kabine teilen und darauf hoffen, einen guten Fang zu machen. Meiner Rechnung nach wäre das zu viel gewesen. Weil, vergiss die Studentinnen, ein Mädchen aus den Bergen macht auf See Dinge, von denen es an Land nicht mal träumen würde. Ist das ein Witz? Mit einem amerikanischen Professor in einem Penthouse mit Balkon? Da macht mir keiner was vor.«

»Dann ist ja alles okay«, sage ich. »Warum das lange Gesicht? Hast du Bedenken, was deinen Spender angeht?«

»Der gefällt mir bestens«, sagt er. »Was sollte mir an dem nicht passen? Er ist einunddreißig.«

Larry bringt die Dinge auf den Punkt. Er hat Recht, das Alter des Spenders ist ein Plus. Es wäre wohl zu viel erwartet, mit Larry moralische Haarspaltereien betreiben zu wollen. Ich sollte erleichtert sein, dass er nicht gleich auch ein Geschäft mit den anderen Nieren versucht hat – den sechs Nieren der Mordopfer –, um sie vorm Footballstadion zu verhökern.

Statt seine Laune zu heben, scheint der Alkohol ihn auf neue Probleme zu bringen.

»Mir ist allerdings aufgefallen, dass wieder nicht vom Preis die Rede war«, sagt er. »Hat er gesagt, wie viel Rabatt er uns geben will?«

»Von Rabatt hat er nichts gesagt.«

»Ich habe immer noch das Gefühl, dass hier eine riesige Pleite auf mich wartet.« Er richtet seinen starren Blick auf sein Glas und nippt wieder daran. Währenddessen erkundet

Jade das Wunder ihres amerikanischen Cocktails wie ein Kolibri ein Röhrchen mit Zuckerwasser. »Wenn mich mein Gehör nicht getrogen hat«, sagt Larry, »bin ich ziemlich sicher, dass er meinte, er wolle die Kosten niedrig halten.«

»Das habe ich nicht gehört, aber hoffen wir's.«

»Nun, hoffen wir nicht nur darauf«, sagt Larry und sieht mich friedfertig an, »weil es nur fair ist, dir zu sagen, dass ich meine Zelte hier abbreche, wenn der Preis zu hoch ist.«

Das kann er nicht ernst meinen. »Was uns zu einer interessanten Frage führt«, sage ich. »Was ist dir dein Leben wert? Sind fünfzig Riesen angemessen für ein paar zusätzliche Jahrzehnte? Oder sechzig? Siebzig?«

»Wenn der Preis nicht unter fünfzig bleibt, streiche ich die Segel«, erklärt Larry.

Ich zögere einen Moment. »Klar wirst du das«, lache ich und suche in seinem Gesicht nach einem Hinweis darauf, dass er nur Spaß macht. Ein saures Gefühl steigt mir die Kehle hinauf.

»Ich meine es ernst, Dan. Die Kosten machen mir große Sorgen. Ich kann immer noch mal neu anfangen und in einem anderen Land einen besseren Deal aushandeln.«

Ich muss mich verhört haben. Hilflos sehe ich Jade an. »Vorsicht mit dem Cocktail«, rate ich ihr, weil sie alle paar Sekunden daran nippt, weniger wie ein Kolibri jetzt, sondern wie einer von den Plastikvögeln, den man auf den Rand des Glases klemmt und der dann mit dem Schnabel ständig auf und nieder fährt, auf und nieder.

Ich wende mich Larry wieder zu und hoffe, die wenigen Sekunden haben ihn von seinem gefährlichen Gedankengang abgebracht.

»Du willst damit doch wohl nicht sagen«, fange ich langsam an und teile mir die Worte genau ein, »dass du nach dieser Reise und nachdem sich so viele Leute für uns eingesetzt haben, dass du da allen den Rücken kehren willst, wenn der Preis zu hoch ist?«

»Du bist doch der, der mir ständig sagt, ich soll meine Pennys beisammenhalten«, sagt er. »Und du hast ja Recht: Ein Penny mehr als fünfzig, und ich sitze im nächsten Flugzeug weg von hier.«

Ich halte eine Weile die Luft an. »Weißt du was?«, sage ich dann. »Ich tu jetzt einfach so, als wärst du nicht hier. Als wärst du zurück in deinem Krankenhauszimmer und hättest nichts von dem gesagt, was du da gerade gesagt hast.«

Es funktioniert, kurzzeitig. Es ist so, als hielte ich die Luft an und tauchte unter, um vor einem Seeungeheuer zu fliehen. Ich wende meine Aufmerksamkeit Jade zu, die mit dem Finger die Kondenströpfchen außen auf ihrem Glas zählt. Ein Junge mit einer Hasenscharte kommt vorbei und bietet rosa Ballons zum Verkauf an. Ich stutze, als ich ein paar Tische entfernt drei Westler entdecke, die genau wie die Einheimischen stutzen, wenn sie mich sehen. Die drei sind unser Spiegelbild: zwei Frauen und ein Mann, und sie lachen zusammen, sind dicke Freunde. Der Mann und ich heben das Glas und prosten uns zu. Die Szene könnte die reine Freude sein, atmete mir nicht ein Tod ausdünstender Spielverderber feucht in den Nacken.

Wir bestellen ein paar einfache amerikanische Gerichte. Jade inspiziert den Reis im Salzstreuer und merkt nicht, dass es dabei auf ihr Platzdeckchen rieselt. Ihr Ausdruck lässt mich vermuten, dass der Alkohol ihr die Zunge lösen wird, und schon hebt sie die Hand für eine wichtige Bekanntmachung.

»Ja, Sie dort mit den Bläschen zwischen den Zähnen.«

»Ich mag McDonna nicht«, sagt sie.

»Wirklich!«, sage ich, bis ins Mark erschrocken. »Nun! Und was ist es, was Ihnen an Madonna nicht zusagt?«

»McDonna zu sexy auf schlechte Art.«

»Also gut, ich akzeptiere das als Bemerkung einer sehr angeheiterten Frau. Gibt es denn auch Amerikaner, die Sie mögen?«

Sie nimmt den Cocktailpikser in beide Hände, dreht ihn vorm Mund wie einen winzigen Maiskolben und beknabbert die Maraschinokirsche. »Ich mag Benjamin Franklin sehr viel. Ist wie Vorsitzender der amerikanischen Geschichte.«

»Also gut, eine Stimme für Ben Franklin«, sage ich und öffne meine große illustrierte Speisekarte zum ersten Mal, obwohl wir doch schon bestellt haben. »Aber was ich schon lange fragen wollte: Wo ist eigentlich das ›Huhn ohne Sexualleben‹ geblieben? Vor fünfundzwanzig Jahren mochte ich das sehr.«

»Sie haben neu benannt. Jetzt heißt ›Frühlingshuhn‹.«

»Das darf doch nicht wahr sein! Und was ist mit dem ›Tofu gemacht von pockennarbiger Frau‹?«

»Jetzt heißt ›angebratener Tofu mit scharfer Soße‹.«

»Ist denn nichts mehr heilig? Warum sollte man einen bewährten Publikumserfolg abschaffen?«

Jade knabbert geschickt mehr und mehr von der Kirsche weg, bis nur noch ein winziger roter Ring übrig ist. »Olympiatouristen sollen keinen falschen Eindruck bekommen. Alle Speisekarten sauber geputzt von So-so-Namen.«

Larry betrachtet uns missbilligend, streng wie eine spanische Gouvernante, und knackt mit den Fingerknöcheln. Ich kenne die Warnzeichen, die Vorsicht gebieten, und dieses Knacken gehört dazu. Aber mir ist egal, wo der Grund für seine Verstimmung liegt, in ethischen Überlegungen, seinem Bauchgefühl oder sonst etwas. Lass ihn schmoren. Es geschieht ihm recht.

»So?«, frage ich Jade und lasse meinen Finger über die Karte gleiten. »Sie mögen also Kuhmagen?«

»Er ist sehr wild«, sagt sie und meint »mild«. Mir ist nicht klar, ob sie das für einen Vorteil oder einen Nachteil hält.

»Was ist mit Schweineherz mit eingelegter Paprika oder Schweineinnereien, sautiert mit schwarzer Bohnensoße?«

»Ich mag«, sagt sie.

All das Reden über innere Organe treibt Larry noch tiefer in seinen Trübsinn, was mich nicht stört. »Und wie wär's mit Nierchen?«

»Hmm, gut, gebraten!«, sagt sie begeistert.

»Was ist besser: die schwarze Niere hier auf diesem Bild oder die rötere da?«

»Ich mag alles«, sagt sie. »Bittere Schweinenägel. Das scharfe Hühnerohr. Geschmort weiche Schildkrötenfüße.«

»Und was ist das Schöne auf der Rückseite?«

»Ich weiß nicht, wie das sagen«, seufzt Jade nach einem kurzen Grübeln. »Vielleicht ist wie Blume von Hund? Nein, nicht Hund. Collie. Blume von Collie?«

»Blumen-Kohl?«

»Blumenkoll!«, ruft sie. Sie nimmt noch einen Schluck Erdbeercocktail und lacht dann laut über einen neuen Gedanken. »So, jetzt wir wissen, was schön für Sie: Blumenkoll!«

Ich versuche, Jade in anderer Hinsicht zu öffnen. »Nun, es gibt alle möglichen Arten von Schönheit«, sage ich. »Aber ein Blumenkohl ist sicher nicht so schön wie Sie.«

Jade senkt den Blick und sieht in ihr Glas.

»Was? Halten Sie sich nicht für schön?«, setze ich noch einmal nach.

Jade atmet komisch. Sie scheint gleichzeitig nach Luft zu schnappen und zu seufzen. Ihre Augen wirken porös, wie Holzkohle.

»Nun kommen Sie schon!«, dränge ich sie.

Sie zieht ein letztes Mal an ihrem Strohhalm und – Sesam, öffne dich! – lässt alle Schranken fallen. In einem Schwall kommt es aus ihr heraus, komplett mit Klammern, wie sie es von einem Rhetorikmeister gelernt haben muss.

»Nur mittlere Ebene«, sagt sie. »Okay, vielleicht obere mittlere. (Aber nicht wie Koreanerinnen in Zeitschrift, so stilvoll! Ich habe keine Vorurteil gegen Koreanerinnen, weil sie Goldmine für TV-Stars.)«

Ich frage sie, wie sie sich im Vergleich zu, sagen wir, Cherry sieht.

»Cherry sehr angenehme, tüchtige Person«, sagt sie. »Bestimmt keine Spion, in meinem Glauben. Aber Cherry nicht immer lächerlich, ist ihr einziges Problem. Ich versuche immer zu sein lächerlich. Moment, sage ich richtig? Lächeln. Ja, lächeln.«

Das Essen kommt. Larry nimmt einen Bissen von seinen Spareribs, verliert dann aber das Interesse und bedeutet uns mit einer Geste, dass wir uns von seinem Teller bedienen sollen. Jade dreht Gabel und Löffel um und benutzt sie als Stäbchen für ihren Mac'n'Cheese und plappert immer weiter.

»Mao ist Genie, glaube ich. Wenn sie zurückkäme jetzt, ist sie sehr glücklich, weil wir Chinesen sind so stark und so reich! (Oh, Entschuldigung für Sagen ›sie‹. In China wir haben kein anderes Wort für Mann und Frau. Alles ein Wort. Deshalb ich sage ›er, sie‹, Entschuldigung!)«

»Würde Miss Mao Tibet die Freiheit geben?«, frage ich und steche mit dem Messer in Larrys Spareribs.

»Natürlich nicht, weil es gehört uns!«, ruft Jade und bedient sich ebenfalls vom Teller meines Cousins. Unser Fleischfresser-Festmahl hat ihr Gesicht rot anlaufen lassen. »Ist nicht ›ich *denke*‹, ist ›ich *weiß*‹: eine Tatsache. Da habe ich strenge Meinung! Da ich bleibe hart!«

»Eine große, glückliche Familie, wie?«, frage ich und genieße Larrys Soße, die mir auf den Schneidezähnen klebt.

»Stimmt. Chinesische Menschen alle wie freundliche Verwandte«, sagt Jade. »Alle alte Männer sind ›Onkel‹ und alle alte

Frauen ›Großmutter‹, weil wir sind eine Familie. Ist schade, Sie das nicht in Ihrem Land haben! Sind Sie traurig?«

Nein, ich bin nicht traurig. Es ist ein toller Tag. Wir haben einen groben Zeitplan für Larrys Operation bekommen. Wir sind ganz nahe an einer neuen Prinzessin für ihn. Larry hat Dr. X um den Finger gewickelt. Ich bin Larrys Fängen wieder entkommen. Mein Trinkspruch von vor fünfundzwanzig Jahren ist mir wieder ganz eingefallen. Nichts kann meine Laune verderben, nicht mal die Tatsache, dass es Zeit ist, Jade zurück zum Bahnhof zu bringen.

»Aber so schnell schon?«, protestiere ich. »Da ist die Fahrt ja länger als die Zeit hier!«

»Ich komme wieder. Schnellzug so schnell, ich komme und gehe für viele Quickies!« Sie sieht sich verwirrt um. »So, wo ist Beleg für dieses Essen?«

Ich halte die Rechnung in die Höhe. Sie versucht, sie mir wegzuschnappen, greift aber daneben.

»Das geht auf mich«, sage ich.

»Nette Idee, aber denk nicht mal dran«, sagt Larry und schnappt mir das Papier aus der Hand wie einer dieser Frösche mit der blitzschnellen Zunge. Es sind seine ersten Worte seit einer Stunde.

Auch im Bahnhof bin ich noch guter Laune. Ich werde Jade bald wiedersehen, und Larry wird der Operation schon zustimmen, egal, wie viel sie kostet. Alles scheint im Bereich des Möglichen, selbst der Gedanke, ein lebendes Organ aus einem menschlichen Körper in einen anderen zu verpflanzen. Was ist schon Großes dabei? Du schneidest es aus dem einen heraus und nähst es in den anderen wieder hinein. *Danny Boy* scheint die angemessene Melodie zum Vor-mich-hin-Summen, als Larry und ich Jade zu ihrem Bahnsteig bringen.

»Danke noch einmal«, sage ich zu ihr.

»Nicht immer danken«, sagt sie ungeduldig. »Normal in meinem Land, wenn Freund oder Familie, es nicht sagen.«

»Oh, es versteht sich von selbst, wie ›Ich liebe dich‹«, sage ich.

»Ja, zu dumm zu sagen.«

Da lag ich wohl falsch. Das grenzte an einen Tadel. Aber nichts kann meine Laune verderben. Ich stupse sie leicht vor die Schulter. »Ich stoße dich«, sage ich.

»Genau!«, sagt sie und sieht zufrieden aus, als sie auch meine Schulter leicht anstößt. Plötzlich mutig, greift sie mir ans Kinn. »Ich darf?«, fragt sie und berührt vorsichtig meinen Kinnbart. Es ist das erste Mal, dass sie sich traut, mein Gesicht anzufassen, aber sie muss sich sicher fühlen, weil wir unsere spanische Gouvernante dabeihaben. »So wie Draht«, sagt sie und erschaudert leicht. »Ich glaube, in der Nacht ich habe süße Träume.«

Ich antworte nicht. Das habe ich bei meiner Hochzeit gelobt.

In unsichtbarer Ferne höre ich Züge schnauben und Feuerwerkskörper explodieren. Am Ende des menschenleeren Bahnsteigs sehen wir eine verschwommene Gestalt unter zu vielen Gepäckstücken wanken. Die Ärmste muss ihren Zug verpasst oder etwas verloren haben. Aber jetzt winkt sie, ruft, fast könnte man denken, sie jodelt zu uns herüber. Hören wir ihr zu:

»Larry-Mary! Mary-Larry!«

Ich reibe mir die Augen. Träume ich? Es ist Mary, die da unter ihrem Gepäck hin und her wankt und im Pelz von Larrys Mutter schwitzt wie ein Rhinozeros. Mary, die aus ihrem Nest an der koreanischen Grenze zu ihrem Geliebten zurückkehrt. »Ich bringe Gestampft!«, ruft sie und wedelt mit einer KFC-Tüte.

»Hawwo, Mary«, sagt Larry monoton und lässt sich ohne

große Gefühlsregung umarmen. »Ich dachte, erst nächste Woche. Auf jeden Fall danke fürs Kommen.«

Wir winken Jade zum Abschied zu und nehmen Mary im Taxi mit.

Die eine Frau geht, die andere kommt.

Danny Boy erstirbt mir in der Kehle. Ich hatte Unrecht. Es gab etwas, das mir die Laune verderben konnte.

Kapitel 15

KLOPF-KLOPF-KLOPF

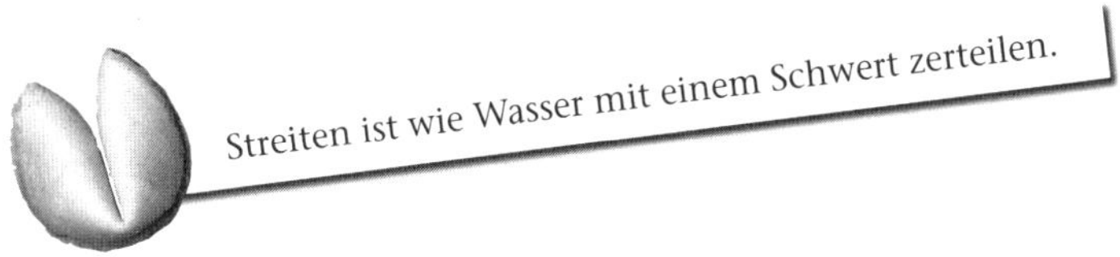

Also sind wir wieder drei. Ein neuer Dreier. Die Gruppendynamik hat sich verändert. Die Zweierbande regiert die Suite.

Die einzige Möglichkeit für einen Waffenstillstand besteht darin, Larry und mir möglichst viel Raum zu geben. Wir stellen einige Hausregeln auf: Die Tür zwischen den beiden Räumen hat geschlossen zu bleiben. Er versiegelt sein und Marys Zimmer, damit es tropisch heiß bleiben kann. Ich erlaube meinem, nachts abzukühlen, indem ich das Fenster öffne. Wenn wir miteinander kommunizieren müssen, benutzen wird das Telefon. Oder wir klopfen wenigstens. Larry nimmt die Bedingungen an, obwohl er nicht glücklich mit ihnen zu sein scheint.

»Du lässt mich wie einen üblen Strippenzieher klingen, Dan, selbst in meinen Ohren. Ganz so, als hätte ich das alles so geplant. Habe ich darum gebeten, dass Mary, du und ich im selben Zellenblock sitzen? Fahre nach Hause, wenn du willst. Überlasse mich meinem Schicksal. Es ist mir egal. Ich bin ein großer Junge. Ich kann für mich selbst sorgen.«

Das Gesagte dient rein rhetorischen Zwecken. Wir beide verstehen die Situation. Glücklicherweise haben wir noch Reserven guten Willens, auf die wir zurückgreifen können, und so schließt sich die Tür herzlich zwischen uns. Zu hören ist allein das Geräusch eines Schlaflieds aus den Leisesprechern: *Three blind mice, three blind mice …*

Nein, das ist dann doch nicht das Einzige, was zu hören ist. Der Lauf der Stunden und Tage bringt reichlich Privates zutage. Wie ich zu meinem Ärger feststellen muss, werde ich, ohne dass ich es vermeiden könnte, Zeuge ihrer Haushaltsführung.

»Ich kämme mir die Haare selbst, Mary … Weil ich sie gerne kämme, deshalb …«

See how they run, see how they run …

Die Essenszeiten sind immer interessant. Das Abendessen Chez Larry-Mary beginnt für gewöhnlich mit dem Öffnen einer Coladose, begleitet vom himmlischen Kreischen Marys, wenn sie jedes Mal neu von der Kohlensäure überrascht wird und es ihr ins Gesicht zischt. Es folgen noch glücklichere Laute, wenn sie zwei, drei Süßstofftabletten in das Gebräu gibt und das Ergebnis genießt: »Guuuuuut …!« Dann wird es eine Weile lang häuslich still, während die beiden sich ans Essen machen und gegenseitige Missverständnisse auf ihre ganz eigene Weise ausräumen.

Mary: »Was ist?«

Larry: »Eine Art McFish, aber nicht KFC. Kannst du mir mein Blistex geben … Nein, nicht die Lesebrille … danke …«

Schweigen. Kontrapunktisches Kauen.

»Mary, kannst du noch eine Dose Coke für mich öffnen? … Ich würde es ja gerne selbst tun, Mary, wenn ich die Kraft dazu hätte … Danke, Mary … Wo wir gerade bei Fisch sind: Kannst du die Schwester fragen, aus was für einem Fisch diese Medizin gewonnen wird? Nach dem Bild auf der Schachtel soll er im Wasser schwimmen, aber …«

»Fisch.«

»Ich weiß, aber was für einer?«

Es folgt ein Stimmengewirr zwischen Mary und der Schwester, während der Kühlschrank ächzt, hustet und sich wieder erholt. Dann die Antwort:

»Fisch-Fisch.«

Wenn ich ins Bad gehe, schleiche ich mich durch ihr tropisch warmes Zimmer und werfe ihnen einen Blick wie irgendeinem normalen Paar zu. Er steht in seinem Krankenhauskittel und den Unternehmerlaufschuhen vor dem Schrank und wühlt darin herum, sie, im Pelz und mit Haarnetz, knackt ergeben Pistazien für ihn. Im Vorbeigehen schnappe ich eine Abhandlung über seine Garderobe auf, hier ein kurzes Stück aus der Mitte.

»Die Jacke hier habe ich im Ausverkauf im Hadassah-Secondhandladen in Hallandale, Florida, gekauft. Fünfzig Cent. Katalogpreis dreißig Dollar. Ist mehr oder weniger regendicht. Und hier diese Clip-Krawatte, die habe ich vom Wohltätigkeitsflohmarkt der Pfadfinderjugend in ...«

Manchmal streiten sie, aber gewöhnlich zeigen sie ein beeindruckendes Maß an Geduld miteinander und verfolgen den chinesischen Wetterkanal in stundenlangem harmonischem Schweigen.

»Ein Unwetter.«

»Hmm, Unwetter.«

»Magst du dein Essen?«

»Scharf.«

»Ich weiß, dass es scharf ist. Scharfe Hähnchenflügel sind scharf. Ich mag es auch.«

Und so weiter. Ich weiß nicht, wie er es schafft, aber hier in der Mitte der ostasiatischen Landmasse, zwischen locker angeordneten Gebirgszügen und riesigen Gebieten unwirtlichen Terrains, hier gelingt es Larry, die Tischgespräche zwischen Sam und Rivie in Lynn, Massachusetts, etwa aus dem Jahr 1962 nachzuspielen.

Währenddessen scheinen wir von Cherry an der Nase herumgeführt zu werden. Zwei Wochen kommen und gehen wie nichts, und noch ist keine Niere in Sicht. Ich entschließe mich dagegen, Dr. X auf die Pelle zu rücken, denke aber, wir sollten eine Art Bericht zum Stand der Dinge bekommen. »Sind Sie sicher, dass tote Pferd kommt zum lebenden Pferd?«, frage ich Cherry.

»Ich bin sicher. Vielleicht noch ein, zwei Wochen, weil erste Woche Oktober nationaler Feiertag. Oder Panne möglich, ziemlich klein.«

»Und die Behörden bekommen nichts von alledem mit?«

»Ruhig, Dan. Nicht Gehirn zermartern.«

Dem stimme ich zu: Ich sollte mir nicht das Gehirn zermartern. Es ist höchste Zeit, dass ich die Ruhe und den Raum bekomme, den ich brauche. Zum Glück verkehrt der Aufzug nach unten und nach oben.

»Hallo, Saudi-Arabien«, sage ich zu meinen Freunden in den langen Gewändern, die ich seit Wochen nicht gesehen habe.

»Hallo, Amerika«, sagen sie zu mir. »Bush immer noch Scheiße, he?«

»Und wie.«

»Uuund wiiie. Uuund wiiiiie«, ziehen sie meine Worte in die Länge.

Wie gewohnt sind die Frauen unsichtbar. Die pakistanischen Ehefrauen mit ihren blauen Schals, die ägyptischen Mütter mit den Kopftüchern und Perlen, die jemenitischen Schwestern mit den breiten Gürteln und wiegenden Hüften. Es sind die Männer, die laut reden, wild gestikulieren und die Brustmuskeln spielen lassen, bevor sie den Federball durch die Luft jagen. Trotzdem habe ich das Gefühl, dass am Ende die Frauen hinter den Kulissen das Leben dirigieren und leise alles geschehen lassen.

Abu, mein pakistanischer Freund, hat offenbar drei Tage

lang seinen Geburtstag gefeiert. »Sechsundzwanzig Jahre!«, gibt er an und nimmt einen Suppenteller mit Kuchen, den ihm seine Mutter mit gesenktem Blick reicht. »Jeden Tag neuer Kuchen!«

Nachdem sie von ihrem Sohn kurz wegen zu viel Zuckerguss ausgescholten worden ist, zieht sich die Mutter stumm zur Seite zurück, um auf ihrer kleinen Matte weiterzubeten.

»Morgen schneiden wir neuen Kuchen an!«, verspricht Abu mir.

»Ich werde da sein«, sage ich.

»So, ich zeige dir jetzt bessere Übung?«, fragt mich Abu.

»Hängt davon ab, was du damit meinst«, sage ich.

»Kennst du Vespa-Motor-Phänomen?«, fragt er.

»Kaum.«

»Dann komm mit.«

Die nächsten drei Stunden fährt er mich hinten auf seinem Vespa-Motor-Phänomen herum und zeigt mir eine Stadt, von der ich nichts wusste. Muslimische Restaurants. Brauereien und Textilfabriken. Massagesalons, die von blinden Männern betrieben werden, die angeblich sensiblere Fingerspitzen haben. Massagesalons, die auf Fußmassagen spezialisiert sind, mit flammenden Glasglocken, die einem zur besseren Durchblutung auf die Sohlen gedrückt werden. Massagesalons, die …

»Warum fliegt dein Hut nicht weg?«, ruft Abu zu mir nach hinten.

»Der ist gut erzogen. Er weiß, er kriegt heute Abend keinen Nachtisch, wenn er sich nicht benimmt«, rufe ich zurück.

Abu gibt lachend Gas. Unser letzter Halt ist ein uraltes Wolkenkratzerhotel mit Burgzinnen, die zwischen verschiedenen Smogbänken schwach zu erkennen sind. Abu dirigiert mich durch die Empfangshalle, als gehörte uns das Hotel, direkt zum Aufzug hinüber, mit dem wir hinauf ins oberste Stockwerk fahren, wo es einen stickigen, alten Fitnessraum gibt, sogar mit einem kleinen Swimmingpool. Das grüne Wasser sieht aus, als wäre seit Erfindung des Tonfilms keiner mehr darin geschwommen. Eine hölzerne Vorrichtung mit Rollen dient dazu, das Wasser aus den Badeanzügen zu pressen. In einen Apparat, der in den Vereinigten Staaten wahrscheinlich schon vor hundert Jahren verboten wurde, kann man sich hineinstellen, damit er einem überflüssige Pfunde vom Leib kocht. Auf dem Trainingsfahrrad zu strampeln fühlt sich in etwa so an wie ein Ritt auf einer mechanischen Schreibmaschine. Aber es funktioniert. Der ganze Raum wirkt wie ein überirdisches Verlies. Durch die winzigen bleiverglasten Fenster kann man die Spielzeugstadt tief unten arbeiten sehen, mit Tausenden surrenden Teilen. Schwungräder und Ritzel drehen sich im Einklang. Wenn die Fenster geschlossen sind, ist es ganz so, als hätte jemand den Stumm-Schalter betätigt. Seliges Schweigen. Keine heiser-melodiösen Straßenschreie, kein unaufhaltsames Feuerwerkskrachen. Und am besten: keine Larry-Mary-Geräusche. Ich höre nur Abu, der vom Sprungbrett aus Auerbachsalti übt, gekonnt ins grüne Wasser sticht, glatt und leise, wie eine Münze im Schlitz eines Fernsprechers verschwindet. Das alles genügt, um mich am nächsten und übernächsten Tag wieder herzubringen. Jede stumme Stunde dort oben, während der ich nach Herzenslust träume, ist eine, die ich nicht mit den alles andere als stummen Mitbewohnern verbringen muss.

Dann bekomme ich eines Nachts einen Anruf, mit dem ich nicht gerechnet habe.

»Hawwo?«

»Hallo.«

»Hawwo?«

»Ja, bist du das, Larry?«

»Ja, Dan, was brauchst du?«

»Ich brauche nichts. Du rufst *mich* an.«

»Nein, *du* hast *mich* angerufen.«

Eine Pause. Gemurmel.

»Oh, entschuldige, Dan, Mary sagt gerade, dass sie dich angerufen hat. Sie hat mich geweckt und mir das Telefon gegeben.«

»Und? Was wollte sie?«

»Ich frage sie. Mary, warum hast du Dan angerufen und mir dann das Telefon gegeben? … Nicht *Ja*, Mary. Das ist nicht die Antwort auf meine Frage, warum du Dan angerufen …«

»Larry …«

»Nicht *Sicher*, Mary, nicht *Ahamm*, Mary. WARUM-HAST-DU-DAN-ANGERUFEN?«

»Larry, braucht Mary etwas von mir?«

»Ich weiß, er ist mein Cousin, Mary. Mary, hör auf! Ich will jetzt keine Pediküre! [Stimmengewirr] Weil ich keine Pediküre *will*, Mary, ganz einfach …«

»Larry, hör zu, warum rufst du nicht wieder an, wenn ihr das geklärt habt …«

»Ich *bin* ja geduldig, Mary. Werde ich etwa laut, Mary? Erhebe ich die Hand?«

»Larry, es ist vier Uhr morgens. Können wir das vielleicht ein andermal fortsetzen …«

»DAN!? DAN!?«

»Ja, Mary«, sage ich, als sie das Telefon nimmt, »du musst nicht schreien.«

»DAN! LARRY MICH NICHT HEIRATEN!«

»Er will dich nicht heiraten, Mary?«

»MICH NICHT HEIRATEN ÜBERHAUPT!«

»Okay, Mary, lass uns am Morgen darüber …«

Klick.

Klopf-klopf. Am Morgen gehe ich zu Larry, und wir sprechen darüber. Es ist eine Art Kriegsrat zwischen fernen Alliierten, die keine besondere Wärme, aber ein gemeinsames Ziel verbindet. Für die Wärme sorgt Larrys Zimmer.

»An den Kleidern für die Brautjungfern wird also im Augenblick nicht weitergenäht?«, frage ich, wedele mir mit beiden Händen Luft zu und schieße Pistazienschalen zur Seite, während ich mich auf den Schulstuhl aus Plastik setze.

»Versteh mich nicht falsch. Die Kompatibilität ist nach wie vor groß«, sagt Larry in einem Ton, der noch monotoner als normal ist. »Um die Wahrheit zu sagen, glaube ich, dass ich ihr gerade verfalle, und das heftig. Sieh nur, wie sie meine Pistazien vorbereitet. Sie legt die Häufchen in eine Reihe, dass ich mich nur noch hineingraben muss. Ich würde nichts lieber tun, als ihr gerecht zu werden, heiratsmäßig. Ich arbeite nur noch am Thema Vertrauen.«

»Bereitet dir da etwas Spezielles Sorgen?«

»Ich wüsste beim besten Willen nicht, was«, sagt er, sprüht sich eine gehörige Dosis Nasenspray in die Nase und blinzelt mich ausdruckslos an.

»Ich meine, du wolltest mit mir reden …?«

»Oh, verstehe«, sagt er, und seine Konzentration kommt zurück. »Ja, da ist eine Sache. Wie du vielleicht weißt oder nicht weißt, arbeitet sich Mary durch die Englisch-Lehrbücher, die ich sorgsam für sie ausgesucht habe. Aber dann habe ich angeboten, ihr auch englische Sprach-CDs zu kaufen, die sie auf ihrem Computer zu Hause benutzen könnte, doch sie sagt, sie hat keinen Computer.«

»Ich sehe nicht, warum das …«

»Dan, erinnerst du dich nicht? Vor einem Jahr habe ich ihr dreihundertfünfzig Dollar geschickt, damit sie sich einen gebrauchten Laptop kaufen konnte. Das war eine der ersten Transaktionen zwischen uns, und sie war höchst dankbar.«

»Oh«, sage ich, und mir sinkt das Herz. »Verstehe, du willst also sagen …«

»Dass sie mein Geld einfach so eingesteckt hat.«

Warum schmerzt mir das Herz? Nicht, weil ich Mary so sehr mag, sondern weil ich Larry mit ihr so glücklich erlebt habe, dass ich die fehlenden Zähne in seinem Lächeln zählen konnte! Wäre es nicht toll, wenn sie und Larry gemeinsam ins Abendrot hineinwandern könnten, Arm in Arm? Auf immer der Larry-Mary-militärindustrielle-Komplex?

»Ich würde die Dinge zwischen uns gerne klarmachen, aber nur, wenn ich zu dem Schluss komme, dass sie mich nicht benutzt, um mit Hilfe meines Passes ins gelobte Land zu gelangen. Und was mich angeht, will ich sicher sein, dass ich ihr aus den richtigen Gründen verfalle, nicht nur weil sie sich um meine Wäschebedürfnisse kümmert. Obwohl sie das auch weiterhin tut, als wäre es nichts, meine persönlichsten Kleidungsstücke eingeschlossen.«

»Wenn sie dir nur die Unterhosen wäscht, dich selbst aber in die Reinigung trägt, scheint das kein besonders gutes Geschäft, Larry.«

»Mein Blick ist getrübt! Ich bin nicht sicher, ob ich meinem Urteil trauen kann. Mag ich sie nun wirklich, oder rette ich sie nur, um die Schuldgefühle zu lindern, die ich empfinde, weil ich mich nicht genug um Judy gekümmert habe?«

Ich weiß es nicht: Das ganze Judy-Thema ist für mich schwer zu verstehen. Genau wie die Frage, wie ungezwungen sich Mary mir gegenüber fühlt – ungezwungen genug, um ohne Rock in ihrer Strumpfhose dazusitzen, so dass ich nicht umhinkomme zu sehen, dass sie ein rosérotes Höschen trägt. Eine neue Melodie trällert aus den Leisesprechern: *Jack and Jill went up the hill to fetch a pail of water …*

»Hält sie deine Kreditkarte immer noch gut unter Dampf?«, frage ich.

»Es stört mich nicht, wenn sie meine Kreditkarte benutzt. Im Gegenteil, ich ermutige sie dazu.«

»Weil sie verkümmert, wenn sie nicht täglich gebraucht wird?«

»Haha, der ist gut«, sagt er ohne ein Lächeln.

Ich sehe zu, wie Mary die Pistazien auf verschiedene Häufchen verteilt, essfertig für Larry. »Ich muss sagen, alles, was du mir da erzählst, lässt Warnglocken bei mir schrillen. Bist du je auf den Gedanken gekommen, dass sie gleich in der ersten Woche hier deinen Pass gestohlen und auf dem Schwarzmarkt verkauft haben könnte, oder schlimmer noch, Larry?«

»Was, Identitätsdiebstahl? Nein, ich muss zugeben, der Gedanke ist mir noch nicht gekommen, aber so weit hergeholt scheint er nicht …«

Er unterbricht sich selbst. »Mary, das reicht jetzt. Danke. Könntest du im Schwesternzimmer anrufen und sie bitten, uns einen Ventilator zu schicken? Ich will es Dan so angenehm machen wie nur möglich. Ventilator? Einen Ventilator?« Er vollführt mit beiden Armen wirbelnde Bewegungen, bis Mary begreift, was er meint, und zögernd zum Telefon greift.

»Noch eins«, sagt Larry zu mir. »Sie hat mich heute zum ersten Mal direkt um Geld gebeten, um sechsundsechzig Dollar. Das sind fünfhundert Renminbi.«

»Hat sie dich um sechsundsechzig Dollar oder fünfhundert Renminbi gebeten?«, frage ich ihn.

»Um sechsundsechzig Dollar. Das klingt nach weniger«, sagt Larry. »Kluges Kind.«

Unterdessen spricht das kluge Kind mit der Schwesternstation. »Anrufen … Ventilator. Anrufen … Ventilator«, sagt sie in den Hörer. Mit der freien Hand knöpft sie sich die oberen Knöpfe ihres Pelzes auf, um etwas Luft hereinzulassen.

»Was ist das eigentlich für ein Kruzifix?«, frage ich Larry, als ich ein kleines Kreuz in der Öffnung glitzern sehe. »Es ist schicker als ein Duftbaum, das gebe ich ja zu, aber ist sie plötzlich Katholikin geworden?«

»Soweit ich es beurteilen kann, ist es eher ein Glücksbringer als ein Modeaccessoire«, erklärt Larry wenig hilfreich. Mary gibt das Telefonieren auf und macht sich an neue, nicht mehr pistazienbezogene Aufgaben.

»Und wie hast du auf ihre Bitte reagiert?«, frage ich ihn.

»Ich habe ihr die Hälfte gegeben. Sechsundsechzig Dollar«, sagt Larry befriedigt. »Zum Handeln gehören immer noch zwei.«

»Larry«, sage ich, »das war alles. Sechsundsechzig wollte sie.«

Larry denkt darüber nach. Ich erwarte, dass er sagt: »Oh, tut mir leid, mein Kopf.« Was mir genug Gedanken machen würde. Aber stattdessen sagt er etwas, das meine Sorge noch mehr wachsen lässt. Er sagt: »Sieh dir an, wie sie meinen Mitessern zu Leibe rückt. Auf *beiden* Schultern. Versuch dazu mal ein amerikanisches Mädchen zu bekommen.«

»Larry«, sage ich und ergreife seinen weichen Arm. »Ich muss dir sagen, dass ich mir über diese Person immer noch nicht im Klaren bin. Angefangen damit, dass sie nicht ist, wie sie behauptet hat.«

»Wenige von uns sind so.«

»Denk darüber nach. Vielleicht müssen wir über sie ja nur wissen, dass sie behauptet hat, eins achtundfünfzig zu sein?«

»Oder vielleicht, dass sie sich wieder und wieder zehn Stunden in den Zug setzt, um mir die Kosten für einen Flug zu ersparen?«

»Oder dass sie behauptet hat, fließend Englisch zu sprechen?«

»Gestern hat sie mir Bananen gekauft«, kontert Larry. »Nicht, dass ich sie vertragen würde, aber ich fand, es war eine nette Geste.«

»Hmm«, sage ich und hebe die Hände vor mich, als wöge ich die beiden Seiten einer schwierigen Gleichung ab. »Bananen – Betrug. Betrug – Bananen.«

»Ihr Englisch wird besser«, sagt Larry.

»Wenn du es sagst ...«

»Sie opfert viel für mich, indem sie so lange hier ist.«

»Und wird gut dafür belohnt.«

»Sie ist bereit, sich mein Leben lang um mich zu kümmern.«

»Was hoffentlich nicht notwendig sein wird. Wir sind schließlich hier, damit du wieder auf die Beine kommst. Larry, sie heißt nicht mal Mary, vielleicht sagt das ja schon alles.«

Mary sieht beim Klang der vertrauten Silben nicht mal auf. Ich komme mir vor wie in einem alten Film, in dem wir ausprobieren, ob jemand tatsächlich taub ist.

»Glaubst du, sie ist geistig zurückgeblieben?«, fragt mich Larry jetzt. »Vielleicht bin ich deswegen auf die irrige Idee gekommen, dass ihr Sohn geistig zurückgeblieben wäre. Ich bin ziemlich sicher, dass das Wort ›zurückgeblieben‹ irgendwann während unserer frühen Verhandlungen gefallen ist.«

Ich denke an den Acrylpullover, den mir Mary vor ein paar Tagen mit Larrys Kreditkarte gekauft hat und der in der stickigen Hitze kaum von Wert ist. »Das ist eine interessante Annahme, aber ich glaube nicht ...«

»Ventilator!«, verkündet Mary plötzlich voller Ungeduld. »Ich hole jetzt!«

Kaum ist sie aus der Tür, deutet Larry auf die Ecke hinter dem Schrank. »Das Versteck ist dahinten«, sagt er ohne größere Emotion.

»Das Versteck? Ach, komm schon, Larry, sind wir nicht schon *genug* in Gefahr, ohne dass du Drogen ...«

»Nicht die Art Versteck«, sagt er. »Marys Versteck. Sieh's dir an.«

Ich habe schon Eichhörnchenverstecke gesehen, in denen die kleinen Nager Nussstücke, Zweige und Kronkorken gesammelt hatten, und ganz ähnlich wirkt diese Einkaufstasche voller Krankenhausmüll auf mich. Gazekompressen. Gummibänder. Duschvorhangringe.

»Ich weiß nicht, was ich davon halten soll«, sagt Larry verlegen, als läge das Qualitätsniveau weit unter seinen Standards. »Dabei fühle ich mich mit ihr in so vieler Hinsicht auf einer Linie, und dann sehe ich sie diese Dinge hamstern.«

»Könnte es sein, dass sie das alles für *dich* hamstert?«

»Nur, dass ich für gewöhnlich keine Tampons benutze«, sagt er. »Und dann kommt noch die Telefonrechnung ...« Larry gibt mir eine Aufstellung, laut der für die vergangenen zwei Wochen vierhundert Dollar angefallen sind.

»Nur für Telefonanrufe aus unserer Suite?«, frage ich und stecke die Rechnung ungläubig in die Tasche.

Plötzlich scheint Larry in sich zusammenzufallen und erschöpft alle Kraft zu verlieren. »Ich bin fertig mit diesem Land«, sagt er. »Ich bin die Kissen so leid, die voll mit was weiß ich sind, Sojabohnen vielleicht. Die knirschen in einem fort.«

»Ach ja? Ich mag sie irgendwie.«

»Daran hege ich keinen Zweifel. Aber *ich* nicht. Du hast die Sicherheit der oberen Mittelklasse, so dass dir kurzzeitiges Elend nichts ausmacht, mir aber. Ich will einfach nach Hause. Alle hier hören sich an wie Desi Arnaz. Wenn ich etwas will, sagen sie ›hmmhmm‹ und ›ähm‹, und nichts passiert. Ich versuche mir einzureden, dass hier alles gar nicht so anders ist, aber dann sehe ich ein paar Krankenhausverwalter in einem Konferenzraum, wie sie sich mit diesen chinesischen Fächern Luft zuwedeln, und ich kann nicht mehr. Ich will nicht undankbar sein, Dan, aber ich komme nun mal aus Amerika, der Klopapierhochburg der Welt, und hier muss ich *so tun*, als wischte ich mir den Hintern ab ...«

»Ich habe erst heute Morgen ein paar neue Rollen besorgt«, erinnere ich ihn.

»Na so was, gerade wo ich mich daran gewöhnt habe, Papiergeld zu benutzen«, sagt er. »Doch ernsthaft: Die M&Ms schmecken nicht wie zu Hause, nichts ist richtig, alles schmeckt nach China. Weißt du, Dan, warum alle in diesem Land in der Hocke dasitzen, statt sich normal hinzusetzen? Endlich bin ich draufgekommen. Weil auf jeden einzelnen Fleck schon mal gepinkelt worden ist. Denk dir nur: Über Tausende von Jahren ist es Millionen von Menschen endlich gelungen, auch noch den letzten Quadratzentimeter zu erwischen. Und ist dir schon aufgefallen, wie alle immer wieder *›Nigga, Nigga, Nigga‹* sagen ...?«

»Das ist nur so was wie ein Füllwort, Larry. Das Gleiche wie unser ›Hmm‹ und ›Äh‹.«

»Ich will das nicht verurteilen, Dan. Ich sage nur, es beleidigt mich. Ich versuche mein Bestes, nicht von ›Schlitzaugen‹ zu reden, und wie danken sie es mir? Mit einem *›Nigga‹*?«

»Also gut«, sage ich. »Aber lass uns fair sein: Das ist alles nicht Marys Schuld.«

»Aber es gehört zu meiner schrecklichen China-Erfahrung«, sagt Larry. »Dazu kommt, dass ich aus Mary kein Wort über ihre Familie herausbekomme. Ich weiß nicht, ob sie ein Haufen Opiumabhängiger sind, oder sonst was. Und ihre Gesundheit ist fraglich. Offenbar hat sie seit zwei Jahren Probleme mit geschwollenen Fußgelenken, aber sie will nicht, dass ich jemanden aus dem Krankenhaus bitte, sich das anzusehen. Kurz, das Ende vom Lied ist, dass ich meiner Gefühlsdatenbank nicht mehr trauen kann. Aber du, du solltest so etwas wie mein Souschef sein, oder wie immer man es nennt. Was hältst *du* davon?«

Es entsteht eine Pause, während der ich Larry dabei zusehe, wie er sich mit einem Stück Seidenpapier die Ohren säubert, um es anschließend in den sämigen orangefarbenen Resten seiner McFish-Suppe zu versenken. Neun Stockwerke tiefer fahren Motorräder vorbei und hören sich an wie eine Parade kaputter Rasenmäher.

Was ich denke, ist ... Mary kommt mit einem Ventilator zurück. Allen Vorahnungen zum Trotz ist es kein Staubsauger (der eine Fahne aus Flusen hinter sich herzieht), auch kein Ofenrohr, das aus einer Bauernkate gerissen wurde, oder ein kranker Dackel, den sie kochen will. Sie bringt einen richtigen Ventilator herein und steckt ihn in eine richtige Steckdose. Das bringt einen Eintrag auf der Habenseite. Was ich denke, ist ... Ich denke, dass das, was Mary ständig mit ihrem Mund macht, alles andere als schön ist. Es sieht aus, als bereite sie sich darauf vor, Schweineknöchel auf die Tischdecke zu spucken. Ich denke, dass es nicht schön von ihr ist, wie sie Larry jedes Mal, wenn wir gemeinsam Taxi fahren, über die Hinterbank rutschen lässt, statt ihn da sitzen zu lassen, wo es am einfachsten für ihn ist, und selbst auf der anderen Seite einzusteigen. Und ich denke, dass sie dazu beigetragen hat, dass wir uns hier in ihrem Land so verloren fühlen. Dass sie riecht, als benutze sie heimlich Larrys Aqua-Velva-Aftershave. Dass sie am Telefon immer flüstert, und wenn ich – nur, um ein Gespräch in Gang zu bringen – frage, wovon sie spricht, antwortet sie: »Wovon sprichst.«

Und sie sieht dabei aus, als lüge sie.

»Nun?«, fragt Larry.

Okay, was ich *wirklich* denke, geht in zwei Richtungen. Ich denke, ich sollte *candeyblossoms.com* selbst einmal näher unter die Lupe nehmen. Denn für den Fall, dass es mit Mary nicht gut läuft, kann ich Larry besser mit Rat zur Seite stehen, weil ich ein Gefühl dafür habe, was da draußen vorgeht.

Larry stimmt mir zu. »Mach einen Testlauf. Gib Shi ein und

sieh, was dabei herauskommt. Achte nur darauf, dass du deine Suche auf die Altersklasse zwischen fünfundzwanzig und dreißig begrenzt, damit du nicht völlig überschwemmt wirst. Oh, und ein Hinweis noch: Wenn in den Angaben zur Person von ›Fehlern‹ die Rede ist, sind damit ›Kinder‹ gemeint. Wenn sie sagen, sie haben drei Fehler im Leben gemacht, sind das drei Kinder.«

Ich logge mich ein. Ich werde keine der Frauen ermutigen oder ein Treffen vereinbaren. Das wäre schlimmer, als Anzeigen für Probeabonnements nur der Werbegeschenke wegen zu beantworten. Es ist unethisch, die Zeit der Leute zu verschwenden. Aber ein paar Bildschirminformationen auszutauschen, um etwas dazuzulernen, daran kann doch nichts falsch sein, oder?

Und dann, mit einem Mausklick, sind sie da – wie die vom Goldhamster meiner Kindheit produzierten Babys bevölkern lauter verwundbare Körper meinen Bildschirm: So groß ist der Ansturm süßer Blüten, dass sie meine Festplatte zu überschwemmen drohen. Ist es das, was sie sind, diese Drittwelt-Bräute? Eine unüberschaubar große, hilflose Brut? Oder sind es erfahrene junge Damen, die sich fortschrittsorientiert moderner Technologie bedienen? Es ist zweifellos eine ausbeuterische Situation, aber bringt der Handel nicht beiden Seiten etwas?

Einen Versuch lohnt es auf jeden Fall …

»Hallo, Zhang«, schreibe ich. »Kannst du mir etwas mehr über dich erzählen? Würdest du sagen, dass du ein großzügiger Mensch bist? Bist du nett zu denen, die weniger Glück haben als du? Hast du schon mal jemanden gepflegt? Ich hoffe, ich höre bald von dir!«

Ich ertrage es nicht, länger als ein paar Minuten zu bleiben, behalte die Website aber offen auf meinem Laptop. Wie eine Angelschnur, die ich ins Wasser hängen lasse.

Die zweite Richtung, in die ich denke, ist, Jade zu fragen, wie sie Marys Vertrauenswürdigkeit einschätzt. Davon werde ich Larry nichts erzählen, das würde nur einen Stellvertreterkrieg entfachen, Larry und ich, die wir uns über unsere Frauen bekriegen: Mary gegen Jade im Ring beim Schlammcatchen. Also sage ich nichts, warte, bis ich abends allein bin, und telefoniere dann vom Erdgeschoss aus, wo sich die Badminton-Jungs im Macho-Stil die Bälle um die Ohren schlagen.

»Was halten Sie von Marys Berufsgeschichte?«, frage ich Jade. Ich habe sie auf ihrem Handy beim Mundharmonikakonzert einer Freundin erreicht. Sie spricht mit gedämpfter Stimme, genau wie ich.

»Das ich kann nicht sagen«, meint Jade.

»Ich weiß, aber denken Sie, sie ist fähig, tatsächlich an einer Schule zu unterrichten?«

»Ja, ein wenig unglaublich, ich denke. Und so viele Tage frei, um bei Larry zu sein? Ich habe schlechtes Gefühl.«

»Ich auch.«

»Gute Möglichkeit, dass sie lügt«, sagt Jade und wird direkter. »Manche chinesische Frauen wollen Geld von Ausländer betrügen, ist schrocklich. Als chinesische Bürgerinnen wir verlieren unser Gesicht. Ich will mich dafür entschuldigen.«

»Das ist doch nicht Ihre Schuld …«

»Also ich glaube, ich kann spionieren für Sie«, flüstert sie.

»Für mich spionieren? Sie meinen wie Peng-Peng!, Ihre Traumkarriere?«

»Ich kann versuchen«, sagt Jade. »Als Privatdetektiv, herausfinden, was ich kann, über Mary. Ich rufe Schule an und sage, ich arme Schülerin, will Mary sprechen wegen Job.«

»Sie Blumenkohl!«, rufe ich. »Das würden Sie für uns tun? Und was denken Sie über die Telefonrechnung, die sie zusammentelefoniert hat?«

»Das, davon Sie mir nicht erzählen.«

»Vierhundert Dollar aus unserer Suite während der letzten zwei Wochen.«

Ich höre, wie Jade die Speichelbläschen zurück in den Mund saugt. »Wie groß die Rechnung ist!«, ruft sie. »Sie muss telefonieren wenigstens zwei Stunden am Tag, vielleicht wenn Larry schläft. Wen sie anrufen? Vielleicht anderen Mann?«

Wow, wirklich? Ein Federball prallt von der Wand gegen meinen Kopf. Ihn Abu mit einem Zwinkern zurückzugeben verschafft mir etwas Zeit, ihre Annahme zu überdenken. »Ein anderer Mann?«

»Solche Rechnung ist zu groß für Verwandte. Nur zu Liebhaber wir sagen so viele Worte. Aber das ist nur Annahme, keine Tatsache. Wir können Krankenhaus nach der Nummer auf Rechnung fragen?«

»Die habe ich hier«, sage ich und überfliege die Rechnung schnell. »Da gibt es eine Nummer, die immer wieder kommt: 04317137130. Würden Sie vielleicht die Nummer anrufen und sehen ...?«

»... ob sie lügt wie gedruckt«, vollendet Jade meinen Satz.

»Peng-Peng!«, sage ich. Ich bin begeistert, meine eigene Spionin zu haben, wenn auch nicht ganz ohne Skrupel.

»Bevor wir etwas übereilen: Sind wir sicher, dass wir uns da so einmischen wollen?«, frage ich. »Ich meine, vielleicht ist Mary am Ende ja in Ordnung, selbst wenn sie verborgene Motive hat. Der Mensch ist ein kompliziertes Wesen! Was also, wenn sie ihn nur kennengelernt hat, weil sie ein besseres Leben für sich möchte? Ist das nicht etwas ganz Legitimes, solange sie sich ernsthaft um meinen Cousin kümmert, was sie zu tun scheint?«

»Nein«, erklärt Jade. »Das große Herz von Larry, sie wird es verletzen. Bestimmt, ich denke.«

Es könnte nicht einfacher sein. Vielleicht ist es an der Zeit, nicht mehr jeden mit einem Vertrauensvorschuss zu bedenken und zu akzeptieren, dass es im Leben manchmal so eindeutig wie beim Badminton zugeht. Entweder landet der Ball im Feld oder nicht.

»Jedenfalls machen Ihre Pronomen Fortschritte«, sage ich zu ihr.

»Ich lerne den Unterschied zwischen Mann und Frau«, sagt sie mit einem Unterton in der Stimme.

»Aha«, sage ich.

Und mehr nicht.

Später, gerade als ich mich auf meiner Couch zum Schlafen ausstrecken will, klopft es dreimal laut. Ich öffne die Tür zu Larrys Zimmer, aber das Larry-Mary-Konglomerat schläft tief und fest. Zwanzig Sekunden später liege ich wieder auf meiner Couch, als es erneut dreimal klopft. Es ist mein Laptop, der Bytes aus dem Netz empfängt, von der Website, die ich offengelassen habe: Einladungen zum Chat. Barbie ist dreißig, aus den Außenbezirken, trinkt gelegentlich, Nichtraucherin. Aber hawwo, was ist das? Hält die da eine Peitsche in der Hand? Nein, es ist ein Mikrofonkabel. Sicher ist Karaoke eine ihrer Leidenschaften. Das ist nicht so pikant wie SM, aber so genau kenne ich Larrys Vorlieben nicht. KLOPF-KLOPF-KLOPF: Oje, da ist jetzt ShiJen, eine wendige kleine Schreibkraft. Ihre Mitteilungen kommen eine nach der anderen. Hartnäckig ist sie auch. »Hallo da? Wollen reden? Chatten? Schon andere finden?« Und wieder: KLOPF-KLOPF-KLOPF: Mitteilungen über Mitteilungen kommen herein, eine nach der anderen, nicht der Reihe nach, sondern sich gegenseitig wegdrängend, um mir die Tür einzuschlagen. KLOPF-KLOPF-KLOPF: Das ist jetzt »Hiedi«, die sich zwischen dreizehn Teddys kuschelt. Ich beschließe, mich nicht daran zu stören, dass sie ihren Namen falsch buchstabiert. KLOPF-KLOPF-KLOPF: Kate hat eine Augenklappe, eine Religion ist nicht angegeben. Ihre Biografie ist in ihrer Kürze ziemlich anrührend: »Nun ... nur einfache Frau, die auf Liebe hofft … frag, was du wissen willst …« KLOPF-KLOPF-KLOPF …

Ah, die Bedürfnisse dieser Welt! Wann drohen sie einmal *nicht*, uns alle zu erdrücken?

KAPITEL 16

Der tausendjährige Panda

Ein Sturz in den Graben macht dich weiser.

KRRAAAAACCCK! Ein Donnerschlag. Dem Himmel sei Dank, ein Gewitter ist im Anzug. Nur ein Gewitter kann dieser infernalischen Hitzewelle ein Ende setzen. Ich schwitze in meinem Wolkenkratzer-Fitnessstudio. Die bleiverglasten Fenster sind geschlossen, und ich genieße die Einsamkeit, während ich auf meiner mechanischen Schreibmaschine fahre. Abu trainiert lustlos seine Auerbachsprünge. Komm schon, Regen!

Doch der Nachmittag bleibt drückend hell. Ich nehme den Gedankengang wieder auf, aus dem mich der Donner herausgerissen hat – grüble über Burtons Schuld nach. Hat er etwas getan, das Larrys Fatwa rechtfertigen könnte? Und würde er unsere Unternehmung tatsächlich stoppen, wenn er die Möglichkeit dazu hätte, im missgeleiteten Glauben, dass das seinem Ärger mit Larry ein Ende setzen würde? Ich kann mir kein Urteil erlauben, ich weiß nur, dass sich Burton mir gegenüber immer honorig verhalten hat, aufrecht, loyal und großzügig. Darüber hinaus hat Burton sein Leben der Heilung Tausender Nieren gewidmet und wird von seiner Gemeinde in Harvard und einer ganzen Armee von Patienten geliebt. Aber auch Larry war mir gegenüber auf seine Weise immer ein Ehrenmann, unter anderem wenn es darum ging, seine Schulden ganz und rechtzeitig zurückzuzahlen. Bis auf das eine Mal. Ich würde nicht sagen, dass er mich da betrogen hat. Nein, aber dieses eine Mal hat er mir mein Geld nicht ganz und rechtzeitig zurückgezahlt. Vielleicht dachte er ja, mich auf andere Weise bereits bezahlt zu haben. Er hatte mich überzeugt, eine Eigentumswohnung zu kaufen, als Investition, aber dann bekam ich die Mieterin nicht hinaus, die fast ein Jahr lang keine Miete gezahlt hatte. Larry beschimpfte die Frau, vor ihrem Sohn, einem Trucker, wofür er ein paar Schläge einsteckte. Vielleicht war das seiner Meinung nach den Riesen wert, den er mir schuldete? Wir haben nie mehr als ein paar Worte darüber gewechselt, aber als ich ihn nach dem Geld fragte, schwärzte er mich beim FBI an. Vielleicht ist es mit Burton zu einem ähnlichen Missverständnis gekommen? Wer kann das sagen? Wie bei den meisten Familienfehden gibt es auch bei dieser nur wenige Wahrheiten, auf die Verlass ist. Es ist wohl eine dieser *universellen* Unergründlichkeiten.

Bzzzzz! Bzzzzz! Es hört sich an wie eine Hummel, die zwischen zwei Scheiben gefangen ist, aber es ist mein stumm geschaltetes Handy, das wütend vor sich hin vibriert. Ich lasse meine Räder zum Stillstand kommen, greife träge nach dem Telefon, und schon schreit mir jemand ins Ohr.

»DAN, LARRY WEH!«

Ich fahre vor Marys Stimme zurück wie vor einem Schwall Ammoniak.

»LARRY BLUT!«, schreit sie wieder und berichtet mir, dass Larry erneut aus dem Krankenhaus geflohen ist, nur um wieder zu stürzen. Das macht mich so wütend, dass ich umgehend auf Tagtraum-Modus schalte, für eine ganze Weile diesmal.

KRRAAAAACCCK! – wieder donnert es. Es fühlt sich an, als sei die Luft elektrisch geladen, und als ich das bleiverglaste Fenster aufkurbele, sehe ich, dass sich der Nachmittag verfinstert hat und von einem prasselnden Wolkenbruch überzogen wird. Die Spielzeugstadt Shi unter mir wirkt schutzlos, wie gelähmt, hupt wütend vor sich hin, aber der Regen hat die Räder zum Stillstand gebracht. Mein Cousin liegt irgendwo da unten in einer Straße, und eine Minute später stehen Abu und ich auf dem Bürgersteig vorm Hotel. Wir betrachten das wild hupende Durcheinander.

»Mit dem Taxi wird es am schnellsten gehen«, erkläre ich Abu und springe auf die Rückbank eines bunt geschmückten Autos. Aber es ist ein Polizeiwagen. Zwei verängstigt aussehende Beamte starren zu mir nach hinten. »Entschuldigung!«, sage ich und springe zurück auf die Straße.

»Nimm«, sagt Abu und hält mir den Schlüssel für seine Vespa hin. »Einer allein ist schneller.«

Schon rase ich durch nasse Nebenstraßen, weg von der verstopften Hauptverkehrsader. Es herrscht ein einziges tobendes Chaos: Sirenen heulen, Lichter zucken von Krankenwagendächern und Fahrer schreien, man soll ihnen den Weg freimachen. Larry kann nicht weiter als ein paar Straßen vom Krankenhaus weggekommen sein, überlege ich. Wahrscheinlich hat er eine ihm bekannte Richtung eingeschlagen. Das Enten-Restaurant! Ich fahre wie die schlimmsten oder besten chinesischen Fahrer, die ich während dieser Wochen bestaunt habe, und schlängele mich gegen die Fahrtrichtung über einen Bürgersteig. Einen halben Häuserblock vom Restaurant entfernt, nicht weit vom Krankenhaus, sehe ich Larry in seinem Krankenhauskittel mitten auf der Straße liegen, wie ein auf dem Rücken gelandeter Käfer mit Armen und Beinen zappelnd. Aber wohin ich mich auch wende, um zu ihm zu gelangen, steht mir Mary im Weg und quatscht idiotischen Unsinn. Ich schiebe sie zur Seite und trete näher. Larry weiß Freund und Feind nicht mehr zu unterscheiden und sticht mit seinem KFC-Göffel in meine Richtung. Ich knie mich in eine Pfütze, um ihn zu bändigen, wische ihm den Regen aus den Augen und sehe ihm direkt ins Gesicht, bis er mich erkennt.

»Hawwo, Dan, danke, dass du gekommen bist«, sagt er, als veranstaltete er ein Würfelspiel im Hinterzimmer eines Stripclubs und freut sich, dass ich kommen konnte. »Du scheinst gut in Form. Hast du trainiert?«

»Larry, was zum Teufel geht hier vor?«

»Ich bin seit vier Uhr wach und versuche genau das herauszukriegen. Ich bin ratlos. Was für eine Nacht«, sagt er. »Mein Rücken ist ein einziger Krampf …«

Ich nutze die kurze Ruhe und versuche, ihn zum Aufstehen zu bewegen. Das ist ein Fehler: Schon verfällt er erneut in Raserei, fuchtelt mit seiner Plastikwaffe herum und klammert sich mit seinen Unternehmerlaufschuhen an meine Beine. Ein Stück Papier flattert heran – der Nonnenbrief von zu Hause. »Hilfe! So hilf mir doch einer!«, ruft Larry, während sich der Verkehr hektisch hupend um uns herumwindet. »VIP in Not!«

»Beruhige dich!«, schreie ich ihn an und setze mein ganzes Gewicht ein, um ihn in Schach zu halten. Ein paar Soldaten nähern sich uns, die Gesichter so leer, dass es einem Angst machen kann. »Nein, nein, wir haben es schon«, rufe ich und stelle mich ihnen in den Weg. Sie zögern, unsicher, ob sie mir das übelnehmen oder sich zurückziehen sollen. Dann sind sie wieder verschwunden.

»Larry«, sage ich streng, »es ist gefährlich, hier so eine Szene zu machen …«

KRRAAAAACCCK! Das Gewitter ist jetzt direkt über uns. Das Enten-Restaurant wählt diesen Augenblick, um eine Peking-Oper über seine Bürgersteiglautsprecher nach draußen zu übertragen.

»Ich haue ab«, sagt er mit zusammengebissenen Zähnen. »Ich schaffe es schon allein zum Flughafen.«

Es gelingt ihm, sich mit einem Adrenalinschub aus meinem Griff zu befreien und hochzurappeln. Mit nacktem Hintern steht er da, Schläuche hängen an ihm herunter, und der Krankenhauskittel ist hinten völlig verdreckt.

»Larry, hast du dich nicht in meine Hände begeben, als wir in diese Stadt gekommen sind?«

»Verklage mich«, sagt er. »Wenn ich eines in diesem Leben gelernt habe, dann …«

Er hält inne, um einen Zahn auszuspucken. Damit ist noch weniger von ihm zu retten. Mit jeder Minute wird er weniger. Trotzdem scheint sein Körper mitzumachen. Sein Blut gerinnt in der Farbe von Malzbier, und er ist sicher genug auf den Beinen, dass ich ihn benebelt den Bürgersteig hinunterführen kann.

»Larry, versprich mir, dass du nie wieder so einen Wahnsinn veranstaltest. Weißt du, wie viele Erreger du dir in deinem Zustand außerhalb des Krankenhauses einfangen kannst?«

»Weißt du, wie viele ich mir drinnen einfangen kann?«

Ich gebe mir alle Mühe, ihn auf den Beinen zu halten und humpelnd zum Krankenhaus zu schaffen. Ich bin voll mit seinem Blut und seiner Frisiercreme.

»Larry, warum kämpfst du auf Schritt und Tritt gegen mich an?«

»Mit allem gebührenden Respekt, du überschreitest deine Kompetenzen. Es ist meine Entscheidung, Schluss, basta. Was geht dich das überhaupt an? Versuche ich dich etwa um auch nur einen Cent zu betrügen?«

All die alten Ängste blubbern aus seinem blutigen Mund hervor, die alten Schuldzuweisungen …

»… deine Freundin Jade … dein Freund, der Kameltreiber … Schlitzaugen und Schwuchteln …«

Ich schüttele ihn, nicht zu sachte. »Larry, es ist an der Zeit, dass du denen, die sich für dich einsetzen, etwas Dankbarkeit zeigst.«

»Da bin ich anderer Ansicht.«

»Das ist keine Ansichtssache, Larry.«

»Ich bin aber anderer Ansicht«, sagt Larry. »Ich mache, was du ins Mikrofon gesagt hast.«

Ich bleibe stehen.

»Welches Mikro? Wann? Auf deiner Bar-Mizwa? Ich dachte, du erinnerst dich nicht, was ich gesagt habe.«

»Du hast gesagt, du scheißt auf alle, auf die Heuchler und Musterknaben, und dass du nichts mit ihnen zu tun haben wolltest. Genau das sage ich auch. Ich scheiße auf sie alle.«

Ich sehe ihn fassungslos an. »Denkst du, du bist noch in der Schule, Larry? Und rebellierst gegen die Lehrer? Wir sind hier in China, und dieses Land hat erstklassige Chirurgen!«, brülle ich ihn an. »Wir sind um die halbe Welt gereist, haben uns vor weiß Gott wie viele Leute gedrängelt, um eine Niere zu bekommen, und jetzt verdirbst du alles!«

»Nichts für ungut, Dan, aber du weißt nicht, wie es mir geht und was es bedeutet, ertragen zu müssen, was ich ertragen musste.«

»Larry, rund um die Welt sterben in diesem Moment bessere Menschen als du und ich, weil sie weder das Geld noch die Energie haben, eine Niere zu bekommen, und du wagst es, auf sie alle zu scheißen? Weißt du, was du bist, Larry? Ein undankbarer Mistkerl!«

»Ich scheiße auf alle, Dan. Ich wiederhole nur deine Worte.«

»Larry!«, rufe ich voller Abscheu. »Damals war ich fünfzehn, verdammt noch mal! Ein Heranwachsender! Diese Welt ist nicht dein Feind! Ja, das Leben hat dir übel mitgespielt! Komm drüber weg! Du kriegst gerade eine zweite Chance!«

»Das ist leicht für dich zu sagen, Dan. Du hattest alle Privilegien.«

»Recht hast du«, sage ich. »Die hatte ich, und das ist einer der Gründe, warum ich mit dir hergekommen bin – um die Rechnung etwas zu begleichen. Aber weißt du was? Es war ein Fehler.«

Wir erreichen das Krankenhaus, und ich schiebe den Türsteher, der mir zur Hand gehen will, einfach aus dem Weg. Mary folgt uns hysterisch heulend, wirft die Arme hin und her und wirbelt den Regen durcheinander.

»Kämpf weiter gegen alle an«, sage ich zu Larry. »Pflege deine wertvolle Fehde mit Burton. Mir ist es egal, ich mag nicht mehr.

Mary, hol ihm einen Rollstuhl oder auch nicht. Ich habe die Nase voll von diesem Himmelfahrtskommando. Die Sache ist hoffnungslos und war es von Anfang an.«

Ich lasse Mary und Larry in der Halle zurück und gehe davon.

Wow, was für ein Tagtraum! Ich muss ein *wirklich starkes* Bedürfnis haben, dem allen hier zu entkommen …

Was tatsächlich geschieht, ist längst nicht so dramatisch. Und es muss auch nicht so dramatisch sein, um mich an diesem Punkt alles hinwerfen zu lassen. Larry ist erneut draußen auf der Straße gestürzt, das ist alles: Ich werde in meinem Fitnessstudio von Mary angerufen und verabrede mich mit ihr im Krankenhaus, während er verarztet wird. Es ist nicht dramatisch, aber es ist der Tropfen, der das Fass zum Überlaufen bringt. Abu fährt mich zurück durch die drückende Helligkeit – das Gewitter scheint uns verschonen zu wollen –, und wenig später stehe ich im Familienzimmer unten im Erdgeschoss und rufe verschiedene Fluglinien an, um meinen Rückflug zu buchen. Es ekelt mich an, mit welch obszönem Anspruchsdenken Larry und ich hier mit nichts in Händen eingeflogen sind und erwarten, dass ein ganzes Land innehält, um uns eine Niere zu verschaffen. Was für überhebliche, verzogene Amerikaner wir doch sind! Wer hat denn hier Privilegien? Gib mir eine Niere, Welt! Und zu glauben, eine Niere könnte ihn wieder in Ordnung bringen! Larry ist so verkorkst, so am Ende. Da ist nicht mehr viel zu retten. Auf jeden Fall nicht genug, als dass ich mich weiter dafür ins Zeug legen will. Ich will mit der ganzen Sache nichts mehr zu tun haben.

Ich hänge in einer Warteschleife, als Mary mich findet. Mein erster Gedanke ist, sie zu schlagen.

»Und du!«, sage ich. »Was für eine große Hilfe du doch bist! Warum hast du ihn nicht davon abgehalten, das Krankenhaus zu verlassen?«

»Dan, ich kann nicht tun! Er großer Junge, tun, was will.«

»Mary, er ist es nicht wert!«, wettere ich. »Warum nur willst du den Kerl auch noch heiraten?«

Und jetzt, und es ist das Letzte, womit ich gerechnet hätte, explodiert auch Mary. Sie ist mindestens so wütend wie ich.

»Was *du*!«, geht sie auf mich los. »Du das machen für schönes China-Abenteuer. Du sagen Freunden, du großer Held, weil Leben von Cousin retten, aber du verbogen.«

»Ah, jetzt bin ich also verbogen«, kichere ich und versuche sie mit ihren Sprachproblemen einzuschüchtern, damit sie den Mund hält. »Was willst du sagen? Dass ich *verlogen* bin? Oh, das tut weh aus dem Mund von jemandem, der Verbandsmull klaut ...«

»Ich arm, wo ich herkommen. Du nicht verstehen.«

»Wer lügt denn über seine Arbeit in irgendeiner gottverlassenen Schule ...?«

»Ich arbeiten in Schule. Mechaniker. Gute Job, keine Computer, aber Winkel. Kopf aufrecht ...«

»Aber ja, und warum hast du uns dann nicht gleich die Wahrheit gesagt?«

»Weil du lachen, wie immer lachen über Larry. Große Witz, haha, auch wenn krank, auch wenn verwirrt. Aber du schicken Spion auf mich, rufen Aufsicht an, machen Problem ...«

»Oh, als wenn du das nicht verdient hattest, du Ärmste, die einen heimlichen Anruf nach dem anderen macht und mit einem fremden Mann telefoniert. Ja, hallo«, sage ich zu der Fluglinie, die mich endlich aus der Warteschleife holt, »ich würde gerne einen Flug buchen, Peking–New York. Wenn Sie morgen noch einen Platz hätten ...«

Mary ist mit einem Satz bei mir und schlägt mir das Telefon aus der Hand. Es knallt hart auf den Boden und scheppert gegen die Wandfliesen.

»Das mein Sohn, ich anrufen!«, schreit sie. »Er Arbeit verlieren, viele Angst. Du nicht kennen, weil sichere Amerikaner! Leben schwer für Menschen! Nicht alle um Welt fliegen und sagen, mir das geben und das geben! Das mein Sohn, ich anrufen!«

Seit wann spricht sie so gut? Wider Willen bin ich von ihrem Vokabular beeindruckt. Sie hat in den letzten Wochen wirklich viel aus ihren Büchern gelernt.

Aber sie ist mit mir noch nicht fertig und tritt so nahe an mich heran, dass ich mich fast körperlich bedroht fühle. »Warum du nicht Niere geben?«

»Was?«

»Warum *du* Larry nicht Niere geben?«

Plötzlich komme ich mir lächerlich vor. Ich halte meine Hand immer noch so, als hielte ich das Telefon damit fest. Ich bücke mich, um das Gehäuse aufzuheben, und richte mich unsicher wieder auf. »Es ist zweifelhaft, ob unsere DNA ...«

»Sehen, du verlogen? Du nicht mal Test machen, um zu versuchen.«

Sie hat Recht. Ich habe es nie ernsthaft in Betracht gezogen, ihm eine meiner Nieren anzubieten.

»Du machen große Reise, fahren weit hinaus, aber nicht drinnen, niemals hier.«

Sie stößt mir einen Finger in den Unterleib. Die Berührung erschreckt mich. Ich bin dort empfindlich.

»Autsch, meine Niere ...«

»Das nicht mal richtige Platz!«, höhnt sie. »Du nicht mal wissen! Niere hinten, daher sie holen. Dann dahin pflanzen. Genau dahin.«

Sie pikst noch einmal auf dieselbe Stelle. »Du schlimmer als Larry«, sagt sie. »Larry ist, wie ist, aber wenigstens nicht so tun wie großer Held ...«

Die Wahrheit ihres Angriffs nimmt mir alle Kraft, aber ich versuche mich dennoch zu wehren. »Und was ist mit dir?«, sage ich und versuche, genauso laut zu schreien. »Warum gibst du ihm nicht *deine*?«

Mary tritt einen Schritt zurück und lässt ihre Zähne sehen. Ob sie lächelt oder angewidert das Gesicht verzieht, kann ich nicht sagen. »Larry nicht wollen, sagt, zu viel Risiko«, sagt sie. »Aber du sein Cousin, Dan, in Familie mit Doktors, keine Entschuldigung …«

Ich bin sprachlos. Ich weiß mich nicht mehr zu verteidigen, als ihre Stimme weicher wird. »Warum du denkst, wir alle zwei haben?«, fragt sie mich. »Eine extra. Eine für Geben.«

Die Kraft ihrer Worte bestürzt mich. Es ist so offensichtlich. Ich weiß nicht, was ich sagen soll.

»Wie du kannst deinen Larry alleinlassen, Dan? Er sagt, du guter Mensch, du gütiger Mensch.«

»Das tut er nicht.«

»Er sagt, du gütigster Mensch der Welt.«

»Unsinn.«

Resolut fasst sie mich bei den Schultern. »Er sagt, du seine große Bruder, letzte von Familie übrig …«

Ich stürme in Larrys Zimmer, wo die Schwestern gerade dabei sind, seine Abschürfungen zu säubern. »Was meinst du damit, dass ich gütig bin?«, will ich wissen.

»Für mich bist du es.«

»Scheiße. Wenn ich so gütig bin, warum hast du mich dann nie um eine meiner Nieren gebeten?«

»Ich würde mir nie anmaßen …«

»Und von Mary?«

»Ich hätte es abgelehnt, wenn sie mir eine angeboten hätte. Sie hat keine Krankenversicherung, und wo sie herkommt, ist die Versorgung mangelhaft. Sie kann kein solches Risiko auf sich nehmen. Tatsächlich sollte ich es schriftlich verweigern, für den Fall, dass sie auf dumme Gedanken kommt.«

Er sieht sich nach einem Stift um, aber die Kleenex-Schachtel mit seinen irdischen Gütern ist nirgends zu sehen. Doch das ist schon okay, er hat seinen Wünschen Ausdruck gegeben. Cherry ist da und Zeugin seiner Entscheidung geworden, sollte das Thema je aktuell werden.

»Aber du sollst sehen, dass ich ein fairer Verhandler bin«, sagt er. »Ich lege dieses Veto nicht ein, ohne dir dafür etwas zu geben. Ich sage dir was: Ich füge mich in der Frage der Kapitulation.«

»Was meinst du mit Kapitulation?«

»Die weiße Flagge, die Friedenspfeife, das Niederlegen der Waffen. Keine Kampfhandlungen mehr gegen dich, das schwöre ich beim Grab meiner Mutter.«

Nachdem diese Entscheidung gefallen ist, ergibt er sich seiner Erschöpfung, was eine Art Selbstbefreiung ist. Der Akt der Kapitulation ist für ihn so enorm, dass er einer Erlösung gleichkommt. Er kann nicht anders, als seiner Erleichterung mit Geräuschen und knappen Äußerungen Ausdruck zu verleihen, während Cherry und ich die Situation diskutieren. Immer wieder wirft Larry kurze Kommentare in unser Gespräch ein: »Ich lasse euch entscheiden.« – »Was immer ihr sagt.« – »Ich richte mich nach euch.« – »Ich werde euch nicht aufhalten.« – »Ich lasse euch in Ruhe reden.«

Mit einem Zwinkern in meine Richtung verlässt Cherry die Suite. Endlich sind Larry und ich alleine. Seine Kapitulation ist so monumental für ihn, dass er immer noch denkt, er muss sich erklären.

»Mein ganzes Leben habe ich immer nur meine Unabhängigkeit behaupten wollen.«

»Das weiß ich doch, Cousin.«

Er sieht aus, als wäre er tausend Jahre alt, wie ein tausendjähriger Panda, der Welt und ihres Unsinns so überdrüssig. Nein, er sieht noch schlimmer aus, wie ein x-beliebiger Patient, der in seinem schmuddeligen Yankee-Trikot darauf wartet, dass seine Zeit kommt.

»Deshalb bin ich wieder aus dem Krankenhaus gelaufen«, sagt er. »Um zu demonstrieren, dass ich meinen eigenen Weg gehen kann.«

»Das verstehe ich, Larry, das musst du nicht erklären.«

»Vielleicht sind Angstreaktionen das Einzige, was mir bleibt. Ich wüsste nicht, was ich sonst tun könnte. Aber ich stimme dir zu, dass es schon eine schlimme Ironie wäre, wenn ich den ganzen Weg bis hierher gemacht hätte, nur um von einem chinesischen Bus niedergestreckt zu werden.«

»Das wäre mehr als ironisch, Larry. Das wäre unsäglich dumm.«

»Sieh dir die Abschürfungen an meinem Arm an«, sagt er und gluckst wie über die Dummheit eines Kindes, das seinen Irrtum eingesehen hat. »Wir müssen mich heilen lassen.«

»Das werden wir, Larry, und du wirst wieder so gut wie neu sein. Es ist nur ... Es ist zum Greifen nahe, und du willst nicht dafür zahlen.«

»Ich werde es versuchen.«

»Meinst du das ernst?«

»Ich hoffe es, Dan. Ich hoffe, es wird nicht zu teuer, aber ich werde mein Bestes tun, um zu zahlen.«

»Und du überlegst es dir nicht wieder anders, Larry? Weil ich nicht sieben Tage die Woche rund um die Uhr den Babysitter spielen kann. Ich habe meine eigenen Babys zu Hause, die ich für das hier allein gelassen habe.«

»Es ist vollbracht, Dan«, haucht er friedlich.

Ich glaube ihm. Weil es wie alles an Larry ansteckend ist: Auch ich fühle mich in Kapitulationsstimmung. Im Halbdunkel des Krankenhauszimmers, mit den Laken vorm Fenster und umgeben von Pistazienschalen, sitze ich schweigend neben seinem Bett. Im Hintergrund flackert eine Varietésendung über den Fernsehschirm. Ein chinesischer Jackie Gleason versucht in ein rot glühendes Telefon zu sprechen. Es gibt jede Menge Konservenlachen, aber wir haben gelernt, nicht mehr hinzuhören.

»Danke, Dan. Ich weiß nicht, ob ich dir überhaupt schon gedankt habe. Danke, Dan. Tausendmal.«

»Freunde und Verwandte – du musst es nicht sagen, Larry. Es ist selbstverständlich.«

»Es tut mir leid, Dan.«

»Dir muss nichts leidtun. Du tust dein Bestes.«

»Nein. Ich meine ... alles. Krank zu werden und so viel Umstände zu machen. Ich wollte das nie. Ich dachte immer, ich würde eine Million verdienen und wäre derjenige, der sich um alle in der Familie kümmern könnte. Nicht, dass sich einer aus der Familie um mich kümmern müsste.«

»Ruh dich aus, Larry. Du bist beim besten Nierenchirurgen von China, und ich werde dich auf jedem Schritt des Wegs begleiten.«

Er liegt da, und die Ader in seinem Hals pulsiert so zart, während der chinesische Gleason sich beinahe den Mund an dem rot glühenden Telefon versengt. Jetzt regnet es draußen tatsächlich. Das ist kein falscher Alarm mehr, sondern ein wirkliches Gewitter. Es überflutet unsere Fenster, und ich bin froh, dass wir sicher in unserer Höhle sind.

»Weißt du, was ich nicht kapiere, Dan?«

»Was?«

»Warum du überhaupt zugestimmt hast mitzukommen, nach dem, was ich mit dem FBI probiert habe.«

»Das ist Schnee von gestern, Larry. Komm schon, dazu braucht es nicht viel Überlegung. Dein Cousin ist krank, und du kannst ihm helfen? Wo ist da die Frage? Du tust es.«

Er schüttelt den Kopf, das geht über seinen Horizont. »Ich glaube, du bist besser im Vergeben als ich.«

»Machst du Witze? Ich bin nachtragender als sonst wer. Ich bin nur … kein Schwein. Ich habe ein gutes Leben, wie könnte ich da nicht helfen? Und jetzt hör auf, mich so anzusehen.«

»Wie?«

»Mit Sternchen in den Augen. Bewahre sie dir für die chinesischen Mütter auf, die es schaffen, den Rotgardisten zu vergeben, die ihre Babys erstochen haben. Für Leute, die tatsächlich ihre Nieren hergeben, um ihre Cousins zu retten. Was ich tue, geht keinen Schritt über das Normale hinaus. Es ist so, wie wenn du sagst, alle sollten Organspender sein. Das Gleiche gilt für die gegenseitige Hilfe: Zu helfen sollte der Normalfall sein. Wenn ich keinen Finger gerührt hätte, würdest du mich zu Recht fragen, *warum nicht.*«

Er denkt stumm über meine Worte nach, während der Regen gegen die Scheiben prasselt. »Was komisch war«, sagt er schließlich, »eben, da draußen, als ich wieder mal keins der Schilder lesen konnte, da habe ich begriffen, dass ich hier in China auf die gleiche Weise verloren bin wie mein Vater früher in Amerika. Jetzt weiß ich, wie es sich für ihn angefühlt haben muss, nicht lesen zu können.«

Der chinesische Gleason wirft das Telefon in einen Eimer mit Eiswasser und grinst erleichtert.

»Ich sage dir, wenn ich mich mit meinem Vater vertragen sollte, wäre das eine wunderbare Bonus-Dreingabe dieser Reise, selbst wenn es mit der Niere nicht klappt. Stell dir das nur vor: eine Aussöhnung, nachdem er zwanzig Jahre tot ist.«

»Besser spät als gar nicht«, sage ich.

Draußen zucken die Blitze und rollen die Donnerschläge. Im Fernsehen läuft ein neuer Sketch: Ein Mieder und Perücke tragender Polizist heult, während er einem Richter etwas zu erklären versucht. Bald schon heulen alle Mieder und Perücke tragenden Polizisten im Gerichtssaal. Das Wasser steigt ihnen bis zu den Knien.

»Weißt du, was ich denke, Dan?«, sagt Larry.

»Was?«

Er sieht mich mit großen Pandaaugen an. »Ich denke, du bist selbst so etwas wie ein schwarzes Schaf, nicht im herkömmlichen Sinn vielleicht, aber ...«

»Baaa«, sage ich und bringe ihn damit zum Schweigen. »Und weißt du, was *ich* denke?«, sage ich.

»Was?«

»Ich denke, ich bin mit hergekommen, weil ich dich liebe.«

»Verstehe.«

»Ich habe dir das nie gesagt, und ich glaube nicht mal, dass ich es bis zu diesem Moment wusste, aber deswegen bin ich hier.«

»Das weiß ich zu schätzen. Danke.«

Das ist alles. Es ist das einzige Mal, dass wir je dieses Thema angeschnitten haben. Mary hat Recht: Ich kann meinen Larry nicht verlassen. Ich weiß nicht, wie lange es dauern und wie viel es kosten wird, aber wir werden das gemeinsam durchstehen. Seite an Seite im Halbdunkel, während der Tränenpegel im Gerichtssaal Hüfthöhe erreicht.

Kapitel 17

Schicksal macht uns zusammen

Das Gewitter scheint den Sommer ausgetrieben zu haben. Die Oktoberluft ist klar und kalt. Der Anruf könnte jeden Augenblick kommen, und wir sind bereit, sofort aktiv zu werden. Dennoch, die verstreichende Zeit hat uns alle lockerer gemacht und uns von unserer hektischen amerikanischen Ungeduld geheilt. Eine Art vorläufiger Friede hat sich über uns gesenkt, und in unserer neu gefundenen Langmut ergibt auch Marys Pelz plötzlich einen Sinn. Ich hätte nie gedacht, dass es hier frostig werden könnte. Selbst der Acrylpullover, den sie mir gekauft hat, ist plötzlich von Nutzen. Ich trage ihn jeden Tag. Verschwunden ist die totalitäre Luftverschmutzung, es gibt Lücken im Ein-Parteien-Smog, der mir bereits so ans Herz gewachsen war. Dieser üppige elfenbeingraue Nebel mit dem leichten Fischgeruch, er ist zu einem Teil von mir geworden und ich zu einem Teil von ihm: Wir haben gemeinsam geatmet, China und ich. Larry und ich sind jetzt fünf Wochen in Shi, insgesamt sechs in China, und ohne Vorwarnung werden wir Zeuge einer angenehmen Abfolge heiterer, wolkenloser Tage, mit einer Luft so sauber, dass wir endlich die Dächer der Häuser sehen können. Da sind sie, die obersten Fenster, ohne jede Form von Blendschutz. Es ist so, als wärst du von jemandem gefangen gehalten worden, der sich am Ende entschließt, dein Freund zu sein, und sich die Maske herunterreißt, so dass du seine verblüffend blauen Augen erkennen kannst – die wie Larrys sind!

Denn auch Larry hat sich verwandelt. In den letzten sechs Wochen ist er von allem Sicheren und Verlässlichen in seinem Leben fortgerissen und Ängsten und Traumata ausgeliefert worden. Es ist so, als wäre er bis ins Innerste dekonstruiert und von allen Mustern und Strukturen gereinigt worden, um neu programmiert zu werden. Kurz gesagt: Er kostet Hähnchenteile, die nie eine KFC-Schachtel gesehen haben.

»Selbst wenn ich das Essen nicht sonderlich mag, arrangiert ist es immer hübsch«, gibt er zu.

Aber er *mag* das Essen! Er hat dem KFC-Kartoffelpüree den Rücken gekehrt und eine Vorliebe für klebrigen Reis und chinesische Auberginen entwickelt. Er beweist sogar ein bemerkenswertes Geschick mit Essstäbchen.

»He, damit kommst du ja bestens klar«, sage ich.

»Wenn du genug Take-aways isst, benutzt du am Ende auch die Stäbchen«, sagt er.

Natürlich ist »bemerkenswert« ein relativer Ausdruck. Um die Wahrheit zu sagen, hält er seine Stäbchen wie ein Kleinkind zwei Pinsel: eines in jeder Hand, und beide arbeiten unabhängig voneinander.

Aber gegen seinen Geschmackssinn ist nichts zu sagen, der ist immer noch besser als meiner. Wir spielen ein Tofu-Probierspiel, mit verbundenen Augen, und er schlägt mich um Längen. Auch auf anderen Gebieten kommt er aus der Deckung. An seinen Dialysetagen ist er entspannt genug, um aufs Rasieren zu verzichten. Die Prozedur unten im Keller ist so anstrengend, dass er sich dafür nicht auch noch herausputzen muss. (Um die Scharte auszuwetzen, rasiere ich mich jetzt häufiger, nur für den Fall, dass Dr. X denkt, er näht seine nächste Niere lieber in jemanden mit einem seriöser aussehenden Begleiter.)

Larry hat auch aufgehört, mir die Zeit zu missgönnen, die ich mit den Badminton Boys verbringe, obwohl er dabei bleibt, dass sie die Konkurrenz sind (»Nieren wachsen nicht auf Bäumen«, sagt er und hat Recht damit). Das alles ist Teil der allgemeinen Veränderung der Welt, die der Herbst gebracht hat. Man hört weniger Feuerwerkskörper, da sich China nach Ende der Ferienzeit seinem Alltag zuwendet. Die erfrischende, getreue Jade kommt mehrfach für schnelle Stippvisiten, um zu sehen, ob alles nach Plan läuft. Es gibt keine schmutzigen Zehennägel mehr zu sehen, weil alle festes Schuhwerk tragen. Der Sommer ist vorbei.

Währenddessen, und das mag die größte Veränderung sein, fügt Mary unserer Höhle etwas hinzu, das Larry nachdrücklich eine weibliche Note nennt: Sie ordnet seine Kleidung nach Jahreszeiten, fegt die Pistazienschalen in eine Ecke und bringt sogar ein Haustier in unser Leben, nun, mehr oder weniger: Mit Reißzwecken heftet sie eine Bildrolle an die Wand, auf der ein Goldfisch prangt, der viel zu groß für sein Glas ist. Es sieht aus, als hätte er kaum genug Platz, sich zu drehen, aber Mary sagt stolz: »Wir machen ihm schönes Zuhause … und uns auch!«

Ja, ihr Englisch wird besser. Sie vergräbt sich in ihre Arbeitsbücher und versteht mittlerweile jedes vierte, fünfte Wort, das Larry sagt. Sie ist längst noch nicht perfekt und kann immer noch in lautes Lachen ausbrechen, wenn man sie zum Beispiel fragt, wie ihre Eltern gestorben sind. Aber es gibt genug einer gemeinsamen Sprache zwischen ihr und Larry, dass sie ein Gespräch wie das folgende führen können:

»Larry, du magst so viel essen! Mittagessen und jeden Abend, so viel!«

»Ich esse sogar die Suppe, die du mir holst, trotz der Wasserleichen.«

Mary ist stolz auf sich. »Ich bestelle! Ich!« Aber meist ist sie stolz auf ihren Beau und strahlt ihn an wie eine Pandamutter ihr Junges. »Großen Apfeltit!«

Larry keucht, nachdem er sich an einer Orangenlimo verschluckt hat. »Du hättest mich in meiner Jugend sehen sollen, Mary. Da konnte ich in jedem McDonald's in Florida zwei Portionen Apfelkuchen verdrücken.«

»Zwei?«

»Zwei.«

Sie lächeln und fassen sich bei den Händen, voller Glück.

»Sie erzählt langsam auch von ihrer Familie«, berichtet mir Larry. »Mary, sag Dan, was du mir heute Morgen über die Freundin deines Sohnes erzählt hast.«

»Morgen.«

»Sag Dan. Was du mir erzählt hast. Über die Freundin.«

Mary hat ihren Gleich-spuck-ich-Schweineknöchel-auf-den-Tisch-Ausdruck aufgesetzt, aber dann hellt sich ihr Gesicht unerwartet auf. »Ich, ah, ich mag meine Sohnfreundin. Sie hat Abschluss in, ah, Ingenieur. Aber ich nicht fertig. Ah. Großmutter sein!«

»Hörst du das?«, sagt Larry stolz. »Sie spricht schon fast wie ich.«

Toll: eine neue Generation Chinesen, die alle wie Larry sprechen. Wie die neue Generation Chinesen, die den Dan tanzen.

»Gut für dich, Mary«, sagt Larry. »Erzähle Dan das andere, was du mir heute Morgen erklärt hast. Über das Schicksal.«

»Schick?«

»Das Schicksal, weißt du nicht mehr, Mary?«

Ein leerer Ausdruck, eine schwer zu beschreibende Mundhaltung.

»Nun«, sagt Larry, »heute Morgen hat Mary mir erklärt: ›Schicksal macht uns zusammen.‹ Ist das nicht schön? Ich dachte, dass ist eine wohlüberlegte Idee.«

Aber so einfach ist es nicht. Mary kann auch bereits genug Englisch, um ihren Unmut über bestimmte Dinge auszudrücken. »Ah, ah«, fängt sie an und arrangiert ihr Englisch. »Ich will für Larry tun«, sagt sie. »Mehr tun.«

»Ich weiß, dass du das willst, und das ist nett, aber nein«, sagt Larry. »Genug ist genug. Es gibt Dinge, die sind einfach zu persönlich.«

»Was will sie denn tun, Larry, wenn ich fragen darf?«

Larry scheint sich unbehaglich zu fühlen, als wäre ihm gerade eröffnet worden, er trage aus Versehen den Genitalschutz einer fremden Person. »Für mich singen.«

»Und warum genau willst du sie nicht singen lassen?«

Der Tiefschutz kratzt. »Meine Mutter hat für mich gesungen. Sie ist die Einzige.«

Nun, das *ist* etwas sehr Persönliches. Ich halte mich da heraus und sehe zu den Pistazienschalen in der Ecke hinüber.

»Ich will dich freuen. Ich lerne ... viel!«, versucht Mary es noch einmal, und ihre Stimme bricht. »Jetzt ich will singen!«

»Ich weiß das zu schätzen«, sagt Larry und drückt ihre Hand.

»Ich zurück nach Hause fahren, wenn du mich nicht singen lässt.«

Ich hebe den Kopf. Das klingt nicht wie die Drohung von jemandem, der nur seine eigenen Ziele im Kopf hat.

Larry bedenkt das Gesagte, das sie so nüchtern vor ihm ausgebreitet hat.

»Du hast gewonnen«, sagt er.

»Du machst es?«, fragt sie. »Du lässt mich?«

»Ich habe gesagt, du hast gewonnen. Ich gewinne die nächste Schlacht.«

»Jaja.« Mary formt die beiden Silben so stumm wie leidenschaftlich mit den Lippen. Sie dreht Larrys Hand in ihrer, hebt sie und küsst sie mit geschlossenen Augen. Es ist wie ein Schnappschuss, der im Augenblick seiner Aufnahme Geschichte schreibt. Diese einfache Geste erwärmt endlich mein Herz für sie. Klick. Blende auf und zu. Fertig.

»Das war leicht«, sage ich zu ihm.

»Ich habe nicht mehr die Kraft, um zu kämpfen«, sagt er. »Ich halte den Mund und tu, was man mir sagt.«

»Das ist das Beste, was ich den ganzen Monat gehört habe.«

»Zu kapitulieren wird mir zur zweiten Natur.«

Mir auch, denke ich und trage seine nierenförmige Bettpfanne anstandslos zur Toilette. Laut sage ich das allerdings nicht. Wobei ich es sowieso nicht könnte, auch wenn ich wollte. Er ist schon wieder voll in seinem Element, da käme ich nicht zu Wort. »Ich habe sogar das Gefühl, dass ich mich selbst mehr akzeptiere, aber merke dir bitte, dass ich das *vor* der Operation sage. Nicht, dass es hinterher heißt, mit der Spenderniere sei mir auf geheimnisvolle Weise eine zusätzliche Portion chinesischer Weisheit implantiert worden ...«

»Pssst«, sage ich, damit wir hören können, was da gerade anfängt: Mary singt ein kleines Volkslied. Sie steht in der Mitte unserer Höhle und ist fast zu groß für *ihr* Goldfischglas.

Larry hört mit geschlossenen Augen von seinem Bett aus zu, voller Schmerz oder Genuss, ich kann es nicht sagen, aber vielleicht ist es ja *kein* Schmerz.

»Weißt du, Dan«, sagt er leise und winkt mich näher zu sich heran, »bei meinen ersten Telefongesprächen mit Mary vor zwei Jahren hat sie sich so geschämt, dass sie kaum Englisch konnte. Da wollte sie auch schon für mich singen. Ich habe sie natürlich gleich beim ersten Ton unterbrochen, aber sie hat dennoch hier und da eine Note untergebracht.«

Ich betrachte Mary beim Tirilieren. Die Muskeln in ihrem Hals arbeiten mit so viel Ernsthaftigkeit, dass es einem Angst machen kann. »Warum hast du mir das nicht schon ganz zu

Anfang erzählt?«, frage ich. »Dann wäre ich sofort weich geworden.«

»Genau deswegen«, sagt er. »Du solltest objektiv bleiben.«

»Nicht ganz dumm, Feldman.«

»Ich brauche dein Urteil noch immer, Dan«, sagt er. »Halte die Augen offen. Es ist noch nicht aller Tage Abend.«

Nun, vielleicht ist es das nicht. Tatsache ist, dass ich kaum gegen den Kloß in meinem Hals anschlucken kann. Da muss was in der Luft sein ...

Währenddessen entwickelt sich auch mein Chinesisch bestens. *»Damn dim bulb!«*, wörtlich: »Verdammte schwache Birne!«, hat sich zu meinem Allzweckfluch entwickelt. Gibt es kein heißes Wasser mehr? *»Damn dim bulb!«* Das Telefon spinnt? *»Damn dim bulb!«* Und wenn ich durch eine Bande Zocker wate, die auf dem Bürgersteig chinesisches Blackjack spielen, versorge ich mich mit meinem eigenen Live-Kommentar, damit ich ihren nicht brauche: *»Oh, sieh die verrücktherzige amerikanische Cowboy! Tragen dicke Socken! Ist das nicht über alle witzig? Statt normale Strumpfe. Und sieh, trinkt aus Flasche, die trägt geschnürt über Schulter. Was ein Lacher und Heißtyp! Was für hirnverbranntes Affengeschäft wird als Nächstes erfinden? Kein Wunder, wir kichern, wie nicht lauter kichern können, wenn vorbeigeht. Kann auch Clownhut tragen! Aber sieh du, jetzt schreiben auf Block mit Zeichen nicht Chinesisch! Geben es keine Albernheiten, die diese Spinner nicht machen, um uns in Lachenanfall zu stürzen?«*

Das Komische ist, sie scheinen meine Selbstparodie instinktiv zu begreifen. Sie kapieren sie und klopfen mir bestätigend auf die Schultern, als ich zwischen ihnen durchgehe.

Ob die ablehnende Ärzteschaft der Familie so zu schätzen weiß, was ich hier tue, ist mehr als fraglich. Als ich eine weitere E-Mail von ihr bekomme (»noch einmal müssen wir dich daran erinnern, dass wir nicht gewillt sind, euch aus irgendwelchen selbstverschuldeten Schwierigkeiten zu helfen, sollte es dazu kommen«), nutze ich die Gelegenheit, in meinem perfekt chinesisch eingefärbten Englisch zu antworten.

»Grüße an euch, liebe Doktors! Hallo und hoffe, diese Mail trifft euch in perfekte Umstand. Ich bin froh zu informieren über unsere glückliche Empfang ein Gewinnorgan für geliebten Verwandten Larry. Momentlich wir befinden in ASIEN CHINA wegen Transplantationsprojekt von eigener Anstrengung. Aber wir nicht vergessen eure vergangene Hilfe, wenn auch nicht hilfreich! Sogar Angebot Schwierigkeiten helfen, selbstgemacht! Aber keine Chaos, vielen Dank. Gegenteil ist Fall. Weil er Glückszahl XXX ist für Organ der Saison, Larry große Lotterie gewonnen, und wir wollen einschließen euch in totale Jackpot-Auszahlung. Please kontaktieren Sie unsere Sekretär MR MARY, damit er schickt Millionen-Dollar-Scheck zu bedecken alle Mühen, wenn auch nicht hilfreich. Und immer erinnern: Scheck, sie in Post!«

Im Übrigen habe ich das Gefühl, dass sich die Chinesen immer mehr wie Larry anhören und er sich immer mehr wie sie. Oder er klingt doch eher wie Ali Baba, der von Sonnenaufgang bis Sonnenuntergang (oder umgekehrt, was immer gerade zutrifft) seine Geschichten spinnt. Es gleicht sich alles aus. Wer protokolliert mit? Ich für meinen Teil scheine alle Unterscheidungsfähigkeit dafür zu verlieren, wie die Leute aussehen. Die Chinesen kommen mir amerikanisch vor, die Amerikaner chinesisch, und alle zusammen sehen wir arabisch aus. Warum auch nicht? Warum sollten wir nur wir und sie nur sie sein? Wir sind unüberwindlich austauschbar. Artie, der Bote von KFC, der seine freie Zeit in Zivil am Fußende von Larrys Bett verbringt und der einlullenden Flut von Larrys Ali-Baba-Geschichten lauscht, sieht meinem alten Kumpel Miles mittlerweile so ähnlich, dass ich einmal fast sage: »Komm schon, Miles, willst du mich verscheißern? Hast du dir das bisschen chinesische Make-up aufgetragen und dich eingeschlichen, um herauszufinden, was hier vorgeht?« Ein anderes Mal sehe ich, wie sie im chinesischen Fernsehen Jackie Chan interviewen, und sage mir: »Wow, schön auch mal wieder ein amerikanisches Gesicht zu sehen.«

Natürlich heißt das alles nicht, dass wir nicht mehr im Wettstreit miteinander stehen. Ich bin ins Jeder-gegen-jeden-Turnier der Badminton Boys mit eingestiegen und habe mich bis ins Halbfinale der Doppel-Playoffs hochgearbeitet. Da heißt es Pakistan/USA gegen Saudi-Arabien/Katar. In der kleinen Halle geht es mörderisch, aber leise zu.

Cherry ist voller Anerkennung. »Sehr elastisch, Daniel. Sie erinnern mich an Patient aus Israel letztes Jahr.«

»Sie hatten einen Patienten aus Israel?«, sage ich und hätte vor Überraschung beinahe einen Lob nicht bekommen. »Wie ist er mit … mit allen ausgekommen?«

»Er hatte gleiches Problem wie alle, also wie Bruder zu Bruder«, sagt sie, und ich glaube ihr. Der Riesenpilz ist eine Art Niemandsland, eine Insel der Neutralität in einer Welt voller Gewalt, Maschinengewehre und Bomben. Wir hören sie durch die Fenster …

Nein, warten Sie, diese Nation befindet sich gegenwärtig im Frieden. Was von draußen hereindringt, ist nichts als Hämmern, Bohren und Graben. Überall um das Krankenhaus herum sprühen Schweißerfunken, lärmen Betonmischer, spritzt es aus Hochdruckschläuchen. Ein Flügel des Krankenhauses ist über Nacht abgerissen worden. Alles ist von Wandel erfüllt, nur wir in unserer Höhle im neunten Stock sind davon ausgeschlossen. Wir warten, bis unsere Zeit kommt, während um uns herum die Dynastien unerbittlich aufsteigen und fallen, die Shāng-, die Qín-, die Sòng-, die Qing-Dynastie … Wer weiß, wie viele Epochen verstreichen? Oder auch nur, wo wir sind? Soviel ich weiß, könnten wir in China sein.

Die elementarste Zeiterfahrung ist das Warten, und ich warte, entweder in meiner Hälfte der Krankenhaushöhle oder im Super 2. Ich warte, bis die Nacht anbricht, wie die hellhäutigen Frauen im alten China, die aus Angst um ihren porzellanweißen Teint das Haus nicht verließen. Ich habe alles, was ich brauche, in meinem Zimmer: meinen Laptop, Yoga-CDs, Zwiebelbrot, Schokolade und Bengay-Sportsalbe, die ich mir von Larry gegen meinen verspannten Nacken ausgeborgt habe und die wirklich hilft. Das besorgte Hausmädchen klopft und klopft, bis ich endlich aufmache. »Zimmer putzen?«

»Ich nicht brauche«, sage ich und winke mit der Hand ab.

»Ich nicht brauche?«, sagt sie und zieht die Brauen zusammen.

»Ich bin wunschlos glücklich«, sage ich, denn das bin ich wirklich. Zwei Wochen alte Wasserflecken aus der Zeit der Zehn Reiche? Ich beachte sie nicht. Der ärgerliche Alarm, der jedes Mal losgeht, wenn ich die Tür zum Flur öffne? Ich halte die Tür geschlossen. Anders als Larry-Mary habe ich – neben meinem drallen Hausmädchen – mit sehr wenigen Menschen zu tun. Sie hat blaue Stiche im Kinn. Eine Zeitlang habe ich befürchtet, es wären Barthaare, aber dann hat sie mich näher hinsehen lassen, und es sind die Enden von blauen Fäden. Hat ihr Mann sie geschlagen? Noch eine Unergründlichkeit. Ich werde nie dahinterkommen. Die Gute ist mehr eine Herbergsmutter als ein Hausmädchen und hat mich vor Wochen schon unter ihre Fittiche genommen, hat meine Hosen enger gemacht, die fünf Zentimeter zu weit geworden waren, und mir ein Fotoalbum von ihrem Mann und ihrem Sohn gezeigt. Dieses Mal zieht sie sich den hautdünnen grünen Gummihandschuh herunter und reibt mir über das nackte Knie, um mir zu sagen, dass es zu kalt für kurze Hosen ist.

»Ich weiß, aber mir ist zu warm!«, sage ich. »Ich stehe unter

Strom, weil wir für Larry die letzte Niere Chinas bekommen. Es muss nur noch passieren, hoffentlich ohne Panne!«

Sie trickst mich aus, macht sich meine Geschwätzigkeit zunutze und schiebt sich mit ihrem Staubsauger, dem die breite Düse fehlt, an mir vorbei ins Zimmer. Schon saugt sie links und rechts, vor und zurück, mit nichts als dem nackten Ende des Schlauches, Zentimeter um Zentimeter, jagt Krümel und Flusen und hinterlässt auf dem Teppich ein Netz anmutiger Kringel. Wurde so vor Äonen die chinesische Kalligrafie erfunden? Auf einem Stück Teppichboden, weil dem Staubsauger die Düse fehlte?

Dr. X hat Recht. Ich vermisse meine Jungs. Ich habe es immer wieder hinausgeschoben, zu Hause anzurufen, damit es etwas Besonderes ist. Normalerweise, wenn ich von der anderen Seite der Welt anrufe, ist die Verbindung besser als von einem Zimmer von Larrys Suite ins andere, aber diesmal bin ich weit weg, schwach wie die Farben eines Malbuchs, das einen Sommer lang auf der Hutablage des Autos gelegen hat. Zudem kommen mir die Stimmen am anderen Ende für meinen Geschmack etwas zu sachlich vor.

»Wie geht's denn so, Spence, mein Junge?«

»Gut, nur beim Scrabble lässt Mama sich nicht davon abbringen, dass ›Bizong‹ kein Wort ist, dabei weiß ich es *sicher*! Dass es nicht in dem blöden Wörterbuch steht, beweist nur, wie blöde das Ding ist, weil ich *sicher* bin!«

»Bizong, wie?«

»Als ich ›hängig‹ schreiben wollte, war ich mir nicht sicher, aber bei ›Bizong‹ bin ich es. Ich *weiß*, dass ich das Wort schon mal gehört habe.«

»Das bezweifle ich nicht.«

»Sag das jetzt nicht, um mich zu beruhigen, Dad, so wie du zugestimmt hast, als ich wollte, dass wir Jeremy in eine andere

Familie schicken. Und wo wir schon dabei sind? Jeremy sagt, er ist ›tiefsinniger‹ als ich, weil er bei *Amerika sucht den Superstar* heult, aber ich glaube nicht, dass er deswegen ›tiefsinniger‹ ist. Ich denke, das macht ihn nur ›launenhafter‹.«

»ICH WEISS, WAS DU MIT ›LAUNENHAFT‹ MEINST!«, kommt da eine Stimme vom zweiten Apparat, dessen Hörer gerade aufgenommen wurde.

»Jeremy, ich unterhalte mich mit deinem Bruder. Kannst du bitte warten, bis du an der Reihe bist?«

Klick.

»Spencer, bist du noch dran?«

»Ich bin hier.«

»Kannst du etwas lauter sprechen? Es ist etwas …«

»Ich spreche doch laut.«

»Weißt du, was immer dein Bruder ist oder nicht ist, er nimmt dir nichts weg«, sage ich. »Ihr seid zwei verschiedene Persönlichkeiten, mit unterschiedlichen Bedürfnissen und Wünschen, wie … nun, wie …«

»Wie du und Larry«, sagt er.

»Ja, wie ich und *Laurence*«, sage ich mit einem aufgesetzten französischen Akzent, aber er erinnert sich nicht an unseren Witz. Wie kann unser kleines Motiv in den wenigen Wochen ohne Pflege so schnell das Zeitliche gesegnet haben? Wie zerbrechlich sind Beziehungen eigentlich? Sind meine Ranken zu Hause verwittert, während ich sie hier habe wuchern lassen? Beklommen wechsle ich das Thema. »Also, was gibt's sonst noch? Keine neuen Preise, über die sich berichten lässt? Was ist passiert, bist du wieder rückfällig geworden?«

»Das Teufelszeug von Rum kriegt mich immer wieder. Aber Spaß beiseite, Dad, ich muss dich was Ernstes fragen. Hast du es da im Sessellift wirklich so gemeint, als du sagtest, Mom könnte ein verdammt harter Brocken sein?«

»Natürlich nicht, mein Junge. Das war doch nur Alberei. Was hast du denn gedacht?«

»Ich denke, wir sollten alle netter zueinander sein, immer.«

»Selbst wenn alle wissen, es ist nur ein Witz?«

»Ja, weil die Menschen sehr verletzlich sind, Dad.«

Ich verstumme für einen Moment auf meiner Seite der Welt und denke, wie nett die Menschen hier in China während der letzten sechs Wochen zu mir waren, selbst die in der Reinigung auf der anderen Seite der Straße. Als sich das Band von meinem Strohhut löste, hatte die Frau eine Viertelstunde damit zu tun, es wieder anzunähen, und als ich mein Portemonnaie hervorholte, um sie dafür zu bezahlen, zog sie die Nase kraus und schob mich aus der Tür.

»Gekauft«, sage ich. »Seien wir nett zueinander.«

»Danke, Dad.«

»Ich danke dir, Spence. Du bist ein wundervoller junger Mann.«

»Nun, ich glaube, mein Vokabular ist ziemlich gut ...«

Dann ist sein kleiner Bruder an der Reihe. »Hallo, Dad.«

»Echt, Jeremy, du klingst ja ganz schön kleinlaut.«

»Nur, weil ich meinen Bruder hasse.«

»Tust du das wirklich?«

»Wirklich. Ich wünschte, er würde nicht hier wohnen.«

»Das klingt ja schlimm. Wenn er nicht mehr zu Hause leben würde, wie lange, glaubst du, würde es dann dauern, bis du ihn vermisst?«

Jeremy rechnet. »Mindestens zwei Stunden«, sagt er mit Nachdruck.

»Nun, ich kann nur dafür beten, dass eure Beziehung das überlebt«, sage ich. »Aber jetzt erzähl schon: Was gibt es sonst noch Neues? Was machen deine Erfindungen?«

»Ich mache keine mehr. Das war dumm ... OH, ABER DAD! DAD!«, sagt er und findet zu seinen gewohnten Großbuchstaben zurück. »ICH HABE GESTERN MIT MEINEM LIMONADE-STAND ZWANZIG DOLLAR VERDIENT!«

»Jeremy, wie viel davon ist geflunkert?«

Spencer geht an den zweiten Apparat. »Es stimmt, Dad, er lügt ausnahmsweise mal nicht. Ein Typ hat ihm, glaube ich, sechzehn Dollar für eine einzige Tasse gegeben.«

»Danke, Spence. Aber kannst du mich jetzt wieder mit Jeremy reden lassen?«

Klick.

»Hmm, Jeremy. Was sonst wollte der Mann noch von dir?«

»Nichts, Dad!« Er ist wieder bei den Kleinbuchstaben, weniger begeistert, fast schon genervt. »Warum bist du so argwöhnisch, Dad? Es ist, als ob du Amerika hasst! Du denkst, alle wollen uns missbrauchen.«

»Okay, solange du mit dem Limonadestand auf unserem Grundstück bleibst.«

»Das tu ich doch, Dad! Denkst du etwa, ich bin ein verdammter Idiot?«

»Jeremy, seit wann redest du so?«

»Dad, es ist nur, weißt du noch, wie ich immer gesagt habe, wenn du so alt wärst wie ich, wärst du mein bester Freund?«

»Ja, das hat mir gefallen.«

»Also, ich denke das immer noch, aber du zwingst mich, solche Ausdrücke zu gebrauchen. Du musst begreifen, dass die Dinge in Amerika nicht mehr so sind. Vielleicht bist du schon zu lange weg, und du erinnerst dich nicht mehr.«

»Da muss ich ihm zustimmen, Dad.« Spencer hat wieder den zweiten Hörer abgenommen, um seinen Senf dazuzugeben. »Nicht alle laufen herum und missbrauchen alle anderen die ganze Zeit. Das ist eine ziemlich finstere Weltsicht, Dad. Du solltest nicht unbedingt glauben, was du da drüben in der Zeitung zu lesen kriegst. Vielleicht haben dich die Chinesen schon einer Gehirnwäsche unterzogen.«

»Spence, bist du mit dem Computer fertig?«, fragt Jeremy.

»Gib mir noch fünf Minuten, Jeremy, dann kannst du.«

»Jungs?«, sage ich und versuche mich dazwischenzudrängen. »Ich höre euch hier nur noch ganz schwach, Jungs. Könnt ihr lauter sprechen?«

»Drei Minuten«, sagt Jeremy.

»Vier.«

»Okay, danke, Spencer, danke, danke, danke ...«

»He, Spence!«, unterbreche ich die beiden wieder. »Ich habe mich gerade mit Jeremy unterhalten, und dann wollte ich noch Mom ...«

Klick.

Klick.

Jetzt sind sie beide weg. Wahrscheinlich haben sie sich schon daran gewöhnt, dass ich nicht da bin.

Also gehe ich spazieren. Jeden Abend schleiche ich mich hinaus, damit mich meine Herbergsmutter nicht sieht, nur dass sie es dennoch immer tut, stumm zu mir hergelaufen kommt, mein Hemd geradezieht und den Hut aufpeppt, bevor sie mir zum Abschied in die Backe kneift. Fünfzehn bis zwanzig Kilometer laufe ich dann. Doch nicht um gegen meine Einsamkeit anzukämpfen. Ich fühle mich hier wie zu Hause, und ich will auch keine Zeit totschlagen. Die Zeit ist nicht mein Feind. Es geht ums Laufen, Laufen ohne Feuerwerk, stundenlang ohne Hitze und Sorgen. Wie ein trittsicheres Maultier durchquere ich Schlaglöcher und komme an geschlossenen Lagerhäusern vorbei, aus denen Worte erklingen, die mich an die Selbstgespräche in meinen Träumen erinnern, oder an einen Kommentar von einer durchgeknallten Reisedoku:

Versteckt unter hereinbrechender Dunkelheit, der verrücktherzige amerikanische Cowboy kommt aus Schlupfwinkel. Hier er geht, blinzelt in Dämmermond. Was der Teufel er hat vor? Ah, wir sehen, er will streifen durch Weltraumzeitalter-Nachtclub. Siehe, wie blauer Rauch explodiert ins Gesicht und wie mächtiger Bass macht Cowboyhut zittern. Cowboy staunt, wenn Barkeeper schüttelt Hennessy-Flaschen hinter Rücken und über Kopf. Cowboy ungeschämt, als er öffnet Klotür und ist Hausmeisterschrank. Cowboy geschmeichelt, als zwei Frauen tanzen fragen. Sie nicht tanzen den Dan, das ihn freut. Sie wollen sein Cowgirls, er denkt, aber weiße Stöckelschuhe zu groß für Füße – sehen aus wie weiße Stiefel für kleine Mädchen, zum Platschen in Pfütze. Platsch! Platsch! Cowboy platscht auch. Hat Spaß! Frauen denken komisch. Dann Frauen denken verrückt. Sonderbar. Cowboygefühle verletzt. Cowgirls bringen Cowboy in Hinterzimmer, wo ihm helfen bei elektronischem Dartspiel. Für hundert Renminbi. Was soll, Cowboy spielt. Cowboy trifft Zwölf. Zur Feier sie wollen ihm verkaufen Zigaretten mit Nelkengewürz, auch hundert Renminbi. Viele Renminbi später Cowboy geht nach Hause. Nimmt schwitzende Trottelkappe ab. Sieh, wie dünn Haare. Lass Lehre sein!

Ja, es gibt Lehren, und es werden sogar Rätsel gelöst. Nicht, dass sie so wichtig wären, aber ein paar von ihnen zu lösen gibt mir das Gefühl, dass es nicht unmöglich ist, China zu verstehen. Dass es Gründe dafür gibt, wie die Dinge sind. China ist ergründlich!

UNERGRÜNDLICHKEITEN … ERGRÜNDET!

Die Unergründlichkeit der Strümpfe: Die Chinesen leben näher an der Erde als wir. Selbst in großen Städten sind Matsch und Staub Teil des täglichen Lebens. Strümpfe sind da nichts als Mittel, sich vor dem Schmutz zu schützen.

Die Unergründlichkeit des Auf-den-Fersen-Hockens: Das hat nichts damit zu tun, dass sie die vollgepinkelte Erde vermeiden wollen. Es ist Geduld. Oder noch besser: Duldsamkeit, langmütige, leidgewohnte Duldsamkeit. Die beste Art, auf einen Bus zu warten, der niemals kommen mag. Unsicher, ob und wann die Prinzessin kommen wird, finde auch ich es mitunter erholsam, mich so hinzuhocken, und zwar für eine gute Weile.

Die Unergründlichkeit der langen, flachen Stufen: Damit soll die Bevölkerung ruhig gehalten werden! Amerikanische Stufen sind steil und entsprechen damit unserer Hektik und Eile, oder vergrößern sie noch. Die Wirkung der Stufen hier ist beruhigend, sie machen dich entweder geduldig oder gefügig, je nach Standpunkt. Vielleicht lässt sich die chinesische Geschichte in der Steigung der Treppen messen, denke ich.

Die Unergründlichkeit der Schlafmusik: Da geht's um genau das Gleiche. Ich höre überall Easy-Listening-Versionen amerikanischer Wiegenlieder. In Warteschleifen beim Telefonieren, als Hintergrundmusik in Hotelaufzügen. Für eine so mächtige Nation infantilisiert China seine Bürger ziemlich.

Die Unergründlichkeit des Taxihupens: Ich habe eine Weile gebraucht, um den Kode zu knacken, aber Queen Latifah war mein Rosetta-Stein, ihr »Lang, lang lebe«-Hupen hat mir dazu verholfen, hinter die verschiedenen Bedeutungen der Huperei zu kommen. Manchmal ist es instruierend gemeint: Du fährst in die falsche Richtung!, manchmal streitlustig: Du magst ja glauben, dass du kein Taxi brauchst, aber ich bin hier, um dich davon zu überzeugen. Gewöhnlich jedoch wird aus schierer Lebenslust gehupt, als Ausdruck des Taxifahrerseins, genau wie Enten mit ihrem Schnattern ihrem Ententum Ausdruck verleihen.

Vielleicht lese ich auch zu viel in das alles hinein. Schließlich bin ich nichts als ein Scharlatan, der erst eine winzige Weile hier ist, ohne irgendeine Vorbildung. Aber ich will verdammt sein, wenn die Dinge, denen ich auf meinen nächtlichen Spaziergängen begegne, nicht zutiefst bedeutungsvoll scheinen, zwar wahrnehmbar, aber doch zugleich auch unendlich mysteriös. Ein älterer Busfahrer beobachtet mich von seinem erhöhten Sitz, während er darauf wartet, dass die Ampel umschaltet. Er braucht nur einen Blick, und schon weiß er, wer ich bin und was ich vorhabe. Er sieht, wie ich instinktiv die Schultern einen Zentimeter zur Seite drehe, um zu zeigen, dass ich nicht versuchen werde, die Straße vor ihm zu überqueren. Unsere feinen, animalisch-instinktiven Absichten sind jede Sekunde zu erkennen, egal, was wir tun. Und ich mache das Gleiche mit ihm: lese, analysiere, entscheide. Was für ein Wunder es ist, einen Menschen zu sehen. Seine ganze Geschichte lässt sich dekodieren, die Geschichte seiner Rasse, aus einem kurzen Ausdruck, einer Haltung. Fast wird mir schwindlig von meiner Erkenntnis, und doch ist unser Wissen übereinander auch unendlich klein. Habe ich bei Larry nicht nur die Oberfläche angekratzt?

Denn die Rätsel gehen weiter und weiter. Das Rätsel des toten Bäckers zum Beispiel, das Rätsel *jeder* Leiche, ist eines, von dem ich hoffe, es lange noch nicht zu lösen, ganz sicher nicht auf dieser Reise. Auch meine Zweifel sind längst nicht alle beseitigt, im Gegenteil, ständig kommen neue hinzu. Die chinesische Gesellschaft ist nach wie vor repressiv, zentralistisch, darauf trainiert, im Gleichschritt zu denken. Ich erlebe es jedes Mal, wenn sich ein Taxifahrer weigert, während der Fahrt das Fahrtziel zu ändern, jedes Mal, wenn ein Kellner es als unmöglich erachtet, ein Gericht auf der Karte leicht abzuändern. Sind das die Leute, von denen ich erwarte, dass sie das Gesetz für eine illegale Niere beugen? In einem Musikvideo im Fernsehen verfolgt ein Mann seine Freundin die Straße hinunter, bleibt dann aber an einer Fußgängerampel stehen und wartet, bis ihm das Licht signalisiert, dass es okay ist, wenn er seine Jagd wieder aufnimmt. Sind das die Leute, auf die ich baue, dass sie die Regeln für uns brechen?

Die Zweifel halten mit den Rätseln Schritt. Das Beste, worauf ich hoffen kann, ist eine Art Ausgewogenheit. Alles in allem verspüre ich, parallel zum Klimawechsel, so etwas wie einen zweiten Wind: Ich entwickle neue Geduld für Larry, neuen Respekt für den Ort, an dem ich gelandet bin. Seit fast zwei Monaten lebe ich unter Menschen, die ich meiner Erziehung nach fürchten müsste, und begegne doch nur Großmut und Mitgefühl, wohin ich mich auch wende. Wenn ich meine Frau und meine Söhne nicht so vermissen würde, hätte ich nichts dagegen, auf unbestimmte Zeit hierzubleiben. Tatsächlich gibt es Momente, in denen ich mich dabei erwische, fast schon den Tag zu fürchten, da die Niere endlich kommt. Ich will nichts mehr, als dass das Zwiebelbrot mich auch weiter täglich nährt, Jade mit beiden Beinen zu einer Stippvisite aus Peking aus dem Hochgeschwindigkeitszug hopst, das Badmintonturnier im Niemandsland niemals aufhört, immer neue chinesische Zeichen mit nacktem Staubsaugerschlauch auf meinen Teppich geschrieben werden, links und rechts und vor und zurück, das Hämmern, das Bohren und das Bassdröhnen des Nachtclubs auch weiter so laut sind, dass die Haare auf meinen Beinen erzittern – oh du Land in Bewegung! – und aller Menschen Läuse sich weiter glorreich vermischen. Trotz aller Gefahren und Ungewissheiten, vielleicht auch wegen der Gefahren und Ungewissheiten, will ich nirgends sonst als genau hier sein und tun, was ich tue. Ist es in Ordnung, gerne hier zu sein und zu tun, was ich tue? Sich in China zu verlieben?

Ja, ich verliebe mich in dieses Land.

Kapitel 18

Die letzte Niere Chinas

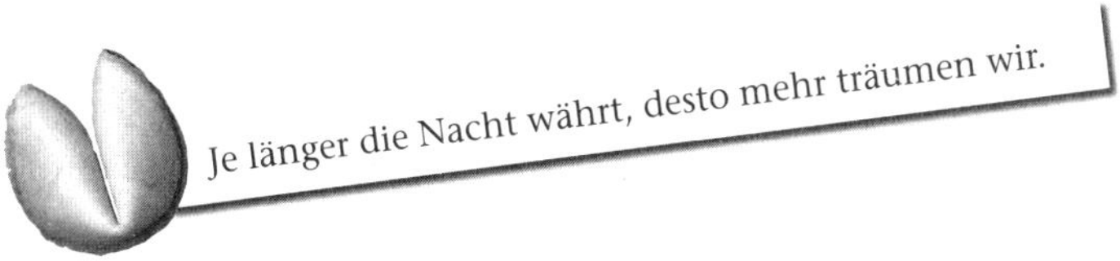

Es ist zehn Uhr abends, und Mary und ich singen in Larrys Krankenhauszimmer Pekingoper. Sie spielt die männlichen Rollen und ich die weiblichen, mit Falsett-Stimme. Dazu gibt es reichlich ritualisiertes Stampfen mit den Füßen und synkopiertes Knallen mit den Bettpfannen. Larry liegt völlig erschöpft von der morgendlichen Dialyse auf dem Bett und hält die Augen geschlossen, mit all der Wertschätzung, deren eine Leiche fähig ist. Ich glaube allerdings, dass er unmerklich in Froschdezibelstärke zur Musik in sich hineingluckst. Wäre es zu viel verlangt, auf ein Grinsen zu hoffen? Eine von Larrys alten Posen? Ein »Haha, das ist gut«, das ist es, worauf ich abziele, wie auf einen Grand-Slam-Homerun, trotz der Lücken auf den Tribünen.

Und dann um genau 22 Uhr 01 kommt der Anruf. Cherry ist am anderen Ende.

»Jetzt ist die Zeit«, sagt sie. »Bewilligung wurde erteilt.«

Super, Mannschaft. Ich bringe Mary im Hintergrund zum Schweigen und sammle mich. »Sind alle Papiere fertig? Mit den nötigen Unterschriften?«

»Alle, ja, aber keine Zeit für Smalltalk«, sagt Cherry. »Sagen Sie Larry, Operation in zwei Stunden. Vorbereitung fängt sofort an.«

Es ist der zweiundvierzigste Tag in Shi, der neunundvierzigste in China, und wir können es kaum glauben. Wir sind so aufgeregt wie Geiseln, denen man plötzlich gesagt hat, dass sie freigelassen werden, schalten zwei Gänge höher und legen verschiedene Dinge zurecht, als ein ganzer Schwarm weiß gekleideter Leute hereinkommt und so geschäftig wie effizient im Raum herumwuselt. Wir warten seit so vielen Wochen auf diesen Moment, dass wir fast aus der Tür platzen. Mary fegt die letzten Pistazienschalen aus dem Weg, damit Larry, wenn es so weit ist, problemlos hinausgeschoben werden kann. Larry fummelt an seinen Schuhriemen herum und ist so aufgeregt, dass er nur Knoten fabriziert. Ich befreie ihn von seinen Unternehmerlaufschuhen, damit er seinen Monolog fortführen kann, während ihm Judy Zwei den unteren Bauch und die Genitalien rasiert.

»Ich bin nicht optimistisch, was diese Operation angeht«, sagt er. »Ich weiß, die Statistik ist auf meiner Seite, aber meine Ahnungen trügen normalerweise nicht. Ich denke nicht, dass ich es überlebe. Es wird Komplikationen geben, ich werde es nicht schaffen und bin überraschend einverstanden damit. Meine Entscheidung, nach China zu kommen, war richtig. Ich bin nur so müde, wobei müde nicht das treffende Wort ist. Ich kann nicht mehr um mein Leben kämpfen. Was immer geschieht, geschieht. Ich will eingeäschert werden, nur dass du's weißt, und meine Asche soll bei meiner Mutter, meinem Vater und Judy begraben werden. Und um dich zu erinnern, selbst wenn ich es schaffen sollte und die Operation wie durch ein Wunder erfolgreich verläuft, behalte ich mir das Recht vor, mich umzubringen.«

Ich zolle seinen Ausführungen so viel Beachtung wie gewöhnlich und werfe einen verstohlenen Blick auf sein Gemächt. Es ist das erste Mal, dass ich es sehe. Ist es das, worum es am Ende geht, das Nest seiner Männlichkeit? Dieses empfindliche Etwas, dieses schüchterne Paket, hinter all dem Trubel seines Lebens? Es wirkt so privat und wunderlich angesichts all des Pathos seiner Existenz. Dann endlich reiße ich mich aus meinen Gedanken und finde die Worte, die er braucht.

»Ich habe ein absolut positives Gefühl«, versichere ich ihm. »Alles fügt sich. Was folgt, ist das letzte einer sehr glücklichen Abfolge von Ereignissen.«

Kaum, dass die Worte aus meinem Mund sind, zieht mir ein fürchterlicher Krampf den Muskel im Schenkel zusammen. Ich bekomme eigentlich nie Krämpfe, aber der jetzt lässt mich gut eine Minute nicht wieder los, und ich muss mich seitlich am Bett festhalten.

»Dan schlimm?«, fragt Mary.

Ich konzentriere mich darauf, Sauerstoff hinunter in den Muskel zu pumpen. Geschieht mir recht, wenn ich mich so überoptimistisch gebärde. »Eine Sekunde«, sage ich endlich. Genau in dem Moment landet eine E-Mail in meinem Eingangskorb, von den ablehnenden Ärzten der Familie, die auf dem Laufenden gehalten werden wollen, *»oder wir können für die Folgen nicht einstehen«*.

Das Telefon klingelt. Es ist wieder Cherry. »Oh, und, Daniel, wir haben jetzt einen Preis für Sie.«

»Lassen Sie hören«, sage ich und atme gegen meinen Krampf an.

»Doktor X gewährt Ihnen Halben-Preis-Rabatt, wie wir geben chinesischen Bürgern. Zweiunddreißigtausend amerikanische Dollar.«

»Verstehe«, sage ich, ohne die Zahl gleich zu verdauen und ohne zu verraten, wie gut mir ihr Klang gefällt.

»Sie können das jetzt besorgen?«, fragt Cherry.

»Jetzt sofort, mitten in der Nacht?«, frage ich.

»Bitte, vor Operation. Ist Morgen in USA, Banken offen.«

»Ja, aber es könnte eine Weile dauern, bis es eintrifft.«

»Sie sagen, sie sollen elektronisch anweisen, und zeigen uns Dokument. Ist okay.«

Mein Krampf lässt nach, und ich bereite mich darauf vor, Larry die Neuigkeit mitzuteilen. Er liegt auf seinem Bett, und seine nackten Füße sind auf mich gerichtet. In den meisten Ländern ist das eine Beleidigung, aber das macht mir nichts. »Bist du bereit für die Zahl, Larry? Zweiunddreißig.«

Er nimmt den Preis locker auf, insgeheim scheint er sich zu freuen. »Und das schließt alles ein?«, fragt er tonlos. »Tomografien, Erholungszeit, postoperative Pflege?«

»Zweiunddreißig für alles, Larry, und das bei einem Team von vier Chirurgen und einem Anästhesisten. Ich war schon darauf vorbereitet, dich zu sechzig oder achtzig zu überreden.«

»Was so oder so hätte ausgehen können.«

»Als wüsste ich's nicht.«

»Und das ist das, was sie *verlangen*«, sagt Larry. »Ich wette, ich kann sie auf fünfundzwanzig herunterhandeln ...«

»Übertreib's nicht«, warne ich ihn. »Zweiunddreißig ist ein unglaublicher Preis, wenn du dir vorstellst, dass du für die Niere eines Toten zu Hause das Achtfache zahlst ...«

»Ich weiß, es ist ausgezeichnet ...«

»Ich kann es kaum glauben«, krähe ich und lasse mich endlich ganz auf die Zahl ein. »Zweiunddreißig! Larry, wir werden dein Leben retten!«

»Ja«, sagt er und zupft nachdenklich am langen Nagel seines großen Zehs. »Das könnte sein ...«

Aber schon zehn Sekunden später ist er bei einem anderen Thema. Er räumt seine Kleenex-Schachtel aus. »Nächster Tagesordnungspunkt: Hier ist mein Pass zum Aufbewahren«, sagt er, zieht einen kleinen marineblauen Umschlag hervor und gibt ihn mir. Larry holt alle möglichen Karten und Zettel aus seiner Brieftasche und breitet sie übersichtlich vor sich aus.

»Nimm meine ganze Brieftasche, nimm, was immer du brauchst, mit Quittung oder ohne, es macht nichts. Zahl dir alle Krankenhausauslagen zurück, die du hattest, und geh und kauf dir ein paar gute Sachen. Ich weiß, dass ich dich mit einem Freifahrtschein in eine Stadt voller Massagesalons schicke, aber du verdienst es, gib ihr einen Kuss von mir.«

»Larry, ich bin glücklich ver…«

»Habe ich etwas anderes behauptet?«

»Jetzt mal Scherz beiseite, ist das okay für dich, dass du mir alle deine Sachen gibst? Geht das nicht gegen deine Selbstachtung?«

»Selbstachtung ist was für kleine Mädchen«, sagt Larry abweisend. »Du wirst mein Allzweckpasswort für meine verschiedenen Konten brauchen. Fertig? 1909SVDB.«

»Moment mal, das kenne ich doch«, sage ich. »Das ist vom ersten Lincoln-Penny, 1909 von Victor David Brenner entworfen …«

»Genau, und das S steht für die Münze in San Francisco, die seltenste von allen.«

»Lass mich mal nachdenken«, sage ich, als eine vage Erinnerung in mir aufsteigt, »hattest du als Kind auch eine Penny-Sammlung?«

»Dan, gehst du auch zur Dialyse? Dein Gedächtnis war schon mal besser. Wir *beide* hatten eine«, sagt er. »Ich wollte so eine, wie sie mein großer Cousin hatte. Weißt du das wirklich nicht mehr?«

»An meine erinnere ich mich schon noch. Natürlich hatte ich nie einen 1909-S-VDB. Das war der heilige Gral, aber ich hatte den Zink-Penny von 1943, auf den ich ziemlich stolz war …«

»Von wem, denkst du, hast du ihn eingetauscht?«, sagt Larry. »Ich habe dafür nur den neuen Lincoln Memorial gekriegt, aber das war mir egal.«

»Larry, habe ich dich ... übers Ohr gehauen?«, frage ich. »Einen Lincoln Memorial gegen einen 43er Zink?«

»Prägefrisch, aber ich wollte, dass du ihn bekommst«, sagt Larry.

Plötzlich steht mir eine ganze Abfolge der Erinnerungen an Larry als Kind vor Augen, die bis zu diesem Moment verschwunden war. Ein süßer kleiner Larry, der viel zu großzügig war. Ein süßer kleiner Larry, der sich nicht zu viel daraus machte, wenn er übervorteilt wurde. Ein etwas weniger süßer Larry, der im Winter keine Handschuhe trug, um sich abzuhärten. Ein viel weniger süßer Larry, der ein Superschütze mit der Erbsenpistole war. Ein scharfzüngiger Larry, der sich nicht von irgendwelchen Rüpeln einschüchtern ließ. Der Problemschüler Larry, der China-Böller mit in die Schule brachte – und sich seinen Lehrern widersetzte, die ihn deswegen nach Hause schicken wollten. Vielleicht war da sogar noch was mit einer Schlägerei mit dem Vertrauenslehrer, aber ich will nicht daran denken, weil mir dämmert, dass ich vielleicht etwas mit dieser Entwicklung zu tun hatte. Habe ich auf die eine oder andere Weise zu seinem Weniger-süß-Werden beigetragen?

Und immer hat er seine Girl-Scout-Kekse geliebt, was eine Erinnerung ist, mit der ich jetzt, in dieser Situation, etwas anfangen kann.

»Hier, willst du einen?«, sage ich und halte ihm einen Karamellkeks hin. »Für den Mut.«

»Zu zuckrig«, sagt er und greift stattdessen nach einem schuppig trockenen chinesischen Gebäck.

Ich weiß nicht, was ich sagen soll, und wende mich meinen Krankenhauspflichten zu.

22 Uhr 14: Ich mache mich daran, Larrys Banker und Anwälte anzurufen, und faxe seinem Broker die Bankverbindung des Krankenhauses.

22 Uhr 17: Ich bekomme die mündliche Zusicherung, dass zweiunddreißigtausend Dollar ihren Weg übers große Wasser nach China angetreten haben.

22 Uhr 21: Auf Larrys Bitte kontaktiere ich seine Anwältin auf ihrer Ferienranch in Wyoming und bitte sie, Larrys Testament zu faxen.

22 Uhr 22: Wissen wir, wo unser Spender ist? Nimmt er gerade seine letzte Mahlzeit ein?

22 Uhr 23: Wir bekommen ein Fax mit der Bestätigung, dass das Geld unterwegs ist. Ich zeige es Cherry.

22 Uhr 26: Wissen wir, wo unser Spender ist? Wird er gerade aus seiner letzten Zelle geholt?

22 Uhr 29: Larry sagt: »Warum habe ich das Gefühl, dass ich durch meine letzte Pilotenprüfung rassele?«

22 Uhr 31: Larry sagt: »Ich mache mir nichts vor, wie spekulativ das alles hier ist.«

22 Uhr 35: »Alles klickt wie Uhrwerk«, berichtet Cherry. »Organ auf dem Weg.«

»Mit dem Spender oder nur die Niere?«, frage ich.

Cherry und Judy Zwei kichern sich zu. »Eigentlich nur Niere«, sagt Cherry.

22 Uhr 37: KLOPF-KLOPF-KLOPF. Die Frauen von *candeyblossoms.com.* Ich bin sicher, ich habe meinen Account gelöscht, aber offenbar haben sie Wege gefunden, um trotzdem anklopfen zu können.

22 Uhr 37: Gerade als ich meinen Laptop zuklappen will, kommt noch eine E-Mail von den ablehnenden Ärzten, in der sie schreiben, wenn ich ihnen nicht versichern kann, dass Cousin Burtons Leben nicht in Gefahr ist, behalten sie sich die Option vor, uns beim FBI anzuschwärzen.

22 Uhr 38: Der Computer ist erfolgreich ausgeschaltet.

22 Uhr 39: Mein Handy klingelt. Es ist Jeremy mit einem neuen Bagelrezept, das ich mir anhören soll, aber ich habe im

Augenblick keine Zeit und muss ihn abwürgen. Was macht er an einem Schultag zu Hause? Tut er wieder so, als wäre er krank?

22 Uhr 40: Ein sichtlich nervöser Larry fragt Cherry, ob sie sich zu ihm aufs Bett setzen kann.

»Es mag ja ein Schock für Sie sein«, erklärt er ihr, »aber selbst mein Selbstbewusstsein verlässt mich in manchen Situationen, und das ist jetzt wohl eine davon.«

»Ja, natürlich«, sagt Cherry, setzt sich und nimmt seine Hand.

22 Uhr 40: Ich überlege, wie viel freundlicher das englische *»Yes, of course«* klingt als das französische *»Mais oui«* – »Aber ja« –, in dem immer ein Unterton von Erbitterung mitklingt. Ich überlege, dass ich in diesen zwei Monaten in China nirgends mit Erbitterung konfrontiert worden bin. Ich überlege, dass mir die Chinesen vor fünfundzwanzig Jahren brutal vorkamen, mit Polizisten, die Bürger an den Haaren wegzerrten, dass sie mich diesmal aber mit dem Antlitz von Cherry ansehen, und von Jade.

22 Uhr 41: Ich grabe eine unterdrückte Erinnerung aus, dass ich im College tatsächlich ein Semester lang Französisch gelernt habe. Yuh-vonnes Unterlagen stimmten! Man konnte bei dem Kurs nur entweder bestehen oder durchfallen, und wenn ich mich recht erinnere, gehörte ich zur zweiten Gruppe …

22 Uhr 42: Immer noch Larrys Hand haltend, nimmt Cherry einen Anruf entgegen und sagt: »Tut mir leid, aber wir brauchen mehr Bargeld für Antiabstoßungsmedizin. Zehntausend Renminbi.«

»Larrys Konto ist bis morgen bis zur Höchstsumme geplündert«, sage ich.

»Müssen Weg finden«, sagt sie.

22 Uhr 43: Ich renne mit meiner eigenen MasterCard aus dem Krankenhaus und hoffe, dass ich noch genug damit be-

komme, um die Forderung erfüllen zu können. Als ich mit einem Riesenbündel Geld in der Tasche zurück zum Krankenhaus laufe, fällt mein Blick auf ölige Erdnüsse im Fenster eines nahen Markts. Ich habe seit dem Morgen nichts gegessen.

22 Uhr 48: Mit einer großen Tüte Erdnüsse eile ich zurück zum Krankenhaus. Ein stark verdreckter Krankenwagen hält neben mir vor der Tür.

22 Uhr 48: Ich treffe die Chirurgen, die im Aufzug aus ihrem Schlafraum im Souterrain kommen. Sie sind Anfang dreißig, tragen Jeans und haben vor der mitternächtlichen Operation ein kleines Schläfchen gemacht. Sie wollen nicht, dass ich sie fotografiere, und erklären mir, dass Dr. X vor der Operation meditiert und nicht gestört werden darf.

22 Uhr 49: Ich werde von Mary vor unserem Zimmer begrüßt, die mit den Händen wedelt und jubelt: »Jäjäh, Larry!«

22 Uhr 50: »Ich bin ein kreativer Typ«, sagt Larry zu Judy Zwei, die seinen Bauch mit Alkohol abtupft und Pfeile darauf malt. Oder vielleicht sagt er auch etwas von Eingecremtsein. Mit all den Leuten im Zimmer ist die Akustik nicht sehr gut.

22 Uhr 51: Während Larry etwas trinkt, das ihm den Darm leeren wird, bringt mich Cherry zum Kassierer im fünften Stock, um das Geld in Larrys Konto einzuzahlen. Zu dieser Stunde ist hier alles noch verlassener als sowieso schon. Cherry klingelt und klingelt, bis eine Frau auftaucht und meine zehntausend Renminbi Schein für Schein durch ihren praktischen Falschgeldprüfer schickt. Hinter mir bildet sich so etwas wie eine Schlange. Jemand versucht, sich vor mich zu drängen, aber ich lasse ihn nicht. Die Kassiererin sagt etwas, das die Anwesenden zum Lachen bringt.

»Was hat sie gesagt?«, frage ich Cherry.

»Sie macht kleine Witz«, informiert mich Cherry. Ein unergründlicher Moment. Ich könnte hier dreißig Jahre leben, ohne die Tiefen des chinesischen Humors ganz auszuloten.

22 Uhr 53: Im Aufzug zurück nach oben frage ich Cherry: »Wie haben Sie das vorhin gemeint, als Sie sagten: ›Eigentlich nur Niere‹?«

»Ich meine, Spender ist hirntot. Frisch hingerichtet, aber Körper hängt noch an Lebenserhaltung. Körper mit Niere kommt in Krankenwagen.«

Ich halte im Erdnusskauen inne. »Ich habe beim Geldholen eben unten einen Krankenwagen gesehen«, sage ich. »Kann er das gewesen sein?«

»Zweifelhaft«, sagt sie nachdenklich. »Er kommt mit regionalem Rettungswagen. Wahrscheinlich schmutzig.«

»Der war schmutzig.«

»Okay, dann ist er es.«

22 Uhr 53: Jetzt wissen wir, wo unser Spender ist. Das tote Pferd kommt tatsächlich zum lebenden Pferd. Aber nur, weil die chinesische Regierung es getötet hat.

22 Uhr 54: Auf dem Weg zurück zu Larry mache ich einen Abstecher in Abus Korridor. Wie immer ist das Spiel geprägt von stummer Konzentration, aber es wird für die Minute unterbrochen, die es kostet, an meinen Erdnüssen teilzuhaben. Schweigend sind wir einen Moment lang in Gedanken bei Larry, was nicht weniger ehrfurchtsvoll ist, weil alle auf ihren Erdnüssen herumkauen.

22 Uhr 56: Bei meiner Rückkehr sehe ich, dass Larry eine schwarzgoldene Jarmulke trägt.

»Keine Sorge, die ist nur geborgt«, erklärt er mir. »Ich brauche alles Glück, das ich bekommen kann.«

22 Uhr 56: Der Körper des Spenders wird unten durch die Halle geschoben und im Aufzug nach ganz oben gebracht, wo sie ihn in den Operationssaal direkt neben Larrys rollen.

»Zwei Zimmer nebeneinander«, sagt Cherry. »Eins zum Herausnehmen, eins zum Empfangen.«

22 Uhr 59: Larry wird vom Bett auf die Trage gelegt, mit

der er zum Aufzug gefahren werden soll. Währenddessen bringt Cherry Mary und mich als nächste Verwandte in den Gesprächsraum im zehnten Stock, wo der Narkosefacharzt mit einem Formular wartet, das wir unterschreiben sollen. Cherry geht die Liste möglicher »trauriger Effekte« durch: Herzanfall, Rachenverletzung und immer so weiter. Ich unterschreibe, während Mary ängstlich über ihr Kreuz reibt.

»Sie wissen nicht, was Sie verpassen«, sage ich zu dem Narkosearzt, der meine Erdnüsse ablehnt.

23 Uhr 06: Als ich zurück in Larrys Zimmer komme, unterhält er Judy Zwei gerade mit einer brandneuen Mini-Saga:

»Sagt Ihnen der Name Rockefeller etwas? Ein Haufen Wegelagerer aus den 1890ern. Aber Jay Rockefeller ist Senator für West Virginia, einer der klügsten Köpfe im Kongress. Vor langer Zeit, als er sich in Harvard auf seinen Abschluss vorbereitete, mietete er sich unten bei meiner Tante Esther ein, in ihrem hübsch anheimelnden Zweifamilienhaus in der Sacramento Street. Eines Tages will Jays Auto nicht. Esther ruft meinen Vater zu Hilfe. Sam weiß, wo man eine gute gebrauchte Batterie kriegt, braucht fünf Dollar, um den Mann zu bezahlen, aber Jay hat sich schon ein Taxi genommen und geht seinen Pflichten nach. Sam bezahlt die Batterie, baut sie ein, der Wagen läuft wieder und Jay ist ihm richtig dankbar. Aber er ist nie da, wenn Sam kommt, und Sam will die fünf Dollar sowieso nicht. So kann er den Leuten für den Rest seines Lebens erzählen, dass ihm ein Rockefeller fünf Dollar schuldet.«

»He, Larry«, sage ich von der Tür aus. »Das ist eine schöne Erinnerung an deinen Dad!«

»Das stimmt«, sagt er und staunt selbst darüber. »Wie gefällt dir das? Besser spät als gar nicht.«

Er zwinkert Judy Zwei noch einmal zu und wird aus unserer Höhle geschoben.

23 Uhr 18: Wir warten vor den Aufzügen, wo Larry wieder

ins Negative verfällt, als wollte er seinen momentanen Ausrutscher wiedergutmachen. »Trotzdem spüre ich klar und deutlich, dass ich an Nierenversagen sterben werde, schon auf dem Operationstisch.«

»Alles ist bestens«, sage ich.

Larry sieht mich mit übernatürlicher Geduld an. »Nein, Dan, nichts läuft bestens. Aber das ist okay.«

»Komm schon, altes Haus«, sage ich. »Schaffst du's?«

»Ich bin Profi, Dan. Was soll ich denn machen? Aufhören zu leben, nur weil ich sterbe?« Er greift nach seinem Handy.

»Wen rufst du an?«

»Meinen Broker, Dan. Verkaufsoptionen für die China Life Insurance kaufen. Das nennt man auf Nummer sicher gehen. (Was kapierst du nicht? Wenn ich auf dem OP-Tisch sterbe, lässt das nichts Gutes ahnen, was Nierentransplantationen in China allgemein betrifft, und vermutlich wird die Versicherung, die darauf baut, dass die Leute lange leben, am Ende die Erwartungen nicht erfüllen. Der Aktienwert geht herunter, die Verkaufsoptionen herauf, und so macht der Nachlass des Verblichenen Kasse. Oder kalkuliere ich da etwa falsch?)«

Ich sehe ihn an und bewundere seine Haltung, während ihn das Büro seines Brokers in eine Warteschleife legt.

»Du übertriffst dich selbst, Feldman«, sage ich.

»Ich weiß. Nicht schlecht für einen chronischen Depressionisten. Ohne meinen Galgenhumor wäre ich schon lange hinüber.«

Auch im Aufzug wird er nicht ruhig. Immer noch in der Warteschleife, als sich die Aufzugstüren öffnen, fängt er an, mit den Chirurgen zu plauschen, die jetzt ganz in Weiß sind. Ihre Gazemasken lassen sie wie den Entenaufschneider in dem Restaurant aussehen, in dem Larry und ich in einem anderen Leben unser Schabbes-Dinner eingenommen haben. Ich hoffe nur, sie sind genauso fingerfertig.

»Viele Gluck, viele Gluck!«, ruft Mary, als Larry in den Operationssaal geschoben wird. Wir dürfen nicht mit, und für lange Abschiedszeremonien ist er nicht zu haben. Er hat zu sehr damit zu tun, den Chirurgen seine persönliche Sicht des Aktienmarktes zu erläutern.

»Die Leute sagen: ›Wie können Sie spekulieren? Sie haben nicht genug Geld zum Spekulieren.‹ Worauf ich sage: ›Ich habe nicht genug Geld zum Spekulieren. Deshalb spekuliere ich ja.‹«

Larry und ich sehen uns eine halbe Sekunde lang an, als sich die Türen schließen. »Ja, ich würde gern für eintausend …«

Die Tür fällt ins Schloss.

Mary und ich schlagen die Handflächen gegeneinander, dann umarmen wir uns.

Draußen unter dem schmutzigen Sternenhimmel (vielleicht ist es auch einfach Asche) steht Cherry bei Mary und mir. Sie schürzt die Lippen und nickt mir zu, als sei das Schicksal der Welt im Gleichgewicht. »Jetzt auf eine Weise Schicksal ist aus unserer Hand«, sagt sie.

»Cherry«, sage ich und lege ihr die Hand auf die Schulter, »wenn ich Ihnen das noch nicht gesagt habe, dann lassen Sie es mich jetzt sagen: Sie sind ein Schatz.«

»Ist nichts«, sagt sie.

»Ist etwas«, sage ich.

Die Operation ist auf drei bis sechs Stunden (falls es Komplikationen gibt) angesetzt. Mary und Cherry wollen einen Kuchen kaufen gehen. Ich kehre zurück in unsere Höhle. Larrys tropische Hälfte sieht aus, als wäre eine Kriegsfront hier gewesen. Ich öffne die Tür zu meiner Hälfte, damit auch eine Kältefront durchziehen kann. Die Temperatur zwischen den beiden Räumen gleicht sich aus, alle Moleküle bewegen sich frei hin und her. Ich beschließe, ein wenig Hausputz zu halten, und fange damit an, alles zurück in Larrys Brieftasche zu stecken, was er daraus hervorgerupft hat. Es ist wie ein Blick in das Innere seines Lebens: Ich halte Geschenkkarten von Sharper Image und anderen eingegangenen Läden in Händen, laminierte Fotos seiner Patenkinder, kleiner flachsblonder Strolche, die ihre Babyzähne in die Kamera halten, und missmutiger Teenager, die ihren Patenonkel mit den irren Jobs wahrscheinlich wider Willen mögen. Ich nehme mir einen Karamellkeks. Das ist Balsam für die Seele. Hier, die Fotos von Mary hat Larry gemacht, als sie ihm an seinem ersten Abend in Peking den Mantel von L. L. Bean vorführte. Sie sieht erstaunlich gut darauf aus, wie sie ihm einen heißblütigen Blick über die Schulter zuwirft, fast schon glamourös. Ist das die Art, wie Larry sie sieht, wie einen Filmstar?

Ich nehme mir noch einen Keks – nicht schlecht, Karamell mit gerösteten Kokossplittern. Ich setze mich auf sein Bett und sehe die Stapel loser, sandiger Dokumente durch. Da ist der VIP-Brief der Nonne, den er mit sich herumschleppt, der Allzwecktalisman, kittweich nach all dem Missbrauch, grammatikalisch fehlerhaft und mit ein paar Ausdrücken, die er mir wahrscheinlich aus Verlegenheit nicht laut vorlesen wollte. »... ungeschliffener Diamant ... bitte mit Respekt behandeln ...« Der Brief ist so offensichtlich eine Fälschung. Ganz unten, wo ihm Zeit und Regen zugesetzt haben, steht die verschmierte Unterschrift »Larry Feldman«. Welche geistige Verwirrung hat ihn dazu gebracht, seinen eigenen Namen darunterzusetzen? Oder war es ein seltsamer Impuls von Rechtschaffenheit? Geht es ihm trotz seiner vagen, flüchtigen Art gegen die Natur, zu lügen? Ich überprüfe meine Theorie am Foto seines gerade neu ausgestellten Passes. Ist das vielleicht das Gesicht eines Mannes, der, wenn er kann, grundsätzlich ehrlich mit sich und seinen Zeitgenossen umgeht? Wie alt und krank er aussieht! Wie aufgeschwemmt und so ganz ohne Hoffnung! Ich staune über das, was ich mir gegenüber bisher nicht habe zugeben wollen: Larry sieht aus wie ein Mann an der Schwelle zum Tod.

Ich stopfe mich mit Karamellkeksen voll.

Von überall im Zimmer winken mir Larrys Reliquien morbide zu. Auf dem Schreibtisch liegt der Allzweck-Göffel, den er all die Wochen mit sich herumgetragen hat. Kommt er im Operationssaal ohne aus? Larry ist so zerbrechlich, kann er da nicht jeden verfügbaren Glücksbringer brauchen? Und da, in seinem offenen Schrank, parken seine Unternehmerlaufschuhe so ordentlich nebeneinander. Es schmerzt mich, dass er sie hier zurücklassen musste. Kommt er ohne seine sportbesohlte Selbstständigkeit aus? Wieso spielen wir mit seiner Autonomie, die er sich so mühevoll erkämpft hat? Ich frage mich, warum ich seinen Jesus-Satz »Alles ist bestens« vorhin meinerseits zitiert habe. Ist es das wirklich?

Autsch, der Krampf meldet sich wieder. Ich stelle mich vors Bett und versuche ihn zu lockern. Er geht zurück, und ich humpele zu den in der Ecke aufgestapelten Koffern. Im obersten liegt mein Wolfsschädel, der unter seine Dinge geraten ist. Ich wickele ihn aus, und Gott sei Dank, er ist noch heil. Diese Luxuswaschlappen waren wirklich genau richtig, um ihn darin einzuwickeln. Der Kamillegeruch trägt mich, wie mir scheint, Jahre zurück. Haben die Lappen auch sein Teeservice schützen können, das einzeln verpackt in der Kiste neben den Koffern liegt? Ich wickle eine Tasse aus – gezackte Scherben. Dann eine Untertasse – zerschlagen, wie auch alle übrigen Teile. Nichts ist heil geblieben. Warum hat gerade Larry immer so ein Pech? Warum komme ich ohne einen Kratzer davon und Larry wirft es hin? Jade hatte wie gewohnt Recht: Das Service war zu knusprig, um mitgenommen zu werden. Jetzt ist die Frage: Trifft das auch auf Larry zu?

Ohne Vorwarnung stößt mir mein Krampf ins Gedärm. Ich kippe das zerschlagene Porzellan in den Mülleimer, Scherben, Splitter, Schuppen und den letzten Staub. Wie kann das etwas anderes als ein schlechtes Omen sein? Wieder durchfährt mich der Krampf, eine Art Männerwehe, ich leide für Larry, aber vielleicht ist es auch nur eine Angstattacke. Ich schließe die Augen und mir ist einen Moment lang fürchterlich schwindelig. Die Bilder von Kidneybohnen – *Nierenbohnen* – schweben unter meinen Lidern vorüber. Nierenbohnenkuchen – Nierenbohnensalat. ACHTUNG! NIERENBOHNENVERGIFTUNG! Rohe Kidneybohnen enthalten bis zu siebzigtausend toxische Einheiten, und schon vier Bohnen können zu extremem Erbrechen führen, das lebensbedrohend werden kann.

Larry, Larry, mein süßer kleiner Cousin, kämpft um sein Leben …

Visionen von Schweinenierchen, auf denen ich kaue. Auf dem Podium bei Larrys Bar-Mizwa spucke ich Bohnen in die Menge. Das Wort »Kidnap-Taxifahrer« wird zum »Kidney-Fahrer«, und der schlimme, schlimme Verbrecher tut sich an Larrys Rippchen gütlich. In einem alten Peter-Lorre-Film werden einem Konzertpianisten Mörderhände an die Stümpfe genäht, nachdem er seine bei einem Unfall verloren hat. Ein schwarzer Zuhälter geht mit einem Säbel auf Leonard Bernsteins Männlichkeit los, der mit Kochmütze reglos auf dem Boden liegt. Larry und ich, weiß maskiert, kämpfen mit Essstäbchen, und eine Aschenbecherdose Nierenbohnen explodiert, bevor sie in Flammen aufgeht. Gemeinsam fallen wir aus einem Sessellift, während die Schlaflieder in einem Medley zusammenfließen: *London bridge is falling down, and down will come the baby, Jill came tumbling after …*

Der Krampf zwingt mich in die Knie.

Oh furchtloser Vater von Ost und West, Herrscher der heilenden Künste, lass Larry nicht zu knusprig sein, ich bitte Dich. Ver-

gib ihm seine Vergehen, wie Du auch mir vergibst, dass ich ihm seinen 1943er Zink-Penny abgeschwindelt habe. Ich bin nicht zu anmaßend, was das angeht, oder? Du würdest mich wissen lassen, wenn diese Gebete zu locker daherkommen, ja? Habe ich mein Kontingent schon ausgeschöpft? Wenn nicht, vielleicht – hör mich erst an – wenn ich meine Lebensration noch nicht verbraucht habe, ich meine, nehmen wir nur meine miese Teenagerzeit … darf ich dann vielleicht mein Gebetskonto etwas überziehen? Abgemacht?

Mein Darm beruhigt sich wieder. Das müssen die Erdnüsse gewesen sein. Ich werfe den Rest in den Müll und gehe hinaus, um mich abzulenken.

Die mitternächtliche Luft draußen kommt mir lächerlich frisch vor, wie auf einem Feld nach dem Heumachen. Die Sterne sind so scharfkantig wie die Scherben, die ich eben weggeworfen habe. Ich gehe los, ohne ein Ziel im Sinn zu haben. Speichel glitzert im Licht der Straßenlaternen auf dem Teer. Neon schnörkelt um mich herum, aber ich habe ihn über, wie einem ein süßer kleiner Welpe irgendwann auf die Nerven geht. In einer Freiluft-Karaoke-Kneipe singen zwei Männer »Sgt. Pepper«. Sie sind so schüchtern, dass sie der Handvoll Zuhörer den Rücken zugekehrt haben. Dennoch schicken die Mikrofone den Klang ihrer Stimmen hinaus in die feuchte Nachtluft. Reichen sie hinauf bis zu den Fenstern des nahen Krankenhauses? Könnte es, nicht Larry, denn der ist sediert, dafür aber die Chirurgen beschwingen, die sich gerade an seine Innereien machen? Die Operation muss längst angefangen haben. Möge ihnen das Lied Freude und eine ruhige Hand bescheren.

Ich gehe weiter. Ein Ladenbesitzer verschwindet in seinem Geschäft, als ich mich nähere, und beobachtet mich von drinnen durch die Latten seines Fensters. Ich helfe einem dankbaren Paar, ihr liegengebliebenes Autos ein paar Straßen weiter durch den Verkehr zur nächsten Tankstelle zu schieben. Es ist gut, etwas zu tun zu haben. Noch etwas weiter übt ein Celloquartett auf dem Bürgersteig unter einer Schnellstraßenbrücke. Die Instrumente schallen gegen das Zischen der Autos über ihnen an. Das hier sollte ein Aufnahmestudio sein, Bach mit Straßengeräuschen. Hübsch.

Hinter der Brücke liegt Verpackungsmaterial, das jemand nach seinem Nachmittagsfeuerwerk zurückgelassen haben muss. Es ist bereits so weit durchgeweicht, dass es sich unter den Schuhen wie Lehm anfühlt. Die Leute feiern immer noch, obwohl die Feiertage längst vorbei sind. Das ist gut zu wissen. Und noch etwas: Ein Mädchen fällt vom Rad, als sie mich sieht. Ich halte ihr die Hand hin, um ihr aufzuhelfen, dann hebe ich ihr Fahrrad auf. Sie ist federleicht, das Rad schwer wie Blei. Nun habe ich so viel Zeit in China verbracht, ohne eine Ahnung davon zu haben, wie schwer die Fahrräder hier sind. Das scheint mir ein wichtiges Detail zu sein, das man wissen sollte.

Indem ich mich am Umriss des Riesenpilzes orientiere, finde ich eine neue Route zu den Old-Faithful-Fontänen. Ein Schulchor übt unter freiem Himmel. So spät noch wach, lächeln und flüstern die Sänger untereinander, während der Chorleiter sie liebevoll ausschimpft. Es ist mir ein Rätsel, wie es einer so riesigen Nation gelingt, ein solch familiäres Zusammengehörigkeitsgefühl zu pflegen: Alle nennen sich Onkel und Tante und gehen wie Geschwister miteinander um. Vielleicht liegt es daran, dass sie so wenig echte Verwandte haben. Eine Ergründlichkeit! China hat die Ein-Kind-Politik nicht nur angeordnet, um die Bevölkerung zu halbieren, sondern auch, um die nationale Einheit zu fördern. Alle sind Einzelkinder, und so wird die Nation zur Familie. Genial! Ich vermisse meine Jungs.

Dann komme ich auf die Walzerterrasse. Da sind sie, die ehemaligen Rotgardisten, und drehen sich in ordentlichen kleinen Kreisen um die bunten Fontänen. Im Kreis, im Kreis. Heute flößen sie mir keine Furcht ein, diese früheren Kannibalen, Vergewaltiger und Schlächter. Sie sind nichts als Unglückliche, die ihr Bestes tun, zu retten, was von ihrem Leben noch bleibt. Waren sie das nicht immer? Unglückliche Instrumente von Generälen und Tyrannen? Hätten wir revoltierenden amerikanischen Studenten unter den entsprechenden Umständen damals nicht auch zu Monstern werden können? So wie ich sie heute Nacht sehe, tanzen diese Menschen nicht, um ihre Missetaten zu feiern, sondern weil sie sich schämen, dass sie sich dazu haben verführen lassen, so viele Leben zu zerstören. Wieder und wieder drehen sie sich, um ihre Sünden zu sühnen, so wie sich Schmutzwasser durch fortgesetztes Umwälzen reinigt. Vielleicht geht es bei den Fontänen ebenfalls genau darum: um Erlösung durch Umwälzung. Ob es ihnen bewusst ist oder nicht, es ist eine Art Reinigungstanz. Mit frischem Sauerstoff befreien sie sich von ihrer verseuchten Vergangenheit. Gibt es nicht dieses alte chinesische Sprichwort, dass dem, der sich täglich für eine Stunde die Hände unter laufendem Wasser wäscht, nach neun Jahren seine Vergangenheit vergeben wird? Dann ist es vielleicht auch so, dass derjenige, der neunundneunzig Jahre lang jede Nacht Walzer tanzt, am Ende seinen Verbrechen davontanzt. Schnell, da ist jemand, mit dem ich meine Gedanken teilen kann …

»Schatz?«

»Dan?«

»Es ist so weit. Er kommt gerade unters Messer …«

»Meinst du, das Handy ist sicher genug, um das zu sagen?«

»Er wird operiert. Es lässt sich nicht mehr stoppen. Sie sind dabei …«

Ich bin nahe genug bei den Fontänen, um kleine Tropfen zu spüren, die mir den Hut anfeuchten. Ich halte das Telefon in die Szenerie: mit den Tänzern unter mir und dem hoch aufragenden Krankenhaus über mir, dessen oberster Stock, wo sich Larry befindet, hell in die Nacht hinausstrahlt. »Kannst du das hören, Schatz?«, rufe ich meiner Frau zu. »Ich weiß, bei dir ist es Mittag, aber wir haben hier Mitternacht, und die Rotgardisten drehen sich im Takt der Musik. Kannst du den Verkehr hören, das Gehupe der Taxis? Die kreischenden Fahrradbremsen? Die Rufe der Straßenhändler? Das reißt hier rund um die Uhr nicht ab! Diese gesegnete Kakofonie ...«

Ich halte mir das Handy wieder ans Ohr. »Macht dir der Lärm nichts aus?«, fragt sie.

»Nein, meine Ohrenstöpsel habe ich schon vor Wochen weggeworfen.«

Eine Pause tritt ein. »Dan, was ist? Ist alles in Ordnung?«, fragt sie.

»Es ist nur ... Ich hatte vergessen, was für ein Glück ich habe«, sage ich, »um die halbe Erde fahren und an dem hier teilhaben zu dürfen. Ich hätte auch zu Hause bleiben und es verpassen können. Danke, dass du mir erlaubt hast, leichtsinnig zu sein.«

»Dan«, fragt sie, »du hast dir doch nicht wieder angewöhnt, deinen Flachmann mit dir herumzutragen?«

»Ich stehe hier und betrachte diese Menschen, die ich für Monster gehalten habe, aber das sind sie nicht«, sage ich. »Auch sie sind Opfer! – Opfer ihres Schicksals. Weil du niemanden verletzen kannst, ohne am Ende auch dich selbst zu verletzen. Jetzt brauchen sie ein ganzes Leben, um sich zu heilen, auf jede mögliche Weise.«

Irgendwo weit weg kracht eine Kanone, von Applaus begleitet. »Schatz?«

»Ja, Dan?«

»Larry wird nicht an Nierenversagen sterben. Wir lassen es nicht zu. Er kommt durch, mein Cousin. Auch er ist ein Opfer, genau wie Mary und diese armen Kerle hier, die übrigens ziemlich gute Walzertänzer sind. Wir sollten einen Kurs machen, du und ich ...«

Shelley braucht einen Moment. »Mir gefällt, wie du klingst«, sagt sie endlich. »Du klingst gütig.«

»Nun, gib deinem älteren Sohn die Schuld daran. Tut der kleine übrigens noch so, als wäre er krank?«

»Nein, er ist heute wieder zur Schule gegangen. Sein Gewissen hat am Ende gesiegt.«

»Sein Gewissen, wie? Das sollten wir im Keim ersticken.«

Sie kichert. »Ruf mich am Morgen an und sag mir, wie es Larry geht.«

»Das werde ich.«

Als ich auflege, sehe ich, wie die Tanzenden zu mir herübergestikulieren. Wie gewohnt weiche ich zurück, zögere und trete dann vor, um mich zu meiner Generation zu gesellen. *When I Grow Too Old to Dream* … Old Faithful arbeitet mit einer Zeitschaltuhr, um sich tatsächlich treu zu bleiben, und schon geht er wieder los und trägt zum allgemeinen Rummel bei. Wir tanzen unter den Wassertropfen einher, und es ist wunderbar, traurig und feierlich zugleich, ich mit meinen Altersgenossen unter dem mächtigen Riesenpilz, in dem Larry bewusstlos liegt. Dann, leise erst, aber immer klarer, kann ich ein eindringlicheres Hupen ausmachen als all das andere durch die Nacht schallende Taxibellen – hartnäckig, rhythmisch, beredsam. *»Dschung-mei jou-i …«*

»Ma?!«, rufe ich, drehe mich halb und springe halb aus dem Weg, um nicht von meiner überschwänglichen Freundin Queen Latifah bespritzt zu werden, die mir wild aus dem Fenster ihres Taxis zuwinkt und um die Tanzenden kreist, als gehörte sie mit dazu, durch Pfützen steuernd, immer im Kreis um die Fontänen, und dabei ihre Hupe bearbeitend. Um zu verstehen, was sie da sagt, braucht es keinen Übersetzer, in welcher Sprache auch immer.

»Lang lebe die Freundschaft zwischen dem chinesischen und dem amerikanischen Volk!«

Kapitel 19

Lang lebe Larry!

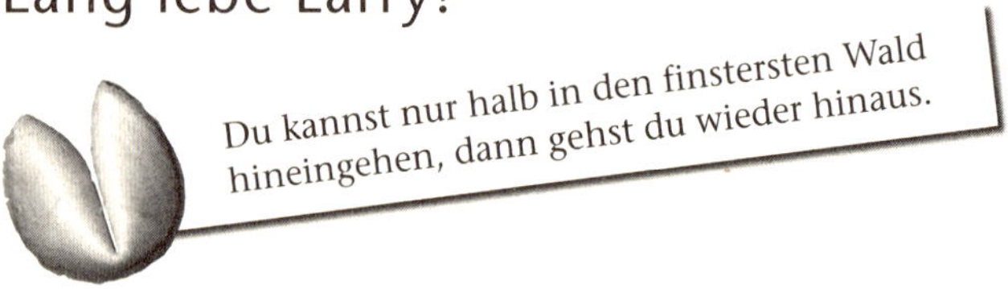

Larry ist tot. Nach drei Stunden Schlaf fahre ich in die Höhe, trage seine Schildpattsonnenbrille und bin überzeugt, Larry hat es nicht überlebt. Er war zu schwach, um die Narkose zu überstehen. Sein Herz hat versagt. Wegen seiner Mandeln, die sie ihm als Kind verstümmelt haben, hat er Schluckauf bekommen und ist an einem Atemschlauch erstickt. Am eigenen Erbrochenen. Aus der Tiefe seiner Narkose hat er sich mit aller Macht gegen die Chirurgen aufgelehnt, wie wild um sich geschlagen und sie aus dem Konzept gebracht. Larry ist tot.

Dann klingelt das Telefon.

»Operation ein Sieger«, sagt Cherry.

Ich reiße die Brille herunter, die ich mir mitten in der Nacht aufgesetzt haben muss. »Cherry, bitte seien Sie ehrlich mit mir, wirklich? Ein kompletter Erfolg?«

»Kompletter.«

»Keine traurigen Effekte?«

»Keine.«

»Ich kann es nicht glauben. Er stößt sie nicht wieder ab? Es gibt überhaupt keine Komplikationen?«

»Überhaupt«, sagt sie. »Wir werden ihn nächste Woche beobachten, aber vielleicht die Niere funktioniert noch dreißig

Jahre des Lebens. Der Rest von Larry versagt vielleicht, aber neue Niere läuft und läuft und läuft ...«

Ich mache Mary im Familienzimmer ausfindig, wo sie die ganze Nacht über Englisch gelernt hat. Sie wollte schlafen, konnte es aber nicht. »Larry, Larry, schlafen ... Larry, Larry, schlafen ...«, erklärt sie mir. Ich überbringe ihr die Neuigkeiten. Wir hüpfen wie wild herum und rufen: »Lang lebe Larry!«

Ein paar Stunden später binden Cherry, Mary und ich uns einen Mundschutz um und schlurfen mit Plastikbeuteln über den Schuhen auf die Intensivstation. Larry ist nicht bei Bewusstsein. Ich betrachte sein schlummerndes Gesicht, wie es eine Mutter tun würde – so wie seine liebe, sanfte Rivie ihren kleinen Jungen angesehen haben muss. Und das Lächerliche ist: Er sieht gut aus. Ja, man erkennt, wie gut er tatsächlich aussieht – im Moment noch mitgenommen, klar, älter als bei unserer Ankunft, aber auch jünger und irgendwie mehr im Einklang mit sich. Mit ein Grund dafür ist, dass er wieder eine funktionierende Niere in sich trägt. Da erwacht ein neues, gesundes Leuchten. Aber da ist noch etwas, ohne dass ich sagen könnte, was. Warum tun Menschen einander das an? Gerade, wenn du denkst, du hast alle in ihre Schubladen eingeordnet (der hat eine Knubbelnase, die einen breiten Hintern), tanzen sie aus der Reihe und sind mit einem Mal schön. Warum habe ich so lange gebraucht, um das zu sehen?

Larry rührt sich, öffnet die Augen und winkt mich zu sich hinüber. Er kriegt die Worte kaum herausgekrächzt. »Wie steht China Life Insurance?«

Achtundvierzig Stunden später sitzt Larry im Bett und isst von dem Kuchen mit Wunderkerzen und der kleinen Portion chinesische Aubergine, die Mary besorgt hat, um den glücklichen Ausgang zu feiern. Sein Gesicht ist nicht mehr so aufgedunsen, und auf den Backen liegt ein Hauch Babyrosa. Die Niere tut, was sie tun soll – sie säubert sein Blut. Es ist so einfach, so primitiv, und doch verändert es alles.

»Meine Schuhgröße ist wieder neun, nachdem sie zwei Jahre lang bei zwölf lag«, sagt er.

»Auch Gehirn ist wieder es selbst«, bestätigt Cherry. »Sehr gute Niere, passt sehr gut. Aber langsam anfangen«, erinnert sie ihn.

»Das ist wie mit einem neuen Getriebe, ich verstehe schon«, sagt er. »Es muss sich erst an den Rest des Fahrzeugs gewöhnen.«

»Perfekt«, sagt Cherry.

»Ob ich mich perfekt fühle? Nein«, sagt Larry und mampft die winzigen Schweinefleischbällchen (zumindest sehen sie so aus), die den Kuchen bedecken. Er isst mit Stäbchen. »Heute Morgen, als ich aufgewacht bin, habe ich mich noch gefragt, was ich Judy als Souvenir mitbringen soll. Aber ich mache Fortschritte. Und ich bin von der Dialysemaschine befreit, was an sich schon ein kleines Wunder ist. Ich habe mein Leben zurück.«

»Wir denken, Sie gehen nächste Woche nach Hause«, sagt Cherry.

»Jippiejäh«, sagt Larry. »Sie meinen, nach fast zwei Monaten Gefangenschaft werde ich meine normale Existenz wieder aufnehmen können?«

»War sie vorher normal?«, kontert Cherry.

»Verstehe«, sagt Larry. »Unterm Strich kann es sein, dass ich an allgemeiner Verwahrlosung sterbe, oder vielleicht den Wunsch verspüre, mir selbst ein Ende zu setzen, aber wenigstens sind die Aussichten gut, dass ich nicht an Nierenversagen sterben werde. Sagen Sie, gibt es eine Möglichkeit, an das Rezept für diese Aubergine zu kommen? Die ist so viel besser als alle Auberginen zu Hause.«

Es ist eine freudige Szene. Cherry blickt unseren Patienten liebevoll an, und Mary sieht hübsch aus, mit rosa Pullover und blauer Plastikhalskette, die sie sich zur Feier des Anlasses gekauft hat, nichts zu Teures für Larrys Brieftasche. Sie legt den Kopf auf Larrys Schulter und sagt: »Ich sehr mag Larry. Ich sage meinem Sohn, jeder Tag schön für mich, jeder Tag.« Aus den Leisesprechern tönt dazu ein Geburtstagslied: *How old are you now, how old are you now ...?*

Trotzdem regt sich in mir ein gewisser Widerstand. Sosehr mir die Geschehnisse zu Herzen gehen, zu viel steht auf dem Spiel, als dass ich mich meinen herzigen Gefühlen ergeben sollte. Statt den Kloß weiter in meinem Hals hochzulassen, räuspere ich mich. Ich habe einiges zu erledigen – jetzt.

»Übrigens, Larry«, sage ich fast wie nebenbei, »falls du dich entscheidest, dir nach alldem hier selbst die Lichter auszuknipsen?«

»Ja?«

»Dann tust du genau das, was Judy getan hat, nachdem du sie von ihrer Epilepsie geheilt hast und ihre neu gewonnene Gesundheit zu viel für sie war. Das wäre das Gleiche.«

»Nicht genau.«

»Aber ähnlich genug, dass ich dich dann gleich noch mal umbringe, Larry – also denke nicht mal dran«, sage ich. »Trink keine warme Cola, Larry, sondern schnapp dir einmal in deinem verfluchten Leben die kalte Flasche. Behalte sie, genieße sie und verdirb's verdammt noch mal nicht wieder.«

Er scheint verwirrt, nicht sicher, ob ich Witze mache oder ob da ernsthaft Wut in meiner Stimme liegt.

»Ich werde es versuchen«, sagt er.

»Versuche es nicht nur«, sage ich. »Verflucht, was immer du tust, wage nicht, es nur zu *versuchen*. Das Versuchen bringt dich in mehr verdammte Schwierigkeiten, als ich es je erlebt habe. *Tu* es verdammt noch mal einfach. Ohne irgendwelches Scheiß-Theater. *Tu es!*«

Mary und Cherry verstehen vielleicht nicht, was ich im Einzelnen sage, aber mein Tonfall verursacht ihnen genug Unbehagen, dass sie sich ansehen, und nicht Larry und mich. Beide zappeln sie verlegen herum.

»Dan, ich habe dich noch nie so fluchen gehört ...«

»Da schlummert noch jede Menge mehr«, unterbreche ich ihn. »Reiz mich nicht, Feldman.«

»Ich glaub's dir ja, Dan. Du warst immer einer von den wenigen Menschen, denen ich unbedingt nacheifern wollte.«

»Schnauze, Larry«, sage ich. »Sei einfach still. Gott noch mal, kann denn keiner diese Lautsprecher ausstellen«, sage ich und schlage in Richtung Decke.

Cherry drückt auf einen Knopf seitlich am Fernseher, und sofort kehrt Ruhe ein. Zum ersten Mal sind wir ohne Hintergrundmusik. Warum habe ich diesen Knopf nicht schon vor zwei Monaten gefunden? Was für eine Erleichterung!

»Hört zu«, sage ich und drehe abrupt Marys Stuhl mit Mary darauf, so dass sie in die Mitte des Zimmers sieht. »Es ist langsam an der Zeit, Klartext mit euch beiden zu reden.«

»Wie du willst, Dan«, sagt Larry und sieht mich ausdruckslos an.

Cherry entschuldigt sich höflich und verlässt den Raum. In der wohlverdienten Stille fixiere ich Mary mit einem Blick, der besagt, dass ich es ernst meine. Kohlensäure mag noch nicht bis in ihr Dorf an der Grenze zu Nordkorea vorgedrungen sein, eine klare Sprache aber schon. Sie fasst Larrys Hand und sieht mich an, als wollte ich die beiden zu Mann und Frau erklären.

»Mary«, fange ich an. »Larry ist ein guter Mann.«

Sie nickt.

»Ein guter und ehrlicher Mann.« Nie in meinem Leben habe ich so langsam gesprochen, mich nie so sorgfältig ausgedrückt.

Es ist, als wollte ich meine Worte mit reiner Willenskraft in ihren Kopf hämmern, ob er nun ehrlich oder unehrlich ist und ein Produkt arktischer Kälte, die sie gezwungen hat zu stehlen, oder was auch immer. Ich will meine Worte in ihm haben.

»Und er muss sich auch auf deine Ehrlichkeit verlassen können.«

»Erli? Er…«

»Nein. Ehrlichkeit. E…«

»Ah, ehrlich! E-h…«

»Ja.«

»E-h-r-l-i-c-h.«

»Larry wird dir gegenüber ehrlich sein, wenn auch du ihm gegenüber ehrlich bist.«

Marys Ausdruck verändert sich. Ihre Augen werden … ich kann es nur ehrlich nennen. »Ich werde ihm ehrlich«, sagt sie. »Ich wirklich, wirklich ehrlich.«

Ich sehe auf meine Hände. Ich sehe Altersflecken. Wo kommen die denn plötzlich her? Seit meiner Ankunft in diesem Land habe ich drei hässliche Flecken bekommen. So altern wir, denke ich. So altern wir.

»Mary, vielleicht ist Larry ein Trottel. Verstehst du, was das bedeutet? Vielleicht will er ja glauben, dass du ihm gegenüber ehrlich bist, obwohl wir doch alle wissen, dass du ihn angelogen hast: was deinen Job angeht, dein Gewicht und dein Alter …«

Mary drückt Larrys Hand fester. »Ich gelogen, ja.«

»Aber er muss dir glauben können, Mary. Das muss er, damit es mit seinem Leben wieder besser wird. Und er kann auch dein Leben viel besser machen, Mary. Du hast ja keine Ahnung, wie viel besser dein Leben werden kann. Aber er muss glauben können, dass du ihm gegenüber ehrlich bist. Lüge ihn niemals mehr an. Nie, niemals.«

»Nein, nein, nie. So leid.« Mary weint, und Larry hat auch

leichte Schluckbeschwerden. Nein, jetzt weint auch er. Das sind nasse, heiße Tränen, die da über die Backen meines Cousins rinnen. Die beiden wollen einander nicht loslassen.

»Die Menschen sind kompliziert«, sage ich. »Manchmal lügen wir, weil wir denken, wir müssen es – weil wir meinen, es wird uns helfen. Dabei ist es besser, wenn wir ehrlich sind.«

»Es ist besser, es ist besser.« Sie weinen beide.

»Du weißt, er hat die Niere bekommen, um sein Leben zu retten. Wir haben sie Prinzessin genannt. Und jetzt braucht er jemanden, für den es sich zu leben lohnt. Wenn du seine wirkliche Prinzessin wirst ...«

Von draußen dringt der Knall einer Kanone herein, wie gestern Nacht. Das erinnert mich daran, nicht zu viel Zeit für diesen Punkt aufzuwenden. Es gibt noch anderes in der Welt, von denen das meiste dringlicher ist als unsere Sorgen.

»Predigt beendet«, sage ich.

»Ich werde dir einen großen Gefallen tun«, sagt Larry, »und dir nicht sagen, wie wer du gerade geklungen hast.«

»Wie mein Vater?«

»*Und* dein Großvater.«

»Nicht schlecht für einen Burschen, der den beiden einst gesagt hat, sie können ihn mal kreuzweise, wie?«, sage ich und bin insgeheim entzückt. Aber halt, es geht nicht nur um Mary. Noch ist keine Zeit zum Feiern: Ich muss auch Larry etwas sagen. Der Job ist noch nicht erledigt.

»Larry«, sage ich.

Wieder überrascht ihn das Geschäftsmäßige in meiner Stimme. Er sieht zu mir auf.

»Du traust mir, richtig, Larry? All die Leute dieser Welt, die dich aufs Kreuz gelegt und betrogen haben – ich habe nie dazugehört, oder?«

»Wir hatten unsere Meinungsverschiedenheiten, aber gut«, sagt Larry.

»Und es sieht so aus, als hätten wir dein Leben gerettet, stimmt's?«

»Stimmt.«

»Weil ich dich jetzt um etwas bitten will«, sage ich.

»Um was du willst. Du weißt, ich habe Verbindungen. Sag es, und es gehört dir.«

»Ernsthaft?«

»Es ist schließlich nicht so, als hätte ich eine ganze Liste von Leuten gehabt, die mit nach China gekommen wären, um mir bei dieser Sache zu helfen, Dan.«

»Wie viele waren es?«

»Mir fällt sonst keiner ein.«

»Damit fiel die Wahl also am Ende auf deinen Cousin.«

»Dass du mein Cousin bist, werfe ich dir nicht vor.«

Ich bin immer noch beeindruckt, wie er das macht: diese Großspurigkeit und Empfindungslosigkeit, die schon wieder eine Form der Empfindsamkeit ist.

»Also heraus damit«, sagt er. »Dein Wunsch ist mein Befehl. Eine Deluxe-Kreuzfahrt auf die Bermudas, eine ferngesteuerte Mikrowelle, ein stoß- und ruckfester Flipper, was auch immer.«

»Wenn ich vielleicht fünf Wünsche erfüllt bekommen könnte? Ich würde das gerne ausnutzen.«

»Aber nur zu: *Ich* würd's genauso machen.«

»Okay, Wunsch Nummer fünf: Du weißt, diese Geschichten, die du immer erzählst? Ich möchte womöglich selbst ein paar erzählen, über unser kleines Abenteuer hier. Sollte ich es tun, möchte ich, dass du sie mich so erzählen lässt, wie ich es will. Keine Einmischung.«

»Aber unbedingt, Dan, was sollte mich da stören? Meine Sagas gehören mir, deine gehören dir. Erzähl, was du willst.«

»Ich will es mir nur von dir bestätigen lassen.«

»Okay, das war eine faire Antwort auf eine, wie ich es sehe, faire Frage. Machen wir weiter. Wunsch Nummer vier.«

»Nummer vier«, fange ich an.

»Warte noch, bevor du mich mit Nummer vier konfrontierst, lass mich schnell die Bitte äußern, dass du mich in keiner deiner Geschichten zum netten, lieben Kerl machst, einverstanden? Ich meine, ich weiß, du bist nicht der rührselige Typ, aber deute bitte nicht an, dass ich irgendwie knuddelig bin, weil was zum Teufel weißt du schon? Nicht, dass deine Zuhörer sich in meine Komplexität verlieben oder meine menschlichen Widersprüche oder irgendeinen anderen Scheiß in dieser Richtung. Ich brauche keinen größeren Fanclub.«

»Ich werde mein Bestes tun.«

»Kurz gesagt: Verdüstere meine finstere Seite ruhig etwas, das würde mir gefallen. Dämonisiere mich nach Herzenslust.«

»Mais oui«, sage ich leicht verzweifelt. »Könnten wir damit zu Nummer vier kommen?«

»Nummer vier, sicher. Oh, nur noch ein Letztes, bevor wir Nummer fünf hinter uns lassen. Dir wird aufgefallen sein, dass ich immer probiere, eine Moral in meine Sagas einzubauen. Etwas, das der Zuhörer mitnehmen kann. Manchmal verbocke ich es, und sie bleibt zu unausgesprochen, und ich möchte nicht, dass du den gleichen Fehler machst. Gib ihnen eine schöne, klare Moral, etwas …«

»In Ordnung, ich gehe gleich zu Nummer drei über, weil du mich hier mürbe machst.«

»Ich bin ein professioneller Verhandlungsführer, was erwartest du da …«

»Nummer drei: Benutze nie wieder das Wort ›Schlitzauge‹. ›Schlitzauge‹, ›Reispflücker‹, ›gelbe Gefahr‹ – nichts von alledem. Die Chinesen haben sich unermüdlich für dich eingesetzt, also verbanne diese Worte aus deinem Vokabular.«

»Schon passiert. Das war leicht. Weiter.«

»Nummer zwei: Sorge dafür, dass mir nicht noch mehr Haare ausfallen.«

»Das geht über meine Kräfte.«

»Darum lass mir zumindest die wenigen, die ich noch habe.«

»Kann ich nicht.«

»Okay, in dem Fall konzentriere ich mich ganz auf Wunsch Nummer eins, den einzigen, der mir wirklich wichtig ist. Vielleicht ist es der schwerste, den du je erfüllen solltest. Der ist nur was für große Jungs. Bist du bereit?«

»Ich hoffe es.«

»Fertig?«

Larry saugt die Luft in sich hinein wie ein Schwergewichtsboxer vorm Klingeln zur ersten Runde. In seinem Hirn arbeitet es fieberhaft: Werde ich ihn bitten, mich für die letzten beiden Monate zu entschädigen? Ich kann sehen, wie er Kosten kalkuliert und Summen bildet. Endlich nickt er.

»Fertig«, sagt er.

»Gib Burton frei«, sage ich.

Mein Wunsch erwischt ihn von der Seite wie ein saftiger Schwinger gegen das Kinn nach leichter Tändelei. Das ist mehr, als er erwartet hatte. Ich erkenne es an seinem leeren Gesichtsausdruck.

»Ich sage nicht, du sollst ihm vergeben«, lege ich ihm dar. »Lass ihn nur in Ruhe. Gib ihn frei.«

»Du Mistkerl«, sagt er.

»Das ist hart, was? Aber es ist mein einziger Wunsch. Kannst du ihn erfüllen?«

»Oh, genau das musstest du dir aussuchen. Das war die süßeste Rache, die ich je nehmen wollte.«

»Du sagst das in der Vergangenheit. Heißt das, es ist vorbei?«

Larry schließt die Augen. Er seufzt nicht. Eine ganze Minute lang atmet er nicht einmal. Er sieht aus wie ein Zombie. Aber das tut er oft, wirkt wächsern und starr.

Dann: »Ja, Dan.«

»Ich habe dein Wort, ja? Du schaltest auch nicht deine Unterweltkontakte ein …?«

Er streckt den Arm aus, um mir matt die Hand zu schütteln. »Natürlich nicht, Dan. Und jetzt lass mich allein. Ich bin plötzlich erschöpft, völlig ausgepumpt.«

Ich stehe auf und wende mich zum Gehen. »Ich danke dir, Cousin«, sage ich.

»Ich danke dir*«, sagt er unpersönlich, wie jemand einem Barkeeper für ein paar extra Oliven danken würde. Aber ich weiß, er meint es nicht so.*

So hätte ich es mir gewünscht, aber leider folgt die Wirklichkeit nicht immer dem Drehbuch meiner Vorstellungen. Spulen wir ein Stück zurück und folgen wir dem Gespräch, wie es tatsächlich abläuft.

»Gib Burton frei«, sage ich.

»Auf keinen Fall.« Larry legt den Kopf zurück, seine Nackenmuskeln treten hervor, und er sieht mich misstrauisch an, mit großer Langsamkeit, wie eine Schnappschildkröte, die sich auf einen Angriff vorbereitet. »Nie im Leben«, sagt er. »Das ist in Stein gemeißelt.«

»Larry …«

»Hör zu, versteh mich nicht falsch. Ich halte es für eine großartige Idee, ästhetisch betrachtet. Das hat eine künstlerische Note, die selbst ein Kretin wie ich goutieren kann. Du bist hergekommen, um einen Cousin zu retten, und am Ende sind es zwei. Trotzdem, ich kann das nicht, ich werde es nicht, und es verletzt mich zutiefst, dass du mich um so etwas bittest.« Er hebt eine Hand, um mich davon abzuhalten, ihn zu unterbrechen. »Es lässt mich annehmen, dass du auf Burtons Seite stehst. Dass du letztlich nicht mein Verbündeter bist, sondern die ganze Zeit mit Burton unter einer Decke gesteckt hast und ich auch dich mit einer Fatwa belegen sollte …«

»Jetzt mal ganz sachte, Partner«, sage ich und hole tief Luft. »Sonst platzt dir noch eine Arterie. Ich bitte dich genauso um deinetwegen wie um Burtons wegen darum. Du hast da eine brandneue Niere in dir, aber wenn du sie mit all der Rache tränkst, die in deinem Blut ist, vergiftest du sie schneller als ...«

»Es ist eine starke Niere«, sagt er, »die Niere eines Killers.«

»Oh, das ist mir nicht entgangen, aber glaube mir, all die Bitterkeit und das Selbstmitleid, das du in dir angesammelt hast, werden sie verschrumpeln und sterben lassen. Du wirst sie vergeuden, dich ihrer nicht würdig erweisen. Ich bitte dich so sehr um dein Leben wie um Burtons. Ihr seid beide meine Cousins. Ich will das Beste für jeden von euch.«

»Tut mir leid, Dan.«

»Larry, begreifst du nicht, dass du Burton genau das antun willst, was dir von Onkel Auguste angetan wurde? Du willst ihn spüren lassen, was auch du ...«

»Ich begreife es nicht, und es ist mir egal.«

»Aber du musst es begreifen! Es darf dir nicht egal sein! Vor dem Hintergrund all des Guten, das Burton getan hat, musst du die ein, zwei schlimmen Dinge vergessen ...«

»Niemals. Er wird dafür bezahlen.«

»Larr...«

»Die Antwort ist nein, Dan. Fast hätte er ein großes Geschenk von dir bekommen, das er nicht verdient. Aber nein. Wenn ich sterbe, ist es so weit. Damit kannst du mich zitieren.«

»Verdammt, Larry ...«

»Du kapierst es einfach nicht«, sagt Larry und legt sich die Hand wie einen Schirm über die Augen. Sein Gesicht verdunkelt sich. Das Babyrosa hat sich zu stecknadelkopfgroßen Punkten in einer grauen Gewitterwolke zusammengezogen. »Du kapierst einfach nicht, dass es *schändlich* von mir wäre, es nicht zu tun. Dass ich es bis jetzt noch nicht getan habe, ist schon schändlich genug und wird es bleiben, bis die Tat getan ist. Ich tue es für meine Mutter, die auf ihrem Totenbett geweint …«

»Aber auf ihrem Totenbett, oder wo immer sie jetzt ist, Larry …«

»Pass auf, was du sagst, Dan …«

»… würde sie nicht gewollt haben und auch immer noch nicht wollen, dass du ihren Tod rächst.«

Eine Träne rinnt ihm über die Backe. »Das ist Schlag zwei. Ich habe dich gewarnt, Dan.«

»Ich will mich nicht von dir bedroht fühlen, Larry. Habe ich mir nicht das Recht verdient zu sagen, was ich sagen muss?«

»Sag es.«

»Also gut: Ich glaube, dass du dich so auf Burton fixierst, um dem eigentlichen Problem auszuweichen. Burton mag ja versucht haben, deine Mutter zu betrügen, oder auch nicht. Ich weiß es nicht. Was ich weiß, ist, dass du all deine Energie auf deine Rache an ihm konzentrierst, statt die Arbeit zu tun, die du tun musst.«

»Welche Arbeit?«

»Die Trauerarbeit. So ist es zu einfach, Larry. Du musst dich der Sache stellen und akzeptieren, dass Mütter nun einmal sterben, und somit auch deine gestorben ist. Sie ist einfach gestorben, das ist alles. Das ist das Leben, Larry, und es ist manchmal traurig. Tatsache ist, dass Burton nicht für den Tod deiner Mutter verantwortlich ist, und indem du dich auf deine Rache an ihm versteifst, weichst du der Wut aus, die …«

»Welcher Wut?«

»Deiner Wut auf alles! Auf die lausigen Karten, die dir das Leben gegeben hat! Darauf, dass dein Vater dir nicht zeigen wollte, wie man einen Baseball schlägt, und dass deine Schwester sich umgebracht hat, ohne dir eine ihrer Nieren zu überlassen. Auf alles Schlimme, was dir im Leben widerfahren ist, von klein auf.«

Larry sieht auf seine Hände.

»Hasse Burton, sosehr du willst, aber vermische die Dinge nicht, das ist alles, was ich sage. Du weißt, dass das auch deine Mutter nicht gewollt hätte. Sie hätte nicht gewollt, dass du Burton etwas antust.«

Er hebt den Blick auf das Bild an der Wand gegenüber. »Armer Goldfisch«, sagt er, »hast nicht genug Platz, um dich zu drehen …«

Ich weiß, dass er mich verstanden hat, aber ich muss ihn hier und jetzt festnageln. Ich nehme mein Handy und fange an zu wählen.

»Wen rufst du an?«

»Burton, damit du ihm sagst, dass es vorbei ist.«

Damit gehe ich zu weit. Ich verliere ihn wieder. Larry stützt sich auf einen Ellbogen, und die Adern in seinem Hals pochen. »Ein letztes Mal«, sagt er klar und deutlich. »Die Antwort ist nein.«

»Also gut.« Ich stecke das Handy wieder weg. »Ich laufe hier vor eine Wand, Larry. Ohne zu plump werden zu wollen, aber denkst du nicht, dass du mir die eine, einzige Sache schuldig bist, die ich mir wirklich wünsche, nachdem ich zwei Monate darauf verwandt habe, dir eine Niere zu besorgen?«

»Weißt du, wie ich das sehe, Dan?«

»Sag's mir.«

»Meiner Meinung nach sind wir damit quitt.«

»Quitt? Wie meinst du das?«

»Du hast mir zu einer Niere verholfen und ich dir zu einem hübschen Abenteuer, von dem du deinen Kindern erzählen kannst. Du fliegst mit einer tollen Geschichte für deine Freunde nach Hause, mit dem Recht aufzuschneiden und …«

»Großer Gott, Feldman, glaubst du, mich interessiert …?«

»Wir sind quitt. Und beachte, dass ich keinen Anteil von dir will, wenn du einen Film oder so was daraus machst, allerdings wäre es schön, wenn du Clint Eastwood dazu bekommen könntest, meine Rolle zu übernehmen …«

»Der ist mittlerweile um die neunzig, Larry.«

»Richtig, ich bin wohl immer noch leicht missorientiert. Aber lass es jetzt genug sein, forcier es nicht. Wobei es nicht so ist, dass ich dir nicht dankbar wäre für alles, was du getan hast, denn das bin ich wirklich, aber nur für den Fall, dass du das Gefühl hast, du könntest noch was für mich tun?«

»Ja?«

»Wenn du je neben Burton gehen solltest und ein Auto gerät außer Kontrolle und rast auf euch zu, stoß Burton bitte aus dem Weg. Sorge dafür, dass ihm nichts passiert. Weil ich will, dass es auf meine Weise geschieht.«

Wir wissen beide einen Moment lang nicht, was wir sagen sollen.

»Und was die guten Nachrichten angeht: Während ich hier mit nichts zu tun herumliege, habe ich eine super Erfindung gemacht: Herbstlaubsonnenbrillen, mit farbgescheckten Gläsern für alle Blättergucker, die am liebsten zu Hause bleiben …«

Damit ist die Diskussion beendet, auf allen Ebenen, ganz so, als hätte er seinen Kopf in seinen Panzer zurückgezogen und die Tür zugeschlagen. Wenn er es so sieht, habe ich nichts erreicht. Ich habe keinen Druck ausüben können. Mary hebt mitleidig die Brauen, nachdem mich sein unerwarteter Schlag zu kalt erwischt hat.

Über die nächsten paar Tage bereite ich unser beider Abreise vor. Larry braucht mich nicht mehr, während er sich von der Transplantation erholt. Ich buche unsere Flüge: Ich selbst werde mich von Jade verabschieden und dann von Peking aus direkt nach Hause fliegen. Larry fliegt ein paar Tage später von Shi nach Florida. Ich packe seine Besitztümer in Kisten, insgesamt sechs, und bringe sie mit dem Taxi zur Post, damit er mit nicht mehr als einer Reisetasche nach Hause zurückkehren kann. Die Fracht liegt bei fünfzig Dollar pro Kiste, und sie werden wohl erst in ein paar Monaten in Florida eintreffen. Per Luftfracht wäre es jedoch viermal so teuer, und ich denke, er kann auf die Sachen warten.

Meine Sparsamkeit wird allerdings von Larrys sonstiger Freigebigkeit mehr als wettgemacht, der mich für alle großzügige Geschenke besorgen lässt. Ich gehe mit seiner MasterCard ein letztes Mal an einen Geldautomaten, um ein dickes Bündel Banknoten für Cherry zu holen. (»Jedes Mal, wenn ich mich zehntausend sagen höre«, erklärt Larry, »macht mein Herz einen Sprung. Ich weiß, das sind nur zwölfhundert amerikanische Dollar, aber mir fällt es nun mal schwer, ›zehntausend‹ von irgendwas wegzugeben. Selbst zehntausend Pennys. Besonders Pennys. Was soll ich sagen, ich bin eben ein alter Penny-Sammler.«) Ich kaufe auch einen prahlerisch teuren Scotch für Dr. X, der ohne seine lila Verpackung bestens zwischen die Papageien passt. Es heißt, dass Dr. X Larry drei Tage nach meiner Abreise in seinem privaten Bentley zum örtlichen Flughafen bringen lassen will. Die Großzügigkeit der Chinesen kennt kein Ende.

Glücklicherweise, nur damit ich mich nicht zu sehr in die Stadt verliebe, ist der Smog zurückgekehrt. Wir atmen Frappuccinos, die noch schmackhafter sind als zuvor. Die Sonne ist eine weiße Münze am milchigen Himmel, wie das Zinkding, das mir Larry einst in die Hand gedrückt hat, damit ich umsonst in die U-Bahn kam. Dafür verzieht sich der Smog nach und nach aus Larrys Kopf. »800-555-12122«, sagt er. »He, sieh mal an, was ich alles wieder weiß. Letzte Woche hätte ich dir die Nummer noch nicht sagen können. Die kostenfreie Hotline. Jetzt kann ich die Fluggesellschaft anrufen und ein Behinderten-Upgrade rausschlagen.«

Als es schließlich frühmorgens so weit ist und ich aus dem Super 2 auschecke, sehe ich nach meiner Herbergsmutter, dem Hausmädchen, und sage, dass ich das Hotel verlasse.

»Aber diesmal nicht nur, um spazieren zu gehen«, sage ich, »sondern für immer.«

Sie stampft mit dem Fuß auf und streckt mir die Zunge heraus! Was soll *das* denn? Und wie sie mich dann umarmt! Sie drückt mich fest an sich, vergräbt ihre Nase an meinem Hals und zieht heftig meinen Geruch in sich hinein.

Im Krankenhaus gibt mir Cherry einen ganzen Stapel Papiere mit Instruktionen für Larrys Arzt in Florida, was die Nachbehandlung betrifft. Ich drücke mir ihre Hände aufs Herz, und als sie nickt und lächelt, sage ich: »Gute Hände.« Zum ersten Mal verspreche ich ihr nichts oder bitte sie um etwas. Es ist eine einfache Feststellung.

Ich suche Abu, kann ihn aber nicht finden. Sein dunkelhäutiger Vater fragt mich von seinem Bett aus: »Wie geht es dem Professor?«

»Der hat wieder rote Backen!«, sage ich und denke dann, dass ihm das nicht unbedingt viel sagt. Abus Vater geht es nicht so gut. Er wartet noch auf ein Organ, ohne zu wissen, wann es kommen könnte. Ein Partner aus dem Jemen ist schon zweimal operiert worden, und beide Eingriffe sind problematisch verlaufen.

Als ich das Zimmer von Abus Vater verlasse, um meine Abschiedsrunde fortzusetzen, überfällt mich jemand von hinten und schlingt die Arme um mich. »Mich mitnehmen!«, ruft Artie, der KFC-Bote. Trotz seines hilflosen Lächelns, das zwei lückenhafte Zahnreihen sehen lässt, ist er den Tränen nahe. »Ich Sie werde mästen!« Ich befreie mich sanft aus seiner Umarmung und gebe ihm die falsche Uhr von meinem rechten

Handgelenk. Ach, zum Teufel, die andere gebe ich ihm auch noch. Wenn Artie mit dabei ist, wird das Uhrendoppel in China sicher doch noch der große Hit.

»Dan, ah, ich glaube, er wird nett mit dir«, sagt Mary, die unerwartet aus dem Nichts auftaucht und sich zweifellos verirrt hat.

Ständig gibt es neue Rätsel …

Ich begleite Mary in den neunten Stock, wo, wie sie mir sagt, eine Überraschung auf mich wartet. Und siehe da, in unserer Suite steht ein großer, schlanker junger Mann, den sie als ihren Sohn vorstellt. »Captain von College-Team, ah, Basketball.«

Wir befinden uns im letzten Viertel, und Mary geht ganz auf Angriff, damit Larry den Handel perfekt macht. Ich habe nichts dagegen, unter Druck gesetzt zu werden. Ich mag Ling. Er ist ein aufrechter junger Mann, trotz seines weichen Handschlags. Er hat sogar ein Geschenk mitgebracht, einen Plastikfächer, der neben Larry auf dem Tisch liegt. Das Geschenkband wiegt sich im Luftzug. Ling ist schüchtern und klingt etwas aufgesetzt, mit lauter sperrigen Worten, die nur aus einem Thesaurus stammen können. »Meine Mutter ist sorgfältig und gelehrig, auch hygienisch und plausibel«, erklärt er mir schlicht.

»Auch Sie sind sorgfältig, wie ich sehe, und mich rührt Ihre Ergebenheit ihr gegenüber«, sage ich zu ihm. »Aber es ist Larrys Entscheidung, die er treffen muss, wenn er es für richtig hält.«

»Verstehe, verstehe. In dieser Situation ich gebe Ihnen Zeit allein für Abschied«, sagt der Sohn. Er dirigiert seine Mutter Richtung Flur. Aber Mary ist noch nicht so weit. An der Tür dreht sie sich noch einmal zu mir um. In ihrem Pelz sieht sie tatsächlich aus wie ein Filmstar. Es ist verrückt. Ob die beiden nun zusammenbleiben oder nicht, ich freue mich, dass sie den Pelz der kleinen Schwester meiner Großmutter hat.

»Ich brauche, dass du verstehst«, sagt sie. »Wir alle lange, lange Zeit zusammen, nicht nur Larry-Mary. Nein, Larry-Mary-Dan. Wenn du nach Hause gehst, ich bin nicht glücklich.«

Sie fängt an, sich die Augen zu betupfen.

Ich kann nicht sagen, ob ich Tränen sehe oder nicht. Aber wissen Sie was? Es geht mich auch nichts mehr an.

»Ich hoffe, du hast nur glückliche Tage«, sage ich zu ihr. »Und ich hoffe, ich sehe dich in Florida, wenn es das Schicksal so will.«

Ihr Sohn übersetzt für sie. »Oh ja«, sagt sie, und ihre Miene wird heller. »Schicksal! Ich hoffe! Ja!«

Ich mache mich daran, meine letzten Sachen zusammenzupacken, während sie den Flur hinunter entschwinden. Als sie außer Hörweite sind, wende ich mich an Larry.

»Wie lautet also das Urteil? Heiratest du sie?«

Larry ist munterer, als ich ihn auf der ganzen Reise erlebt habe, fast schon übermütig. Wobei ich das Gefühl habe, dass er nicht nur seine neu erblühte Gesundheit genießt. Es ist auch sein Sieg über mich. Er hat gewonnen. Er hat mir nicht gegeben, was ich wollte, und sein Sieg schenkt ihm Kraft.

»Meine Muskeln fühlen sich so schlaff an wie die von einem Kobe-Rind«, erklärt er mir. »Hast du je ein Kobe-Steak gegessen? Die Viecher werden täglich zwölf Stunden massiert und trinken nur Bier. Es geht doch nichts über ein gutes, altmodisches, amerikanisches Stück Rindfleisch. Ich freue mich schon drauf. Gott sei Dank bin ich bald wieder zu Hause.«

»Die kommen aus Asien«, sage ich.

»Tun sie das?«, fragt er und dehnt fröhlich die Rückenmuskeln.

Ich spüre die Spannung, auch wenn er es selbst nicht tut. Ich betrachte seine so untypische Lebhaftigkeit mit einem gewissen Abstand. »Du wirkst ausgeruht«, sage ich.

»Ach ja?«, sagt er. »Das bin ich allerdings nicht. Mary und

ich haben letzte Nacht endlich etwas Besseres zu tun gehabt als zu schlafen.«

Ich ignoriere seinen lüsternen Blick. Das ist Mona Lisa im Clubhaus mit ihren Kumpeln, nach einer entspannten Runde Golf.

»Meinen Glückwunsch«, sage ich.

»Ich denke also«, sagt er, »egal, wie es von hier an weitergeht, es hat sich für mich ausgezahlt.«

»Ja?«

»Ich bin aus zwei Gründen hergekommen: Weil ich sehen wollte, ob es mit Mary klappt, und weil ich eine Niere brauchte, und selbst wenn es jetzt mit Mary nichts werden sollte, habe ich die halbe Miete doch drin. Wobei, unter uns gesagt, es ist die bessere, mit fünfundachtzig Prozent Rabatt, fünfzehn Cent pro Dollar. Das ist nicht schlecht für meinen ersten Besuch hier.«

»Das klingt ja fast so, als wolltest du noch öfter herkommen.«

»Man weiß nie, Dan. Vielleicht entscheide ich mich ja, den Rest meiner Tage hier zu verbringen. Meine Pennys halten hier viel länger als zu Hause ...«

»Kein schlechter Plan«, sage ich.

»Und mein Blutdruck geht immer noch weiter herunter, vielleicht trifft mich der Schlag also doch nicht. Außerdem: Ich werde Bentley fahren.«

Er macht eine Pause und zerbeißt mit seinen kranken Zähnen triumphierend die Bonbons, die er aus verschiedenen Schwesternzimmern geklaut hat. Ich packe meine Toilettensachen ein und lasse Larry die schwarzgoldene Jarmulke da. Mir ist bewusst, dass dies die letzten Augenblicke sind, während derer ich einen gewissen erdigen Geruch einatme. Alles ist gepackt, nur mein Laptop steht noch da, und gerade als ich ihn ausstellen will, macht es wieder KLOPF-KLOPF-KLOPF – es ist die Brut von *candeyblossoms.com.* Die Damen werden auf meine Antwort verzichten müssen, auf ewig. Ich schalte den Computer aus und mache meine Tasche zu.

»Und Mary?«, frage ich.

»Ich habe eingehend mit ihr über ihre Betrügereien gesprochen. Mit klaren Worten, ohne um den heißen Brei herumzureden. Ich bin sehr streng mit ihr.«

»Gut.«

»Ich habe ihr gesagt, dass sich ab sofort einiges ändern muss. Weil ich sie immer noch bei irgendwelchen Lügen erwische, großen und kleinen. Das Lügen scheint ihr im Blut zu liegen, was mich misstrauisch macht.«

»Das ist verständlich.«

»Ich habe ihr klargemacht, wenn ich gewillt bin, den nächsten Schritt zu gehen und ihre Ausbildung zu finanzieren …«

»Larry …«

»… dass ich dann auf einem Ehevertrag bestehe.«

»Langsam wirst du vernünftig.«

»So dass sie vor Jahresfrist nicht an ihre Hälfte meines Besitzes kommt …«

»Larry, setze die Frist auf fünf Jahre hoch! Auf zehn Jahre! Es soll schließlich eine langfristige Beziehung werden.«

»Ich will nachsichtig mit ihr sein …«

»Ich schwöre, Larry, auf deine Weise bist du weit weniger nachtragend als ich.«

»Ich will einfach nicht die Tür zuschlagen. Vielleicht hat sie ihre Gründe, zu tun, was sie tut.«

»Die haben die Leute immer.«

»So ist es! Wer weiß, vielleicht wird sie unter meiner Anleitung ja zu einer ehrlichen Haut. In dem Fall bin ich absolut bereit, sie zu heiraten und zu meiner Frau zu machen. Wenn ich allerdings denke, sie behandelt mich wie den Dorftrottel, treibt sie tot im Wasser.«

»Das meinst du hoffentlich nicht wörtlich.«

»Wahrscheinlich nicht, auf jeden Fall werde ich meine Verluste dann abschreiben und weiterziehen.«

»Das höre ich gerne.«

»Du kannst nicht ewig auf einer verlorenen Sache herumreiten wie auf einem toten Pferd.«

»Ich bin froh, dass du das sagst, Larry, so chinesisch es klingt.«

»Du willst es chinesisch? ›Sei tugendhaft, aber brüste dich nicht damit, und wohin immer du kommst, wird man dich lieben.‹«

»Was, zitierst du jetzt Konfuzius?«

»Ich halte nur die Ohren offen. Kurz gesagt: Wer sind wir, um zu beurteilen, ob sie der wahre Jakob ist oder nicht? Ich weiß nur sicher, dass sie eine Menge Energie darauf verwendet, mir zu gefallen, und wenn sie das auch weiter so macht, bin ich am Ende rundum glücklich. Klingt das vernünftig?«

»Hört sich Larry-logisch an.«

»Danke«, sagt er. »Ich denke, es ist, wie mein Vater immer gesagt hat: ›Was gut für die Gans ist, ist auch gut für den Ganter.‹«

»Larry«, sage ich, als der Kühlschrank röchelnd einen weiteren Tod stirbt. »Hast du gemerkt, was du da gerade getan hast? Du hast deinen Vater zitiert.«

»Ich weiß. Ich bin sprachlos.«

Doch die Sprachlosigkeit hält nicht lange an. Er nimmt den tragbaren Ventilator vom Tisch und drückt sich das Gitter gegen die Lippen. *»Du versüßt mir den Tag, Dan«,* sagt er und stellt ihn wieder ab.

»Nichts zu danken. Soll ich also einen Rollstuhl für dich am Flughafen bestellen?«

»Als wenn ich je einen Rollstuhl annehmen würde! Dan, denk an all die Geschichten, die du zu erzählen hast, wenn du nach Hause kommst: Wie interessant wäre ich, wenn ich alles täte, worum du mich bittest? Wer würde etwas über mich hören wollen, wenn ich einer wäre, der sich in einen Rollstuhl setzen ließe?«

»Du machst das alles also tatsächlich nur für mich, wie schon die ganze Zeit.«

»Das ließe sich durchaus so sagen, ja. Jetzt tu nicht so, als wenn du nichts von dieser Sache hättest. Vergiss das nicht.«

»Und was sollte das sein?«, frage ich.

»Dieses Mal haben dir keine chinesischen Soldaten Rauchringe ins Gesicht geblasen.«

Wir lächeln uns schwach an. Aber mehr geben und bekommen wir nicht.

»Willst du das Neueste von meiner letzten Klage hören? Hat nichts mit Kaviar zu tun.«

»Nein danke.«

»Dachte ich's mir doch.«

Bis dann. Bis dann. Wir schütteln uns die Hände. Eine Umarmung kommt nicht in Frage: Ich bin schon reichlich umarmt worden.

»Besorg dem Goldfisch bitte ein größeres Glas, ja?«, sage ich.

»Okay. Und du sieh nach rechts und links, wenn du über die Straße gehst.«

Dann bin ich aus der Tür, fahre mit dem Aufzug nach unten und durchquere die stille Halle mit ein paar Patienten in schmuddeligen Yankee-Trikots. Ich werde diesen Riesenpilz der Hoffnung und des Grauens vermissen, den glitzernden Marmorboden und die Teppichböden mit Staubsauger-Kalligrafie. Ich verlasse das Krankenhaus zum letzten Mal, gefolgt von einem Putzmädchen, das den Schmutz meiner Fußabdrücke umgehend wegpoliert, damit nichts von mir bleibt. Kaum bin ich die Stufen zum Bürgersteig hinunter, tuckert Abu auf seinem Roller heran. Er trägt wollene Kinderfäustlinge und zwei Badmintonschläger in einem Beutel über der Schulter, wie Pfeile in einem Köcher. Er ist unglücklich, weil es seinem Vater so schlecht geht, besteht aber darauf, mich zum Bahnhof zu fahren, mit meinem Koffer auf dem Schoß, auf dem Weg zurück nach Peking.

»Komm mich in Amerika besuchen«, sage ich, als er mich am Bahnhof absetzt. »Dann spielen wir bei mir im Garten Badminton.«

»Oder du kommst nach Pakistan«, sagt er, »und machst erstklassig Urlaub.«

Nun, das ist vielleicht nicht der erste Ort, den ich mir im Moment für einen erstklassigen Urlaub aussuchen würde, aber wer weiß? Wir schütteln uns zum Abschied die Hände. Als ich schon im Bahnhof bin, wird mir bewusst, dass er seine Handschuhe dabei anbehalten hat. Diese kleine Geste, dieser Mangel an Hautkontakt, sagt mir, dass wir vielleicht doch keine richtigen Freunde sind. Larry hat seine Niere vor Abus Dad bekommen, und es gibt auch politische Differenzen. Wenn sich Amerika im Krieg mit Pakistan wiederfände, würde Abu gerade lange genug warten, um ein Gebet sprechen zu können, bevor er mir die Kehle durchschneidet. Ich mag ja selbst nach allem, was hier passiert ist, immer noch ein Sunnyboy sein, dumm bin ich nicht.

Was bin ich schon.

Kapitel 20

Die Kunst des Krieges

Erst wenn die kalte Jahreszeit kommt, sehen wir, dass Kiefern und Zypressen immergrüne Bäume sind.

Oh du mein schönes Zuhause. Es tut gut, wieder so viele westliche Gesichter zu sehen, so viele lesbare Schilder. Obwohl ich noch nicht wieder in Amerika bin, sondern erst in Peking, das mir nach sieben Wochen Shi fast schon wie Zuhause vorkommt. Plötzlich denke ich voller Nostalgie an die schmuddelige alte Massagezentrale mit ihren übermalten Taxis und kreischenden Fahrrädern. Bis zum Abendessen mit Jade, nach dem ich mich zum Flughafen begeben werde, habe ich ein paar freie Stunden und beschließe, dem Dach meines alten Luxushotels einen Besuch abzustatten. Der Ausblick von da oben ist toll, auf mein Leben, wenn nicht auf die Stadt. Anschließend mache ich Alfred meine Aufwartung, dem fliegetragenden Dekan vom Sabbat-Gottesdienst, der sagte, wir sollten in Verbindung bleiben. In der Rotunde des Fremdspracheninstituts begrüßen wir uns wie alte Freunde, aber als ich anfangen will, ihm zu erzählen, was alles geschehen ist, legt er einen Finger auf den Mund und führt mich in die Cafeteria des Instituts, um dort einen kleinen Imbiss einzunehmen. Erst da, umgeben vom Gewimmel der anderen Gäste, nimmt er das Gespräch wieder auf und erzählt mir, dass sie jeden Freitagabend seit meiner Abreise aus Peking für Larry gebetet haben – eine Misheberah, ein Gebet für alle, die Heilung brauchen.

»Wirklich?«, sage ich und schiebe mein Plastiktablett die Ausgabetheke entlang. »Ich bin gerührt. Das war mir nicht bewusst.«

»Wenn ich so offen sein darf, Daniel«, sagt er und schaufelt sich mit einem übergroßen Eiscremelöffel einen guten Klumpen Kartoffelsalat auf den Teller, »wage ich zu sagen, dass es viele Dinge gibt, derer Sie sich nicht bewusst sind.«

Ich will wissen, wie er das meint.

»Es ist alles wieder in Ordnung, die Sache hat sich beruhigt«, erklärt er mir. »Wir hatten hier allerdings ein paar beängstigende Tage.«

Jetzt will ich erst recht wissen, wie er das meint.

»Daniel«, sagt er, »Sie sind ein einigermaßen attraktiver Mann.«

»Okay«, sage ich verblüfft.

»Wobei ich das als vierundsechzigjähriger Mann sage«, fährt er fort, »und nicht als vierundzwanzigjährige Frau. Halten Sie sich ernsthaft für so unwiderstehlich, dass sich junge chinesische Frauen um das Vergnügen drängen, Sie herumführen zu können?«

»Ich bin nicht ganz sicher, ob ich Sie verstehe«, sage ich, aber noch während die Worte meinen Mund verlassen, spüre ich ein Überbleibsel meines Krampfes in Larrys Zimmer, ein Rinnsal, das Echo von etwas, das ich die letzten beiden Monate über schlummernd in meiner Muskulatur verborgen gehalten habe.

»Vielleicht verstehen Sie mehr, als Sie denken«, sagt Alfred und nimmt sich ein Schüsselchen purpurnen Wackelpudding.

»Wie meinen Sie das?«

Es entsteht eine Pause, als er an der Kasse bezahlt. »Sie haben in den letzten beiden Monaten ziemliches Glück gehabt«, sagt er.

»Ich habe irrsinniges Glück gehabt und bin äußerst dankbar

dafür. Und?« Ich folge ihm in den hinteren Teil der halbvollen Cafeteria. »Wollen Sie vielleicht sagen, dass ich mehr Glück hatte, als mir bewusst ist?«

Auf dem Weg zu unserem Tisch hinüber wird das Echo in mir zu Hitze, und ich muss mir unbedingt die Brust kratzen, aber das geht nicht, weil ich das Tablett in Händen halte. Plötzlich wird mir sehr unwohl.

»Worüber reden wir hier?«, wiederhole ich noch einmal, als wir unseren Tisch erreichen.

Alfred schweigt, zieht einen Stuhl unter dem Tisch hervor und setzt sich. Dann sucht er in der Aktentasche zu seinen Füßen herum. »Lesen Sie keine Zeitung, Daniel? Wissen Sie nicht, dass es fast jeden Tag neue Berichte über die ausufernde Überwachung in diesem Land gibt?«

Meine Knie jucken wie verrückt. Ich komme mir vor wie ein Affe, der sich überall kratzen will.

»Sehen Sie hier«, sagt Alfred und holt ein paar Zeitungen hervor. »Erst heute Morgen kam wieder ein Bericht, dass über die Hälfte der ausländischen Journalisten in China bespitzelt wird oder schon mal festgenommen wurde. Verstehen Sie mich nicht falsch, es war immer schon schlimm, aber seit die Welt ihren Blick wegen der Olympischen Spiele auf China richtet, wird die Sache, sagen wir, allumfassend.«

»Okay, okay, ich verstehe«, sage ich und bin doch nicht sicher, was ich verstehe. Ich bin zu sehr damit beschäftigt, gegen das Jucken anzukratzen, das die unwahrscheinlichsten Stellen befällt: meine Augenbrauen, meine Achseln.

»Sie sind ein amerikanischer Schriftsteller, der hier auf eigene Faust herumstöbert. Natürlich wollen die da wissen, was Sie vorhaben. Nicht, dass Sie nicht auch persönlich interessant und attraktiv wären, aber ich meine, kommen Sie, Daniel: vierundzwanzig?«

»Ich tue mein Bestes, um Sie misszuverstehen«, sage ich und

begreife sofort, dass ich mich versprochen habe. Jetzt juckt mir der Rücken ganz tief unten.

»Nehmen Sie es nicht so schwer«, sagt er und mustert mein Gesicht. »Es ist Teil der Kultur hier, eine Tradition tief strategischen Denkens, die so alt ist wie das Land selbst. In ihrem alten Buch *Die Kunst des Krieges* aus dem sechsten Jahrhundert schreiben sie von der Wichtigkeit, Spione im feindlichen Lager unterzubringen, um herauszufinden, was der Gegner im Schilde führt. China ist ein Land, das die Spitzelei sehr ernst nimmt.«

Ich weiß das alles und bin doch eine einzige lächerliche Ansammlung verschiedenster Symptome. Es juckt mich überall, ich muss husten, mich räuspern und fühle mich verwirrt und erschrocken.

»Jetzt kommen Sie sich vor wie ein Idiot«, sagt Alfred und liest meine Gedanken. »Aber sehen Sie, als ich hier ins Institut kam, hat es mich erstaunt zu erfahren, dass mehr als zweihundert Lehrer freiwillig die E-Mails ihrer Kollegen an der Fakultät gelesen hatten. Es war ein Privileg für sie, sich gegenseitig für ihr geliebtes Vaterland ausspionieren zu dürfen. Auch heute noch schätze ich, dass ungefähr ein Drittel meiner Mitarbeiter zur Staatssicherheit gehört.«

Ich bin ein Affenidiot, der mit dem Kratzen nicht nachkommt. Das Wort »Spitzel«, ich hasse den Klang ...

»Ist Ihnen, wenn ich Sie das fragen darf, als Ihnen Ihre Frühstückskellnerin anbot, Sie herumzuführen, und zwar ganz umsonst, wirklich nie der Gedanke gekommen ...«

Nein, denke ich, und genauso klar: *Ja*. Natürlich. In gewisser Weise wusste ich es die ganze Zeit, wollte es aber nicht zugeben. Jade näherte sich mir, kurz nachdem ich Yuh-vonne abgewiesen hatte. Die Mächte hinter den Kulissen verfeinerten ihre Instrumente und suchten für den zweiten Anlauf jemanden aus, der besser zu mir passte. Deshalb ließ ihre Vorgesetzte sie an jenem ersten Morgen beim Frühstück mit mir in Ruhe und verschwand sich verbeugend im Hintergrund. Es passt alles zusammen. Wie leidenschaftlich sie über Tibet und Taiwan redete, als sie etwas getrunken hatte. Ihr Vater arbeitet in der Regierung – natürlich! Sie studiert auswärtige Beziehungen – aber ja! Sie hat mir nie auch nur eine Frage über meine Arbeit gestellt, kein Zweifel, dass sie bestens Bescheid wusste. Meine Gedanken überschlagen sich, um sich selbst einzuholen. Oh mein Gott! Sie war also vielmehr ein Mitglied des Mao-Kults als des Larry-Kults? Sie arbeitete als Spitzel für jemand anderen, bevor ich sie für mich rekrutierte? Und das Schlimmste: Bedeutet das, dass Larry und ich ihr letztlich egal waren? Dass sie uns nur …

»Das bedeutet nun nicht, dass sie ein schlechter Mensch ist«, sagt Alfred und greift nach der Zuckerdose. »Also, diese Lehrer, die freiwillig Spitzeldienste ausführten. Einige von denen waren liebenswerte Leute, ja, sie gehörten zu den liebenswertesten überhaupt! Aus ihrer Sicht war es Patriotismus, Daniel. Halten Sie Ihre Freundin Jade als Idealistin im Gedächtnis, wenn es Ihnen hilft …«

Ich bin völlig geschafft, sprachlos, überwältigt. Seit ewigen Zeiten habe ich mich nicht mehr so gefühlt. Es ist, als wäre ein Teil meines Kopfes offen den Elementen ausgesetzt. Hinten unter der Schädeldecke pulsiert es.

»Oh, ihr Träumer«, lacht Alfred über den Ausdruck, den ich auf dem Gesicht tragen muss. »Deshalb lieben wir euch so: Eure Eitelkeit macht euch so anfällig! Aber machen Sie sich keine Sorgen, Sie müssen ihr wirklich etwas bedeutet haben, sonst hätte sie Alarm geschlagen und allen möglichen Schaden angerichtet. Womöglich hätten sie das Krankenhaus zugemacht und Dr. X die Lizenz entzogen. Sie muss Sie beide in ihr Herz geschlossen haben und zu dem Urteil gekommen sein, dass das, was Sie vorhatten, dem Staat keinerlei Schaden zufügen würde. Auf die Gefahr hin, dass ich Sie ein weiteres Mal aus der Fassung bringe ...«

»Was?«, sage ich.

»Kommen Sie, Sie sind ganz offensichtlich mehr als nur überrascht, Daniel, das steht Ihnen ins Gesicht geschrieben. Ich hoffe, Sie versuchen nie, Ihren Lebensunterhalt als Pokerspieler zu verdienen.«

»Äh ...«

»Wie auch immer, halten Sie sich fest: Es kann gut sein, dass Jade Ihnen bei Ihrer Suche nach einer Niere geholfen hat, den Weg hinter den Kulissen zu ebnen und einige Unterschriften von höherer Ebene zu bekommen. Sie hat über sie gewacht wie eine gute Spitzelfee.«

Unsere gute Spitzelfee ...

Damn dim bulb!, verdammt trübe Funzel, ist alles, was ich zu denken vermag. Ich bin die ganze Zeit wie ein Idiot durchs Dunkel getappt.

»Aber woher wissen Sie ...? Ich meine ...«

»Oh, sagen wir einfach, ein paar von uns haben ein Interesse an Ihrem Vorhaben entwickelt«, sagt er und lächelt mich auf seine komplizierte Weise an.

»Ein offizielles Interesse?«

»Das kann ich Ihnen nicht sagen«, antwortet er und setzt eine unschuldige Miene auf, während er das Ende seines Zuckertütchens abbeißt und sich das Papier von der Zunge pflückt. »Natürlich ist das alles zum Teil Spekulation, mit wenig hieb- und stichfesten Beweisen. Wenn Sie sich jedoch die Handelnden vor Augen rufen, mit denen Sie zu tun hatten, werden Sie mir zustimmen müssen, dass da alles dem klassischen Szenario entspricht, auf beiden Seiten.«

Cherry?, denke ich. Oh mein Gott, Cherry war in *unserem* Team? Und Queen Latifah, dieser Hans Dampf? Hatte die ebenfalls ihre Rolle in dem Stück?

Ich spüre, wie ich nach dem einen lange, das ich sicher wissen muss. »Aber die Niere ist in Ordnung, oder?«

Alfred lacht wieder, und sein Lachen lässt mich an Larrys zerbrochene Teetassen denken. »Das wissen Sie besser als ich«, sagt Alfred. »Solange Larry seine Antiabstoß-Medikamente nimmt, sollte meinen Informationen nach alles gut gehen.«

»Sie haben sie also nicht verwanzt oder so?«

»Was, damit die Chinesen auf dem Laufenden bleiben, was seine Erfindungen angeht?«

Sein Lachen klingt nicht unfreundlich.

»Und Sie sind sicher, es war ein Mörder, ja? Der Spender?«, frage ich. »Nicht einer von den Sektenleuten, die der Staat zu Gesetzlosen erklärt hat?«

Alfred bedeutet mir mit verschiedenen Bewegungen, dass sich unser Imbiss seinem Ende nähert. »Fangen wir erst gar nicht davon an, okay? Tatsächlich können wir dazu nichts Sicheres sagen. Ich bezweifle auch, dass Dr. X das sicher wissen kann. Ich meine, in seiner Weisheit hat China im letzten Jahr, als es noch öffentlich gemacht wurde, zehntausend Gefangene getötet, wobei das Urteil immer sehr schnell vollstreckt wurde. Heute ist die Zahl ein offizielles Staatsgeheimnis, das pflichteifrig gehütet wird.«

Alfred studiert mein Gesicht.

»Hören Sie, wir wissen *nichts* sicher! Wir können nicht einmal sicher sein, was Jade angeht. Vielleicht ist sie tatsächlich nur eine kleine unschuldige Bedienung, und wir hyperventilieren völlig ohne Grund. Was immer es an Indizien für das Gegenteil geben mag, lassen Sie uns annehmen, dass der Spender tatsächlich ein Mörder war, wie sie behaupten. Im Übrigen kommt es darauf an, dass Sie getan haben, was Sie tun mussten. Stellen Sie das nie in Frage. Haben Sie sich vorgedrängt? Ja, das haben Sie. Aber wie Ihnen aufgefallen sein wird, hat das geordnete Schlangestehen in diesem Land nicht unbedingt den größten Stellenwert. Hier heißt es nicht, wer zuerst kommt, sondern, wer behält am Ende den Kopf oben. Sie, Daniel, haben sich durchgesetzt und getan, weswegen Sie hergekommen sind. Es bringt nichts, nachträglich darüber ins Grübeln zu geraten: *Sie haben Ihrem Cousin das Leben gerettet.*«

»Er ist nicht mal mein richtiger Cousin«, sage ich.

»Dann sind Sie eben nicht der Retter Ihres Cousins«, sagt er, ohne zu zögern, »sondern eines anderen – was an der Sache nichts ändert.«

Ich hole Luft und habe das Gefühl, es ist der erste richtige Atemzug, seit ich die Cafeteria betreten habe. Alfred legt seine Hand auf meine und tatschelt sie tröstend.

»Darf ich Ihnen trotzdem einen Rat geben, der mit meinen Erfahrungen mit Fällen wie dem Ihren zu tun hat? Erwarten Sie keinen Applaus, wenn Sie nach Hause kommen. Es wird eine Menge Leute ärgern, dass Sie mit Ihrem Unternehmen erfolgreich waren. Einzelne Verwandte mag es wurmen, dass Sie etwas getan haben, um Ihrem Cousin zu helfen, während Sie selbst untätig geblieben sind. Und was die Ärzteschaft angeht, da werden einige ebenfalls nicht gerade voll des Lobes darüber sein, dass Sie die Dinge in die eigene Hand genommen haben. Manch einer wird Sie zum gewissenlosen amerikanischen Vampir erklären – all diese Fundamentalisten, die völlig an der Sache vorbeireden. Sie kennen doch den Ausdruck ›Keine gute Tat bleibt ungestraft‹? In diesem Teil der Welt gibt es einen noch zutreffenderen Ausspruch: ›Der gefangene Büffel hasst den freien Büffel.‹ Rechnen Sie also nicht unbedingt mit einer Konfettiparade.«

»Ich weiß«, gebe ich zu. »Sogar Larry nimmt es mir irgendwie übel.«

»Bei uns in Baltimore gibt es einen Witz: ›Warum bist du wütend auf mich? Womit habe ich dir geholfen?‹«

Ich versuche, mir ein Lächeln abzuringen, ohne Erfolg.

»Was die anderen betrifft, die mit Ihrer Vorgehensweise nicht einverstanden sind: Die spielen schlicht ein anderes Spiel«, sagt Alfred. »Die wollen alles vernünftig, Schritt für Schritt, und Sie kommen hier angerauscht und sagen: ›Universum, hier bin ich.‹ Die wollen Schach spielen, und Sie spielen Go.«

»Tut mir leid, dazu kann ich im Moment nichts sagen«, seufze ich und schüttele den Kopf. »Ich bin wohl etwas missorientiert.«

»Auf einen einfachen Nenner gebracht«, sagt Alfred, tätschelt meine Hand ein letztes Mal und macht Anstalten aufzustehen, »diese ganzen Beckmessereien, ob wir nun das Recht haben, uns ein Organ zu nehmen, oder nicht, selbst von einem Mörder, sind ein sentimentaler Luxus, den wir uns nicht leisten können. Ich will das nicht unbedingt vertiefen, weil es offen gesagt niemanden etwas angeht, aber ich habe vor langer Zeit in den Staaten eine Nichte an einen Mörder verloren und hätte dem Kerl mit bloßen Händen den Brustkorb geöffnet und das Herz herausgerissen, wenn das meine Nichte wieder zurückgeholt hätte.«

Seine Rede hat ihn leicht außer Atem gebracht. Er sammelt sich. »Entschuldigung«, sagt er, »ich will nur sagen, dass meine Qual damals einiges für mich geklärt hat. Wenn wir die Möglichkeit haben, gute Organe, auch von schlechten Menschen, zu nehmen, ist es eine Sünde, es nicht zu tun. Alles andere lohnt die Debatte nicht.«

Er greift nach seinem Tablett. »Alles in Ordnung?«, fragt er. »Das Zweitletzte, was ich Ihnen noch sagen will, und dann dürfen Sie gehen: Lassen Sie sich von dieser Erfahrung nicht verunsichern, fühlen Sie sich nicht beschmutzt. Das ist das Leben ...«

»Und das Letzte?«, frage ich.

»Vergessen Sie nicht, den Tisch abzuräumen.«

Ich träume einen alten Traum. Ich kann fliegen. Schon als Kind habe ich das geträumt, vor allem, wenn ich besonders glücklich war. Dann verschwand der Traum langsam, aber jetzt wird mir bewusst, dass ich ihn während der letzten Woche wohl gleich mehrmals wieder geträumt habe. Meine Arme sind wie Flügel, und ich habe genau die ausreichende Menge Kraft, um mich in die Lüfte zu erheben, schwerfällig zunächst, dann höher und höher, und so steige ich auf und durchfliege Räume, zu denen ich sonst nur aufsehe. In meinen Träumen der letzten Woche habe ich Larry angeboten, ihn mitzunehmen, Mary auch, aber sie wollten nicht, und so fliege ich ganz allein, sause hoch zu den Sternen des Nachthimmels …

Als ich Alfred im Licht des späten Nachmittags verlasse, will ich nicht, dass der Traum wieder verschwindet. Ich will direkt zum Flughafen, in mein Flugzeug steigen und nach Hause fliegen, ohne Jade zu sehen, mit intaktem Traum. Doch dann wird mir bewusst, dass ich sie sehen muss. Ich kann nicht nach Hause zurückkehren, ohne sie ein letztes Mal zu treffen.

Ich rufe sie an, und Jade erklärt mir, dass ihr Vater krank geworden ist, nur ein »Mitteldrücken«, nichts Ernstes. Es tut ihr sehr leid, aber sie muss gleich nach dem Essen mit dem Zug nach Hause. Es ist ein ganzes Stück bis dorthin, und sie kann mich nicht zum Flughafen bringen.

Kein Problem. Essen wir also nur zusammen. Gut.

Dann sitze ich im Taxi und fahre zu ihr. Fühle ich mich beschmutzt? Nein, nicht beschmutzt, sondern gewichtiger, tiefgründiger. Nicht kompromittiert, sondern komplexer. Als wären meiner Seele zusätzliche Schichten hinzugefügt worden und ich hätte nicht allein zusätzliche Altersflecken davongetragen. Ich empfinde viele Dinge: Ich bin voller Freude, endlich zurück nach Hause zu kommen und Frau und Kinder wiedersehen zu können, gleichzeitig aber auch besorgt, meinen Kritikern gegenübertreten zu müssen. Alles das, ja – aber vor allem spüre ich im Moment das stickige Herbstzwielicht auf der Haut und bin hin- und hergerissen, was Jade betrifft. Ich weiß nicht, wie mir angesichts meines neuen Wissens über ihre wohltätige Rolle ihre länglichen Nasenlöcher und die Bläschen zwischen den Zähnen vorkommen werden. Aber das finde ich nur heraus, wenn ich sie treffe.

Wir haben uns im besten Enten-Restaurant Pekings verabredet. Ich bin fast zu müde, um im Taxi die Augen offen zu halten. Seit Sonnenaufgang bin ich auf den Beinen und habe noch einen elend langen Flug vor mir. Zudem hab ich an dem Wissen zu kauen, das Alfred gerade auf mir abgeladen hat, und bin nervös, weil mir meine Verabredung mit Jade so vorkommt, als träfe ich sie gleichzeitig zum ersten und zum letzten Mal. Ganz neu werde ich sie sehen, und dann wahrscheinlich nie wieder. Wirklich nie wieder? Ich hasse Trennungen mehr als alles auf dieser Welt.

Und dann ist sie da. Sie steht vor dem Restaurant. Eine winzige Person. Warum sind die großen, wichtigen Personen im Leben immer so viel kleiner, als sie sein sollten? Ich weiß noch, wie ich als junger Mann am Strand mal eine Reihe Situps gemacht habe. Als ich hinterher den Abdruck meines Rückens im Sand betrachtete, war der so klein. Das war *ich*? All meine Tölpelhaftigkeit, mein Leben und Streben, das war nicht mehr als diese kleine Kuhle im Sand? In gleicher Weise erweist sich Jade nur als Jade: eine kleine, einsame Gestalt auf einem schmutzigen Bürgersteig, die bedeutungsschwer einen ihrer Daumennägel untersucht und fast verschluckt wird vom bunten Strom der Menschen um sie herum.

Ich sehe sie, bevor sie mich sieht. Dann, als mein Taxi an den Bordstein rollt, strahlt sie vor Freude, hüpft zu meiner Tür, eins, zwei, drei, und reißt sie auf.

Dann hört sie auf zu hüpfen. Sie scheint es sofort zu wissen, mit einem einzigen Blick zu spüren. Mit instinktiver Finesse liest sie die Haltung meiner Schultern, den Winkel meines Kinns. Sie hört den Ton in meiner Stimme, als ich dem Taxifahrer danke. Es schmerzt mich, sie so bestürzt zu sehen.

»Sie fühlen sich nur so-so?«, fragt sie und meidet meinen Blick.

»Nur so-so«, antworte ich.

Sie hütet sich zu fragen, warum. Ungewohnt still gehen wir ins Restaurant und nehmen an unserem Tisch Platz. Die Vornehmheit des Lokals macht Jade noch kleinlauter: Es gibt sechs verschiedene Löffelgrößen und eine ganze Flut von Gläsern. »So viele Fenster«, sagt Jade und meint die Gläser. Mit dem Fingernagel klickt sie gegen die drei, die an ihrem Platz stehen. In dem Versuch, die Situation aufzulockern, nimmt sie eines in die Hand, hält es sich vors Gesicht und sieht mich dadurch an. »Sie können mich durchschauen?«, fragt sie.

»Warum sollte ich das wollen?«, frage ich.

Das ist grausam. Und grausam ist das Letzte, was ich sein will. Meine Worte machen sie sprachlos, und sie erleidet das chinesische Äquivalent des Rotwerdens: Statt die Farbe zu wechseln, wirkt sie wie versteinert. Es kann einem fast Angst einjagen, dieses sonst so lebhafte Gesicht eine halbe Minute völlig reglos zu sehen.

Ihre niedergeschlagenen Augen weichen meinem Blick aus, während sie ein Gespräch anzufangen versucht. »Wie geht es Larry?«

»Der Niere geht's bestens, für den Rest kann ich mich nicht verbürgen.«

Ist das Schuld, was ich da in Jades Gesicht sehe? Aber warum? Sie hat getan, was sie tun musste, und noch einiges mehr, und damit womöglich Larrys Leben gerettet. So sitzen wir da, Jade und ich, jeder aufgewühlt von seiner eigenen unausgesprochenen Schuld. Beide haben wir getan, was wir tun mussten, und würden es wieder tun. Aber wir müssen dafür zahlen.

»Und Ihr Vater, wie geht es ihm?«, frage ich.

»Dieses Mitteldrücken kommt jeden Herbst«, sagt Jade. »Sie hat dieses Brennen, deshalb ich bin sicher, sie ist nicht schlimm, aber ich besuche sie.«

Ich sehe sie an, meine geliebte Doppelagentin, meine Mitverschwörerin auf der anderen Seite des tiefen Grabens.

»Er«, verbessere ich sie.

»Er«, sagt sie.

Beide ohne ein Lächeln.

Wir bestellen. Wie gewöhnlich kommen die Speisen in zufälliger Reihenfolge: erst Schüsseln mit Reis, dann Tassen mit Crème brûlée, unser Nachtisch. Endlich kommt auch die Ente. Wir sehen zu, wie sie zerteilt wird.

»Sie fühlen leckerer mit Stäbchen«, sagt Jade und pflückt geschickt ein paar Stückchen. Ich glaube, sie meint, dass man mit ihnen langsamer isst und die einzelnen Bissen mehr genießt.

Wir essen beide langsam. Wir wollen nicht, dass das Essen endet, gleichzeitig aber auch, dass es so schnell wie möglich vorübergeht.

»Ich habe ganz ähnliche Enten bei mir zu Hause«, sage ich. »Auf meinem Teich.«

Ich bin es gewohnt, dass ihre Augen leer sind und die Gefühle auf andere Weise sichtbar werden, nicht in den Augen selbst. Jetzt füllen sie sich mit Tränen. Eine fällt in ihre Crème brûlée. »Ich bin das niemals sehen«, sagt sie.

Sie springt auf und geht zur Toilette. Es ist seltsam, sie so bedrückt gehen zu sehen, ohne jedes Hüpfen. Ich schreibe ein Briefchen, das ich ihr in die Handtasche stecke, bevor sie zurückkommt. Wie gefällt Ihnen das jetzt: Gerade erst habe ich mich ausführlich über die plumpen Mantel-und-Degen-Taktiken der Chinesen ereifert, und schon erstürme ich selbst den Gipfel der Unverfrorenheit, indem ich in ihrer Handtasche herumschnüffele! Aber natürlich ist mein besonderer Beweggrund gerecht, was ihn von neunundneunzig Prozent aller übrigen Beweggründe dieser Welt unterscheidet. *Sicher* …

»Nicht reden über Weggehen«, sagt sie bei ihrer Rückkehr. »Wir gehen zu anderem Thema.« Nur gibt es keine anderen Themen. Und dann fängt die Hip-Hop-Band im Alkoven neben der Theke an zu spielen, und wir können uns sowieso nicht mehr verstehen, was die Tatsache nur unterstreicht, dass wir uns nichts zu sagen haben. Der Bass dröhnt derartig, dass ich das Gefühl habe, jemand habe einen Stöpsel in meiner Brust geöffnet und sämtliche Gefühle seien ausgelaufen. Was Platz schafft für neue Gefühle. Ich bin ein Durcheinander widersprüchlicher Empfindungen, von denen jetzt eine an die Oberfläche drängt, mit der ich nicht gerechnet hätte: Bewunderung. Ich kann nicht anders. Himmel, das geht auf meine Kosten: Als die Chinesen Jade und mich zusammengebracht haben, waren sie besser, als *match.com* es je hätte sein können. Und Jade selbst – bravo! Ich war schon beeindruckt, wie gut sie für mich spioniert hat, und das war noch nicht einmal die Hälfte. Was für ein Mädchen! Der Mao-Kult und der Larry-Kult schließen sich gegenseitig so gut wie aus, und doch ist es ihr gelungen, mit beiden zu jonglieren. Ich bin so traurig und stolz wie ein Bär, der von seinem Kleinen gebissen wird: Autsch! Sehr gut! So muss sich ein Vater fühlen, der seine Tochter zum Altar führt. Sie gehört mir nicht mehr und hat mir auch nie wirklich gehört. Ich bin begeistert – und dem Tod ein wenig näher. Was für eine rührselige Kombination! Aber ja, diese Vergleiche bringen uns dem Grab Schritt für Schritt näher.

Als spiegelte er meine Verfassung wider, klingt der Bass wie eine Totenglocke, synkopiert. Er ist voller Energie, aber er ist der Tod.

Es gibt mehr Tränen. Sie spritzen nicht aus ihren Robbenaugen, sondern rinnen stetig hinunter auf die Schellackkruste der Crème brûlée und vermischen sich mit der weichen Masse darunter. »Ich bin traurig für diese Traurigkeit«, sagt sie.

»Kein Grund, sich zu entschuldigen«, sage ich. Ich will sie nicht noch mehr zum Weinen bringen, aber vielleicht tu ich es doch, denn plötzlich scheint es mir perverserweise lebenswichtig, mich ihr vom Platz des Himmlischen Friedens berichten zu hören. Dass es nicht so war, wie ihre Regierung es darstellt, dass sie Tausende niedergemäht haben …

»Ich weiß.« Sie weint. »Ich höre kleinen Vogel davon singen.«

Immer noch stärker bringe ich sie zum Weinen. Es ist wie das Trockenlegen einer Wunde. Mit Maschinengewehren haben sie auf Unschuldige geschossen … sind mit Panzern über Jugendliche gerollt … haben sie ausgeweidet, sie angesteckt … Viele Jahre ist das nun her, doch das hat den Schrecken nicht weniger werden lassen …

Plötzlich bekomme ich Platzangst, genau als Vorspeise und Rechnung gebracht werden. Wir müssen hier raus. Wir können nicht länger bleiben. Im Übrigen geht ihr Zug in weniger als einer Stunde. Ich nehme ihre Hand und bringe sie zu einem Taxi. Der Fahrer steuert langsam durch den Verkehr, als spürte er unsere rastlose, trübsinnige Stimmung. Das Taxi fühlt sich an wie ein Leichenwagen.

»Das keine Spritztour«, sagt sie.

»Nein, mehr eine Beerdigungstour«, sage ich.

Sie sieht mich nicht an. »Wollen mitkommen?«, fragt sie.

»Ich kann nicht«, sage ich. »Meine Familie …«

Ich wende mich ab. Es gibt noch einen Grund, wie ich mir eingestehe. Ich bin Amerikaner. Ich will nicht, dass es mir wie dem Mann vom Foreign Service in der Synagoge geht, der das Gefühl hatte, nirgends mehr herzustammen. Zudem, und das kommt mir fast genauso wichtig vor, zudem muss mein Hut endlich gewaschen werden. Der Schmutz von zwei Monaten hat sich auf ihm angesammelt. Noch etwas mehr, und er wird vielleicht nicht mehr sauber. So sieht es aus.

Aber natürlich liegt der Hauptgrund darin, und das weiß sie so gut wie ich, dass ich dann für immer hier festsäße. Situation nicht bestens, oder nur auf ihre eigene Art, wenn es auch bedeutet, dass wir uns nie wiedersehen werden.

Ich hebe die Hand, die ich immer noch halte, und küsse sie. Nicht einmal, sondern wieder und wieder.

»Sie tun das, weil Sie kalt sind?«, fragt sie, ohne zurückzuweichen.

»Nein«, sage ich und lasse sie los. Ihre Tränen rinnen immer noch, still, ungewollt. Jetzt will ich auf andere Weise pervers sein und sie zum Lachen bringen. »Und was ist mit dir? Weinst du um die Ente, die wir gegessen haben?«, frage ich sie.

»Vielleicht«, sagt sie schniefend und muss lächeln.

»Oder um die Enten zu Hause bei mir?«

»Um alle«, lacht sie durch ihre Tränen.

»Weil ich die zu Hause auch essen kann, wenn du dich dann besser fühlst.«

»Nein, nein, nein!«, lacht sie, schlägt sich mit den Fäusten in den Schoß, weint noch mehr und produziert so viele Bläschen, dass ich sie so schnell gar nicht zählen kann. Sind das die gleichen Bläschen, in die ich mich vor so langer Zeit verliebt habe? Natürlich sind sie es nicht, oh Jammer!, sie produziert ständig neue. Der Gedanke erfüllt mich mit Unbehagen, gleichzeitig aber auch mit Freude. Sie verbraucht sich und schafft sich doch immer wieder neu! Wieder habe ich den komischen Gedanken, dass sie nie sterben darf! Wie kann die Blüte der chinesischen Jugend vergehen, und damit auch der amerikanischen? Wie können wir alle vergehen, überall? Sie darf keinem Depressionismus zum Opfer fallen, keinem Erdbeb, und schon gar nicht dem Tod, wenn er vor der Tür steht.

Kann ich um so etwas bitten, oh Du cooler Gott? Oder ist es so, dass man einfach hofft, was man hoffen kann, je kühner, desto besser?

»Ich weiß, warum ich hergekommen bin«, sage ich. »Wenn ich dich ansehe, so jung, begreife ich es. Larry und ich waren zusammen jung. Jetzt sieht er dem Tod ins Auge, und er ist der Erste in meiner Familie, bei dem es mich wirklich trifft, dass es so ist. Ich konnte ihn nicht so einfach kampflos aufgeben.«

»Ich verstehe das«, sagt Jade.

»Ich musste etwas tun, mich auch nur symbolisch widersetzen. Es war mein Protest, mein kleiner, winziger Sitzstreik, um zu sagen: Du kannst uns nicht so mir nichts, dir nichts holen, wenn es dir gefällt. Wir müssen es schaffen, das Unvermeidliche ein winziges Stück weiter hinauszuschieben ...«

»Ich fähig, das alles verstehen.«

»Das weiß ich. Was immer wahr und falsch ist, das weiß ich.«

»Ich kann.«

»Wir sind beide noch naiv, du und ich. Wobei ich der Naivste von allen bin – zu denken, ich könnte einfach so herkommen, ohne jemanden zu kennen, und eine illegale Niere beschaffen. Zu denken, dass Larry ein goldenes Herz hat, obwohl ich doch die schrecklichen Makel darauf gesehen habe. Diese Art von Naivität ist unverantwortlich, leichtfertig, da haben die ablehnenden Ärzte der Familie Recht! Eigentlich ist sie unentschuldbar! Und doch bewahre ich sie mir. Ich schätze sie ...«

»Ich auch.«

»Die Gefühle für dich ...«

Wir knallen auf das Taxi vor uns. Wir stecken in einer Schlange Taxis, die um einen Platz vorm Bahnhof streiten. Das Gedränge und Geschiebe ist noch schlimmer als vor zwei Monaten, schließlich ist die chinesische Bevölkerung während der letzten sechzig Tage weiter angewachsen. Mit den uralten Zügen kommen immer mehr Menschen vom Land in die Stadt, die noch nie in einer Stadt waren. Lauter verwirrte Landeier mit wilden Frisuren, die noch nie einen Weißen gesehen haben und ganz sicher keinen mit zotteligem Kinnbart und Strohhut, der die Hand einer vierundzwanzigjährigen Chinesin hält und sie zu ihrem Gleis bringt.

»Wie heißt du?«, rufe ich und ziehe sie durch das Gewühl.

»Du kennst meine Name.«

»Nein, wie ist dein *richtiger* Name?«

Sie sagt es mir. Ich muss ihn für sie wiederholen. »Dsching-hwua.«

»Dsching-hwua«, sage ich.

»Dschiiing, dschiiing«, hilft sie mir.

Ich ziehe die Lippen zurück. *»Dschiiing.«*

»Hwua!«

Es muss aus der Kehle kommen, unten von den Mandeln. Der Klang ist ungewohnt, fast obszön, als küsste ich das Innere einer Blume oder versuchte einem Kolibri die Zunge herauszustrecken. Kein Wunder, dass sie immer nasse Zähne hat. Es ist wie ein Zungenkuss unter einer Sonnendusche. Ich grabe den Klang mit meinem Atem aus und trage ihn vor. Ihren Klang, den Klang dessen, der sie ist. *»Dschiiing-hwua!«*

»Aufgeben!«, ruft sie.

Das Landvolk starrt uns nasebohrend an und bringt den Menschenfluss zum Stocken. Ihr Zug fährt gleich ab. Wir drängen und schieben, bis wir endlich ihr Gleis erreichen.

»Ich muss mir noch etwas von der Seele reden«, sage ich, als wir uns ihrem Zug nähern, der dampft wie ein altes Arbeitspferd. »Ich möchte nicht, aber ich habe das Gefühl, ich muss.«

Sie sieht mich ängstlich an.

»Ich bin schon ein paarmal um die Welt herumgekommen. Ich habe schon vieles gesehen, aber du …«

Unsere Hände werden voneinander getrennt, als sich das Landvolk dazwischendrängt. Wie benommen schiebt es sich zwischen uns hindurch. Das ist die alterslose, geschundene Seele des chinesischen Volkes, sonnenverbrannt, gegerbt, als schliefe sie seit Jahrhunderten, Jahrtausenden draußen auf den Feldern bei ihrem Korn, ihren Früchten, im Regen der Geschichte, den Elementen so lange schon ausgesetzt, dass sie zu einem Teil von ihnen wurde, eine elementare Kraft der Natur. Die meisten schieben unbedacht weiter, einige halten kurz inne und starren diesen westlichen Mann und die östliche, weinende Frau an, die sich bei den Händen zu fassen versuchen.

»Aber du«, setze ich noch einmal an, »bist noch schöner als ein Blumenkohl.«

Die Tränen werden zu Lachtränen, die sie im Zaum zu halten versucht, weil sie mir auch etwas sagen will.

»So wir dürfen nie das Wort ›Liebe‹ benutzen, weil es nicht richtig zwischen Vater und Tochter …«

»Okay«, sage ich.

»Aber vielleicht, wenn ich Babys habe, ich sage ihnen, ich liebe sie. Vielleicht unsere Generation anders. Vielleicht …«

»Leb wohl, Tochter, die ich niemals hatte.«

»Bitte niemals meine Erinnerung aus dem Herzen entfernen.«

»Das werde ich nie tun. Niemals. Niemals.«

»Ich vermisse für immer dein kluges Gesicht und schönen Klang.«

»Lang lebe die Naivität des chinesischen und des amerikanischen Volkes!«, sage ich.

Sie stößt ganz leicht gegen meine Schulter.

Ich stoße ganz leicht zurück und schiebe sie zu ihrem Zug.

So verlasse ich China also am Ende allein. Statt dass mich Jade zum Flughafen bringt, winke ich ihr zum Abschied vom Bahnsteig aus zu, und es fühlt sich richtig an, dass ich allein abreise, so wie ich gekommen bin. Ganz allein hinten auf der Rückbank meines Taxis sitzend, fahre ich am Platz des Himmlischen Friedens vorbei, und der riesige Mao sieht Larry ähnlicher, als es Larry selbst je getan hat. Unergründlich zwinkert er mir zum Abschied zu. Weiter geht es an den Hutongs, den engen Gassen, vorbei, in denen die Menschen leben, an ihren Häusern, in die ich nicht hineinsehen kann. Das harsche Sonnenlicht bleicht die weiß gekalkten Wände mit den einfachen Pritschen, und über das Weiß huschen Eidechsen ... Oder vielleicht ist das auch Afrika, sind es all die Orte mit Millionen von Patienten, die mit pulsierenden Adern daliegen und auf Organe warten, die nie kommen werden ... all die Orte, von denen ich nie gehört habe. Darf ich ein letztes Gebet auf mein längst überzogenes Gebetskonto wagen? *Oh Bestgekleideter von allen, König des Zufalls und Höchster Sagen-Sänger, werfe auch ihnen einen göttlichen Knochen zu. Mindere das Leiden,* bete ich.

Und dann bin ich am Flughafen und zähle meine Gepäckstücke. In meinem Ganz-allein-für-mich-Sein fantasiere ich, dass Dr. X mich damit überraschen wird, herzukommen, um mich zu verabschieden, den Bentley voller Menschen, die mir ans Herz gewachsen sind: Mary, Cherry und die Herbergsmutter, die mir Küsse zuwerfen, Artie, der KFC-Bote, und einige der Walzer tanzenden Rotgardisten. Vielleicht kommen sogar ein paar von meinen liebsten Taxifahrern: der Kidnapper mit seiner Grübchenfrau und die sich durch den Flughafenverkehr hupende Queen Latifah, die laut »Lang, lang lebe!« ruft. Und vielleicht rauscht auch Abu auf seinem Roller heran und entschließt sich, die Handschuhe auszuziehen, um mir zum Abschied doch noch richtig die Hand zu schütteln. Und andere, die ich nicht wiedererkenne: eine Studentin der Dominikanischen Republik, die jetzt Pressesprecherin einer Kreuzfahrtlinie ist – was macht denn die bei meinem Fantasieabschied? Zusammen mit anderen, die ich nie gesehen habe: Enkeln und Kollegen von Larry und eine Schar Nonnen, einschließlich einer rundlichen, die ein zur Abwechslung ungefälschtes Empfehlungsschreiben in Händen hält. Und Jade, meine liebe Doppelagentin Jade, die alles zugibt und mir für ewig Treue schwört, ein Mitflugticket in der Hand schwenkend, um mit nach Amerika zu kommen, wo sie meinen Jungs die Schwester wird, die sie nie hatten. Vielleicht sogar Larry, eine jüngere Version von ihm, bevor er krank wurde, der Bar-Mizwa-Larry, ein kleiner, dicker Kerl, der mir einen Teller Erdbeerkuchen auf den Parkplatz brachte, leicht außer Atem, weil seine Fliege zu eng gebunden war.

Natürlich geschieht nichts von alledem. Am Ende gehe ich ganz allein durch den Flughafen, laufe über den Teer, steige die Stufen hinauf, lasse mich auf meinen Platz sinken und setze die Kopfhörer auf. Trotzdem bin ich voll von diesen Menschen. Tief in mir drin sind und bilden sie einen Teil der Menge, die mich zu dem macht, der ich bin. Als das Flugzeug vom Boden abhebt, drücken sie mit mir zusammen dem nächsten Menschen die Daumen, der sich traut, unter der Bettdecke hervorzukriechen und sein Schicksal in die eigene Hand zu nehmen. Sich der Gnade dieser Welt auszuliefern, ob in China oder anderswo. *Viel Glück, wir legen dich rein …*

Nachwort

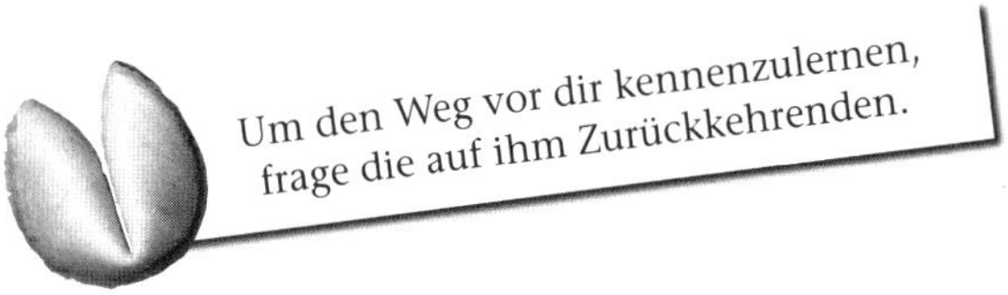

Mein Cousin und ich waren zusammen jung. Jetzt sind wir alt. Aber wenigstens ist Larrys Leben fürs Erste gerettet. Auch ein Jahr später funktioniert die Niere immer noch bestens.

Das trifft leider nicht für den Rest von ihm zu. Er ist ein Mann über fünfzig mit einer zwanzig Jahre jüngeren Niere im Körper. Die Niere will, doch der Körper baut ab. Wie lange die beiden noch zusammenarbeiten, lässt sich nur raten. Sein Gehgestell hat er sich abgewöhnt, humpelt mit einem Stock dahin und spricht kaum mehr von Selbstmord.

Ironischerweise stellten sich die medizinischen Probleme der ganzen Tortur erst ein, als er wieder zu Hause war, und das lag nicht an der chinesischen Seite, sondern an der amerikanischen. Für eine Woche musste er ins Krankenhaus, weil seine amerikanischen Ärzte die Instruktionen von Dr. X falsch gelesen und ihm eine um das Vierfache zu hohe Dosis Antiabstoßmittel verschrieben hatten. Zunächst war Larry höchst erfreut, weil er dachte, er könnte die Ärzte verklagen und so seine Ausgaben für China wieder hereinholen … doch am Ende entschied er sich dagegen.

Hat Mary es ihm ausgeredet? Warum? Hätte es ihren verworrenen Grundsätzen widersprochen? Die Vielschichtigkeit dieses Menschen werde ich wohl nie begreifen lernen … Denn sie ist wieder weg. Am Ende waren ihre Fehlkommunikationen, ihr kulturelles Missverstehen, oder wie immer wir es nennen wollen, zu viel für Larry. Er wollte nichts anderes als den Rest seiner Tage im Eheglück mit ihr verbringen, unten am Pool, sie vielleicht häkelnd und er am Telefon mit dem Mob, doch es sollte nicht sein. Sie sind nach wie vor Brieffreunde, und er beweist ihr seine fortwährende Zuneigung durch Geschenke, die er mit der Post schickt.

Mary hat sich neu bei *candeyblossoms.com* registriert. Diesmal mit den richtigen Daten.

Es gab noch eine weitere Frau, die Larry in China kennengelernt hat, eine Schwester, die ihm gefiel. Nicht die Assistenzärztin, die der toten Judy so glich, sondern eine Schwester in der Dialyseklinik am Rand von Peking, wo er die erste Behandlung verweigerte. Eine Schwester, die ich nie gesehen habe und von der Larry während der gesamten Reise kein Wort hat verlauten lassen. Vielleicht war sie einer der Gründe, warum er an jenem Tag auf dem staubigen Klinikhof die Dialyse ablehnte? Vielleicht bestand er deswegen darauf, dennoch für alle Geschenke zu kaufen? Ich weiß es nicht und bin zufrieden damit, es nie zu erfahren. Das ist eine echte Larry-Unergründlichkeit.

Wovon es immer noch viele gibt. Hat er seine Fatwa von Burton genommen? Ich bin nicht sicher. Ich denke, die Tatsache, dass sie in einem Buch über unser Abenteuer dokumentiert ist, könnte ihm reichen. Damit ist sein Standpunkt klargemacht … oder er schreckt davor zurück, weil sie durch dieses Buch nun öffentlich ist? Ich weiß es nicht. Er ist ein Baumstamm, von Natur aus nicht zu bewegen und letztlich undurchschaubar. Ich kann Burton nur von der andauernden Bedrohung in Kenntnis setzen, was hiermit geschieht.

Ich weiß, es gefällt Larry nicht ganz, mal mehr, mal weniger, die Geschichte unserer Unternehmung so in die Welt getragen zu sehen, widerspricht es doch der zweiten seiner Grundregeln: Gib nie eine Straftat zu. Egal, was passiert. Wenn ich erkläre, dass wir uns keines Vergehens schuldig gemacht haben, herrscht an seinem Ende der Leitung Schweigen, und meine Bewunderung für Leonardo da Vinci kennt keine Grenzen.

Hauptregel Nummer eins lautet übrigens: Unterschreibe nie mit deinem eigenen Namen. Ich weiß nicht, wie man das befolgen soll, aber Larry schwört darauf. Unterschreibe mit George Washington oder Ringo Starr, aber nie mit deinem eigenen Namen.

Keine seiner Regeln hindert ihn daran, der Vorsitzende seines Wohnungseigentümervereins werden zu wollen. Ja, er denkt darüber nach, sich zur Wahl zu stellen, wobei er sich noch nicht ganz sicher ist, ob er die Gehässigkeiten in Kauf nehmen will, die mit so einer Kandidatur einhergehen können.

Hat Larry nach seiner Heimkehr kurz darüber nachgedacht, ob er mir zum Dank einen Erdbeerkuchen schicken sollte? Ich bin Romantiker genug, anzunehmen, dass er es tatsächlich erwogen hat. Ich weiß, dass ich meinerseits kurz erwogen habe, ihm einen 1909-S-VDB-Penny zu schicken, in Anerkennung all dessen, was wir geteilt haben. Am Ende jedoch habe ich mich dagegen entschieden. Vielleicht war es bei ihm ähnlich. Oder er hat es einfach nur vergessen.

Oh, apropos vergessen: die Schwester, fast hätte ich *sie* vergessen. Larry macht ihr per E-Mail den Hof und plant eine zweite Reise nach China, um zu sehen, ob sie füreinander bestimmt sind. So oder so hofft er darauf, seine Tage in China zu beenden. So mühselig unser Abenteuer auch war, ist ihm das Land doch sehr ans Herz gewachsen, und er hält unsere zwei Monate dort für die besten seines Lebens. »Und alles so viel billiger.«

Was mich betrifft, so bin ich froh, wieder bei meiner Familie zu sein und ihre Wärme zu spüren. Meine Frau bleibt unvergleichlich, Spencer lehrt mich die Menschengüte und Jeremy hat angefangen, Saxofon zu spielen, was mich meine Ohrenstöpsel wieder hervorholen lässt. Den Enten geht es gut, im Moment. Alles ist vergänglich. *Alles wandelt sich,* wie es uns die alten Grabsteine lehren.

Eine letzte Sache gilt es zu berichten: Als das Wetter wieder wärmer wurde, nach einem harten Winter, zog ich die Shorts an, die ich an jenem letzten Tag getragen hatte, und fand eine zusammengefaltete Notiz in der Tasche. Ich überlasse es Ihnen, die Person zu benennen, die sie dort hineingesteckt hat. Sie muss es nach Verlassen des Restaurants getan haben, als meine Notiz bereits in ihrer Handtasche steckte. Ihre lautet: »Wenn du je krank wirst, komme zurück nach China, und ich kümmere mich um dich.«

Ich denke, das ist ziemlich nett.

Bis dann, und uns allen ein (cooles) Gott sei mit Euch.

Die schöne, klare Moral von der Geschicht (gleich zwei), wie von Larry verordnet

Moral 1: Wenn Sie eine Niere brauchen, fliegen Sie nicht nach China. Wir haben die letzte bekommen. Trotzdem können Sie Ihr medizinisches Schicksal in die eigene Hand nehmen. Sie können Ihre Versorgung daheim in Frage stellen. Sie können ein Flugzeug besteigen, um Ihre Chancen zu erhöhen. Kurz gesagt: Es ist möglich, so wie Larry, sein Leben zu retten.

Moral 2: Die Vereinigten Staaten könnten die Liste der Patienten, die auf ein Organ warten, mit ein paar sehr einfachen Änderungen drastisch kürzen, und Ähnliches gilt für andere westliche Länder. Sie könnten Spendern steuerliche Vergünstigungen gewähren und den Regelfall ändern, wie in England, so dass, wenn Sie sterben und es nicht ausdrücklich anders verfügt haben, Ihre Organe zur Spende freigegeben sind, und nicht andersherum. Die Menschen könnten ihre Gesetzgeber dazu drängen, alle möglichen Anreize zu schaffen, damit Tausende Patienten gerettet werden, die jedes Jahr sterben, während sie auf ein Organ warten.

Danksagung

Es ist schon komisch. Das letzte Mal, als ich eine Seite mit Danksagungen geschrieben habe – vor fast zehn Jahren –, habe ich mich darüber beklagt, dass Schreiben eine so einsame Angelegenheit sei. So fühlte es sich damals an. Doch meine Weiterentwicklung als Schriftsteller verdanke ich größtenteils der Erkenntnis, wie viel Hilfe man »von draußen« bekommt, und dass das Schreiben in weitaus größerem Maße, als ich je gedacht hätte, eine Gemeinschaftstätigkeit darstellt. *Larrys Niere* war von Anfang an eine solche gemeinsame Anstrengung: Zunächst mit den Menschen aus China, die sich im Umgang mit uns außerordentlich liebenswürdig und hilfsbereit zeigten. Zudem hätte sich die hier beschriebene Geschichte nie so zutragen können, wenn meine »westlichen Verbindungen« in Peking nicht Kopf und Kragen riskiert hätten, um ein paar völlig Fremden zu helfen. Personen aus beiden Gruppen, die notwendigerweise ungenannt bleiben müssen, gebührt meine tiefe Bewunderung für ihre unendliche Großzügigkeit und ihren Mut.

Auf diesem, relativ sicheren Terrain können folgende Namen dagegen vorbehaltlos gepriesen werden: Don Snyder, Roman- und Drehbuchautor, war mein Schutzengel während des Schreibens. Es war Don, mit dem zusammen ich beim gemeinsamen Fitnesstraining auf die Idee kam, wie sich dieses Buch strukturieren ließe – und er steht mir bis heute zur Seite. Unsere Kollegen am MFA-Programm für Kreatives Schreiben an der Western Connecticut State University, wo Don und ich als »Writer in Residence« tätig sind, waren überaus hilfsbereit. Sie waren inspirierend.

Nicht allein *mon vieux* John Briggs, sondern ebenso Brian Clements, Cecilia Woloch, Mark Sundeen, Paulo Corso, Elizabeth Cohen, Dan Pope und Laurel Richards sowie die vielen brillanten Studentinnen und Studenten, die jeden meiner Tricks sofort durchschaut haben. Mein Dank geht auch an die Förderstiftung National Endowment of the Arts, deren Unterstützung ich zu schätzen weiß, und selbstverständlich an Larry selbst für die Gelegenheit zu helfen. Ohne dich wär's nicht gegangen, Cousin.

Hatte ein Autor je ein so hochklassiges Agenten-Lektoren-Team? Die unerschütterliche Jennifer Joel mit Differenziertheit und Schliff und mein Lektor, Henry Ferris, mit Weitblick und Entschlossenheit waren meine zuverlässigen Verbündeten. Gemeinsam stachelten sie mich so lange an oder straften mich gar mit Liebesentzug, bis sie sicher waren, dass ich ihnen das Beste geliefert hatte, zu dem ich fähig bin. Ich ziehe den Hut vor euch.

Ich kann mich glücklich schätzen, über folgendes Team exzellenter »Erstleser« zu verfügen: Bonnie Friedman, Jamie Miles, Avery Rome, Lawrence Goodman und mein genialer Cousin S.I. Rosenbaum. Zu den getreuen Anhängern, die mir diverse Gefallen getan haben, zählen: Peter Loescher, Lee Kitchen, Sue Bodine, Steve Sheppard, Andrea Cannistraci, Peter Temes, Niki Castle, Peter Hubbard, Tavia Kowalchuck, Brianne Halverson, Wendy Kaufman, Marty Resnik, Peggy Bacon, Laurel Touby, Carolyn Hessel, Dan Schnur, Anita Chakin, Mike Roberts, April vom Fußballspielen, Maureen, die beste Korrektorin aller Zeiten, Martha und Tim, Andy und Jen, John und Fay,

James und Nina, Laura und Bill, Mark und Laura, Larry und Kim, Susan und Tony, Gret und Julie, David und Penny, Cec und David, Kate und Lawrence, Ron und Stacy, Mary Jane und Mark, Rachel und Peter, Hester und Michael, Josh und Jeanne, Johnny und Teresa, Nick und Nancy, Sy und Ilene, Stephen und Jill, Ginger und Johnny, Addison und Stacy, Liza und Barnaby, Carolyn und Tom, Merrill und Phoebe, Ellen und Jason, Gil und Graciela, Barbara und Walter, Renee und Paul, Clarice und Malcolm, Gilly und Mike.

Meine vier Söhne haben – wie immer – bereitwillig große Opfer gebracht: Alex, Marshall, Spencer und Jeremy. Sie alle haben ihre unauslöschlichen Spuren in dem Buch hinterlassen, obwohl ich die beiden ersten aus folgenden Gründen nicht im Text erwähne: (a) Sie sind erwachsen und (b) Die Armen mussten in früheren Büchern bereits zur Genüge dafür herhalten.

Meine Frau Shelley dagegen entkommt meiner tiefen Dankbarkeit nicht so leicht. Tut mir leid, Slim, du hast unser Herdfeuer in einer ziemlich steifen Brise am Brennen gehalten.

Im Geiste haben mich Sara und M. Edward Rose bei jedem Schritt meiner Reise begleitet. Sowie es auch meine Mutter in Zukunft tun wird. Danke, ihr lieben Seelen.

Die Obengenannten, und viele Ungenannte mehr, sind die wahren Helden dieser Saga – ich habe nur die ruhmreiche Drecksarbeit erledigt.